RE: formation thoughts

Re:framing our minds, **re:questing** actions and **re:shaping** the church life

獻給

柏璀珊・韋利蒙
（Patricia Parker Willimon）

我事奉的同行者

RE: 牧養職事系列

牧養，就是回到原點

再思牧養職事的召命（增訂版）

韋利蒙 著
陳永財 譯

二版

▼

Re: 牧養職事系列

牧養，就是回到原點

再思牧養職事的召命（增訂版）

Pastor

The Theology and Practice of Ordained Ministry (Revised Edition)

作者
韋利蒙 William H. Willimon

譯者
陳永財

執行編輯
吳國雄

審校
基道編輯小組、伍美詩、顏晶晶、謝偉強

學術校閱
鄧紹光

裝幀設計
奇文雲海．設計顧問

■

出版 / 發行
基道出版社
香港沙田火炭坳背灣街 26 號富騰工業中心 10 樓 1011 室
LOGOS PUBLISHERS
Unit 1011, 10/F, Fo Tan Ind. Centre, 26 Au Pui Wan St., Shatin, Hong Kong
電話：(852) 2687-0331　傳真：(852) 2687-0281
網址：https://www.logos.com.hk

承印
陽光(彩美)印刷有限公司

●

3/2018 初版　5/2019 二版
Cat. No. LP384-2
ISBN: 978-962-457-514-9
Original Edition "Pastor: The Theology and Practice of Ordained Ministry (Revised Edition)"

刷次	12	11	10	9	8	7	6	5	4	3
年份	2032	2031	2030	2029	2028	2027	2026	2025	2024	2023

目錄

中文版二版序
牧者、牧職、教會

韋利蒙是誰？為何要讀他的著作？

韋利蒙既是學者，也是牧者。我第一次閱讀他的著作，是在二○○九年。當時因為我要教授講道學，便看了他寫的《與巴特談宣講》(*Conversations with Barth on Preaching*)。他在書中提及，當時他是聯合衛理公會的會督，平均每星期講道四次。

以前香港很少人提及韋利蒙。但他曾在一九九六年被選為美國最有影響力的十二位宣講者之一。到二○一○年再當選為美國最有影響力的宣講者排名十九位。另外在二○○五年有調查發現，在最多美國新教宗派教會牧者閱讀的作者中，他排第二位。

韋利蒙於一九四六年出生，曾在美國四間聯合衛理公會的堂會牧養十三年(1971～1984年)。之後，他在杜克大學神學院擔任教授二十年(1984～2004年)。接著他被選為聯合衛理公會會督，派駐北阿拉巴馬州年議會八年(2004～2012年)。二○一二年，他重回杜克大學神學院任教。

如何閱讀此書？

本書初版寫成於二○○一年，並於二○一六年出版這個增訂版，是韋利蒙於多年牧養和訓練神學生之後，對牧者和牧職的反省。神學生可用本書作為實用神學科的課本；資深牧者也可藉閱讀本書，重新檢視自己的事奉，以重拾最初的感召，重新得力。

二○一二年，我首次與這本書相遇。當時因為神學院有人事調動，我與劉振鵬老師接手任教「教牧領袖學與事工」（Pastoral Leadership and Ministry）這一門課。既然前任老師採用這本書作為指定課本，我倆也照樣採用。於是，這幾年來，因著備課的緣故，我每年需要重讀這本書一次。

閱讀此書，請注意以下幾點：

全書共十四章。其中十二章探討牧者不同的身分和角色。當中幾乎都以「牧者就是……」（“The Pastor as …”）為章題。由此可見，作者強調牧者的所是（being）過於其他。當然，書中記有不少真實的事例和細緻的牧養技巧，但我們切勿忽略作者的重點所在。

其次，若讀者能稍為涉獵他以前的一些著作，會對本書了解更深。例如一九七九年出版的《崇拜就是牧養關顧》（*Worship as Pastoral Care*），以及一九八一年出版的《整合式的宣講》（*Integrative Preaching: The Pulpit at the Center*），這兩本書很能幫助我們了解本書，因為「牧者就是……」這個格式，正正在重複《崇拜就是牧養關顧》的書名和《整合式的宣講》的章題。《整合式的宣講》共有六章，第一章是「牧者就是傳道者」（The Pastor as Preacher；這正是本書第六章的章題），而其他五章則以「傳道者就是……」這個格式為題。其中「傳道者就是輔導者」、「傳道者就是教師」這兩章，就與本書第七和第八章關係密切。

除了格式，上述三本書（或更準確地說，韋利蒙大部分的著作），都貫穿著一個神學主題，就是教會這個信仰羣體。牧者與牧職的場境，就是教會這個信仰羣體。無論牧者在做甚麼，都離不開教會這個信仰羣體。所以，雖然牧者有不同身分和角色，但他之所以能夠牧養，只得一個原因：他身處教會這個信仰羣體之內；亦因此，雖然牧者有不同身分和角色，但所有這些身分和角色，都在教會信仰羣體這個場境之內統合起來，我們實在不能將每個身分或角色逐一分割。

提到教會這個信仰羣體，當然要提及在這個羣體內那些活生生、有血有肉的生命故事。作者是講故事能手。書中充滿大大小小的故事。其中有兩個故事特別令人印象深刻，一讀難忘。

其中一個故事，記在導論的結尾（參原書頁 25～26）。這個故事是作者特意告訴神學生的，因為「有時神學生會抱怨神學院對他們期望過高，課程太深，或者將他們難以擔當的學術重擔加諸他們身上。或許，他們認為自己的摯誠和召命感已足以支持他們的事奉。但他們錯了。」（原書頁 25）。這是一個悲慘的故事。讀完之後，你定有淡淡的哀愁，即使掩卷，久久亦未能忘懷。

另一個故事，記在第四章「教牧關顧的奇特性」這一節（參原書頁 99～100）。作者初入牧職，往醫院探望剛生了孩子的會友伉儷。那男嬰患有唐氏綜合症。醫生與男嬰父母的對話，值得我們再三思想。

因此，作者在本書最後一章語重心長地說道：「面對教會的眾多需要，神職人員怎可能堅持下去？但弔詭的是，我們的事奉能夠恆定不移，一個主要根源就是教會本身。對我們的事奉有諸多要求的教會，上帝也藉它賜給我們繼續事奉所需的一切。」(原書頁 334)。是的，極多時候，教會這個信仰羣體，令牧者又愛又恨，但惟有在教會之中，我們才能找到上帝給我們的禮物，讓我們忠心服事到底。

林國彬

香港浸信會神學院院牧、實習主任兼實用神學科講師

二〇一九年四月十三日

註釋

1. William H. Willimon, *Conversations with Barth on Preaching* (Nashville: Abingdon Press, 2006), 4.
2 "Baylor Names the 12 Most Effective Preachers" [information on-line]; available from the Baylor website (https://www.baylor.edu/mediacommunications/news.php?action=story&story=1036); accessed 13 Apr 2019.
3 "The 25 Most Influential Preachers Of The Past 25 Years" [information on-line]; available from the Sermon Central website (https://www.sermoncentral.com/pastors-preaching-articles/michael-duduit-the-25-most-influential-preachers-of-the-past-25-years-736); accessed 13 Apr 2019.
4 "Pastors' Picks: What Preachers Are Reading" [information on-line]; available from the Pulpit & Pew website (http://pulpitandpew.org/pastors-picks-what-preachers-are-reading); accessed 11 Feb 2019.
5 "William Willimon" [information on-line]; available from the Duke Divinity School website (https://divinity.duke.edu/faculty/william-willimon); accessed 13 Apr 2019.

增訂版序

《牧養，就是回到原點——再思牧養職事的召命》為大家所接受，令我深感欣慰。數以千計的牧師和數十間神學院均善用了這本書。過去十年間，大家的回應，加上牧者同儕和一眾牧者的老師鼓勵，驅使我著手增修本書。經過二十年在杜克大學神學院的課堂使用本書作教科書，我自己看到了本書的一些缺點，例如我沒有聚焦於「牧者就是宣教領袖」(pastor as leader of mission)這個身分。[1]因此我要求學生和其他神學院教授給我修訂的意見。

身為會督，我從事了八年的監督工作，探訪了數百家教會，督導過六百個神職人員，這使得我對牧者的工作添了獨特的看法。我渴望在這個增訂版中展示我從會督的事奉中學到了甚麼。

驅使我修訂這本書的另一個原因是，從本書出版至今，出現了許多關於牧養職事(pastoral ministry)的作品，特別在領導、宣教和植堂方面。我需要考量在教會和牧者當中那些令人鼓舞的發展，並將之整合到對牧者的裝備之中，幫助大家將來能走在上帝帶領我們要走的路上。基督教領導(Christian leadership)為了回應新的要求和機遇，有一種由聖靈所激發的驚人的自我改造能力，這種自我改造的能力要求我們不斷調校自己牧養職事的踐行，但同時又能忠於教會牧者那深具歷史涵義的神學根由。

我剛收到美國中西部地區一位牧者的來信，她說她神學畢業若干年後，發現了《牧養，就是回到原點》這本書。她表示，在帶領上帝的子民時讀到這本書，「給我繼續事奉所需的力量，也提醒我身為牧者的生命是多麼美好。你是對的，上帝呼召我們投身這充滿喜樂的工作，實在不可思議。」

如果上帝使用這個增訂版，那怕只是多給一位牧者喜樂，我已十分感恩，而我在這個修訂版中所付出的努力，便不徒然。

韋利蒙

導論

一個基督徒——一個通過洗禮而成為耶穌追隨者的人，在其肩膀上圍上一條牧師肩帶，你就使這個基督徒成為一個牧者（pastor）。這條肩帶以前是羅馬貴族的領帶，現在於教會手中成了一個記號，令人想起放在牛或其他動物頸項上的重軛。當然，耶穌向我們保證，祂的軛是容易的，祂的擔子是輕省的（太十一28～30）。但根據這個世界的標準，把一個軛掛在頸項上來開始一份工作，實在是有點奇怪。

在上帝的祭壇前、在病人的牀邊、在跟困擾的心靈對話間、在對經文迷惑不解時，我們看到了牧者。在上帝的子民和上帝之間那決定性的交匯之處，在基督和祂的身體——教會——那具冒險成分的交往之中，站著聖職人員／祭司（priest；編按：按上下文或譯「聖職人員」、「祭司」等）。擔當上帝和人類之間的中間人，獻上上帝子民的禮物，在禱告中為世界的苦難代求，正確地分解上帝的道，都不是小事。牧者懷著戰兢和喜樂，努力開拓當下與上帝的寶座之間那個重要的空間。這軛雖然並非總是好像耶穌所暗示的那麼容易，但通常都是十分快樂的。身為一個牧者，個人的生命朝向神聖的事業，背負那雖然並非總是輕省、但至少比世界嘗試放在我們背上的重擔更有意義的擔子，是一件快樂的事情。能夠在一個比一個人的自我(one’s self)更偉大的召命中盡心竭力，是何等的喜樂。

這本書是我超過四十年牧職事奉，和差不多同樣長時間當
12 神學院教授培育牧者的成果；當中所記載的，是我對受按者的職事（ministry of the ordained）的默想反思，當中懷著愛與感激，但也不無批判。對富經驗的牧者來說，我希望這本書會提醒他們事奉的初衷，令他們回想事奉的福氣和精彩的經歷。對那些準備成為牧者的人，我願意這本書成為一本教科書，一本手冊，好引導他們作好準備。對所有人而言，我祈求這本書會成為「勸慰的事奉」（ministry of encouragement；羅十五 5；帖前五 11）。

牧養職事（pastoral ministry）是上帝給教會的恩賜，但這不是一個容易的召命，這個呼召充滿危險。然而，個人生命能走上這趟朝聖之旅，也是極大的恩賜。這本書旨在持平地看待牧職的困難和喜樂。

在理想中，教會相信牧職最牢固的基礎是神學性的（theological），而不是個人性、社會性、功能性的，而牧職的一切，都始於上帝和教會的召命——也就僅止於此。因此，本書從神學和歷史開始，並且認定，如果牧者知道他們屬誰，他們來自哪裏，以及他們為甚麼在這裏，就會更知道他們於此時此地應該做些甚麼。

由於牧職的本性使然，牧者的身分從來都不是一成不變的。在每一個世代，教會都必須問：牧者的職責是甚麼？理查德．尼布爾（H. Richard Niebuhr）反思到較早時期牧者身分的一個危機時，他寫道：

> 在基督教歷史中，每當人對牧職生出一種確定並可理解的（intelligible）觀念時，他們對這職事至少知道四件事：牧職主要的工作是甚麼，它所有職能的主要目的是

> 甚麼；甚麼構成牧職的呼召；牧者的權威來自何處；以及牧者服事的對象是誰。[1]

這本書嘗試提出和回答尼布爾所提出的每一個判準（criteria），雖然方式和他有點不一樣。我們反思牧職時，會同時閱讀使徒行傳；我將這書卷詮釋為「教會領導的挑戰（the challenges of church leadership）：一個初期基督教的敍述」。書中會加上一些「插曲」（interlude），那是對牧職一些特選主題的簡短反思；書中也不時會回顧先輩在召命方面給我們的見證。 13

下面是我探討基督教職事觀的一些導引性認定（guiding assumptions）：

1. 牧職是上帝的行動。服事、捨己的愛，先是上帝的觀念，然後才是我們的觀念（God's idea before it is ours）。牧職（ministry；編按：按上下文譯作「職事」、「事奉」、「事工」等）是上帝旨意的其中一面，祂決意要得著一個人類大家庭（human family），並使用這羣蒙揀選的人，向世界表明上帝是誰，以及上帝在耶穌基督裏成就的事，然後保守這羣人直到永恆。聖經就此提供了有力的見證：上帝要得著一個祭司的族類（family of priests），也就是一個聖潔的國度，來祝福萬國，無論祂要付上多大代價。

三一的本性是創造性、相通性、湧流著愛，並從空無一物召喚出一個世界和從了無一人召喚出一個家來。試想想路加怎樣開始耶穌的故事：他不是一開始就描述耶穌的生平，而是先從施洗約翰開始——以「預備主的道」（路三4）。約翰的信息平白簡潔：「上帝要來了，準備就緒吧！」那些安於倚靠舊有秩序的人說：「有亞伯拉罕為我們的祖宗」（路三8）、「我家人建立了這家教會」、「我一生人都是衞理公會會友」，約翰警告說：「上帝能從這些石頭中，給亞伯拉罕興起子孫來。」無論用甚麼方法，上帝都會得著一個家。如果上帝必須從約旦河的石頭中興起一個家，祂也能做到。

上帝以前也曾這樣做。祂向像石頭一樣老和像石頭一樣無望的撒拉和亞伯拉罕宣告說：「你向天觀看，數算眾星……你的後裔將要如此。」（創十五 5）從無有中，上帝應許要興起一個民族。上帝就是這樣透過應許、召命及召喚，去得著一個家。你會記得，上帝只是透過一句話「要有光」（創一 3），就有了光，就這樣造出一個世界。其他神明透過戰爭、繁衍或暴力得到他們想要的東西。這位上帝則藉召命並透過非暴力的聖道（nonviolent Word）作工。

> 因他〔上帝〕愛你的列祖，所以揀選他們的後裔。（申四 37）

> 14 耶和華專愛你們，揀選你們，並非因你們的人數多於別民，原來你們的人數在萬民中是最少的。只因耶和華愛你們，又因要守他向你們列祖所起的誓。（申七 7～8）

> 不是你們揀選了我，是我揀選了你們；並且分派你們去結果子，叫你們的果子常存。（約十五 16 上）

上帝的創造大能及呼召，是教會和教會領袖的根由。因此，有一個關於召命的故事，對基督徒來說是範式性的（paradigmatic），那就是路加於使徒行傳九章的記述：掃羅蒙召的經歷。掃羅「向主的門徒口吐威嚇兇殺的話」（九 1），卻在往大馬士革的路上被擊倒，被強光弄瞎，必須由別人攙扶，三天不能吃喝（九 1～9）。

那聲音問：「掃羅，掃羅！你為甚麼逼迫我？」（九 4）掃羅逼迫的是教會，不是耶穌。但復活的基督和教會的聯繫十分密切，以致傷害一方等於攻擊另一方。掃羅的故事是悔改和召命的故事。（在聖經有關召命的敍事中，被召喚者的名字通常給呼喚至少兩次——因為上帝的呼召很少是不證自明的。）在一個慣於聆聽自己過於他人的世界裏，上帝必須吸引我們的注意力：「掃羅，掃羅……」

故事轉向一個名叫亞拿尼亞的門徒（九 10～17）。上帝呼召他往直街去，找一個名叫掃羅的人。「你是說『掃羅』嗎？不是那個殺害、逼害、破壞教會的人吧？」

那聲音對亞拿尼亞說：「去吧！」

我們這裏連續看到兩個呼召的故事。主向亞拿尼亞解釋要他去找這個教會頭號敵人的理據：「你只管去！他是我所揀選的器皿，要在外邦人和君王並以色列人面前宣揚我的名。」（九 15）掃羅蒙召去承當一個宣教的使命。然後上帝說：「我也要指示他，為我的名必須受許多的苦難。」（九 16）

以為上帝的呼召是享特權或得名望者要三思。掃羅可能以為自己明白甚麼是苦難，但不，他蒙召承受的苦難是他以前所不明白的，因為這是以苦難來服事那位被釘十字架的基督（九 16）。

對我們這些蒙召接受按立而成為領袖的人來說，使徒行傳九章這兩個有關召命的故事饒有意義。讓我們在開始時簡單地說：牧職由創造主所啟始（initiative），由上帝所引發（evocation）；牧職也是具策略性的（strategic），由聖靈贏回屬於上帝的一切。使徒行傳更恰當的名稱是「聖靈行傳」。[2]

牧職不是職業（profession），而是召命（vocation）。我們通常期望牧者做的事，難以用薪酬來衡量。人要成為牧者，必須蒙召（one must be called）。[3]雖然牧者可能會感到掙扎：到底蒙上帝呼召帶領教會實際上是甚麼意思？但他們必定某程度上曉得，他們投身牧職，是因為這是上帝想要他們如此。在牧職的挑戰中，這神聖、超乎主觀的授權（more-than-subjective authorization），一再是牧者堅持下去的關鍵。知道我們的牧職不是由我們的感受、甚至不是由主教、會督所批准，而是由上帝所准允——這是莫大的恩典。在我們的職事中，我們是代表著比教會宗派更重要的東西，也就是說，我們向比個人一己之見解更高的判斷準則負責，而這令我們得著能力（empowerment）。我們相信我們投身牧職，是按上帝的意思，而不是求自己的晉升——這便是順服（submission），是帶來真正自由的軛（林後三17）。我一再重申，令我們的職事特別**基督教**（specifically Christian）的主因，是我們能夠堅定地聲稱：「順從上帝，不順從人，是應當的。」（徒五29）

我們害怕失控。我們的生命如果要向自身以外的人負責，我們會感到焦慮。如果要以順服上帝旨意的方式來理解生命，並於活出生命時不斷參照上帝的定旨，確實有點嚇人。這個世界實在有太多人只向自己錯置的慾望負責。不過，在這樣的一個世界中，得享過蒙召生活的自由，並感受到由蒙召生活而來的不協調（dissonance），也是令人鼓舞的。

16 有時呼召來得很早。耶利米在母腹中已經感受到自己的時間已然來到（「我未將你造在腹中……你未出母胎」〔耶一5〕）。有時呼召又好像臨到亞伯蘭和撒萊那樣遲（創十七章）。每當呼召來到，在我們向召喚說好的同時，我們就開始跟隨不同的鼓聲節奏前進，「受上帝大愛和呼召的聲音所吸引」。[4]我們因順從而走上這種生命歷險，擺脱個人自主（autonomy）之意識形態，這種自主正正奴役著當下文化許多的人。[5]我們由上帝擁有，受上帝徵召，[6]負服事的軛，在其中得享完全的自由。

2. 牧職是教會的行動。使徒行傳戲劇性地以復活基督的升天來開始（一6～11），但接著的一幕則略顯乏味——描述如何揀選馬提亞填補使徒的空缺（一 15～26）。在這麼一件升天的事件後，這個教會事務會議顯得格外平淡。但這事件證明了教會不可以沒有領導。從一開始，教會若要忠於它神聖的召命，「在耶路撒冷、猶太全地和撒馬利亞，直到地極，作我的見證」（一 8），就需要領袖。

牧職乃從上頭而來，來自上帝透過聖靈的行動。但揀選馬提亞的故事也顯示出，牧職也可以由下而上，通過上帝在教會中發出召命而出現。正如加爾文（John Calvin）指出，上帝發出呼召，但教會也必須奉基督的名，呼召人承擔領導的職分。

在受按職事（ordained ministry）的歷史中，前人有時傾向讓教牧的召命（pastoral vocation）脫離羣體，彷彿牧職的呼召是牧者個人所擁有的，彷彿牧者的工作即使脫離了需要牧養的教會，也能夠被理解。這是對教牧的召命的重大扭曲。跟哥尼流蒙召成為基督徒的記述相比（徒十章），蒙召成為神職人員（clergy）跟保羅的蒙召記述（徒九章）更為接近；在保羅的呼召中，他為了教會宣教使命中的一個特定任務而蒙召喚（「你只管去。他是我所揀選的器皿，要在外邦人和君王並以色列人面前宣揚我的名」〔徒九 15〕）。如果混淆了教牧的召命和所有基督徒跟隨耶穌的召命，會破壞教牧召命的獨特性質。因此，有 17
些人進入神學院，不是因為他們蒙召要受訓成為牧者，而是因為他們蒙召要作一個更加徹底的基督徒——教會不幸地往往未能好好推動所有基督徒參與事奉，以致信徒除了進神學院受訓外，便不能體會到召命感。如果教會不知如何回應那些渴望更忠於自己洗禮的信徒，它應該受到批評。

藉著洗禮的功效，所有基督徒都蒙上帝呼召，去見證、教導、醫治和宣講。就基督徒與上帝的關係來說，所有基督徒都是外行（amateurs）來的。[7] 但上帝還是從已受洗之人中呼召一些人做帶領的工作。正如馬丁．路德（Martin Luther）指出，由於每次教會聚集時，不是每個基督徒都可以踐行教會的所有任務，因此，為了維持教會的良好秩序，教會從已受洗的人中，按立好些人在主日去見證、教導、醫治和宣講，從而使所有已受洗的人都可以在其他日子去見證、教導、醫治和宣講。我們稱那些蒙上帝和教會呼召帶領我們的人為**牧者**（pastors）、**聖職人員**（priests）、**事奉者**（ministers；或作「牧師」等），而讀者在本書中會留意到我喜歡稱神職人員為「牧者」或「聖職人員」/「祭司」，而不是「事奉者」，藉以區分所有已受洗的基督徒的事奉，和為了「成全聖徒，各盡其職，建立基督的身體」（弗四 12）而存在的教牧領導（pastoral leadership）。

「受按職事」是被通稱為基督徒者當中的特別一羣。牧職是教會內必有的職務，幫助教會能忠於它的召命。按聯合衛理公會（The United Methodist Church）的《教會規章》（*The Book of Discipline*）的定義，教牧的召命是所有基督徒召命中的一種獨特闡釋（particular elaboration）：

> 基督教會的職事源自基督的職事，祂呼召所有人接受上帝拯救的恩賜，在愛和服事的道路上追隨祂。全教會都接受和接納這呼召，所有基督徒都有分於這持續的職事。在教會羣體內，某些人別具恩賜，顯明了上帝的恩典，其恩賜將來又必能造就教會，他們得到羣體肯定，藉著獻身成為受按的牧者，擔任領袖的角色，從而回應上帝的呼召。[8]

有時候，一些準備接受按立的人會抗拒一個觀念，就是教會有責任考查他們的呼召：「如果我真的相信上帝呼召我投身牧職，你有權質疑我的召命麼？」

某人因著領受個人的內在「呼召」而投身牧職，我們固然高興，但在歷史上這種來自基督的個人內在呼召，較似是呼召人去過修道生活，而非呼召人擔任古時的長老職事。牧者為了特定的羣體性領導工作（communal leadership）而蒙教會呼召，因此，羣體要懷著禱告，去考問那些前來考慮接受按立者的心志。在其自身的會眾羣體傳統（congregational tradition）之下的教會，總是在這會眾羣體的場景（congregational context）之下舉行按立禮，從而強調在受按領導（ordained leadership）的呼召一事上，會眾羣體承擔著共同責任。

年輕的安波羅修(Ambrose)是米蘭一位冒起得非常快的律師。在一次教會的騷亂中，安波羅修入到教堂察看人們爭吵。在一片混亂的辯論聲中，有人——據説是一個小孩子——高聲呼喊：「主教，安波羅修！」其他人也接著喊叫：「主教，安波羅修！」

安波羅修反對；他甚至仍未受洗。大家卻趕快為他施洗，然後按立他為主教，他就成了初期教會一位十分有恩賜的領袖，亦成了奧古斯丁（Augustine）的老師。上帝透過教會施恩作工，有時是透過教會裏的小孩子呼召人投身牧職（好像安波羅修的情況那樣）！

馬丁·路德·金（Martin Luther King, Jr.）最初進神學院時，有人要求他寫一篇文章，講述他的牧職召命；他坦承自己感受不到一種戲劇性的呼召，召喚他接受按立。他父親是一位牧師，期望他也成為牧師。他希望入神學院可以令父親高興。

他是個好學生，又勤奮又好學。馬丁·路德·金希望在大學教書，或許有天能成為莫爾豪斯學院（Morehouse College）
的院長。他在等待時機。這時，他受命到亞拉巴馬州蒙哥馬 19
利（Montgomery）一間頗為荒涼的小堂會事奉。[9]他抵達後不久，一個美國非裔婦女帕克絲（Rosa Parks）因違反那裏的種族隔離法例，被勒令要步下公車。大家在城中一間黑人教會舉行會議。那天晚上，羣眾感到迷惘、忿怒、失望。沒有人確實知道該怎樣做，雖然大家都同意需要做點事。在會議差不多結束時，有人想到，如果城中的新牧師說點話也不錯呢。

馬丁．路德．金站起來，開始時他有點猶疑，但接著便十分流暢了；會眾加入，聖靈降臨。後來有人說：「我們聚集時是一羣迷惘的羣眾，但離開時卻變成了一個運動（movement）。」[10]

可以肯定的是，按立是上帝的恩賜，但它是上帝透過教會賜下、為教會賜下的恩賜，讓教會可以成為為世界的上帝的教會。我們在神學院其中一個最大的挑戰是：帶領眾人，將他們塑造成會眾中的領袖，勝任教會的職分，恪守教會而不單是他們自己的信仰——但這些人當中，很多人的生命在母會都沒有得到好好塑造，也沒有多少真實領導教會的經驗。

我在其他地方提到，神職人員就是「羣體人」（community persons）。[11]

神職人員不是上層的貴族階級，管理庶民百姓。聖職／祭司職分（priesthood）的本質主要是關係性（服事誰）和功能性（做甚麼），多於本體性的（ontological；是甚麼）。神職人員興起是因為教會需要領袖。牧者探訪、講道和施洗，但他跟任何其他同樣善於此等職務的平信徒的分別是牧者本身的「職分性」（officialness）。牧者在全教會授權下發揮其職能。整家教會「解讀」牧者行為的方式，是不會套用來解讀個別基督徒的行為的。

我們是在一種徹底個人主義和羣體已然破碎的文化中工作。我們接受的正式教育，教曉我們這個觀念：解放、自主、自行其事，我們就最能夠活出真我。現代性（modernity）告訴我們一個神話，就是我們的生活可以、甚至應該不受外在並社會的決定所影響，而這是可能甚至是可取的。可是，諷刺的是，我們認為我們的生活不應受外在的模塑（external formation）所
20 干預，這想法正好印證了我們的生活已被資本主義消費文化所外在地、社會性地決定了。這個文化讓我相信我的人生除了自

己選擇的目的以外，沒有任何目的。諷刺的是，這故事不是我自己選擇的。

問題不是：我應否被某些詮釋和核准的羣體（community of interpretation and authorization）外在地決定？問題倒是：哪個羣體會決定我的人生？或許更準確的說法是：我值得為那個決定我、詮釋我和核准我的羣體，獻上生命嗎？

3. 作牧者就是以與別不同的方式，跟教會這個在基督裏的信仰羣體聯繫。基督徒的喜樂，部分來自跟比你更重要的人事物聯繫。雖然我對用"professional"（專業）來定義牧者，心存疑慮，但按照profession這稱號的原來意思，就是牧職（ministry is a profession）。牧者，身為最初的"professional"（編按：professional一詞源自中世紀，用以描述聖職），就是委身（profess）某些信念的人——他們與一個信仰羣體聯繫，也接受那羣體的授權。個別信徒活出他們與耶穌基督的個人關係，可能已經足夠，那是不大受教會的景況影響的；可牧者卻不一樣。牧者公開宣認教會所委身的信仰，代表教會講述世界正在發生甚麼事，在會眾面前擔起教會傳統的擔子，幫助同代門徒批判地思考他們的信仰，以眾聖徒的準則試驗教會目前的見證。

當代專業例如法律和醫藥，其執業範疇的一大悲劇是：有太多律師醫生，他們所委身的太少。他們主要向客戶或病人負責，而不是向法律體系或公共衞生負責。牧者委身上帝，並且向更重要的判準——比會眾的稱讚更重要的判準——負責。

雖說召命對神職人員來說是首要的，但專業性（expertise）還是需要的。神職人員必須知道教會的歷史、正統和普世的信仰，藉以見證和詮釋信仰。教牧輔導、教會行政和聖經詮釋都需要特定的知識，因此，足夠的神學訓練是神職人員奇特召命的一個面向，是我們服事教會的一個面向。好好裝備並承擔教牧領導的工作，是道德攸關的事情——身為神職人員，要服膺於教會對領導的需要。一顆溫暖的心和良好的動機不足以滿足這召命的要求。

最近一位中學教師告訴我：「我相信教師這行業不再受人尊重，是因為我們沒有任何真正重要的事情要教導。以前教育是關乎人的轉化，現在我們只是在發佈各樣事實，傳遞資料；但為甚麼我們要將生命奉獻給這種事情？」

神職人員的自尊和能力的一個來源，是來自我們所委身的——耶穌基督和祂被釘十字架的事迹。當傳道者有重要的事情要說，便值得人們聆聽。因此，大家期望我們這些牧者掌握這些觀念、洞見和宏大敘事，也就是傳遞「耶穌基督就是道路、真理、生命」的方法。

神職人員身為代表，這既是擔子，但也可以是極大的福氣，可以是牧養上的智慧和力量之源。一個會友在主日從一家小教會走出來，對牧者咕噥著說：「你還不到三十歲，你能夠知道甚麼？」

牧者挺直身子，抓著頸項邊的牧者肩帶說：「太太，我戴著這肩帶走上聖壇時，我有二千歲，並以兩千年的經驗來說話。」

那個人可能有點固執，但從教會的角度來說，他的論點是對的。我的任務主要不是與會眾「分享我自己」，更肯定不是那些「活出真我」(just be yourself)之類的膚淺勸告。(正如馬克・吐溫〔Mark Twain〕所言，那是給別人的最糟的勸告。)幸好在我進入會眾的掙扎時，我可以獻出的，比我自己豐富得太多了。我擁有聖徒的見證、教會的信仰、歷代的智慧。因此，牧者必
22 須特別重視教會的信仰。要成為牧者不一定是個傳統主義者，但傳統是有幫助的，特別是在「貪新」的文化中(正如瑪格麗特・米特〔Margaret Mead〕曾經這樣稱呼我們的文化)，人們不可救藥地喜愛新事物，相信舊就是不好，新就是好。這本書經常提到已過世的人，藉此見證教會是靠聖徒的生命而活。

我尚未順從聖經文本，就沒有自由翻查其他文本。我沒有服膺教會的歷代信仰之前，就不可自由地承認那些當代、受文化認可的資源——例如心理學、社會學、經濟學等——是終極真理的源頭。與教會的傳統進行戀人般的爭吵，與傳統搏鬥，提問哪些傳統是上帝認可的，哪些是虛假和不相干的，這全都合理；但視自己或自己的文化高於拿撒勒人耶穌的故事——即那個信經、教會會議和教會信仰中所呈現出來的拿撒勒人耶穌的故事——卻不然。

諷刺的是，知道誰有權得到你最終的效忠、你最終向一位有權確認你牧職的人負責，是很有能力的自由。當代的牧職的其中一大挑戰是，在我們的事奉中，往往有比單單愛和服事我們的會眾更重要的事要做。太少牧者能超越「維持教會運作」這個簡單的目標，他們事奉的目標也未曾高於一種含糊不清、不明不白的「愛」或「同在」。當我們發現我們自己是負軛的，受著我們對信仰的委身所束縛——也就是基督真正臨在於聖道和聖禮中——並透過我們去翻轉世界，這實在是莫大的恩典。

4. 牧職是困難的。拿先斯的貴格利（Gregory Nazianzen）對受按職事是不情不願的。他寫道，牧者的任務對他來說實在「太崇高」了。他不適合接受「委派去引導和照管靈魂……特別在這個時候」。在聖誕節接受按立後不久，貴格利便感到十分沮喪，他離開他的會眾，走到山上。他的會眾求他回來。當他感到後悔，並在復活節回到教會時，會眾忿怒得拒絕來聽他講道。

在公元三六二年的復活節過後，貴格利寫了一封信，向會眾解釋自己為甚麼逃跑。他表示自己不夠資格接受這個崇高的聖職。他說牧者好像水手，「橫過廣闊的海洋，不斷與風浪搏鬥」，但他寧願「留在岸上，耕種一片細小但怡人的農田，與海洋和它帶來的好處保持距離，向它遙遙致敬」。貴格利說，他最終回來，因為會眾需要他，也因為他害怕不服從上帝多於害怕當牧者。

在很多方面，牧職都是困難的，因為它是關於另一個世界的建造、召喚和引發。基督教的牧職（Christian ministry）雖然低調，但還是與這個社會所珍視的很多價值觀相抵觸，會激發起嚴重的衝突。我們受教導要稱之為上帝國的，與我們的眾多國度會產生矛盾。很多事奉者均接受過良好的培訓卻待遇微薄，這件事本身其實已向文化——一個相信人的價值由金錢來衡量的文化——作了勇敢的見證（當然這斷非待薄神職人員的理據）。

神學院畢業生總是在抱怨，他們在神學院時期所形成的對教會的期望，和他們身為新手牧者所經驗到的教會現實之間，存在著鴻溝。其實教會的社會學現實（sociological reality）和教會的神學召命（theological vocation）之間的鴻溝是必須的，甚至是可取的。牧者的召命包括不斷在那個空間裏作工，並留意以下三者彼此間的鴻溝：教會現在之所是，教會藉著上帝轉化的恩典（God's transforming grace）之應是，並有天要因著上帝而必成之所是。

留意使徒行傳怎樣強調教會的神學召命和教會的社會學現實之間的鴻溝。使徒行傳在描述基督升天之後，重提猶大的背叛（徒一章）。如果要尋找釘耶穌十字架的人，先往飯桌前與耶穌一起聚集的人中間那裏去找。使徒行傳在描述五旬節的榮耀和聖靈降臨在教會（徒二章），以及彼得講道空前的成功（徒三章）之後，記載了彼得和約翰被捕。接著是亞拿尼亞和撒非喇的齷齪勾當（徒五章），以及司提反的殉道（徒六～七章）。教
24 會有來自內部和外面的敵人。耶穌是上帝國的得勝，但這勝利還未完成。他們怎樣對待耶穌，也會繼續怎樣對待屬祂的人。

有些人指控路加擁抱勝利主義（triumphalism）。使徒行傳的作者確實喜歡報導使徒的成功，如「主將得救的人天天加給

他們」(徒二 47)。但幾乎在每次空前成功的佈道之後，路加都講述叫人扼腕的失敗。奉耶穌的名事奉是有張力的，要不斷與各種勢力衝突，時有勝利，但更常遇挫敗。

牧養職事需要眾多的複雜技能——公開演說、才智能力、人際方面的恩賜、自我認識、神學理解、言語技巧、管理思維、打掃地方、收拾金屬摺椅、成為道德榜樣，諸如此類。難怪失敗總伏在門前。

使徒行傳一章首二十節結束時，已就此向我們作出了警告：經文縷述了猶大出賣耶穌的故事(徒一 15～20)。耶穌面對的背叛，最突出的，是來自祂最親密的門徒圈子。

但我們一些事奉上的「失敗」，不單由於我們缺乏才智和技能所致，而是因為耶穌本身。耶穌的事奉在十字架上結束，祂警告我們，我們的事奉也會、甚至應該同樣在這裏結束(可八 34～38)。根據路加所載，耶穌頭一趟事奉是到訪自己家鄉的會堂，在那裏，當祂講道後，連祂自己的親友都想殺害祂(路四 16～30)。在我們的事奉中，我們並不比耶穌優勝。也就是說，沒有神奇的公式可以令我們安全地遠離十字架。事實上，聖經教導我們，當我們的事奉似乎繞過了加略山而顯得十分成功時，我們便特別要抱懷疑之心。

當上帝呼召我們投身福音的服事時，祂應許我們，發生在我們身上的事不會比發生在耶穌身上的事更糟。因此，我們應當勉力反思如何踐行牧職，並努力習得忠於這崇高召命所需的技能。成為好牧者所需的德性(virtues)——智慧、誠實、勇敢、憐憫、慎思——並不是我們大部分人天生就有的。因此，
我們的第一個責任是工作，第二個責任是每天禱告，祈求上帝 25
賜予我們所需的一切，好讓我們遵行上帝的召命。工作和禱告(work and pray, *Labor et Orans*)。我們懷著禱告的信念工作，確信上帝能夠供應一切祂所要求的。

有時神學生會抱怨神學院對他們期望過高，課程太艱深，或者將他們難以擔當的學術重擔加諸他們身上。或許，他們認為自己的摯誠和召命感已足以支持他們的事奉。但他們錯了。

如果他們受到了誤導，我感到難過。但牧養職事是一個難以維生的生計，我們主人的要求可以很高——雖然祂保證那擔子是輕省的，那軛是容易的。接著我告訴他們一個故事。

有一天，教務長漫不經心地告訴我，在年議會中有一個成員寫了一封十分感人的信給他。我認識那個人嗎？在我仍未回答前，教務長繼續說：

> 他寫信告訴我，多年前他蒙召投身牧職。他到離家不遠處的神學院唸書，而下的功夫是僅僅夠他挺過去的那種。他說他與別人相處融洽，也知道怎樣討會眾歡心。在第一家教會四年，他都提供這個「套餐」，而且很管用。接著在第二家教會，他宣講同一系列的信息，同樣對會眾關懷備至，四年時間，那同樣管用。他現在於第三家教會服事，他說「自己已經枯乾了」。他需要更新，但他不知道應該到哪裏尋找足夠的神學知識，讓他檢視自己的事奉是否妥當。他問我能否讓他來度一個安息假，花時間補回他錯過了的神學。我們嘗試幫助他，但因為他有家庭顧慮，不能過來。你知道之後他發生了甚麼事嗎？

我語帶憂鬱，告訴教務長：「他休假接受酗酒治療。上星期，他被發現倒斃在廚房。他喝醉後被自己的嘔吐物卡住喉嚨，窒息致死。」

26 教務長和我站在那裏，沉默了良久。接著他說：「預備人投身牧職，我們這裏的工作真是困難重重。代價有時真的十分大。我們回去工作吧。」

韋利蒙

杜克大學神學院

二〇一五年五旬節

1

按立：為甚麼當牧者？

由水和道成就的新創造 27

在我祖母那間佈局凌亂的大宅的客廳裏，於主日一頓豐富的晚餐後，家人和朋友聚集在一起。講員拿起一個盛滿水的銀盆，說出了一些話，作出了一些應許，然後為我施洗——讓我成為基督徒。有關這次起始性的信仰事件（originating faith event），或許可以用很不同的方式來完成。（如洗禮應該在教會而不是在客廳舉行。）雖然教會不稱職，上帝仍然獨行奇事；而成為基督徒的重點是：成為基督徒，是做在我們身上（to us）並為我們做的事（for us），然後才是我們自己所做的任何事。我們可以用很不同的方式來完成的事情，如果視之為單單是我們一己的行動，那麼實在不及基督和祂的教會在洗禮中為我們所做的那麼重要。身為嬰孩，我被動地接受這件為我做的事：有人抱起我，有人給我施以洗禮的水，有人告訴我耶穌的故事和祂做過甚麼，有人談到祂的應許，有人在我以前活出信仰，以致讓我自己可以接受信仰。換句話說，我是基督徒——藉著水和道——全是恩賜，全是恩典。

這樣，我藉著水和道開始成為基督徒。這樣，世界就開始
了（創一章）。上帝運行在原初的水面上，祂說話，一個新世界 28

便開始。身為基督徒，我的世界始於洗禮，就是基督和祂教會那奇特、深刻、具模塑性（formative）和事實性（indicative）的禮儀。在每個世代，上帝都建立教會，藉著水和道召喚出全新的子民來，否則便沒有教會。

耶穌在約旦河受約翰的洗是祂事奉的開始。耶穌受洗時，天就開了，有聲音說：「你是我的愛子，我喜悅你。」（路三22下）這一幕令人記起，創世時上帝的靈運行在水面上，創造出一個新世界，然後宣告一切都「非常好」（創一章；參《和修》）。記載完耶穌受洗時聖靈戲劇性地降下的那一幕之後，路加接著交代耶穌的家譜——那卻是毫不激動人心的（路三23～38）——將耶穌的父系血統上溯至亞當。我想，這是路加重申愛子的恩賜性特質（gifted quality）的一種方式。祂確實是來自天上的恩賜，是聖靈降臨的果子；但祂也是歷世所傳下來的遺贈，出自一羣好像法勒、希伯、沙拉、挪亞、亞當那樣普通的人。祂在這裏，是上帝從天賜下來的恩賜，也是來自地上以色列的恩賜。

在我的洗禮中，我出自一個由人組成的家，一羣依附在南卡羅萊納州內陸應許之地、延續了五代，並在棉花和牛羣中討生活的人。直到我出生的那一代，人們寧願在學校、教會和醫院謀生而不耕種了。那是一個由人組成的家，擁有大部分家庭都共有的優點和缺點。

但正如我洗禮那天所表明的，我也是上帝的恩賜。我當時之所是，和我將成之所是，都包含著屬天的元素。在我生命之始，也就有神性的俯就（divine condescension）包含在我的人性之中，某程度上，這算是某種道成肉身。從那天開始——基於我現在仍然在不斷發現的過程——你不能解釋我這個人，除非你指涉我的洗禮、洗禮的水、那些應許、那個故事，以及按在我頭上的手。你可以批評我受洗的模式——應否那麼早進行，或者應否先有人給我指導，或者應在不同的地點舉行，或者意圖該更明確——但你必須承認它是有效的。於此，我在告訴大家一個大家告訴我的故事，這個故事不是我自己告訴我自己的 29
故事；這個故事是一個我仍然在學習講述的故事——一個名為**作門徒**（discipleship）的故事。

路加交代完耶穌的家譜後，便開始記述耶穌事奉的故事。「耶穌被聖靈充滿，從約旦河回來，聖靈將他引到曠野。」（路四 1）現在祂的工作展開了。事奉是從洗禮而來的恩賜。這從水和道而來的恩賜，從聖靈降臨而來的行動，也是一種委派（assignment）。首先是從洗禮而來的恩賜，然後是從洗禮而來的召命。「耶穌滿有聖靈的能力，回到加利利……他在各會堂裏教訓人。」（路四 14～15）

不過，如果你熟悉這個故事，便會知道在祂受洗和到加利利事奉之間，曾經受試探（路四 1～13）。祂逗留在曠野四十天受魔鬼的試探，魔鬼給耶穌提出了一些誘人、甚至是崇高的選擇——石頭變餅、政治權力、神蹟奇事——這一切本身都可以是好事。但耶穌全都拒絕了。某程度上，這些好事並不配合耶穌蒙召的職事。從耶穌開始工作的時候起，路加便提醒我們，事奉從一開始便是在上帝的工作和我們自己的工作之間的一種選擇。召命和試探似乎總是走在一起。如果我們不清楚自己應該做甚麼事，魔鬼很樂意告訴我們。

因此，本書對「受按領導」（ordained leadership）的探討，會先認定了起始性的洗禮呼召（originating baptismal call），然後才進到神職的召命（clerical vocation）的奇特本性，並著力澄清這召命及其責任。牧職總同時是恩賜和委派。所有這些有關受按立的生命（ordained life）的反思，都以路加福音四章 1 至 12 節為背景；在牧者的事奉當中，事情總有可能出錯，總會遇上很多試探，而且魔鬼很渴望以其工作取代上帝的工作。

按立：一個神學及歷史評註

我們在新約找不到多少記述是強調基督教領導架構（structures of Christian leadership）的延續性的。新約主要關注的
30 是忠心的見證的延續性(提後二 2)。就新約教會有甚麼具體的領導架構而言，新約的原始資料，出了名是無定論的（inconclusive）。有些教會，似乎由“bishops”（*episkopoi*, overseers；編按：有譯作「主教」、「監督」、「會督」等）領導，或稱為“pastors”（牧師、牧者等）。在有些教會，似乎存在「長老」會議（council of “elders”〔*presbuteroi*〕），由不同的長老在教會承擔不同的責任。這種教會治理的模式肯定來自會堂（synagogue）。[1]

後來這兩種樣式似乎融合在一起，主教帶領若干堂會，長老則成為堂會的聖職人員/祭司（priests），帶領個別教會。在使徒時代之後，甚至早至教牧書信（Pastoral Letters）的時代，則是職事的三重架構——主教、長老（新約從沒有用 priest〔*hieros*〕來稱呼基督教領袖）和執事（deacon, *diakonoi*）。執事是教會的「社會工作者」（social workers），幫助料理教會內外的需要。[2]但在最初幾個世紀，這幅圖畫並不那麼細緻。在保羅書信的許多篇章中，他處理好些由周遊各教會的佈道者、先知、醫治者和靈性導師所引起的問題；重要的是，與今天的教會相比，早期的教會會認可領導恩賜（leadership gifts）的各種可能。

今天教會的所有職事模式，包括新教和天主教的，都比新約遠為固定、形式化和統一。在教會的最早期，信仰羣體亦顯出令人欽羨的能力，能適應和創造新的模式，以迎接教會種種新的挑戰（徒六 1～7）。而且，信仰羣體似乎是自發地認可那些蒙召作領導的人的 *charismata*，即「屬靈恩賜」（spiritual gifts）。在當代的教會架構中，是否存在一些窒礙屬靈恩賜的危

險？誠然，在上世紀，最先認可女性當牧者的，是較為追求靈恩和重視五旬節經驗的教會。保羅的教會也出現領導混亂的問題，但他仍然肯定上帝賜下各種恩賜去引導和建立教會。「恩賜原有分別，聖靈卻是一位。職事也有分別，主卻是一位。」（林前十二 4～5）

牧者是誰？他們所為何事？當教會設立本身的領袖（即受 31
按職事），就要回答這些問題。在這些禮儀中，教會道出和表現出它對神職人員的信念。在長達二十個世紀之久，教會從受洗的人中呼召一些人作領袖。以神學角度來反思這些禮儀，能讓當代牧者更清楚曉得他們之所是，並教會委派他們去領導究竟意味著甚麼。

我們會以三世紀初羅馬的希坡律陀（Hippolytus）於《使徒傳統》（*Apostolic Tradition*）中的主教按立禮為基礎，思考神職人員之所是所為。希坡律陀留給我們按立主教、長老和執事的第一個完整論述——這個論述在其後許多對按立禮的修訂中，都成了按立禮禱文的模範。

希坡律陀《使徒傳統》中的主教按立禮

接受按立的主教，必須無可指責，並為眾人推舉。

當他得到提名，而眾人都認為是可接受之時，大家就應該在主日聚集，長老和主教都要參與。

在眾人同意下，眾主教按手在他身上，長老安靜地站在一旁。

眾人都應該安靜，在心裏默默祈求聖靈降臨。

其後，其中一位主教，在眾人要求下……按手在接受按立的主教身上，祈禱說：

上帝，我們主耶穌基督的父、憐憫的父和所有安慰的上帝，「居於高處但尊重卑微者的那一位」，「在一切發生前都已經洞悉一切的那一位」；

你「以你恩典的聖道」給你的教會頒佈律例典章；你「從開始便預先選定了」公義的族裔出於亞伯拉罕；
32 你又設立君王和祭司，沒有讓你的聖所欠缺事奉者；你從創世以前，已經悅納從你揀選之人身上所得的榮耀；

現在求你傾出來自你「尊貴的靈」(the princely Spirit；參《和合本》作「樂意的靈」)的大能，是你賜給你愛子耶穌基督的，而祂又賜給你的聖使徒，讓他們建立教會，在各處尊你為聖，為你的名帶來無盡榮耀和讚美。

「知道人心」的父……你這個僕人是你為教會揀選的，他要餵養你聖潔的羊羣，作你的大祭司；求你令他可以不分晝夜、無可指摘地事奉，可以不止息地……平息你的怒容，將你聖教會的恩賜獻給你。

而藉著大祭司的靈，他有權柄根據你的命令「赦免罪」，根據你的吩咐「分派所有」，根據你給使徒的權柄「解開一切捆綁」，讓他以溫柔和純潔的心討你喜悅，將「馨香的祭」「獻」給你，

藉著你的兒子我們的主耶穌基督，透過祂，將榮耀、能力和讚美歸你，歸予父、子以及聖靈，從今時……直到永永遠遠。阿們。[3]

按立禮的核心禮儀動作是按手（laying on of hands, *epitithenai tas cheiras*），這個象徵性行動很可能源自拉比的習慣（提前四14；提後一6）。這行動象徵聖靈的恩賜，同時象徵那些先參與事奉者將權力給予受按者。職事是內在的，是個人

內在的呼召；但通過按手這個教會在受按者生命裏所作出的公開行動，職事成為外在的。

在希坡律陀對按立主教的論述中，我們發現一個樣式，是影響了西方教會其後的所有按立禮的：(1)整個信仰羣體和羣體的長老一起選立主教；(2)受按者必須以自由意志來作出回應；(3)地方會眾驗證那人的信仰，確保他的信仰是承傳自使徒；(4)主教按手，加上一個祈求聖靈降臨的禱告(prayer for the Holy Spirit, *epiclesis*)，顯示這人雖然是羣體揀選的，但又不單是教會選立的；(5)新的職事因為羣體的揀選而被解釋為聖靈的恩賜。在這最早的按立禮中，沒有怎樣提到神職人員的 33
特點，這要到較後期的禮儀才有提及。教會需要領導，而透過上帝和教會，聖靈恩慈地將領導賜下。

以這個禱告及其場景作為思考「按立」這個課題的基礎，我們提出以下觀察，而這是與按立神學(theology of ordination)有關的：

1. 按立是基督和祂教會的行動

> 上帝，我們主耶穌基督的父、憐憫的父和所有安慰的上帝，「居於高處但尊重卑微者的那一位」，「在一切發生前都已經洞悉一切的那一位」；
>
> 你「以你恩典的聖道」給你的教會頒佈律例典章；你「從開始便預先選定了」公義的族裔出於亞伯拉罕；你又設立君王和祭司，沒有讓你的聖所欠缺事奉者；你從創世以前，已經悅納從你揀選之人身上所得的榮耀。

上帝被稱為「父」，代表著祂與子的關係，而上帝就是創造主，即創造世界的那一位，祂坐在高處，卻俯就卑微的人；祂不單創造世界，也從無有中創造出「公義的族裔」；祂認識、賜予、設立和揀選。因此，在這個禱告中，按立聯繫到上帝創造和設立世界的秩序。按立是**上帝創造的行動**，跟創造世界和呼召以色列相似，是從混沌中帶來秩序，從虛無中造出世界。

於聚集的羣體在場下，人們作出這個禱告。教會聚集，為了新領導的恩賜（the gift of new leadership）感謝上帝，並委派其中一人，服事基督和祂的教會。上帝賜給我們福音，然後賜給我們教會，再賜給我們教會領袖。這個邏輯次序是重要的，因為牧者服事教會，讓教會可以更有效地服事那位福音的主
34 （the gospel's Lord），令教會成為永活的基督的臨在。教會因此實現了基督的應許，「因為無論在哪裏，有兩三個人奉我的名聚會，那裏就有我在他們中間」（太十八20）。耶穌是「以馬內利」，意思是「上帝與我們同在」（太一23）。上帝與我們同在的奇特方式被稱為教會。保羅向他其中一羣會眾解釋說：「上帝真的在你們中間」（林前十四～十五章）。教會領袖後起於教會，也從屬於教會——即所有平信徒——教會領袖的涵義源自基督的應許，以及基督想透過 *laos*，即上帝的子民（people of God）在世界做甚麼。[4] 聚集在主餐桌前的不是會眾的神職人員，而是會眾，教會才是基督在世界中同在的主要彰顯。教會先於它的領導。

> 接受按立的主教，必須無可指責，並為眾人推舉。
>
> 當他得到提名，而眾人都認為是可接受之時，大家就應該在主日聚集，長老和主教都要參與。

到了二世紀，**主教負責主持按立禮**。安提阿的伊格那丟（Ignatius of Antioch）提出了主教在教會委派新長老時所該扮演的角色。伊格那丟將主教的領導詮釋為：確保教會的合一與

和諧（unity and harmony），以及令會眾與教會之間保持著延續性（continuity），成為一個整體。[5]主教本身是一位長老（elder/presbyter），他受眾長老委派去召集和帶領他們，並象徵和致力於教會的合一與和諧、使徒性和大公性。

> 你「以你恩典的聖道」給你的教會頒佈律例典章；你「從開始便預先選定了」公義的族裔出於亞伯拉罕；你又設立君王和祭司，沒有讓你的聖所欠缺事奉者。

教會宣稱，它**將領導視作上帝賜給教會的恩賜**。耶穌在
世上沒有獨自完成祂的工作，而是委派十二門徒成為祂的追隨
者幫助祂。在新約中，我們找不到任何證據，顯明羣體可以不 35
需要領導。在神學上，教會不可能缺乏聖職人員，或蒙召者稀
少，因為根據如使徒行傳等的記載，信徒明顯確信上帝會恩慈
地、而且有時頗令人驚訝地，將領袖賜給教會。所以缺乏領導
（shortage of leadership），很可能是由於教會不忠心，或者掌權
者短視，而不是聖靈吝嗇。

> 是你賜給你愛子耶穌基督的，而祂又賜給你的聖使徒，讓他們建立教會，在各處尊你為聖，為你的名帶來無盡榮耀和讚美。

將權力分派出去，是耶穌的性情，祂首先把權力賜予祂的「聖使徒」，然後賜予所有祂呼召的人（徒二39）。

在這個羣體中作帶領，不是出於帶領者的天賦，也非首要地出於追隨者的卑屈，而是**出於基督的恩賜，祂俯就臨在**於作帶領者的生命和工作之中，是祂將任務賜予他們。

2. 按立是為了服事基督和教會

> 你這個僕人是你為教會揀選的，他要餵養你聖潔的羊羣，作你的大祭司；求你令他可以不分晝夜、無可指摘地事奉。

在新約聖經中，受委派作「事奉者」(ministers)的，被稱為 *diakonoi*；保羅喜歡以此作為基督教領袖的稱號，而這詞出自意為「服事」(service)之希臘文(林前十二 4～30)。重要的是，這個詞也是「管家」(butler)和「侍應」(waiter)等詞的字根——教會竟然以這樣平凡和卑微的詞彙來稱呼它的領袖！牧者不比當管家的高；可是，在天國的顛倒倫理學中(topsy-turvy ethics)，這職分堪比任何高位者——在主餐桌前作**眾僕人的僕人**(a servant of the servants；比較約十三章)。

僕人侍候的餐桌是主的餐桌，聚集在餐桌前的不外是基督
36 的身體，這為 *diakonoi* 帶來了嶄新的意義。對保羅來說，全教會都是基督的身體(林前十二章)，**所有已受洗的人都參與「事奉」，當中包括使徒、教師、先知，和其他擁有特別恩賜並得到羣體認可該恩賜是有助建立羣體者**。

耶穌以水盆和毛巾來示範何為領導，祂勸告追隨者不要像追求權力的外邦人那樣行事。「只是在你們中間，不是這樣。你們中間，誰願為大，就必作你們的用人(*diakonos*, servant)；在你們中間，誰願為首，就必作眾人的僕人(*doulos*, slave)。」(可十 43～44)經文中的「用人」(servant)、「僕人」(slave)，這等領導的定義多麼古怪(試比較牧者的按立禮和總統的就職禮)。正如偉大的富希士(P.T. Forsyth)所說：「理想的牧者至少有三個身分……他是先知……他是牧者，他同樣是祭司；但他斷不是君王。」[6] 在哥林多前書四章 1 節，當保羅談到自己以

及那些跟他一起作帶領者，他用上了 *hypéretes*（servant；《和合本》作「執事」）和 *oikonomos*（steward；《和合本》作「管家」）這兩個詞。希臘人用 *hypéretes* 來稱呼給鐵鏈鎖在大木船上的奴隸。這個驚人的比喻描述了基督教牧職的捆鎖。*Hypéretes* 也可以指服事掌權者、並獲派代表掌權者說話的人。醫生的助手也稱為 *hypéretes*。歷史學家約瑟大（Flavius Josephus）稱摩西為上帝的 *hypéretes*，帶領以色列人前往應許地，向以色列人解釋上帝的誡命。保羅表明他和亞波羅身為上帝的 *hypéretes*，是忠心地傳講基督福音的。

及後，當以弗所書將教會領袖描述為「使徒」、「先知」、「傳福音的」、「牧師和教師」時，經文指出所有這些職事都旨在「成全聖徒，各盡其職（*diakonia*, ministry）」（弗四 11 ~ 12）。這些事奉者「成全聖徒」，也就是全教會，讓教會可以「各盡其職」。牧者的涵義，源自於要在事奉者當中所需要成就的事 —— 即是成全**教會**。我們稱這些成全聖徒者（equippers of the saints）為「牧者」。我們可以這樣說，提摩太前書所以如此重視主教（《和合本》作「監督」）的職分，也是基於他們有「照管上帝的教會」的責任（提前三 5）。

四世紀發生的一些事件，對教會領導的特質帶來了嚴峻的 37
考驗。[7]帝國的逼迫突然停止。基督教神職人員以前是小羣體的領袖，而這些小羣體由身處帝國邊緣、具顛覆性、不時受逼迫並往往被忽略的教派所組成；可現在他們即將成為國家的代表。教會和文化之間過去那種緊張關係，已然消弭。也許有些人更只為了經濟或政治上的升遷而在教會中謀取職分（office）（領導除了是一種召命，也變成了一個職分）。神職人員穿上羅馬貴族的男性服飾。牧者肩帶是有教養的羅馬男士上街會穿戴的領帶，象徵著教養和權威，而這更成了西方教會神職人員常見的服飾。列隊行進（processions）是帝國文化所鍾愛的，當中界定了參與者的社會階級和政治地位，而這也成為了基督教崇拜的特點。從四世紀以降，這種張力一再在受按職事的歷史中出現——牧者掙扎著去適應各種多變的景況的同時，亦要忠於那個獨特的稱號（用大貴格利〔Gregory the Great〕的話），就是 *servus servorum Dei*，即上帝眾僕人的僕人。

3. 按立乃「從上而來」，是聖靈恩惠的恩賜

眾人都應該安靜，在心裏默默祈求聖靈降臨。

> 現在求你傾出來自你「尊貴的靈」的大能，是你賜給你愛子耶穌基督的，而祂又賜給你的聖使徒，讓他們建立教會，在各處尊你為聖，為你的名帶來無盡榮耀和讚美。

希坡律陀指出，主教按手，加上 *epiclesis*，即羣體祈求聖靈降臨的禱告，是關乎按立的主要象徵性動作。保羅寫信給提摩太：「為此我提醒你，使你將上帝藉我按手所給你的恩賜再如
38 火挑旺起來。」（提後一6）[8] 聖靈正是上帝在我們事奉中「多而又多」地賜下的。

透過這個按立樣式，**揀選新的領袖，既被經歷為流溢之聖靈所賜下的恩賜，也被經歷為聖靈充滿的羣體所作出的委派**。古老的聖詩 *Veni Sancte Spiritus*（《來吧，聖靈》〔*Come, Holy Spirit*〕）是按立禮的重要部分。經路德改革的禮儀亦將此包括在內，而聯合衞理公會的禮儀只將之變成一個選項，實為可惜。[9]

教會的領導是職能性的（functional）。牧者要做那些「令教會成為教會所必須要做」的事。

> 而藉著大祭司的靈，他有權柄根據你的命令「赦免罪」，根據你的吩咐「分派所有」，根據你給使徒的權柄「解開一切捆綁」，讓他以溫柔和純潔的心討你喜悅，將「馨香的祭」「獻」給你。

牧職也是屬靈恩賜式的（charismatic；或作「靈恩式的」），是上帝所賜予和要求的。教會中的領導是一個制度（institution），但它卻以一件事件（event）來開始。如果上帝收回這恩賜，職事就會潰崩；除了聖靈的恩賜外，所有令職事有意義的努力，盡都徒然。如果，在本書中，我嘗試列出做牧者的所有重要技能，並所有要用技能來完成的事，卻沒有不斷倚靠聖靈，它便不是關於受按領導（ordained leadership）的教科書，而是另一個褻瀆上帝的嘗試，期望教會中可以出現沒有聖靈恩賜的領袖。

牧職「從上而來」（from above），乃上帝的恩賜，是一種特別的靈恩（charisma）；牧職「從下而來」（from below），乃源自羣體的需要和期望。於此，我們相信保持這兩個側重點之間的張力是必然的。單單側重牧職如同上帝的恩賜，可以令召命變得私人化、個人化和抽離（detached），難以長久；另一方面，過分側重牧職只是羣體所需的一個功能，是「從下而來」的，容易令牧職僵化、制度化、形式化，只圖令組織繼續維持下去。

我自己在神學院的教導中感受到這股張力。我們有責任將 39
神學生塑造成現存建制的領袖——在教會授權下，好好服事教會。但我們會否將他們磨得太平滑，強逼他們配合目前教會的先入之見？我的教會積弱了幾十年，日漸凋零，現在似乎最需要有人痛下針砭，帶領目下的教會往前走，使它更忠誠和更有活力。按手這個動作仍然是有力的記號，在其中教會既認可牧職是靈恩式的恩賜，也是羣體的授權，並在兩者之間保持著張力。[10]

4. 按立乃「從下而來」，是源自教會需要領導，以及有智慧去委任領導

巴特利特（David Bartlett）說過，他認為今天的教會對牧者抱著兩個截然不同又相互衝突的觀點。一方面，大家認為牧者是由上帝派來，承擔講壇的服事，或者由基督所任命，代替基督成為餐桌的主領者。另一方面，大家又認為牧者是從眾人中被召出來，通過講道幫助會眾詮釋聖經，並站在餐桌前服事，提供協助，在那裏，主領者只有基督。[11]

巴特利特的歸納意味著：第一個觀點引申出一種「高」派（“high”theology）的按立神學，在其中牧者「代替基督成為餐桌的主領者」。另一個觀點則引申出一種「低」派（“low”theology）的牧職神學，在其中某人只是「從眾人中被召出來，並站在餐桌前服事，提供協助」。

這兩個觀點都有聖經根據和歷史先例。第一個觀點強調牧職中那種恩賜性的、並滿有恩典的特質，是上帝給教會的特別恩賜。第二個觀點主張基督教牧職那種職能性的、並源自羣體的特質。兩個側重點都出現在希坡律陀的禱告中。

因此，在《教會規章》中，聯合衛理公會表明，他們的神職人員接受按立，是為了兩重任務：「聖禮上和職能上的領導」。[12]

> 40 接受按立的主教，必須無可指責，並為眾人推舉。
>
> 當他得到提名，而眾人都認為是可接受之時，大家就應該在主日聚集，長老和主教都要參與。

雖然按立是上帝的行動，**教會也會挑選和提議人選**。在聯合衛理公會禮儀書的〈序言〉如此說：

> 按立是教會的公開行動，顯示某人接受上帝的呼召，透過聖道、聖禮和教會規章的事奉，建立教會，並由基督徒羣體藉著禱告和按手來承認這呼召，並確證這呼召的真實。[13]

所有按立禮都著力顯示神職人員的這兩重呼召。上帝呼召，而教會認可、檢視和確證那神聖的召命。[14]但事實證明，神職召命這兩重性質的恰當關係該當如何，教會難以拿捏得好：並非每一個蒙上帝呼召者，教會都認可為領袖，並非每一個由教會推選出來作帶領者，都具備上帝所賜的領袖恩賜。上帝的呼召、教會的推選、事奉的恩賜，以及（對大多數教會來說）牧職的裝備，都是教會按立的條件。

理查德．尼布爾就召命（vocation）在各方面作出了定義：

> （1）**成為基督徒的呼召**，而這種呼召有各種描述方式，包括作耶穌基督門徒的呼召、聆聽和踐行上帝的道的呼召、悔改和相信的呼召，諸如此類；（2）**祕密的呼召**（secret call），那就是個人內在的催迫或經驗……感到自己直接蒙上帝呼召或邀請，好承擔牧職工作；（3）**護佑的呼召**（providential call），就是透過裝備具執行職務才幹者，並通過上帝在這人生命中的種種引導，邀請或命令這人去承擔牧職工作；（4）**教會的呼召**
> （ecclesiastical call），就是由某個教會羣體或建制所召 41
> 喚和邀請……而投身牧職工作。[15]

基督教牧職是多義的（multivocal）。內在、個人的呼召，必須由教會外在的呼召所試驗、所確定。

在浸信會和公理宗中，人們確信一個人蒙上帝呼召投身牧職，並顯出恩賜，便確證了這人可以被分別出來作堂會的領袖，做牧養的工作。在這些教會中，按立較多是平信徒對蒙召者的確認（recognition）而非核准（approbation）。不過，這種傳統的教會，亦具備某形式的制度，以檢視和認可預備投身牧職的人選；而且，這種制度超越個別會眾羣體，可將會眾羣體性的牧職呼召（congregational call）聯繫到整個宗派。

在最初三個世紀，教會領導工作的特點是流動性，以及其極大的地方性差異，但到了迦克墩會議時期（Council of Chalcedon, 451），教會明顯希望給教會領導訂立某種官方標準。迦克墩會議的與會者認為，把按立聯繫到會眾羣體的牧職是必須堅持的，而不應把它單視為一個與會眾羣體服事無關的個人特質。迦克墩會議法規第六條（Canon VI）處理領導的問題時指出，除非明確地委派那人負責某家教會，否則不可將人按立為聖職人員/祭司（留意這是第一次官方標準化地在會議中使用 priest 這詞）或執事。這裏要對抗的，是牧職變得獨立自由（free-floating）的可能性，即視按立為個人擁有的東西，而不是連繫於一個會眾羣體的領導工作。

在迦克墩會議中，我們看到事奉神職化（clericalization）的進一步證據：視牧職為一種聖秩（order）。羅馬人所說的 *ordos cenitorium* ——統治的上層階級，是有別於庶民階級和一般百姓的。重要的是，這種帝國的詮釋現在被加諸於牧養事奉之上。人們接受按立，進入一個教階、一個階層。用如此方式來思想神職人員，其傾向可以追溯至伊格那丢時代，而今天這種傾向已在教會的做法中根深柢固。

42 迦克墩會議排除萬難，將牧職界定為本質上是集體的、公共的、繫於會眾的而非抽離羣體而不需負責的。同時，牧職已經由關乎地方的會眾的權力（prerogative），變成牽涉更廣的全教會的事情，也就是說，要由主教授權而不是出於教會需要領導。不久，教宗利奧一世（Pope Leo I）說：「預備投身牧職的人選，應該由神職人員來負責挑選，不過卻又是眾人所想望的。」如此，按立既關乎由一羣神職人員來擔當選任的工作，也就遠離了羣體的優先性了。

5. 按立，模塑那些服事眾祭司的祭司

在譬如希伯來書這樣的書卷中，耶穌被稱為「尊榮的大祭司」。但在譬如彼得前書那樣的經卷中，教會——所有受洗的人——都給描述為「聖潔的子民」、「祭司的國度」。**所有受洗者都分享著基督普世的祭司職分**（priesthood）。因此，不是由祭司/聖職人員帶領平信徒，而是藉著洗禮所有人都成了祭司/聖職人員。

然而，早在希坡律陀的著作《使徒傳統》中，我們已看到了麻煩將會出現的端倪。

> 「知道人心」的父……你這個僕人是你為教會揀選的，
> 他要餵養你聖潔的羊羣，作你的大祭司。

希坡律陀談到牧職關乎「來自你『尊貴的靈』的大能」。換句話說，希坡律陀的《使徒傳統》，即我們現存最古老的按立禮儀記錄，將基督教的牧職聯繫到舊約的祭司身分。這種預表（typology）在亞他那修（Athanasius）、特土良（Tertullian）及其他初期教父的著作中都可以見到，而它亦成了中世紀思考神職的主要進路。[16]這使得神職人員的角色愈發神聖，與平信徒的距離愈顯遙遠，最終，他們的工作變成主要是策劃基督教禮儀，而不是受託照顧禮儀所塑造的羣體。

在一一七九年和一二一五年的第三和第四次拉特蘭會議

（Third and Fourth Lateran Councils）中，神職人員和羣體徹
43 底脫鉤。從前，只有由特定羣體推舉成為聖職人員者，才可以接受按立。根據迦克墩會議，所有「絕對按立」（absolute ordinations；或作「抽象按立」）——指該按立沒有聯繫到相應要帶領之會眾羣體——都是無效的。但在拉特蘭會議後，只有由主教安排的人才可以接受按立。[17]我們在希坡律陀的文字中看到，羣體的宣稱本來是引發按立的必需元素，但這元素正在隱退。按立成為個人擁有的職分，由經委任的主教傳遞下去。

第四次拉特蘭會議也出現了一種主張，就是聲稱按立具有神祕的**聖禮特性**（sacramental character）。人們更多談論牧職的「特性」，並將那特性聯繫到舊約對祭司那鉅細無遺的要求，由此本體性地（ontologically；相對於功能性）神聖化了聖職人員的身分。現在，聖職人員變得與眾不同，因為在按立的禮儀中他們給授予一些神聖特質。*Sacramentum*（聖禮）與皇帝蓋下的御印有關；**特性**（character）一詞則本來意指羅馬士兵加入軍隊時烙在他身上的擦不掉的烙印或蓋印，奧古斯丁曾用這個意象來討論洗禮的恆久性和不移性（imperviousness），現在這意象也套用在按立一事上。

聖職/祭司職分現在傾向被視為個人的生命狀態、地位，而不是服事羣體的一種功能，亦因此被個人化和私有化了。[18]現在，按立成了神聖的禮儀、教會的聖禮。聖職/祭司職分跟特定羣體的委任及服事已然割裂。迦克墩會議譴責為「絕對按立」的，現在成了西方教會的規範。通過按立禮，人得到新的特性，一種**難以去除的特性**（character indelibelis），一個不可磨滅的印記，這令神職人員在本體上變得有所不同（ontologically different）。接受了按立的人會「按著麥基洗德的等次永遠為祭司」。[19]

> 凡從人間挑選的大祭司，是奉派替人辦理屬上帝的事，
> 為要獻上禮物和贖罪祭。他能體諒那愚蒙的和失迷的
> 人，因為他自己也是被軟弱所困。故此，他理當為百姓
> 和自己獻祭贖罪。這大祭司的尊榮，沒有人自取，惟要 44
> 蒙上帝所召，像亞倫一樣……你是照著麥基洗德的等
> 次永遠為祭司。（來五1～4、6）

這些來自希伯來書的話，曾應用在基督和祂的大祭司身分上，現在也適用於基督教神職人員，因此單將 *cleros*（神職人員）聯繫到基督的祭司身分，無疑削弱了上帝 *laos*（百姓）的祭司身分。希伯來書主張，由於基督已經獻上完美的祭，現在禮祭已經結束，除了基督這位大祭司外，再沒有「祭司」，因此用這段經文來談論身為教會禮節領袖的基督教神職人員，顯得格外奇怪。

新教的宗教改革運動企圖讓所有已受洗者再次分享基督的祭司身分。路德說每個基督徒都是傳道者、佈道者、教師（父母必須向兒女傳道，夫妻應該彼此傳道）。路德說：「普遍的祭司職分（universal priesthood）是存在的」，但那不是一種聖職人員的階級聖秩，而是「信徒皆祭司」。正如路德說：

> 無論誰從洗禮的水出來，都可以自稱為已受祝聖的聖職人員、主教和教宗，當然，似乎並非任何人都可以行使這樣的職務……平信徒和聖職人員之間沒有真正並基本的分別……除了關乎職事和工作，可這非關乎地位。[20]

所有基督徒都受洗分享著基督的大祭司身分。「信徒皆祭司」的教義，不像有時人們所主張的那樣，表示每個人是自己

的祭司，而是指每個人都是鄰舍的祭司，都有分於基督那身為世界的祭司這個身分。[21]或許，這是為甚麼今天首先按立女性的是新教徒，畢竟，根據宗教改革運動的神學，受洗的女性也已經是「祭司」了。

為了良好的秩序，在教會聚集時，「祭司」中有些人以「聖職人員」或「上帝眾僕人的僕人」這個身分供職。這些人被稱為**牧者**。路德說：「我們都是祭司，正如我們很多人是基督徒一樣。但現在我們稱為聖職人員的，是從我們當中選出來的事奉
45 者（ministers, *diener*），他們盡忠職守。聖職人員的身分只是一種職事而已。」關於「信徒皆祭司」，路德說：「正如我們所有受洗者一樣都是祭司，沒有分別……因此彼得前書二章說：『你們是被揀選的族類，是有君尊的祭司，是聖潔的國度。』因此我們都是祭司，正如我們很多人是基督徒一樣。」[22]

實際上，改教家強調，對基督徒來說，問題不是「我是否蒙召事奉？」而是：「我蒙召參與甚麼事奉？」在宗教改革運動的傳統中，牧者是蒙召奉基督的名向會眾傳道，好讓會眾可以奉基督的名向世界傳道。

在很大程度上，宗教改革運動是改革教會領導的運動，雖則改教家長於教義，而並非總是長於實作。他們特別強調神職人員的教育。（新教的神職人員傾向不穿著禮儀服式，轉而穿上黑色的禮袍〔Geneva gown〕，而後者是學術而不是神職的服飾。）為了糾正很多中世紀神職人員知識匱乏的現象，新教神職人員得接受良好的聖經訓練，藉以成為聖道的僕人（servants of Word）。

路德不但認為新教神職人員可以結婚，而且他認為婚姻和生兒育女差不多是神職人員所必須做的。藉此，神職人員表明，福音要活現在此時此地、此世此生的日常關心之事之中。

聚集的會眾（gathered congregation），再次給聯繫到神職人員的選立和職能。牧者的主要關注，變成了照顧會眾而不是主

領宗教儀節。新教的按立禮儀強調牧者是牧人（shepherd），是看顧羊羣的那一位，他的職事源自並集中在上帝那羣聚集在一起的子民身上。

神職人員再次被視為是**共同領導式的**（collegial），即與其他訓練和督導同仁的神職人員，彼此同工。有些新教徒，例如改革宗，則取消了主教制，但嘗試透過由神職人員組成的羣體延續主教制的傳統和管治職能。

6. 按立將一些人分別出來，成為會眾的榜樣，在一切事情上沒有瑕疵 46

求你讓他可以不分晝夜、無可指摘地事奉。

大家期望基督教領袖成為模範的基督徒。牧者的**道德榜樣是牧者服事上帝的子民的一面**。

提摩太前書明確提到基督教領袖的道德質素：

作監督的，必須無可指摘，只作一個婦人的丈夫，有節制，自守、端正，樂意接待遠人，善於教導；不因酒滋事，不打人，只要溫和，不爭競、不貪財。（提前三2～3）

這並非期望牧者在道德上比其他基督徒更值得學效，而是期望牧者的行為與他們的公共責任，以及羣體——也就是教會——責任相符。留意提摩太前書毫不猶疑地將牧者的公共、會眾角色，聯繫到牧者婚姻和家庭的責任上。很明顯，牧者要成為教會的榜樣，而不像現代的做法，將公共和私人、社會和個人的行為分開，結果引來諸多困擾。

牧者服從的軛並不輕省。人們逃避作牧者的呼召，有悠久和「光榮」的傳統。在一篇關於以賽亞書的講章中，俄利根（Origen）將以賽亞那年輕、充滿朝氣的「我在這裏，請差遣我！」與盡一切努力逃避上帝呼召的約拿作比較。俄利根認為約拿更聰明：

> 我們比較了以賽亞和摩西，讓我們以類似方式比較以賽
> 亞和約拿。上帝差遣約拿預先告訴尼尼微人，三天後當
> 地就必傾覆；他不願意接受差派，不願意成為那城市受
> 災的原因。但以賽亞沒有等到聽清楚上帝的吩咐，要他
> 去說甚麼，便回答說：「我在這裏，請差遣我！」不急
> 於迎向來自上帝的榮耀、高位和教會的職事，是好事；
> 47 我們倒應該效法摩西說：「你差遣別人吧。」……福音
> 書這樣說：「外邦人有君王為主治理他們，有大臣操權
> 管束他們。只是在你們中間不可這樣。」[23]

希坡律陀清楚說明了，基督教領袖所代表的一種生活方式和領導風格，明顯跟世界是強烈的對比。確實，事奉者（minister）的基本身分是一個基督徒（即已受洗者），接受按立，闡釋或進一步展示牧者的洗禮（pastor's baptism）的含義。然而，按希坡律陀的說法，教會的領袖應該「沒有瑕疵」和「無可指摘」。從一開始，人們便主張神職人員應該在品格上作榜樣。

教宗英諾森三世（Pope Innocent III, 1198～1216）年間的辯論，削弱了神職人員身為道德榜樣的角色。按立被正式界定為：一個人接受過「獲祝聖的主教」按手的禮儀。因此，在英諾森三世後，受按職事便聯繫到「因功生效」（*opus operatum*；或譯「事效性」）——即禮儀行動本身（指聖禮、聖事），就是其所指向（signified）的根源所在。

差不多一千年前，在多納圖爭議中（Donatist controversy），奧古斯丁認為按立總帶著上帝的恩典，即使聖職人員有其個人缺失。雖然一個人可能聲譽不佳，但按立使得上帝的恩典透過那人作工，不管那人有甚麼錯失。[24] 從我自己身為牧者的經驗觀之，我是如此不配，使得我相信奧古斯丁的宣稱是真實的。但在中世紀，奧古斯丁這個牧養方面的論證被推到極致，彷彿個體的品格，或羣體對個體的需要和回應，都沒有多少關係了。

以往牧職和教會之間的關係，現在轉移為某些禮制上的權力和聖禮上的職能之間的關係。聖職人員如神甫是有權主持彌撒的人，只有正式受按立的聖職人員才可以誦讀「祝聖的話」。聖職人員的職分由聖職人員與宗教禮節的關係來界定，而不再那麼著重其與羣體的關係。彌撒經受按立認可的聖職人員祝聖，才被「認可」，無論羣體於其中的角色如何。聖職人員現在 48
成了一個特殊階級。舊約給祭司的律法，以及關乎守獨身和童貞的教導，現在亦傳承到「聖職人員」身上——但已不指涉到聖職人員的「宗教面向」了。

因此，我們今天對受按職事的觀念，很多都根源自發生在教會頭兩個世紀的革新，並在首一千年中已完全實現——**創造了平信徒**。在後來的按立禮儀中，那些曾經藉著洗禮賜給所有基督徒的恩賜，現在只會於按立時賜給聖職人員。平信徒，這羣應當被視為蒙揀選的人，實際上卻被看作一羣**沒有**分別為聖的人，一羣不再分享著基督大祭司身分的人。[25] 基督祭司般的屬性，現在只授予已受洗者中的其中一羣人——神職人員。對已受洗的人來說，這樣的發展令人惋惜。

還有，我在希坡律陀的禱告中找不到不讓女性受按立的記述，他也沒有提到性別的指向。正如保羅教導說，福音超越我們的社會、種族和經濟分歧（加三 27～29）。

7. 按立是共同領導的行動

在希坡律陀的文字中，**教會的牧職也以共同領導（collegiality）為特點**，也就是加入到一羣同工中間——即教會的長老，他們是教會議會的成員，就管治會眾的事宜一起作決定。

> 在眾人同意下，眾主教按手在他身上，長老安靜地站在一旁……
>
> 其後，其中一位主教，在眾人要求下……按手在接受按立的主教身上，祈禱說……

從一開始，基督教領袖便似乎是共同領導式的。[26]保羅談
及他和亞波羅在帶領哥林多時怎樣彼此互補，保羅栽種，亞波
羅澆灌。透過這種共同領導，上帝叫信心的幼苗生長（林前三
49 5～9）。園子是上帝的，被建造的都是上帝的，雖然上帝邀請
好些農夫在田間工作，要木匠去施工建造（林前三9）。

有人在德修逼害時期（Decian persecution）要求迦太基（Carthage）主教居普良（Cyprian）判決一件富爭議性的敏感事情，他加以拒絕並說：「從我開始擔任主教起，便決定不會在沒有你們〔其他神職人員〕的建議、沒有眾人的同意下，根據自己的意見行事。」[27]基督教領導是共同領導式的。

8. 按手和禱告令按立發揮作用

> 在眾人同意下，眾主教按手在他身上，長老安靜地站在一旁。
>
> 眾人都應該安靜，在心裏默默祈求聖靈降臨。

> 其後，其中一位主教，在眾人要求下……按手在接受按立的主教身上，祈禱說……

按立禮的核心動作是按手。在這個動作中，那些擁有權力和權威的人，將權力和權威這擔子授予剛蒙召受按作帶領者。神職人員擁有的權威和權力從來都不是我們自己的，而是由聖靈和教會賜下的恩賜。雖然今天我們大部分人都將按手聯繫到按立，但它卻是一個**代表洗禮的動作**。用於按立時，按手是一個記號，顯示在牧職的呼召之前，必先有洗禮的呼召，而且按手是從所有基督徒在洗禮中所領受的普遍職事（general ministry）而來的。

因此，在教會歷史中，有些教會（例如公誼會〔Society of Friends〕或貴格會〔Quakers〕）徹底質疑建制裏的牧職，就不足為奇了。慈運理（Ulrich Zwingli）稱按立是「人的發明」（human invention）。[28] 人們很難體現受按領導（ordained leadership）內在的獨特張力，也很難肯定領袖的必然角色而又不讓他們承擔本屬所有基督徒的職事。有些教會完全拒絕按立禮，嘗試藉此 50
免除這些張力。我同意溫瑞特（Geoffrey Wainwright）所說，這些羣體成為「基督教歷史中重要的刺激」。[29] 他們不斷提醒我們，基督教領導是恩賜（Christian leadership is a gift）。他們的教會，批評（用溫瑞特的話說）我們更廣大的信仰羣體的體制「僵化」。好像殉道士一樣，他們的職事提醒其他人，上帝的所有子民——而不單是神職人員——都蒙上帝呼召，成為祭司和先知。

可是，在我與這些羣體的交往之中，我發現他們也說明了一件事，就是領導一事，於教會也不是說沒有，就沒有。受洗的人中必須有些人擔起引導、教導、糾正、照顧和關懷羣體的擔子，以致能夠培育和呼召所有基督徒投身事奉。這些羣體可能不喜歡稱他們的領袖為「聖職人員」，但他們中間確實有些人以同樣的方式發揮著聖職人員的作用。我想教會長期的問題不是我們**應否**在已受洗的信徒中找一些人去領導大家，而是他們領導大家時，會帶著**怎樣**的基督教特色？

按手禱告象徵基督教領導的獨特性。它不單顯示教會領導包含一種恩賜性特質（gifted quality），也象徵**將使徒的信仰由其守護者一代一代傳下去**；牧者接受按立，不是要分享他們自己的神學，自己那別樹一幟的神學，而是要為全教會的整全信仰作見證，為聖徒的見證作見證，以及為聖經所見證的作見證。梅頓（Thomas Merton）在他的經典靈修著作《默觀生活探祕》（*Seeds of Contemplation*）開首時「誇口」，他在書中的所有思想都不是原創的，任何熙篤會修士，在公元一〇〇〇年，若寫下自己的思考，也會寫出這些話。基督徒的獨特之處在於我們努力要好像歷代教會那樣思想。在我們當中，我們通常會稱真正的「原創觀念」（original idea）為異端。[30]

猶太人和基督徒是 *anamnesis*（回憶）的民族，即拒絕遺忘。我們的主日崇拜很大部分都傾向回憶。因此，按手象徵基
51 督教領導的其中一個主要功能——特別是按使徒行傳所述——就是確保**延續性**（continuity）。在使徒行傳一章 21 至 26 節，使徒的首要工作是揀選人去接替出賣耶穌的猶大的位置，於「主耶穌在我們中間始終出入的時候……常與我們作伴的人中，立一位與我們同作耶穌復活的見證」（一 21～22）。牧職的其中一個職責是，確保今天所傳講的福音是延續著一直以來所宣講的福音。

新約所有關乎基督教領導的討論，都強調延續使徒傳統這個原則。正如提多書一章 5 至 9 節所說，牧職令羣體作為「耶穌的羣體」，始終如一。因此，教會牧職的一個主要功能是保存基督徒的身分（identity）。我們跟隨神職人員的帶領，確保自己參與的隊伍是沿著聖徒走過的同一路徑，歷險前進。

藉著你的兒子我們的主耶穌基督，透過祂，將榮耀、能力和讚美歸你，歸予父、子以及聖靈，從今時⋯⋯直到永永遠遠。阿們。

上帝眾僕人的僕人

多年前那個主日下午，在我祖母客廳接受的聖禮是有效的。我一直都是基督徒——上帝透過我的家庭和教會來界定我這個身分。我經歷過青少年時期的疑惑和迷惘，但這沒有甚麼特別值得一提；倒是唸大學時，令我有點驚訝的是，我發覺自己總會被牽引回到我原來之處。我不得不承認，我在考慮進神學院，成為牧者。這個思想實在太古怪，不可能來自我自己。那一定是上帝和教會給我的恩賜。

我一直都很喜歡教會。我在教會的青少年小組中很活躍。唸大學時，宗教課程十分有挑戰性。青少年時期，我與教會的幾位牧者很親近。當時南方的民權運動中有一些勇敢的年輕牧者，他們的勇氣和確信亦給我留下深刻的印象。

但最主要的是，我感到自己蒙召。一位年長的傳道者對我 52
說：「除非你蒙召，除非你不能逃避那召喚，否則不要成為牧者。」我相信他。

我漸漸有勇氣告訴別人我會「試讀神學」，可能只是試讀一年。我在耶魯大學神學院（Yale Divinity School）的日子、我在那裏修讀的課程、我在市中心教區實習的正面經驗，全都在肯定我的召命。而更教人驚訝的是，雖然所有這些印證，跟我信賴的朋友的建議相左甚至相反，上帝卻正在呼召我投身牧養的職事。

接著，在一個初夏的晚上，教會於南卡羅萊納州的一個小鎮聚集，唱著撒母耳．衛斯理（Samuel Wesley）的《教會惟一的根基》(*The Church's One Foundation*)和佛漢・威廉士(Ralph Vaughan Williams)的《無名之歌》(*Sine Nomine*)——《仿效聖徒》(*For All the Saints*)。家人和朋友都在那裏，那裏還有兩個我以前的主日學老師。會督講道以後，就把我叫到他面前，向我查問心事並給我勸勉，接著塔利斯會督(Bishop Tullis)召喚所有長老上前。他們按手在我頭上。

我感到自己頭上有二十隻手，以及許多世紀以來的重量。教會的所有教義，教會所相信、所說和所行的一切，聖徒的見證，「忠勇向前的精兵」的所有善行，[31] 正如詩歌所言——一切都放到我身上來。那些手壓在我上面，將教會信仰的重量壓在我身上，但那些手也支持著我，所給我的，是教育和稟賦所不能給的。我當時太年輕，太缺乏經驗了。即使在神學院待了幾年，我仍然不大知道自己和教會未來會遇到甚麼事。教會肯定明白這一點，因為當會督祈求聖靈的恩賜，讓我可以成為上帝和教會呼召我去成為的人之時，教會似乎禱告得特別懇切。這是有作用的。崇拜結束，最後我們說「阿們」的時候，我肯定上帝已經賜給我——也**將**賜給我——做喜樂之事的一切所需。我的教會，由於好些合理的原因，不相信按立是一個聖禮，是獲得恩典的獨特途徑。但那天晚上，在南卡羅萊納州克林頓區(Clinton)的帕廸街聯合衞理公會(Broad Street United Methodist Church)，對我來說，那按立是一項聖禮，是獲得恩典的獨特途徑。

53 第二天，我從教會走到郵局，一個小孩子——教會其中一個青少年——騎著單車在我身邊飛馳而過。他哼著一個旋律。那是《無名之歌》！我視這為一個記號，是上帝在賜福前一個晚上教會所作的事。多年後，按立這奇迹，多半時候，仍然令我感到驚訝——感謝上帝。聖靈真的賜下事奉所需的恩賜。這樣，上帝的道得到傳講、聖禮得到正確施行、羣羊得到餵養——我們縱然不配，但這一切還是藉著我們來成就。聖靈實在不可思議。

耶穌曾忠告說，在基督的身體中，領導的方式應該與在「外邦」中流行的領導方式不同；受按職事的歷史顯示，要活出這個忠告是很大的挑戰。從開始，奉耶穌基督的名來領導本身，便是對衡文化的（countercultural），且顛覆現今世俗對權力和權威的理解，亦因此這種領導方式是很難體現的。或許令人深感驚訝的是，在那麼多的年日中，為了彰顯上帝偉大的榮耀，竟有那麼多人忠心地以勇氣和恩典來回應這呼召，為要保存教會，救贖世界。

像牧者這樣的基督教領袖，是特別冒犯世人對何謂有成效的領袖的定義的。博爾斯（Arthur Boers）考查過聖經關於以色列和教會中的領導（leadership in Israel and the Church）這個課題後，他如此說：當聖經談到領袖的時候，是「在同一方向上的長長的譴責」。[32]

牧者的召命是艱難的，不單因為這召命是一種教會內的領導工作——會友可以是難纏的；也因為那是奉耶穌的名而行的領導工作——耶穌也可以是難纏的。耶穌以一個水盆和一條毛巾示範領導的方式。祂當領袖的高峯，在於祂跪下來為自己的追隨者洗腳的那一刻（約十三 12～20）。因此希坡律陀的禱告以基督論（Christology）結束，當中提到「我們的主耶穌基督」，祂是所有事奉的典範。

就像在預示他自己的死亡，馬丁．路德．金站在他自己的教會亞特蘭大以便以謝浸信會（Ebenezer Baptist Church）的講
壇上，講了一堂道，當中充滿著「事奉結束」的預感。他不是站 54
在華盛頓的廣場，面對一大羣人，也不是站在密西西比爭取民權的羣眾面前。他是在呼召和委派他的教會當中，在那家塑造他、給了他聲音的教會裏面。來到了判斷他的生命和事奉的時

刻，馬丁・路德・金說，他期望別人按著基督教領導的服事本性（diaconal nature）來紀念他：

> 如果我迎接我最後的日子時，你們在我身旁，那我不想有一個很長的葬禮；如果你們找人說悼詞，叫他們不要說得太長。我希望那天有人會說：馬丁・路德・金，嘗試去愛人。[33]

「受按職事」是基督徒愛人，以及藉此讓基督愛教會的其中一個途徑。

2

二十一世紀的牧職：牧者的形象

使徒行傳主要藉教會領袖的故事來描述初期教會的生活， 55
當中包括向外邦人宣教的保羅，身為耶路撒冷教會領袖和第一個使徒的彼得，還有巴拿巴、西拉、百基拉和亞居拉、大馬哩和馬利亞。從早期開始，教會的領導（leadership）便似乎已經與聖徒的形象（images）聯繫在一起，從他們身上，牧者能夠看到自己是誰，並向誰負責。不過當代的牧職已經成了領導形象（images of leadership）的受害者（或得益者，視乎個人怎樣理解我們的歷史）；這些領導形象並非來自聖經，而是借用自四周的文化——牧者如同企業的 CEO、心理治療專家，或者媒體上的潮流達人。受按職事（ordained ministry）的其中一個挑戰，便是要替牧職找出一些合適的隱喻（metaphors），能恰當地體現出基督教領導（Christian leadership）這奇特召命。毫不批判地借用四周文化的領導形象，可以是領袖、特別是**基督教**領袖的催命符。

無論我們知悉與否，現代的牧者都按著他們所接受的眾多基督教領導形象來工作。例如：比徹（Henry Ward Beecher）這種大有能力的國家級講員；格拉登（Washington Gladden）並他的繼承者饒申布士（Walter Rauschenbusch）和賴荷．尼布爾 56
（Reinhold Niebuhr）所體現的社會批判；芬尼（Charles Finney）

的演說和組織天賦，並他帶來的城市復興，以及他的繼承者葛培理（Billy Graham）。這些人全都是事奉者的楷模（models for ministers）。我們有馬丁．路德．金這樣的先知和殉道者，也有富司迪（Harry Emerson Fosdick）這位向滿腹狐疑的現代人溫文地詮釋信仰的人；我們有哈克尼斯（Georgia Harkness）和海沃德（Carter Heyward）這兩位先驅，我們也有希恩（Fulton Sheen）這首位著名電視傳道。每次我以牧者身分走上講壇或進入醫院病房，我都帶著往昔這些活出召命者的記憶。

閱讀神職人員的傳記和自傳，是很好的培育。我記得自己還是年輕牧者的時候，深受富司迪的《這些日子的生活》（*The Living of These Days*）所啟發，書中他坦承自己年輕時與抑鬱搏鬥。[1]《艾美修女》（*Sister Aimee*）鬧哄哄的記述了麥法臣（Aimee Semple McPherson）的生平，書中描述一位女性的事奉如何喚醒了整個宗派。[2]巴巴拉．泰勒（Barbara Brown Taylor）的《傳道生涯》（*The Preaching Life*）也是很有說服力的見證，表明了身為傳道者（preachers）會經歷到的困難和喜悅。[3]最重要的是，我記得賴荷．尼布爾的《一個被馴服的憤世嫉俗者的日記選》（*Leaves from the Notebook of a Tamed Cynic*），這本書使我深信，堂會牧養的職事要求人於知性方面一生努力不懈，但同時又要倚仗上帝的恩典——雖然尼布爾和我都沒有將所有時間和精力都花在堂會的牧職上。[4]坎貝爾（Will Campbell）的《蜻蜓的兄弟》（*Brother to a Dragonfly*）顯示出獨排眾議、一生言說真理的喜樂。[5]畢德生（Eugene Peterson）的《牧者的翱翔》（*The Pastor: A Memoir*）是上帝話語忠僕的一個偉大見證。

牧職的當代形象

對受按職事將何去何從，我不是偉大的預言家；不過，我們藉著簡述這些於二十世紀下半葉支配著我們事奉想像的一些形象，可以掌握一點方向感。[6]

傳媒寵兒

當數以百萬計的人聽到**基督教事奉者**（Christian minister）這個稱謂時，他們最先想到的可能就是傳媒寵兒（media stars）這種基督教領袖的形象。與歷史上任何一個牧者相比，羅伯遜（Pat Robertson）、羅伯斯（Oral Roberts）、葛培理和約爾．歐斯汀（Joel Osteen）所觸動過的生命，數目必定更多。我們活在 57
一種充斥著媒體、沉溺於媒體、尋求媒體認同的文化之中。這些傳道者試圖利用媒體來傳揚福音。

當批評這些傳媒寵兒的人，援引路易斯（Sinclair Lewis）在電影《靈與慾》（*Elmer Gantry*）裏的形象，痛貶他們的事工的當兒，請大家不要忘記，新教的宗教改革運動正正是緊繫於印刷技術的長足發展和平價書籍的流行。為甚麼事工要與科技進步為敵呢？媒體傳道（media preachers）往往以這樣的理由來支持自己的媒體事工：「如果耶穌有電視，祂也會用它來接觸羣眾。我們要為最多的人帶來最大的好處。」

由於電視傳播費十分昂貴，因此媒體事工往往充斥著奉獻呼籲和財政災難，某些事工更不時面對財務違規的指控。蕭律栢（Robert Schuller）在任時，他就將水晶大教堂（Crystal Cathedral）變成了電視錄影廠——不過，對某些人來說，這是屈從於時代精神了。

沒有媒體是中性的。媒體形塑信息，即使它聲稱只是傳達信息，它卻會把信息轉化。娛樂文化傾向將基督教崇拜變為消費品。媒體傳道傳達的真誠和關注只是表面的。電子媒體製造出來的虛擬教會是一個「無血無肉」（disembodied）的教會。作為「參與式的身體」(participatory body)的這種基督教教會的基本形態，以及牧人認識羊、羊也認識牧人這種牧者特質，都因著這種無血無肉的「娛樂文化」而改弦易轍。[7]

電視旨在提供娛樂，而福音卻為了轉化。當我們坐在電腦鍵盤前，就已決定了我們能夠說甚麼和表達甚麼了。

媒體的使用，和謬傳「成功福音」(Prosperity Gospel)的傳道者的權力之間，似乎存在著某種聯繫。[8]由於傳媒寵兒這個形象是那麼普遍，牧區牧者會不自覺地接受了電視或網路傳道的言行風格，特別是在帶領公開崇拜時。牧者成為表演者，臉上總是掛著微笑，一種非個人化的個性，掩蓋了其教師、牧師和會眾領袖的角色。

透過互聯網，每家教會都可以自由轉播自家的崇拜聚會，
58 每個牧者都可以成為傳媒的寵兒，取得連約爾．歐斯汀也望塵莫及的廣泛影響力。當我的講道給放到網上，聽我講道的人數，比原先該主日聚集的會眾多上四倍。最近我算過，原來去年我曾經瀏覽過超過一百個有關牧養的博客。互聯網的便利性和普世性，同時放大了昔日電視傳道事工所存在著的種種難題和潛力。今天的牧者必須精於電子媒體之道。

一方面，互聯網是基督教佈道、宣教的最佳媒介；可另一方面，這些媒體也會形塑信息——扭曲了原來打算要傳講的信息。

政治談判專家

人們很可能記得馬丁．路德．金是政治運動領袖多於浸信會牧師。潘霍華(Dietrich Bonhoeffer)這位偉大的神學家和教師給描述為納粹黨的政敵多於是教會的教師。這些牧者給我們留下了榜樣，將「公共神學」(public theology)體現出來，在這

個事奉的形象下，牧者周旋於福音的要求和「更廣闊」（也「更重要」?）的現實之間，即福音與政治經濟權力結構的現實之間。葛培理是他時代每個美國總統都信賴的顧問。

牧者有可能——甚至傾向——被政治權貴利用之危險（像葛培理被尼克遜利用），其原因在於人往往認為先知冒險面對權貴是值得的。即使君王也需要有人來接受他們認罪悔改吧。

有時候，這些公共的牧者、政治的牧者給人一個印象，讓人以為真正的事奉是在教會以外的。他們信心滿滿地穿梭於權貴之間，為政治人物出謀獻策之時，怎知道自己沒有被他們利用甚至操弄呢？

當薩佛納羅拉（Girolamo Savonarola）將上帝的要求告訴偉大的洛倫左（Lorenzo the Magnificent；編按：意大利的政治家），薩佛納羅拉這個麻煩多多的修士很快便被判以火刑。當拉提姆（Hugh Latimer）為身處困境的窮人請命，催促年輕的國
王愛德華六世（Edward VI）忠於他的宗教召命之時，拉提姆的 59
確是在為信仰辯護，可他卻對批評他的人置之不理——他們批評他向國王所傳講的扎心的道是「奉承和撒謊」。雖然好像薩佛納羅拉這樣的宮廷傳道人，任期有時十分短暫，但宮廷牧者的角色卻是歷史悠久的，雖然當中大多都不可考。在王權至上的社會裏，這些被按立去傳講福音的宮廷傳道人，怎樣運用政治權力為社會謀求福祉，同時又避免出賣福音，屈從於貶損福音的屬世方案和策略？[9] 雖然亨利二世（Henry II）最終透過貝克特（Thomas à Becket）的勇敢事奉而悔改，但代價卻是貝克特的人頭。

毫無疑問，這些公眾人物也提醒我們，那些安頓下來照顧羣羊，只集中精力服事會眾，不接觸、也不關心「更廣闊的世界」的牧者，也自有其要付的代價。

可是，由誰來斷定哪個世界才是重要的？撒但可將「天下

的萬國」賜給耶穌——何解撒但會「被賜予」權力統管地上政治？（路四6）——不過耶穌斷言拒絕了。究竟誰來界定哪一個世界才更值得擁抱？被釘十字架的上帝所以得勝，不是因為祂聰明地平衡權力或巧弄妥協，而是透過十字架——這正是規範性的基督教「政治」手段（normative means）。[10]

治療師

我們活在一個治療的文化中（therapeutic culture），當中人的一切問題都被化約為疾病。我們不想被拯救或改變，只想自我感覺良好。富司迪曾稱講道為「集體輔導」。[11]牧者不再是教師或傳道者或道德導師，他們變成了治療師（therapist），幫助人引發個人內在靈性追求的情感——安撫焦慮的人、關心沮喪的人、醫治心理有問題的人。

當然，牧者要關心人。但牧者是「奉基督的名」去關心人；與世俗的治療師相比，「奉基督的名」去關心人可能讓牧者的關
60 顧工作有不一樣的特點和不一樣的目標。基督教信仰界定為「健全人格」的，與當代精神健康的定義可能大相逕庭。

我記得有一個歷史學者，他詳述了馬丁．路德．金如何努力不懈，為要贏得父親「金爸爸」的讚賞。這位歷史學家說，年輕的馬丁．路德．金的生命，很大程度上都是為了要討好父親。

當時後排的一位年長的傳道呼喊說：「感謝上帝，馬丁從來都不是那麼身心健康。」實在要感謝上帝。跟世界有一定的不協調（dissonance）、對世界有一種神聖的不滿足（holy discontent），是孕育上帝先知的沃土。真理是超然的，甚至超然於精神健康。

如果我們對「關顧」（care）缺乏神學上的制約，我們便會掉進關顧的世俗目標和技巧的陷阱之中。結果，我們給予教會

的關顧，跟我們從任何善意的世俗治療師那裏所得到的，根本沒有太大分別。牧者被化約為撫慰者，撫慰焦慮——可其難處是因富裕而來——而不是呼召人經歷拯救。

我的同事侯活士（Stanley Hauerwas）指摘當代的牧者「給人耍得團團轉」（a quivering mass of availability）。[12]

我們都成了貪得無厭的文化的受害者，踐行著我所說的「亂作一團的牧職」——缺乏內在批判、未能判斷甚麼樣的關顧才是值得付出。教會成為滿足自我的地方。我們活在資本主義和消費的文化中，社會除了「滿足我們的需要」外，便沒有其他目的。文化給我們最大空間，想方設法鼓勵人要「滿足自己的需要」，可卻沒有就甚麼樣的需要才值得滿足，給予判斷。在這個售賣慾望的大型超級市場裏，我們牧者必定不能止於「滿足人的需要」。福音真的是關注「滿足人的需要」的嗎？耶穌呼召人追隨祂，是為了使人生活得更輕省嗎？教會其實要奉耶穌基督的名，為人提供評斷的方法，讓人檢視甚麼樣的需要才值得滿足，而不是認定「滿足人的需求」這種文化的強加作用。教會是呼召人作門徒，它會賜給需要，但那是我們不曾與耶穌相遇就不會有的需要。

很多牧者因為事奉的要求而筋疲力盡，其中一個原因是他 61
們投身牧職時，除了「滿足人的需要」，便沒有甚麼根由。這在一個慾望無窮——人也不知道甚麼慾望才是值得滿足的——人只知緊抓一切的社會中，是很危險的事。牧者的事奉以疲乏和怨恨告終，因為他們把生命獻給一羣自私自利的人，他們人生的惟一目標是滿足未經檢視而又無窮無盡的「需要」。我們很多人都在會眾場景之中服事，就我們服事的對象而言，聖經教導我們所需用的，大部分已經得到解決（如衣、食、住），他們進而追求聖經教導以外的滿足——目標人生（purpose-driven lives）、意義感、每天早上起牀的理由。

我們身處的文化，過分相信輔導的力量，並且對幫助人成長的勵志技巧又感到趣味盎然。在這樣的一種文化中，牧者身為治療師這種形象，對牧養工作來說是危險的——最終可能屈從於對資本主義、中產階級的迷戀，而忽略了獨特的基督教關懷。正統的基督教信仰告訴我們，我們不單生病有時，並且總是罪人。教牧關顧如果沒有強烈意識到人類的罪，就會將牧者和他們的會友推向險境。

管理人

牧者是一個複雜的志願組織的領袖。牧者有時抱怨説，他們從神學院進到教會時，行政能力是他們最弱一環。他們埋怨自己要花很多時間去處理不重要而又瑣碎的例行行政工作。我們得承認，我們活在反建制（anti-institutional）的時代，人們傾向對組織抱懷疑的態度。我們太過理想化，相信沒有宗教羣體的宗教經驗是可能的。[13]

基督教是道成肉身式的信仰（incarnational faith）。正如我導論所刻劃的，牧者是「羣體人」，由教會按立，為制度的、會眾的關注操心。因此，問題不是我應否關心會眾的行政？而是**行政工作如何成為牧職的實作**？

62 在商業文化中，效率和生產力、競爭優勢和技術專長受到重視，時間變成商品，表面看來，牧養職事可以是毫無效率和完全過時的。探訪護養院的下午，或者用來預備主日講道的光陰，根據世界對這些事的判斷，可能是未善用時間了。

事奉者應該抵抗世界對效率的判斷。有效地管理和協調義工——手裏拿著公事包、隨身帶著手提電腦、密切留意日程表、永遠依議程辦事——按歷史上重要的牧職隱喻（historic metaphors for ministry）來判斷，那可能不是讓牧者的恩賜發揮得最好的安排，也可能不是最忠心的事奉方式。

我們來看看福音書一些令人歡喜的「節外生枝」(diversions)吧——耶穌因有需要的人而重定行程、改變方向，把它們變成了踐現(enact)福音的契機。這些枝節表明，我最成功的事奉，大部分都發生在當我向驚奇和打擾開放，以及當我樂意順從上帝的計劃並因而把自己的計劃暫擱一旁的時候。

在泰爾、西頓，正當耶穌嘗試遠離羣眾的時候，有一個婦人因小女兒患病，伏在耶穌腳前，祈求主的垂注。她是一個「敍利亞腓尼基人」，意即耶穌在外邦的領土，在服事自己同胞的路途中，被一個婦人，一個外邦的婦人打擾了。耶穌醫治了那婦人的小女兒，結果這個不請自來的干擾，變成了顯示耶穌的能力和憐憫的非凡事件(可七24～30)。

當然，我們牧者可以成為更有效的行政管理人員。好好管理時間是一個神學課題，是不可或缺的。正如我聽到盧雲(Henri Nouwen)向我們牧者說：「如果你不知道牧職中甚麼是絕對不可或缺的事(absolutely essential)，那麼，你就會做只是重要的事(merely important)。」牧者可以做的事，有許多都是很重要的，因此他很易分心，受困於只是重要的事，忽略了絕對不可或缺的事——除非他總專注於牧職中基本的神學根由。

牧者作為管理人(manager)，本身亦可以是一個正面的形
象，因為牧者有責任推動和協調平信徒的事奉，而不是從平信
徒手中接管所有事奉，也就是他們從洗禮所領受的託付。不懂 63
得委派工作給別人的牧者、不能與教會同工好好合作的牧者、堅持要獨力包辦會眾羣體中所有事奉的牧者、不懂得向人負責以及不懂得好好運用時間的牧者，不獨是一個差勁的管理人，在神學上也不清不楚。牧者的行政技巧，讓牧者盡快完成牧職中的例行管理職務，並投入更鼓舞人心的活動，像閱讀書籍、預備講章、探望病人、輔導解困和禱告祈求等。

要好好訓練準牧者，幫助他們培養出特定的**教牧**行政藝術，神學院可以再多做點工夫。出色的**教牧**管理（pastoral management），能帶領教會組織，使其配合它自身獨有的目標和使命，幫助教會推動人投身基督所託付的工作，並有效調配教會資源以完成事工。美國的教牧關顧歷史，是神職人員採納不恰當的領導模式的歷史。[14] 不加批判地接受世俗領導的技巧和模式是危險的。不過，身為教會恩賜的管家，我們有責任善用教會的資源，利用有效的管理技巧來達成教會的使命，並且善待教會的同工。猶幸的是，在大部分堂會中，都有一些人是蒙上帝呼召去做聘請、督導工作的，也有一些人長於人事和行政管理。牧者若希望提升行政管理技巧，這些平信徒便可以成為他們的好教練。

牧者作為管理人，對某些牧者而言可能極具吸引力，因為他們也許缺乏創意和勇氣，一心只想維持教會的現狀，為機器添加潤滑油，使之順暢運作，可他們沒有推動教會為著自身的目的和忠心，問一些又大又難的問題。牧者是蒙召作帶領，而不單單是去管理。我們很多人所服事的教會，因著差勁的領導業已失能（dysfunctional）、不忠和無味。

對使命失去清晰感，會讓自己陷入無意義的忙碌中。我們
64 只求堂會風平浪靜，著眼於當下的經營管理、而非帶領未來。如果牧者對不忠的教會沒有心生不滿，反滿足於教會積習成常的形式，這牧者不僅是一個壞領袖，更犯了神學上的錯誤，就是放棄滿有喜樂的牧職這歷險之旅，接受神學上不清不楚的教會官僚職分。

積極關心社會的人

牧者作為社區的先知（community prophet）——在市內遊

走、激揚改革、就公義問題發聲、與當權者交手——對我們這些二十世紀六十年代的社關人士來說，是一個富吸引力的召命。

但六十年代已然遠去，我們大部分人很快便在更個人化、更治療性和更自戀的關懷中，安頓下來。今天很少人視牧者為社區領袖，肩負著令整個社區變得更宜居的責任。究竟有多少牧者會公開反對自己國家那些曠持日久又勞民傷財的近東戰爭？我們的講道有否指出，我們只是在一個全世界最封閉的國家中踐行基督信仰？在過去，關心政治的牧者——他們「將政教混在一起」——通常都屬於神學上的自由派；沒多久，熱中政治的牧者似乎更多屬於保守福音派陣營；來到今天，在牧者當中，教牧關顧似乎已勝過言說真理，無論他們屬於神學光譜哪端。

隨著新教宗派教會式微（編按：新教宗派教會〔mainline Protestantism〕指有別於福音派、靈恩派、基要派等派別的美國新教宗派教會，如聯合衞理公會〔UMC〕、美國長老教會〔PCUSA〕、美國福音信義會〔ELCA〕等），今天已很少人視牧者為社區的良心和製造輿論的人（opinion makers）——除了一些鄉間牧者，他們必須成為政治掮客（power broker）和社區領袖，因為在那裏只得很少人做這些工作。另外，在一些窮人得不到應有的社會服務的城市中，牧者必須照顧他們，為他們發聲。可惜，大部分牧者都認為自己是令會眾羣體保持平衡的人——控制風險和給予撫慰，而不是促進社會變革。

牧者作為積極關心社會的人這個形象總帶著一點點君士坦丁式帝國主義色彩（Constantinian imperialism），這或許出於新教宗派教會在美國人生活中曾經有過的傳統領導地位的垂死掙 65
扎。作為國家最大的宗派，我們曾經感到有責任幫助美國理順世俗政治（secular politics）的問題——大部分美國人視世俗政治為通往權力的惟一途徑。不過，如果牧者自覺受按是要帶領整個社區，而不是承擔與上帝同工、塑造基督的身體這艱鉅的任務，他要不是有點自欺，就是有點自大。[15]

可是，就算牧者覺得一切都可以維持現狀，對國家權力甘之如飴，完全不插手世界事務，亦不能逃掉君士坦丁主義的色彩。耶穌來到傳講上帝的國，祂的宣告立時與世界的國發生磨擦。牧者不能夠一面忠於耶穌的奇特政治，卻從來不作神聖的不滿足的煽動者，不在當權者面前怒吼。耶穌正要挑戰對現狀的無動於中、不思進取。當代太多牧者太容易安於現狀，欠缺了應有的批判性，對凱撒（Caesar）和他的同黨太過順從。

牧者會面對巨大的誘惑，誘使其按世界的標準做一些「有用」或「有效」的事。牧者必須避免成為變相的社關人士。牧者應該更著力裝備聖徒，讓他們向權貴言說真理，多於將自己變成一個任意批評挑剔的時事評論員。

在社區露面、在媒體面前以「先知」身分出現、對不同的「公義問題」大發議論，都是外顯和有吸引力的工作，但牧者不應因此分心，忽略了塑造整個先知羣體這個更平凡、往往也更艱鉅的工作。[16]

傳道者

還記得，從前牧者的職責主要是預備講章和探望病人。在
上一個世紀，牧者也許爭取到好些工作，是社會認可的，並接
66 受了很多新的身分——例如管理社福機構、組織義工、輔導諮
商、財務管理、關心社區。

不過，我感受到牧者身為傳道者（preacher）這個重要的牧職隱喻（guiding metaphor）的回歸。不上教會，不認識聖經的美國人想聽到有人能好好講述聖經的故事。在美國，新教的巨型教會（megachurches）往往有幾千會眾，牧者的角色不可能

再主要是探訪會友或輔導友鄰。[17]而且基於娛樂工業壯大，牧者的形象也逐漸受影響，愈來愈似藝人或名人。此外，一些美國人渴望得到指引，想知道如何才能盡展抱負。就著這種種原因——無論原因是好是壞——很多牧者都重拾牧者就是傳道者這個形象。

對牧者講道的強調，不單有歷史和神學上的支持，也是在善用牧者的時間。在一個星期中，牧者可以在很多不同的牧養環境下與會友接觸，卻總不能像主日走上講壇講道時那樣，與那麼多人待在一起。

傳道的職事也可以令牧者跟最基本的神學資源、也就是信仰的泉源保持接觸；而從事這牧養行動，也能夠為其他一切事奉行動，提供神學場景（theological context）。

牧者負責講道，是令講道有能力的部分原因。在主日站在講壇上說話的人，年復年、日復日，以及在各種境遇中都與羣羊待在一起。傳道者孤單抽離，一週的大部分時間都躲在書房裏與世隔絕，並不能有效地促進忠心的講道。牧者是站在經文和會眾場景之間那重要的交匯處，每週起來服事會眾，尋問「有沒有來自主的話？」的人。講道不是預備和表達得無懈可擊的演說，足供日後出版；講道是在聚集的會眾當中的一個集體敬拜行動。牧者像「祭司般聆聽」（priestly listening；用凱克〔Leander Keck〕的話說），代表會眾聆聽經文，讓會眾更好地 67
聆聽，更好地行道。[18]

因此，牧者身為傳道者這個隱喻，最好用於一種場景，就是傳道者明顯也是會眾的牧者。

僕人

耶穌地上的職事即將結束時，祂和門徒聚集在飯桌前，耶穌充當主人的角色（路二十二章）。耶穌分派食物時，「門徒起了爭論，他們中間哪一個可算為大」（二十二24）；相較耶穌正在為他們所作的，這實在是極大的諷刺。接著，耶穌將外邦人的領導模式——喜歡轄制人——對比祂追隨者的領導模式。「你們裏頭為大的，倒要像年幼的；為首領的，倒要像服事人的……我在你們中間如同服事人的。」（二十二26～27）

格林里夫（Robert K. Greenleaf）的《僕人領導學》（*Servant Leadership: A Journey into the Nature of Legitimate Power and Greatness*）出版後，「僕人領袖」（servant leader）成了牧者自我描述（self-description）的流行用語。[19]雖然牧者作為「上帝眾僕人的僕人」（servant of the servants of God）這個形象很值得稱道，牧者作為僕人這個想法，近期卻也受到批評。[20]僕人領袖這個模式，常常將我們的一個隱晦的試探掩飾起來：對別人施以權威和權力，但同時又公開否認。耶穌告訴祂的追隨者，他們不再是僕人，而是朋友（約十五12～15）。[21]「僕人」是耶穌服事我們的時候，給自己和祂工作的稱呼，而不是全然規範祂所有追隨者的模式（all-encompassing model）。

人可以用不同的方法去操控別人。一個謙卑的僕人領袖於服事別人的時候，也有可能只是在掩飾對平信徒的操控，滿足自身對稱讚、欣賞和愛的需要。

不過，我們當知道一點：耶穌在祂的生平和教訓中，不斷採用一些別人難以明白的詞彙譬如**窮人**、**小孩子**或**父親**等，可又不住重新加以詮釋。祂奇特的服事，不因紓尊降貴就任人隨
68 意踐踏，基督是順服上帝的真理而不是順服別人的要求。正如我不認為天主教工人運動領袖多羅茜．戴（Dorothy Day）的服事，是屈從於文化對女性控制的態度。[22]

我們更佳的事奉基礎是三一——上帝不斷與人類接觸，不斷嘗試跟我們做朋友。上帝三一中的三個位格，是彼此相通與

互通（community and mutuality），而不是主僕（master-servant）方式，這是我們所認識的三一。雖然僕人這個隱喻有其困難，但正如哈里斯（Maria Harris）所說，僕人職事的觀念「在教會的生活中仍然關鍵，依然是福音的重要構成部分。」[23]

反叛分子

在所謂「冒起中的教會運動」中（Emerging Church Movement；簡稱ECM；有譯為「新興教會運動」等），我們已經看到「教會領袖」（church leader；有時他們不願意被標籤為「牧師」）會以教會中的反叛分子（ecclesiastical rebel）的形象出現了。儘管他們拒絕將運動概括歸類，但ECM的領袖們有一點是一致的：他們對較為傳統的教會形態不滿甚至敵視。他們當中，無數人從前是屬於福音派（ex-evangelicals），或者是為了逃離悶煞人的宗派教會的。他們大多持守正統的基督教信仰，不過決意要發展新的信仰羣體，用「非正統」的方式禮讚信仰。有不同牧者參與這場運動，如納博爾茲—韋伯（Nadia Bolz-Weber）、東尼・瓊斯（Tony Jones）和麥拉倫（Brian McLaren；他形容自己是「後新教、自由派/保守派、密契主義者/詩意者、靈恩派/默觀派、信洗派/聖公宗、抑鬱者/又滿有盼望者）。[24]

這些反建制教會的倡導者不滿足於只抱怨教會墨守成規，他們亦銳意重塑教會（reinventing the church）——一個主要由青壯年人組成的小組。他們在酒吧、貨倉和地下室聚集，參與者喜歡「扁平式領導」（flat leadership），喜歡悠閒的、脫離敘事的聖餐崇拜，他們亦對教會的權威和層級制存疑。他們躺在沙發
上，沒完沒了地交談，在燭光襯托下定期舉行聖餐禮；相較批 69
判現存建制基督教（與其說他們排拒傳統形態的基督教，不如說他們是已經將之完全拋在腦後），他們似乎較少關注宣教和佈道

工作。[25]

他們自視為建制教會的反叛分子、流放者、難民、被棄者。ECM 的「非官方」神學家東尼．瓊斯，他把聖經看作「社羣中有用的一員」，而不是我們應該順服的權威文本。東尼．瓊斯支持「意蘊的對話」（implicatory dialogue；編按：相對於強調應用〔application〕的傳統講道），貶抑傳統的講道，認為後者只是一種「演說」（speeching）。東尼．瓊斯的《扁平式教會》（*The Church Is Flat*）是 ECM 那種非層級制的反叛式領導風格的宣言。[26]

「我是一個虔誠信徒。」有一個熱情的 ECM 參與者自誇說。「是啊，我想，我是基督徒，」另一個說道：「但也許不是你所想的那種基督徒。」當問到崇拜有何意義時，一個 ECM 的領袖說：「給人一個安全的空間，讓每個人都能按他們所想的回應上帝。」

我得承認，作為一個傳統主義者，一個宗派教會的牧師，我懷疑 ECM 在解構的過程中，是否在構建任何有恆久價值的東西？就在 ECM 成功對抗悶煞人的建制教會的當兒，ECM 是否可以肯定這不是另一種建制化了的文化宰制，不是囿於二、三十世代的世界觀？而一家教會又能夠在多大程度上採取「合作的利己主義」（cooperative egoism；一個社會學家以此來形容 ECM 的生活）？

我內心的神學人不禁要問這樣的一個問題：甚麼時候開始，大家做的，不再是懷著愛來不住調適（adaptation），以回應一代人的靈性渴求？反而讓「對我有用」漸漸扭曲了福音的信息？為了避免嚇人的論斷（dreaded judgmentalism），將基督教解釋為主要是你所做的踐行（a practice that you do），而不是你贊同的觀點（ideas to which you assent），看來很好，只是，不曾想過要處理真理和謬誤的問題，一個人又怎能經歷到耶穌基督福音的轉化大能（transformative power）？ECM 的「福音」其實是否在趕時髦，鼓吹對美國往昔美好日子的消費式自戀？當然，傳統的基督教有時真的悶煞人，但為甚麼當代的、西方的、個人的經驗，可以超越基督教的傳統以至普世的基督徒見證？簡而言之，也許這些教會的反叛分子，其實並不如他們所應然的那麼反叛。

冒起中的基督教很大程度上仍然是一個正在發展中的運 70
動——它的領導人希望它能保持這種狀態。這種冒起中的運動和領導它的反叛人士，是今天基督身體其中一個值得思考的面向。

為今天我們的牧職尋找一個適當的隱喻

偉大的加帕多家教父（Cappadocian fathers）——拿先斯的貴格利和巴西流（Basil of Caesarea），自小就是朋友，一起結伴成長。貴格利天性比較退縮，他父親堅決要他接受按立，他因此逃跑。其後他在與亞流派（Arians）的鬥爭中，被逼脫離修道生活，最終成了主教，並且憑其出色的講道推動正教會（Orthodox）的發展。但在他的書信中，他不斷抱怨，身為教會領袖，要不斷忍受令人分心和污穢的政治。

另一方面，巴西流卻是行動派，是十分活躍的一位主教，他不單喜歡管理自己的主教區，也建立了很多醫院和孤兒院。他重組教會行政，甚至改革禮儀，而這套禮儀，正教會一直沿用至今。雖然他也是一個偉大的傳道者，但他面對沉重的政治壓力之際，仍工作不懈，對正統信仰最終勝過亞流主義（Arianism）貢獻良多。

巴西流和貴格利的例子提醒我們，就領導的模式，基督教牧職繼承了豐富的遺產；按著我們每個人的天性及上帝的恩賜，我們都會找到適合自己的樣式。聖經載有各色各樣的教會領袖，不同時代也需要不同的領導風格，當中沒有單一和規範的風格或重點。當代的牧職正在摸索適合於牧養工作的隱喻。福音並不改變，但傳講和活出福音的處境卻**不然**。在我們處身的時代，奉永活和廣施作為的上帝之名事奉，是要試驗和適應的，這時代實在刺激。

71 就我們今天牧職工作的各種重要形象，試概括如下：

1. 由於基督教的牧職很大程度上是**對衡文化的**，會跟主流文化有衝突，這包括基督徒最初身處的以色列和羅馬文化，因此我們必須提防遷就主義式的基督教領導風格（accommodationist）。我們不能永遠逃避我們的文化，但所有文化都在上帝的審判之下，包括稱為**教會**的「文化」。牧者總應該預期他們跟身處的文化——包括社會和教會文化——會有一定程度的不協調，有某程度的磨擦。當我們嘗試讓自己「適切」世界（relevant），有時會犯上一個錯誤，就是我們給予世界的，是世界從純然的世俗領導身上鮮會得不到的。彼得前書二章 11 節鼓勵我們，要像「客旅和寄居的」那樣生活。事實上，當代北美教會發覺自己的處境類似被擄，就像宣教士一樣——住在我們自以為由我們創造、讓基督教感到安全的文化中。因此，我發覺「牧者作為宣教士」，或者更準確的說，帶頭宣教的宣教士（lead missionary；參本書十一章）或宣教士培訓者這個形象，有很多值得稱道之處。我們不再是在一個著重好客和接納的文化中當管家，即使我們曾經如此。美國非裔教會總能告訴我們，「異鄉中的異客」（strangers in a strange land）的生活究竟是甚麼滋味。今天，新教宗派教會的牧者也開始感到，自己就像身處邊區（outpost）、飛地（enclave）的領袖，在主流非基督教的文化中，成了外來文化羣落的領袖。[27] 因此，我估計牧者會花更多時間在會眾的教育、模塑（formation）和文化適應上，幫助他們學曉在四周冷漠、有時甚至公然敵對的主流文化

中，怎樣分析當中的毒害。我們要花盡精力，讓大家有方法抗
衡、倚仗，並用創新的方法，在基督徒實際上是認知上的少數
派（cognitive minority）的世界中傳播福音（編按：社會學家貝
格〔Peter Berger〕用「認知上的少數派」來形容現代西方相信超
自然現象者；另參本書原書頁 199）。[28]不久前我與一位牧者傾
談，這位牧者為他會眾中的老師成立了「公立學校教師早餐祈
禱會」。在這個每週一次的早餐會裏，教師會提出一些發生在工 72
作間而又挑戰他們信仰的個案，一起研究。他們一起吃早餐，
一起祈禱，然後以更好的裝備在公立學校的環境中活出他們的
信仰。

2. 牧者受**基督教牧職的古典形象**塑造，這點需要再詳細說明一下。就身為少數派的運動（minority movement）而言，教會可說經驗豐富，這讓我們今天可以從中學習，汲取教訓。在這方面，我估計一種古典的牧職形象，會得到復興：透過**話語、聖禮和聖秩的職事，去教導、講道和佈道**。我感到牧者的事奉職責激增的情況，正在減少；基督教牧職所必需的古典工作，正在復興。我們身邊很多人都未曾在信仰中得到好好塑造，牧者必須強調教義、我們信仰的經典文本、我們的主導敘事（master narratives）和偉大主題。文化不再是教會的支持。如果我們要使人作基督徒，就必須重新下定決心，不斷深化培育信仰。在某些層面，我們的時代和宗教改革的時代很相似，教會都面對大量低教育程度、毫不知情、未經塑造的平信徒和神職人員。牧者必須作好準備，在教理問答、道德塑造和上帝子民的更新中（regeneration），做帶領的工作。

3. 對於我們每個宗派大家庭目前的需要，要**不斷作出批判性的評估**（critical assessment）。我們牧者不應毫不批判地就接受我們宗派的氣質（ethos）。我們必須與平信徒一起探問：我們需要管理人還是領袖，還是兩者富創意的結合？我們的教會

最需要的人，是在交戰派系之間的復和使者，還是能夠激發衝突、改變和更新的人？我們需要有人去維持現有制度的功能，還是有人去擾亂現存的制度？我的直覺是，我自己的教會十分需要後者。我們是一個年老、衰落、垂死、過分組織化的體制，極需擾亂刺激——從新觀念、年輕人和更留心聖靈領導而來的。

在這種宣教的情境中，我們牧養的時間，會更多花在分
73 析我們急速轉變的文化處境，以及結合教理問答、基督徒的模塑，讓他們得著所需的裝備，活出基督徒的生命。

我應邀到一位朋友帶領的會眾羣體講道。那家教會位於市內其中一個最被邊緣化的地區，會眾主要是美國非裔。我主日早上十一時前幾分鐘就到達教會，崇拜於十一時十五分才正式開始。開始時，詩班唱了四首聖詩，會眾一起唱讚美詩，即他們的靈歌（spirituals），和奉獻**兩次**。正午後我才開始講道。當我講完道，我朋友「只補充幾件事」，最後直到差不多下午一時，崇拜才結束。崇拜後，我站在停車場問我朋友：「為甚麼你們的崇拜時間這麼長？」

他笑著回答說：「為甚麼我們的崇拜那麼長？唔，我會這樣解釋。這個社區的男性失業率大約是百分之二十；年輕人的失業率更高。這表示當我的會友走在街上，他們會聽到：『你一無是處。你沒有大房車，沒有一份好工作。你不屑一顧。』所以主日我聚集他們在這裏，透過聖詩的歌詞、祈禱、講道、聖經，告訴他們：『那是謊言。你們是尊貴的。你們是上帝自己的子民。你們是重價買回來的。』我大概要用兩個小時來校正他們的思想。」

我估計更多牧者需要更多時間去校正會眾的思想。在使徒行傳中，教會最初被建立時，信徒也需要批判性地評估教會對領導的需要。

> 那時，門徒增多，有說希臘話的猶太人向希伯來人發怨
> 言，因為在天天的供給上忽略了他們的寡婦。十二使徒
> 叫眾門徒來，對他們說：「我們撇下上帝的道去管理飯
> 食，原是不合宜的。所以，弟兄們，當從你們中間選出
> 七個有好名聲、被聖靈充滿、智慧充足的人，我們就派
> 他們管理這事。但我們要專心以祈禱傳道為事。」大眾 74
> 都喜悅這話，就揀選了司提反，乃是大有信心、聖靈充
> 滿的人；又揀選腓利，伯羅哥羅、尼迦挪、提門、巴米
> 拿，並進猶太教的安提阿人尼哥拉，叫他們站在使徒面
> 前。使徒禱告了，就按手在他們頭上。（徒六 1～6）

聖靈帶領的羣體樂意改變和創新，以順服聖靈的帶領。在使徒行傳中，隨著教會受逼害，寡婦的人數愈來愈多，分發食物的工作愈發缺乏管理。使徒沒有輕視這種分派的工作，他們意識到，這工作要有效地進行，便需要有人擔當新的領導職務。雖然路加沒有使用**執事**一詞，但這事件似乎是執事的起源。基督教領導的興起始於：在基督徒羣體內需要做些甚麼，才能令羣體得以興盛長存。

不過，領導是恩賜，因此教會按手時也會祈禱（徒六 6），以顯示領導是上帝對羣體持續施恩的結果。所有被選出來的人都有一個希臘文名字，這也許暗示了一點，就是擔當領導工作的人，是從社會底層中選出來的，而因著自己的經驗，他們應該最清楚知道該怎樣照顧有需要的人。其中一人在使徒行傳接下來的記述中，會押上自己的生命來作帶領。司提反是教會第一位殉道者，他以死亡和寬恕——饒恕殺死他的兇手——體現出耶穌的死（徒六 8～七 59）。

司提反提醒我們，教會的領導工作是十字架形狀的（cruciform）。它也是終末性的，關乎上帝正在做甚麼，多於關

乎我們應該做甚麼。耶穌的釘死和復活，批判我們的所有牧職模式。要充分體現十字架的冒險和順服、復活的震驚和大能，我們牧者必須願意為了基督和祂教會的好處，或放棄或擁抱我們的所有牧職模式。牧者總不斷面對的掙扎，是如何被基督更新轉化而不效法主流文化。我們懷著信心工作，相信上帝必能賜下我們此時此地事奉所需要的恩賜。

3

牧者就是祭司：崇拜中的領導

使徒行傳是這樣開始：復活的基督應許祂的追隨者「聖靈 75
降臨在你們身上，你們就必得著能力；並要在耶路撒冷、猶太全地和撒馬利亞，直到地極，作我的見證」（徒一8）。門徒之後做的第一件事是在樓房上聚集，投入有些人眼中的敬虔瑣事（pious triviality）。「這些人……都同心合意地恆切禱告」（徒一14）。

難道革命就這樣開始？

行動主義（activism）不僅要求教會忙得上氣不接下氣和努力得勁頭十足；耶穌吩咐門徒要「常常禱告，不可灰心」（路十八1）。「禱告」是使徒行傳中教會的主要活動，是教會以言語和行動來作見證之時，也就是見證耶穌基督降世給世界帶來甚麼改變之時，它的能力之源。祈禱其實不獨是一個「行動」（activity），而是教會的一種生活方式。我們敬拜上帝，不是為了功利或實用的目的，而是因為我們與「真理」耶穌基督相遇。上帝作為上帝，是要受讚頌而不是被利用。崇拜是一種令人墜入愛河的方式。正如唐慕華（Marva Dawn）對基督教崇拜的精闢描述，她說那是「頂級的浪費時間」（a royal waste of time）。[1]

路德說，在崇拜中，聖靈「呼召、聚集、啟發和潔淨地上 76
整個基督教會，令它在獨一真實的信仰中與耶穌基督同在」。[2]

Lex orandi, lex credenda——意即「禱告的法則就是信仰的法則」（the rule of prayer is the rule of belief）——這就是歷史上教會所安排的工作優次。我們的禱告，先於我們的相信；我們主日的禮儀工作（liturgical work），先於我們的神學反思和我們星期一的生活。希臘文禮儀（liturgy）一詞的字面意思是「眾人的工作」（the work of the people）。我們的崇拜是我們在世工作的序曲和源頭。

五旬節不單單意味著神蹟，說出或聽到甚麼稀奇古怪的說話，完全進入出神狀態（ecstatic），它當中也包括集體敬拜這神蹟：

> 他們天天同心合意恆切地在殿裏，且在家中擘餅，存著歡喜、誠實的心用飯，讚美上帝，得眾民的喜愛。主將得救的人天天加給他們。（徒二 46～47）

人們對耶穌的指控是「這個人接待罪人，又同他們吃飯」（路十五 2）。所有福音書都清楚記錄了這個指控。這可見於耶穌做客的很多筵席，以及耶穌做東的最後晚餐。現在，來到使徒行傳，耶穌和罪人共享的筵席繼續成為可見的記號，顯示以賽亞所說的先知式應許（prophetic promise）現在已實現了。彌賽亞來到，耶和華會為所有飢餓和流離失所者舉行盛大的筵席：

> 你們一切乾渴的
> 　　都當就近水來；
> 沒有銀錢的也可以來。
> 　　你們都來，買了吃。
> 不用價值，不用銀錢，
> 　　也來買酒和奶。（賽五十五 1）

與耶穌在餐桌前一起團契，是長久所應許的彌賽亞時代的開始。當飢餓者和被棄者得賜福和得飽足，國度便開始（路六
21）；當基督宴請飢餓者和口渴的人，祂的大祭司身分（希伯來 77
書）就最為鮮明。同樣，我們的祭司身分，亦於我們奉祂的名在餐桌前主領聖餐時，最明顯可見。

為主日崇拜所定的樣式

以下的引文，是使徒行傳二十章7節，和保羅書信的一些經文以外，關於教會主日崇拜的其中一個最早期的記述。它來自《殉道者游斯丁第一護教辭》（*First Apology of Justin Martyr*），描繪出大約公元九十年的教會情況：

> [1]在稱為主日的那天，所有住在城市或鄉間的人聚集在一處。[2]只要有時間，人們便閱讀使徒的回憶錄或先知的著作。[3]讀畢，主禮會在講論中勸誡和邀請眾人踐行這些德範榜樣。[4]然後我們一同站立，獻上禱告。[5]正如我們之前提過，禱告完之後，便拿出餅、酒和水來；[6]主禮同樣按他所能獻上禱告和感恩，眾人說阿們表示同意。[7]「祝謝了」的餅和酒分給各人，每人都領受；並由執事送給不在場者。那些富裕的人，如果願意的話，便按各人看為合適的，作出奉獻；收集到的獻金由主禮保管；他照顧孤兒寡婦，以及因疾病或其他原因而有缺乏的人，還有被擄者，以及在我們中間寄居的外人——簡單來說，他是一切有缺乏者的牧人。[3]

這是教會主日聚會的基本形貌。那時候，固定的禮儀用語還未出現，不過游斯丁卻描繪出**一套主日的行動樣式**。按游斯

丁所見，在主日聚會中我們看到以下這些共同行動（common acts）：

1. 教會聚集。教會是 *ekklesia*，即「被召出來的」（called out）。教會和世界不一樣。因著上帝的邀請，我們「從他們中間『出來』，與他們『分別』」（林後六 17），這樣，教會才是教會。基督教崇拜具有排他的特點（exclusive），因為危險不在於
78 不敬虔，而在於拜偶像。那又真又活的上帝召喚我們，要我們「靠著聖靈按著**真理**」（約四 24，參《中文新譯本》;《和合本》作「以心靈和誠實」）來敬拜祂，而我們就是以這個身分來聚集。

2. 教會記念。教會是通過與「書卷」（writings）相遇，就是跟能喚起、塑造和批判教會的「聖經」（Scriptures）相遇，來作記念的。至於崇拜禮儀中講道環節，基督教崇拜跟會堂（synagogue；這詞的字面意思是「聚集」〔the gathering〕）的聚會十分相似。以色列人在會堂裏圍繞著它的聖書（sacred writings）聚集，一起宣告、回憶、學習和教導。

3. 教會聆聽，然後說話。教會由閱讀轉向說話，由聆聽轉向解釋；「主禮」（presider）指出聖書該如何踐現（enact）、同代化、處境化和闡釋。

4. 教會禱告。教會為了教會和世界的需要而向上帝代求。教會對聖經和講道的一切聆聽，推動著教會在禱告中以說話來回應上帝。教會分享著基督的大祭司職事，為世界向上帝代求（約十七章）。

5. 教會奉獻。我們從上帝賜予我們的豐富恩賜中，將一部分獻回予上帝。物質變得屬靈，生活日常物品獲得了禮儀上的意涵，我們手所作的亦得到聖化，餅和酒給放在餐桌前作為所有生命聖禮化的記號。

6. 教會感恩。為獻金向上帝「感謝」（eucharistizing；*eucharistia* 意即「感恩」〔thanksgiving〕）。以色列人有一種神

學反思模態 ——「思想－感謝」(think-thank)。聚集時，上帝的子民會想到，上帝在過去和現在，透過昔日祂大能的作為和今天日常生活中的恩慈，用各種方法賜福他們。在記念上帝的恩典時，我們重演整個拯救故事，並為此獻上感恩。透過上帝恩慈的行動和我們的感謝，生命中的一切都變成了聖禮，即上帝施恩的途徑、傳遞神聖(holy)的工具。謝飯的習慣是以色列人給我們的禮物。當我們每天在餐桌前感謝上帝，滿懷感恩並記念的心，就可跟上帝相遇。就像餅這樣普通、這樣平凡的東西，竟成了基督的臨在，成了天糧 —— 生命之糧。

7. 教會將上帝的恩賜分給眾人。教會奉基督的名一起用 79
餐，彼此分享食物。當我們記念耶穌跟罪人一起吃喝的所有時刻，當我們透過分享恩惠的食物而踐現上帝的國，那麼，教會與耶穌一起吃喝便成了上帝國介入的記號。基督教崇拜的本質，是把日常生活的東西聖禮化、象徵化。在聖餐中，教會最鮮明地、最蒙愛地和最頻繁地體驗到基督的臨在，預嘗到「聖徒的相通」並上帝國圓現時所應許的大筵席。基督徒生活的核心，就是敞開心扉，從別人手中接受上帝的禮物，學習付出和接受。

8. 教會分散到世界各地。聚集、聆聽和禱告的教會所以得到培育，不是為了在教會之內求自己的平安，而是為了走向世界，作鹽作光，作上帝新秩序的使者，邀請人進入那稱為上帝國的新社會結構中。

游斯丁記下的主日樣式，似乎將使徒行傳較早期的記錄加以擴充，那時「他們都恆心遵守使徒的教訓，彼此交接，擘餅，祈禱」(徒二42)。從教會最早期開始，這便是常見的、大公的(即最普遍的)主日聚會樣式，為世上大部分基督徒所踐行。

讓我們以上文這八個游斯丁對主日的記述的事奉行動為基礎，從中擷取牧者身為聖職人員可以帶來的洞見。由於游斯丁的記述的規範作用（它是歷世歷代不同教會的主日崇拜的基本歷史形貌），我們可以從中探知一切牧養工作的基本形貌——是所有形式的職事的形貌，不單主日主領主餐。

為祭司般的職事所定的樣式

這樣式如何豐富牧者祭司般的職事（priestly ministry of pastors）?

1. 牧者是那位奉基督的名帶領教會者，他藉著聚集會眾，
80 號召人從各種社會依附（social attachments）中走出來，成為這個獨特羣體的一員。在流動的社會中，這種特定的牧養功能是值得我們多加留心的。雖然教會不逃離世界，它也不屬於世界。教會要與世界分離，讓教會能按其講述，即按教會如何從福音的角度講述世界正在發生的事，來形構教會，並注視和順服這個講述。

有時人批評教會抱落伍的逃避主義（escapism），因為我們從「真實」（real）、實際的世界，退入了教會禮儀古老的夢想世界中。不！教會從世界稱為「真實」的地方退卻，只是為了更有效地辨識上帝對世界的本意，即教會所預嘗的新天新地（啟二十一1）。

上帝的再創造（re-creation），即那稱為教會的，將「實在」（reality）——上帝對受造世界的原意——具體呈現出來。上帝的本質是羣體性的（communal）、相互性的（mutual）（正如我們明白上帝的本性是三一）。因此，上帝的創造，本性上也是羣體性的。最早的使徒在五旬節後「都恆心遵守使徒的教訓，彼此交接，擘餅，祈禱」（徒二42）。團契相通，即 *koinonia* 是真正的基督教崇拜的原則性判準（principle criterion）。在哥林多前書，保羅告訴哥林多人，他們教會的分歧否定了（negated）

主餐的能力，他告訴他們，「你們聚會的時候，算不得吃主的晚餐；因為吃的時候，各人先吃自己的飯，甚至這個飢餓，那個酒醉」(林前十一 20～21)。有意思的是，保羅不是告訴他們，那不是主的晚餐的原因是他們沒有依從正確的禮儀，或者未能說出正確的話；保羅倒是說，那不是主的晚餐(Lord's Supper, *Kyriakon deipnon*)，因為那是「你們自己的晚餐」(your own supper, *idion deipnon*)，因為他們在餐桌上竟分門別類，帶著罪惡的社會隔閡(sinful social divisions)來用餐，玷污了主的身體和主的血(十一 27)。對保羅來說，基督的身體是聚集在餐桌前的教會。以隔閡玷污主的身體，就等於得罪基督，令基督教崇拜成為別人的笑柄。

我記得在一次普世教會神職人員的聚會中，有人提議我們
在結束聚會時守聖餐，但與會者卻激辯起來。有些人反對跨宗 81
派的聖餐：「我的教會對聖餐有一種非常嚴格的『高派聖餐觀』(high theology；編按：強調基督真實的臨在)，因此我是不許與持『低派聖餐觀』(low theology；編按：如記念說)的教會的基督徒一起守聖餐的。」

但按保羅對主餐的確切解讀，他強調基督徒在基督的餐桌前的合一，才是夠「高」派的聖餐觀點；至於「低」派的聖餐神學，正是在餐桌上製造基督徒之間的隔閡的觀點。

我的感覺是，在無根、流動的社會裏，牧者在牧養上要花上更多精力，去思考真正的基督徒 *koinonia*(團契相通)究竟有甚麼要求。在主日，我們要強調的崇拜元素，是那些有助團結合一的禮儀；至於那些使信徒彼此分散和孤立的，則可免則免。在聖餐禮中，各人用個別的一隻杯、用個別已分開了的餅、讓參加崇拜的人個別地安靜默想、讓參加者獨個兒唱誦而不是會眾一起唱詩，根據 *koinonia* 的原則，這在羣體性的敬拜中都是有問題的行為。事實上，信徒最好在其他日子、其他崇

拜聚會中，做個人默想。主日是聚集的日子，牧者和帶領崇拜的人要負的最基本責任，就是聚集教會。

2. 教會這羣體，是因為上帝在耶穌基督裏的故事而聚集的羣體。牧者的主要責任是每星期在教會面前高舉這個故事，並在那些已受洗蒙召以生命配合這個故事的人面前，「打開聖經」，講解聖經的含義。

現在，讓我們指出，教會與聖經的規範性相遇，是主日崇拜。我們在教會接受語言的教導，以基督徒的樣式說話。基督徒閱讀聖經，應該是羣體性和公共性的，藉著認罪、饒恕、讚美和敢於與其他基督徒、包括歷代的聖徒，一起閱讀，準備接受挑戰，察驗自己的閱讀是否忠信。這一切，都是我們在世上遵行聆聽上帝話語這艱鉅任務時所必須的；在這個世界中，世界教導我們只需順從同代（字面意思是「與時代一起」〔with the times〕）的話語——和順從出於自己的話語。

在聖公會的聚會中，當他們誦讀福音書時，會以「福音行
82 列」（gospel procession）的方式，將聖經帶進會眾中間。我很喜歡他們的這個做法。我認為經訓應該由平信徒來誦讀，如此就更能表達出道是豐豐富富地藏在我們裏面（西三 16），並且道是自由地在會眾中間作工。

在會眾裏誦讀聖經是一個特別的職事，應該讓那些有誦讀恩賜的人負責。在基督的身體內，聆聽別人高聲讀出聖言，讓聖經得到詮釋，並在它的原棲地（編按：意指會眾羣體；參本書第六章，原書頁 154）興旺傳揚（thriving in its native habitat）。按《三代經課》（*Common Lectionary*）用三年時間閱讀舊約、福音書和書信的主要論據是：上帝的子民應該在主日整全地聽到上帝的話語高聲誦讀。

3. 聖經得到詮釋、宣講和闡釋。聖經對我們來說，不是被動、沒有生命的客體。聖經要說話，要帶來轉化。教會對聖經

進行同代詮釋，不斷嘗試將它體現出來——不單是明白，而是要為道爭辯。教會不是被動和安靜地坐下，單單領受話語；教會與話語同工，好叫話語與我們同工。教會要與話語一起努力，按正確的方式祈求聖靈的大能，致使我們不單單敬畏話語，更體現話語。耶穌在曠野受試探時告訴撒但，我們活著不是單靠食物，而是「靠上帝口裏所出的一切話」(太四4)。這裏，耶穌用來抵擋撒但的話，不是源於祂自己，而是引自以色列的見證——這見證是曾接受會堂教育者都心裏知道的；耶穌的話本身，顯示出以色列人跟話語相遇所迸發出來的力量。「經上記著說……」透過深化培育——將上帝的話代代相傳、懷著愛向年輕一代重複講述、在不同時空境遇中由教會憶記、整個過程充滿聖靈保守加力——讓教會得著生命。身為傳道者，牧者有責任體現耶穌在拿撒勒會堂的偉大宣告(但沒有被人接受)：「今天這經應驗在你們耳中了」(路四21)。

4. 之前所提及的一切，即圍繞著聖道聚集以及聆聽別人誦
讀和傳講，讓教會預備好進到崇拜餘下的環節。所有教會的工 83
作和崇拜，都可以理解為一種回應，回應那被誦讀、聆聽和傳講的話語。聆聽上帝的話語後，教會現在分享了基督的大祭司職事，敢於在禱告中向上帝說話。正如我們在開始背誦主禱文時，會習慣說：「我們就大膽說：『我們在天上的父……』」當然，牧者不是教會中惟一可以在禱告中向上帝說話的人，但牧者祈禱時，是代表全教會祈禱，也在全教會的授權下祈禱。牧者的祈禱，特別是在主日的公禱，應該明確地是羣體性的——取材自歷代聖徒的祈禱，兼顧全教會的所有關注和需要，不單適切全會眾，也適用於所有時代和一切地方。

禱告是教會向上帝說的話而不是向會眾說的話，但無可否認，牧者在帶領主日的禱告時，也在教導會眾禱告。我們的禱告能否超越我們教會的限制？我們有沒有為敵人禱告？我們

的禱告是否只有祈求？還是也包括認罪、讚美、頌讚、感恩？以及包括我們從聖經所記載的禱告中找到的各種言語，例如在詩篇這卷以色列人的禱告書和聖詩集中的禱文？牧者的公禱事奉，很大程度上建基於他自己的禱告生活——即牧者在禱告中不住經歷上帝的同在。在禱告中，牧者最明確最公開地在做他整個星期都在做的事情，就是將教會和它的需要、世界和它的需要，帶到上帝的寶座前。因此，牧者在禱告上作帶領，是牧者整體的事奉中極具塑造性（formative）的一面，是非比尋常的。我們教牧領導的目標，應該是讓會眾能夠向上帝說話，和聆聽上帝的話。主日的牧養禱告像聖詩多於講章。留意游斯丁說：「我們一起站立，獻上禱告。」

5. 當教會在奉獻中將禮物獻給上帝，是在投身跟禱告的職事非常相似的活動。這是教會的奉獻（oblation），藉此我們將自己放在上帝的祭壇上。奉獻時，基督教崇拜變得很物質化和
84 很肉身式（very material and incarnational）。基督教信仰並不貶低人手的勞動，並不脫離物質和身體。教會服事的，是一位取了肉身，並居衷於我們之中的救主（約一章）；教會祈求上帝把我們的財物和成就轉化為獻給上帝的禮物，令教會得以潔淨肉身和物質。

在復活節後的主日，我們的經課是關乎主耶穌復活後信徒的教會生活：

> 那許多信的人都是一心一意的，沒有一人說他的東西有一樣是自己的，都是大家公用。使徒大有能力，見證主耶穌復活，眾人也都蒙大恩。內中也沒有一個缺乏的，因為人人將田產房屋都賣了，把所賣的價銀拿來，放在使徒腳前，照各人所需用的，分給各人。（徒四32～35）

這是教會對復活的真理，最有力的可見證據——在復活的羣體中，舊有並僵化的經濟和社會安排已被全然推翻。經歷過轉化的人，真的活出了「復活的見證」（testimony to the resurrection），「內中也沒有一個缺乏的」，一切都視之為上帝交託給我們的恩賜，而不是我們要牢牢抓著的財物。每主日的奉獻，都是教會革命性的行動、對衡文化的行動和先知式的行動。這時，在會眾面前便體現了牧者整個星期都邀請我們做的事——將屬於上帝的東西獻回予上帝，藉此表明我們的錢在哪裏，我們的心也在那裏（太六21）。藉著上帝的恩典，我們能夠感受到別人而非自己的需要，我們從領受者轉化為施予者，由此，我們用物質、金錢，為復活作見證。

當保羅結束對以弗所長老的講話時，他談到在教會領導中，奉獻的中心性（centrality of oblation）：「我凡事給你們作榜樣，叫你們知道應當這樣勞苦，扶助軟弱的人，又當記念主耶穌的話，說：『施比受更為有福。』」（徒二十35）在前赴羅馬 85
以自己生命為「祭」（oblation）——為主殉道——的旅途中，保羅說了這些話。

在我的事奉初期，我們的教會計劃要籌募一大筆錢，為城中的窮人興建一所服務中心。

我們聘請了一位募款員幫助教會管理這個項目。他第一次與我會面時，要求我列出教會奉獻得最多的二十個會友的名字，以及沒有盡力奉獻的人的名字。我自豪地告訴他，我對教會的奉獻現況一無所知。他回答說：「這是不負責任。你是牧者，如果我要你列出你教會的十大模範婚姻，或者十對經歷最多困難的夫婦，你能否告訴我？」

我說我能夠。

教會的募款員說：「耶穌不斷強調金錢的危險。你應該讓會眾看到有機會回應耶穌關於財富的教導。」

在使徒行傳中，猶大為了金錢出賣耶穌（一 18）；保羅和西拉干擾腓立比人的生意時被監禁（十六 16～24）；而當福音影響到以弗所銀匠的生計時，引起了騷亂（十九 23～41）；可安提阿教會卻收集捐獻解救猶大的饑荒（十一 19～30），難怪信徒被稱為「基督徒」始於安提阿這個地方（十一 26）。

呂底亞是個富有的女士，她向福音敞開心扉，也向教會開放自己的家（徒十六）。教會中較富裕的，都在幫助當中較貧困的（二 44～45，四 32～35）。哥尼流是第一個信主的外邦人，也是個慈善家（十 2）。順帶一提，如果牧者要好像我們在本書第一章所指出的那樣，成為「羣羊的榜樣」，我們的管家身分、我們是否樂意用金錢支持教會的工作，都應該成為大家的榜樣。

耶穌要的是全人奉獻。當我要求和接受信徒奉獻，將眾人的禮物放在上帝的祭壇上，我是在參與其中一種最先知式的牧養工作。

6. 教會在感恩禱告中記念上帝，回憶上帝的大能作為。我
86 們的崇拜是回應性的，好好回應那位恩慈的上帝的行動。在舉
行聖餐時，在獻上感恩時，教會正指出生命的福氣來自何處，
敘述我們拯救的故事，並向世界宣告歷史的走向和誰在掌權。

聖職人員/祭司不斷向會眾指出，基督臨在於我們當中，不斷用異於世界的方式，去敘述我們的生命。世界告訴我們，我們是自己一手創造的，是自己命運的主人，是自己靈魂的舵手，是自己財物的守護者。教會卻提供了一個抗衡的講述（counter account），幫助我們將自己的人生看為：上帝成為肉身的部分歷程，我們拯救的故事，而這故事在講述之中成為我們的拯救。歷史上著名的聖餐禮禱文，將整個拯救敘述出來，由創世記開始一直到歡呼「基督死了，基督復活了，基督會再來！」為止。在消費主義社會中，向上帝發出的頌歌成了教會其中一個最徹底、最對衡文化的活動。我們的財物不是我們

的，我們擁有的一切都是上帝的恩賜——即上帝所託付的。即使好像餅這樣平凡的東西，經感恩祈禱，都成了記號、象徵、聖禮，代表著上帝對我們拯救的愛。耶穌和門徒在餐桌上所做的，正是祂在教導、醫治和代我們受死之中所做的。每次我們舉行聖餐，我們都奉基督的名奪回一點敵人的陣地。我們牧者要訓練會眾，讓他們將整個生活視為聖禮，視為一個場域，當中即使好像餅和酒這樣平凡的東西也可以成為上帝的啟示、基督臨在的工具。

7. 教會奉耶穌的名一起用餐。聖職人員/祭司成了這頓飯的主人（耶穌）的代表。恩慈的主人的行為舉止，是帶領基督教崇拜者的榜樣。在主餐時負責接待（hospitality）的牧者，不斷發出邀請，不斷向新朋友開放教會，不斷在福音的恩典中歡迎人參加上帝的筵席。當一家教會的會友走進教會參加崇拜時，他經過無家者身邊，看到他們在乞討食物，這些會友便應該看到上帝已賜給我們多大的恩賜了——我們要令教會再次成為一
處地方，讓窮人在主的餐桌前得到食物。聖餐禮叫人預嘗上帝 87
總想為窮人做的事——在祂應許的國度中。教會正是一個邀請，邀請人來到餐桌前。

經過使徒行傳結尾處那趟不尋常的海上旅程（徒二十七章），經於過那暗無天日並嚇人的十四天，保羅在驚恐的同伴面前，終於穩住了大局。天亮前，保羅促請他們進食。接著，保羅拿起餅來，祝謝，擘開，遞給船上眾人。在這熟悉的四重動作中——拿起、祝謝、擘開和分派——保羅將餅分給驚懼中的羣眾，就好像耶穌將食物分給飢餓者一樣。無論路加是否將此舉當為聖餐，這頓海上的聚餐明顯是要提醒教會，它在餐桌前的核心見證是甚麼。新的一天正在來臨。教會在晨曦之中站著，教會是暴風中的新創造，為著世界在黑暗中擘餅。

奇妙的轉化，是上帝在聖餐禮中賜下的恩賜。上帝的恩

賜——餅和酒——轉化成基督在我們中間真實臨在的記號。由普通的血肉之軀組成的教會，變成基督的身體。男男女女轉化成基督在世界的使者。只有餅和酒的一頓飯，成了因著上帝得勝的國度而叫人目眩神馳的勝利筵席。正如在感恩禱告中，以 *epiclesis*（祈求聖靈降臨的禱告）那樣：

> 求你將你的聖靈澆灌在我們這些聚集在這裏的人身上，
> 　　並澆灌在這些餅和酒的恩賜之中。
> 令它們對我們來說成為基督的身體和血，
> 令我們對世界來說成為基督的身體，
> 　　由祂的血救贖。
> 藉著你的靈使我們與基督合一，
> 　　與彼此合一，
> 　　在服事整個世界時合一，
> 直到基督在最後得勝中來到
> 　　我們在祂天上的筵席中歡宴。[4]

正如我們已指出的，據使徒行傳的記載，早期教會關注如
88 何將信徒獻上的禮物，有效和公平地分給會眾中有需要的人（徒六章）；牧養相關的行政管理工作亦根源於此。正直、誠實、有效率和富憐憫的行政工作，也是崇拜的行動，是牧職的一種形態，正源自教會這個初代的關懷：如何忠心地分配（faithful distribution）信徒獻給上帝的禮物。

8. 教會既已聚集，聆聽話語的誦讀和宣講，代表自己和世界向上帝禱告，並因著與耶穌共享筵席而得著力量；如今便要分散到世界各地去。教會聚集、聆聽、禱告、培育，不是為了永遠留在教會，跟自己相似的人一起躲在我們的神學柵欄後面。耶穌命令我們：「你們要去，使萬民作我的門徒……」（太

二十八 19）使徒行傳似乎關心教會的分散多於教會的聚集。當一羣充滿活力的使徒，隨時隨地都與人談道，上帝的道就像野火般蔓延。正如使徒行傳所描述的，要令使徒閉口不言，只得殺害他們一途。司提反死後，教會大遭逼迫，「門徒都分散在猶太和撒馬利亞各處」（徒八 1），教會生活受到威脅。但即使如此，「那些分散的人往各處去傳道」（徒八 4）。我們可能以為受逼害的教會，為安全起見，會躲藏起來，保持安靜，免招麻煩。不！即使是逼迫，也成了他們作見證的契機。由此，便引發了向撒馬利亞佈道的動力；亦由此，即使在曾經被排斥的撒馬利亞人中間也有「很多喜樂」（徒八 8）。這家教會喜歡分散以及公開作見證。

牧者培育教會，讓教會可以超越堂會的限制，在世界中以
其所言所行，公開傳講聖道。雖然牧者的祭司般的職事（priestly
ministry），意味著他的主要責任是在會眾中裝備聖徒，幫助他
們於世界中事奉，但牧者的工作亦不局限於此。就像所有基督
徒一樣，牧者在世上的工作，就是成為見證人、佈道者、宣教
士和使徒，享受上帝決意要取回世界的大能。當然，教會和世 89
界並非截然二分。在任何一個主日早上，教會裏都存在著很多
「世界」，因此牧者毋須遠望，便能夠接觸到世界。教會和世界
之間的那道界線，由外到內，直透我們自己的內心。

牧者就是祭司：崇拜中的領導

我們奉基督的名分散到世界各地，是偉大的行動，是我們透過福音的大能、憑信心而作的。福音是大有能力的。我們毋須保護耶穌，使祂免受世界的傷害，因為世界是祂的，祂定意要得著整個世界。我有一位在公立大學教授宗教科的朋友說，當他教授神學時，他必須先處理好一個觀念，就是大家都認為

神學是關乎宗教並內在屬靈之事物的。但他告訴學生：不！神學關乎一切。我們的模式應該是使徒行傳中的教會，這家教會不怕在宗教和政治權勢面前作見證，奉基督的名勇敢地分散到世界各地。[5] 上帝最終會得回屬於祂的一切。

> 看哪！上帝的帳幕在人間。
> 他要與人同住，
> 他們要作他的子民；
> 上帝要親自與他們同在。（啟二十一 3）

腓利所以與衣索匹亞人相遇，是因為腓利服從天使的命令，不去其他地方，偏偏去到曠野，又剛好在正午時分，一天最辛苦的時刻抵達（徒八 26 ～ 40）。腓利與衣索匹亞人談道，那人立即要求受洗。當然，腓利不是單獨行事的。召喚腓利到曠野的聖靈，已經預備好衣索匹亞人的心。無論教會去到哪裏，聖靈都走在我們前頭。

因此，牧者像祭司般的職事，是教會往普天下去宣教的必要排練（a necessary rehearsal）。透過我們祭壇上的職事，我們
90 牧者得到提醒，記起我們是誰，以及我們權柄的來源，並我們牧職的最終目的：我們今天所有人都可以在地上與復活的基督共享筵席，我們可以在永恆中與祂共享筵席，直到永永遠遠。

正如巴特（Karl Barth）說，所有職事都必定是在讚美中推動的：

> 所有職事，無論是言語還是行動，都要努力使其成為讚美上帝的一部分。對上帝的讚美，構成了羣體並使其聚集，它要求人專注和委身，並因此同心頌揚，一起湧溢歡騰。基督徒羣體的歌唱，是發自內在實質需

要的。我們可以也必須滿懷信心地說，不歌唱的羣體不是羣體。[6]

牧者的事奉行動可以有很多，但牧者既是祭司，得想方設法，令我們的所有相聚，都可以成為與永活的基督的相聚；在其中，教會的每個行動都可以是聖禮，是恩典的途徑，也是人類的行動，藉此我們標記、象徵和指向上帝國已然在我們中間突現（outbreak）的事實。[7]因此，教會期望所有教會生活，都反映著主日，可以在上帝面前代表人類。

在市郊一個很大和正在擴展的教區中，有一位天主教神甫在開始主日彌撒時說：「首先，讓我們都互相介紹一下。請轉向那些坐在你附近的人，告訴他們你是誰，並認識對方是誰。因為我們聚集而不互相認識是教人慚愧的。」

會眾亂作一團，開始彼此問候。一陣喧嚷後，神甫冷冷地說：「我們聚集而不與上帝相聚，是教人更慚愧的！」

此時會眾間響起了熱烈的讚美聲。

4

祭司就是牧者：崇拜，作為教牧關顧的內容和場景

我們留意到殉道者游斯丁的「主日崇拜」記述，以執事收集 91
食物，並帶給有需要的人作結。使徒選了七個人成為第一批執事，令寡婦不會在「天天的供給上被忽略」（徒六 1～5）。從一開始，上帝子民在主日的工作便緊扣著他們整週的工作，牧者在主餐桌前的領導亦緊扣著牧者對教會的關顧。牧者的所有牧養工作，其目的和內容（purpose and content）均源自他崇拜中的領導。我們可以把教牧關顧（pastoral care）看成是神職指導（clerical coaching），幫助會眾在生活各方面敬拜那位又真又活的上帝。

多個世紀以來，牧者都被稱為“curates”（堂區牧者），這稱呼源自拉丁語 *cura animarum*，解作「靈魂醫治」（cure of souls）或「靈魂關顧」（care of souls）。如果我們的關顧工作不是**教牧性質**的，教牧關顧的挑戰將不會那麼大。牧者的召命不是要「關顧人」（care for people），而是**奉耶穌的名**去關顧人。牧羊人不單向羣羊負責，也為著羣羊向上帝負責。我們不單著
緊我們會友的健康快樂，也著緊他們的拯救，這正是差異所在。 92

牧者也稱為“parson”（編按：指教區牧師或新教神職人員的泛稱等），此字源自拉丁語 *persona*，解作「人」（person）。牧者是眾人中那個負責關顧會眾的人。是的，我們有寶貝獻給眾

人，但那是在瓦器中的寶貝。有人說，如果牧者看不見他們自己的人性，看不見自己的所有優點缺點，他們便麻煩了；不過，身為牧者，如果我們忘記自己蒙召成為堂區的牧者，有責任關顧別人的靈魂，我覺得那是更嚴重的問題。我們是瓦器，不過有寶貝——福音的寶貝並由福音所聚集的寶貝——交託給我們。

在我的教牧關顧實踐中，有一次印象非常深刻。我教會一位女士患有週期性抑鬱。她告訴我，她有時候會感到「低落和抑鬱」。我們會和她聊天，為她禱告，然後她通常會告訴我們她感到好一點。

一天，她打電話叫我到她的家，說是因為「我今天感到有點低落」。剛巧我在閱讀布格曼（Walter Brueggemann）的耶利米書註釋。[1] 掛上電話後，我繼續研究耶利米書。布格曼說，最好將以色列的先知描述為詩人，而不是挑剔的社評家或政治活躍分子。他又說，在先知中，我們可以辨識出典型的先知式行動（prophetic moves）。第一個先知式行動是流淚。先知嘗試公開表達哀傷，公開處理痛苦。布格曼說，先知所以要百姓哀傷，不是要令他們流淚，而是要讓百姓可以透過哀傷，不安於現狀，而向實在的新安排（new arrangements of reality）開放，向上帝的旨意開放。

當天下午，當我在那個會友家裏出現時，我為她帶來了不一樣的關顧方式。我對她說：「我想向你道歉。我一直以為你患了某種病。但我怎知道呢？你現在坐在這裏，坐在價值五十萬的房子中，世界的一切圍繞著你，但這一切似乎仍然不足夠。你似乎在哀傷之中，彷彿期望擁有更多。我在想，為甚麼你認
93 為自己應該得到更多？生命對你來說應該可以更好？很多人認為居住在格林維爾（Greenville）已是十分愜意的了。」

接著我們談天說地。那天我們得出的結論是：其實上帝正在迫使她擔起好些新的責任。她的哀傷正是更豐盛的生命、更

廣闊的世界的前奏。

我們從哪裏習得**抑鬱**這詞（depression）？那不是從聖經而來的。我們活在一個十分注重治療的文化裏，人類的一切需要都被化約為「疾病」。在這氛圍底下，歷史悠久的「靈魂關顧」（care of souls）被化約為只是世俗的治療（secular therapy）。身為牧者的其中一個挑戰是，給大家一種配稱為**基督教的**關顧。

然而，牧者也要承擔起一種道德責任，就是學習和運用從世俗心理治療研究而得的真知灼見。在過去幾十年間，各等精神病的治療方法均取得了長足的發展。對受按的牧者來說，單是同情共感的聆聽是不足夠的，我們有專業上的責任，要成為知識豐富並細心的關顧者。一般來說，牧者在治療方面，要有足夠的知識，可以識別真正的精神病徵狀，將處於困境中的病人轉介給精神健康護理專業人員。生病的人常常使他們的照顧者生病，尤其當照顧者對病狀一無所知，或者在實際照顧病人時沒有保持適當的界線。我們不能為了掩飾我們缺乏能力，而聲稱我們的照顧純粹是靈性上的，並以此為借口，無視由優秀的世俗護理者所提供的科學新知和心理學專門知識。

為新世界命名

我記得布格曼曾在另一處說過：「你們牧者是世界的創建者（world makers）。」我們牧者就好像以色列的先知，透過言語給出一個新世界。世界屬於那些可以真確地（truthfully）描述那個世界的人，屬於那些能夠正確（rightly）地為在我們中間發生的事情命名的人。因此，牧者忠心地運用言語，將世界描述為「上帝的世界」，即聖靈活動的所在，也就是耶穌為之而死的那個既
蒙愛又惱人的領域。我們講道時，在講壇上使用的言語，跟教 94
牧輔導環節中我們做關顧工作時使用的言語，兩者必須和諧地

結合起來。

布格曼警告說：「如果你不讓上帝使用你——透過忠心的話語——去創建一個新世界，你身為牧者所能做的就只有為那個舊世界效力，那是沒甚意思的。」我們的關顧不是要讓人適應現有的世界，而是要讓上帝把他帶進一個不一樣的世界。

一位出色的心理治療師（psychotherapist）在一個關於心理治療歷史的演講開始時提到：「心理治療嘗試用言語幫助別人。」教牧關顧也是如此。我們應小心自己的遣詞用字。我們在主日早上的基本掙扎是：誰為世界命名？誰有權去講述在我們中間發生的故事？因此，我相信我們的講道是首要的，甚至先於我們的關顧工作。我們的教牧關顧，是以我們的講道職事為場景的（set in context）。我們領受那稱為**福音**的主導故事（the master story），並嘗試以此扣連我們的同代故事。我們對關顧的觀念，跟世界對關顧的觀念，是如此截然不同。誠然，使徒行傳是使用了醫治（healing）來刻劃耶穌的職事：

> 上帝怎樣以聖靈和能力膏拿撒勒人耶穌，這都是你們知道的。他周流四方，行善事，醫好凡被魔鬼壓制的人，因為上帝與他同在。（徒十 38）

現在，這同一位耶穌給祂追隨者權柄去「行善事，醫好凡被魔鬼壓制的人」。較早前，耶穌差派了七十個人出去（路十 1～16），他們回來時都滿懷喜樂，因為「因你的名，就是鬼也服了我們」（路十 17）。在五旬節後，彼得奉耶穌的名行神蹟，治好了一個跛子（徒三 1～10）。

可是，在我們的文化處境中，教會的「醫治工作」變得困難重重。今天的文化對治療如飢似渴，但當大家想到人怎樣才能變得更好，多以為心理治療的看法是更現代的，而基督教的

觀念是更落伍的，可事實並非如此。實情是基督教對人之所是
以及人的命途，有不一樣的觀念，而這是基於我們對基督教故 95
事的專注。彼得治好那個跛子時（徒三 1 ～ 10），他立時就教導他醫治的意義。而且，彼得治好那人後，自己和約翰立時就惹上麻煩——跟當權者發生衝突：對方想知道，為甚麼這些「沒有學問的小民」，未經許可，未經授權就擅自醫治人（徒四 1 ～ 22）。這些當權者至少意識到，善行若屬於非官方及未經授權，是對掌權者的威脅。醫治是緊扣於權力的。基督徒卻不相信健全健康是至高的德性。我們相信奉耶穌之名的醫治，有時會令我們與既有的權威醫療護理體制發生衝突。

正如奧古斯丁指出，這一切都端乎個人怎樣理解終極快樂和我們受造之 *telos*（或說「目的」）。一家安於隨波逐流的教會，傾向放棄它的神學語言，並代之以世俗治療的語言，因為那是現時主流文化所欽定的拯救模式——以自我實現為目標。[2] 正如貝拉（Robert Bellah）和他的同事指出，在某程度上，我們不再擔心自己是否「有罪」，也不再擔心自己是否有被算為「義」的可能；卻轉而一心追求「健康」，預防「不健康」。[3] 我們選擇個人的快樂過於與上帝的關係。

因此，當一個神學生告訴我，她或他準備投身基督教的牧職事奉是因為「我喜歡幫助人」，我會十分苦惱。「幫助人」可以是牧職的一個令人滿足的基礎，如果事奉是在好像洪都拉斯這樣的城市開展的話——那是西半球第二貧窮的地方；因為在那樣的處境下，人需要我們施予援手，提供好像食物、衣服和房屋等實際需要，而這也是合乎聖經的。

但在富裕且充斥著消費主義的文化裏，在相對富裕的人中間，「幫助人」卻會引來各種問題。我們很多人的基本問題（好像食物、衣服和房屋等）都基本解決了，大家進而執迷於較不實際的事情。我們生活其中的政體，由憲法規管，憲法告訴我

們天生就享有某些不能剝奪的「權利」。憲法創造出來的人類，
96 擁有一系列的權利。政府的存在目的，是給我們最大的空間，維護和實現自己的權利。政府讓我能夠行使一己的權利而不問這些權利的好壞。

這種做法的一個主要困難是，在這樣的一種文化中，「慾望」被提升至「需要」的層次，而「需要」又被抬高至「權利」的層次。我們漸漸成了無窮慾望的深淵，需要沒完沒了。我們的權利清單似乎在不斷擴充，由我們無窮的慾望推動著，而不是由公共討論來推動——討論哪些權利才是我們要珍視的。我們的文化成了一個龐大的慾望超級市場。大家必須提供全天候的服務，才能滿足我的需要！

我相信這是很多牧者筋疲力竭的其中一個原因。他們在虛耗自己的生命，奔波勞碌，試圖滿足絕對是自私、自我中心的消費需要，而沒有對之加以批判，也不為之設限。[4]奧康諾（Flannery O'Connor）嘲笑一個她認識的神職人員，稱這個事奉者為「四分一個牧者加四分三個按摩師」。[5]

教牧關顧的奇特性

福音不單關乎滿足人的需要，福音亦批判我們的需要，並嘗試將有價值的需要給予我們。今天生活在北美的人耽溺於眾多的慾望之中，但這些慾望大都不是聖經所關注的。基督教的牧養「關顧」，遠超滿足人的需要；其實——從福音的奇特角度觀之——「關顧」亦關乎灌輸（indoctrination）和薰陶（enculturation）。基督徒就是根據基督而重定自己需要的人。

使徒保羅在自身的召命中，發覺自己活在一個全新的世界，這世界是基督在復活節得勝死亡時所開啟的。保羅必須作出改變，敢於與眾不同（林後五 17～18）。很多牧者不假思

索，就從商業世界的領導方式，或者從心理治療的方法取經，確立其領導模式，並將他的職事建基於這些領導模式之上，這足證我們不真箇相信上帝叫基督從死裏復活，並由此徹底改變了世界。換句話説，其實我們的關顧不能脱離我們的政治 97
（politics）——即根據復活節，我們確信誰在掌權。

有時候，有人會告訴牧者：「只要愛你的會友，其他一切自會妥當。」

愛基督，比愛自己的會友更困難；這是真確的愛（truthful love），是一切愛的來源，也判斷我們所有的愛。如果我們的職事是服事復活的基督，而不是服膺於會友的讚美或責難，我們就必須將牧職扣連到別的東西，是比我們對會友的模糊的愛更具意涵的。保羅告訴哥林多教會，他們要視他和他的同工為「基督的僕人和上帝奧祕事的管家」（留意他沒有説「眾人的僕人和教會財政的管家」），接著他批評哥林多人：「我被你們論斷，或被別人論斷，我都以為極小的事，連我自己也不論斷自己……但判斷我的乃是主」（林前四 3～4）。我們是在基督的判斷下關心別人。[6] 牧者也是先知。新約原文中「憐憫」（compassion, *splanchnon*；可一 41 ——由此希臘詞衍生出“spleen”〔意為憂鬱、怨懟等〕這英文詞彙），和「膽量」（guts）是同一個希臘詞，當中道出了某些牧養上的涵義：一個真正憐憫人的牧者，是一個真確（truthful）和膽大的先知。

在整卷哥林多前書中，保羅呼召教會要歸回福音的權柄（十一 16、23，十五 3）。保羅不是以順服教會來服事會眾羣體，而是以完全順服使徒傳統來服事會眾羣體；我們也該如此。

因此，十九世紀的偉大傳道者司布真（C.H. Spurgeon）寫道：

> 我盡全力，務求完全獨立於所有人。有時我發現，如

> 果我備受讚賞，如果我內心稍微放鬆並關注這些讚賞，
> 為此歡喜，下一次我受到指摘或侮辱時，感受會特別強
> 烈，因為我接受了稱讚，我對指摘會特別敏感。因此，
> 特別在近期，相較別人的責備，我嘗試不再那麼關注別
> 人的稱讚，並僅僅倚靠這真理——我知道，在我想做
> 98 的事情上動機純一，在努力服事上帝之時專一仰望祂的
> 榮耀，我便不應接受人的讚賞，也不接受人的指摘，反
> 該單單守善行義。[7]

如果我們的牧職太容易受會眾的稱讚或責備影響，便是對我們召命中的崇高要求之背叛。神職人員所以首先是「專業人士」（professionals），不是因為我們掌握了別人所沒有的高層次專門知識，而是因為我們有一套教義要我們去「委身」（profess；參本書導論，原書頁 20）；我們把生命連結到對信仰的委身。沒有了這種聯繫，我們的牧養工作就很容易陷於一片忙亂之中，失去焦點，令人喘不過氣來。現代醫學的困局應該成為我們牧者的警惕，因為當代的教牧關顧，很大程度上是來自現代醫學的實務（practices）。醫學既脫離了「關顧」，便以「治療」這不真實的目標為是（the unrealistic goals of cure）。美國的醫療制度既抗拒聯邦政府的控制，便落入了大企業的魔掌中。我們給醫療工業支付大筆金錢，藉此經營我們的集體幻想（collective fantasies）——不朽的可能，以及無風險、無疼痛的實存人生。臨牀牧關教育（Clinical Pastoral Education, CPE），即大部分神學生於「牧關」上所接受的臨牀訓練和體驗式培訓（clinical and experiential training），往往在大型醫院的環境中進行，使得我們神職人員於牧關上有時錯誤地從醫學取經——這行業已渾忘了 doctor（醫生）這詞是源自希臘文 *doceo*，意思是「教師」，即教導人認識疾病的性質和關於身體的真相的人。

耶柔米（Jerome）在他的第五十二號書信中，促請牧者以希坡克拉底式醫師（Hippocratic physician）為關顧的模範，並於會友中間服事時，態度總要與自己的召命相稱：

> 你有責任探病，認識已婚人士的家庭和孩子，替貴族保
> 守祕密。因此，要以舌頭和眼目的純潔為目標。永遠
> 不要討論女性的體態，也不要讓一個家庭知道另一個家
> 庭的事。希坡克拉底教導學生前，都要他們在他面前起
> 誓，要他們忠誠。他……規定他們的語言、他們的步
> 姿、他們的衣著、他們的態度。靈魂的醫藥交託了給我
> 們，我們就更有理由要堅心愛護教會中所有的基督徒， 99
> 如同愛自己的家人。讓他們知道，我們是哀傷中的安慰
> 者，而不是歡樂時的賓客。經常應邀出席晚宴，從不謝
> 絕邀請，這個神職人員很快便會遭人鄙視。[8]

醫學模式之所以困難重重，因為我們身處的文化最關心的是我們身體的退化，覺得正常的衰老過程是不公道的，並鮮有教人如何面對死亡，以及認為人生沒有比慾望更重要的事了。

在我最初事奉的時候，有次到醫院探望教會一位剛誕下孩子的女士。有人告訴我，她「剛生下來的孩子出了點狀況」。夫婦二人坐在醫院病房裏等候醫生。醫生來到，向這兩位新任的父母說：「你們得了一個兒子，你們的孩子有唐氏綜合症。孩子的呼吸系統有輕微問題，但這是可以糾正的。不過，我建議你們就順其自然好了。再過幾天，一切就會過去。」

那對夫婦似乎對醫生的話感到迷惘。

「如果情況可以糾正就糾正吧。」丈夫說。他太太立即點頭表示同意。

「研究顯示，把這些孩子留下來的父母，很可能會出現婚姻

問題，也可能會離異。而且，將這種痛苦帶給你們另外兩個孩子，公平嗎？」醫生問道。

提到「痛苦」這個詞，醫生彷彿終於開始用父母的語言說話了。母親說：「我們的兩個孩子甚麼都有。他們一直以來都不曉得痛苦是甚麼，也沒有機會認識。我雖然不知道上帝在這件事上到底有甚麼作為，但我肯定見到為甚麼這樣的孩子要生在我們的家。你再想想，就會發覺它是一個契機。」

醫生似乎很迷惘。他突然離開。我隨著他走到大堂。「牧師，我希望你可以用理性說服他們。」醫生說。

100 對我來說，這件事生動地描述出，在理想的情況下，教會可以怎樣教導會眾使用一種有別於世界的奇怪的理性。教會透過它的故事、崇拜和一起的生活，教導別人一種不同的語言，在這種語言中，好像「痛苦」這樣的詞彙的意涵改變了。這對夫婦聽到過一個奇特的故事，就是耶穌基督的生與死，在其中，痛苦具救贖作用是合理的。

教牧關顧——通過基督教信仰——關係到道德轉化。我們透過語言上的深化培育，被帶進新的境地、新的世界、新的政治裏，可以為新的國民身分命名。所有世界都是從話語開始的。

例如，在我自己的教會裏，有兩幫人為所謂「墮胎」的事爭辯起來。誰給我們這個詞彙？就是給我們「割盲腸」這樣的詞彙的人，他們令一件可以用道德角度談論的事，化約為一個純粹的手術程序。一方認為人有「生存權」；另一方認為我們不能否定「選擇的自由」。

我們活在一個將人界定為一籃子權利的文化中，能給我最大空間去行使我的權力的社會，就是最好的社會。在這樣的社會中，甚至生命本身也變成了一種「權利」。

同樣，歐洲啟蒙時期將「選擇的自由」變成了至高的德性，因此，沒有選擇，人就算不上是人。我們的社會於是變成了一間巨大的慾望超級市場。

生存權（right to life）和**選擇的自由**（freedom of choice），兩種講法都與聖經的語言有點格格不入。生命不是權利；生命是恩賜。上帝賜下生命，徵召生命，也會取去生命。只有生命的賜予者才可以取去生命。我們的生命不是我們自己的。

此外，我們很難找到有關「選擇的自由」的聖經支持。馬利亞、保羅、彼得、撒拉——他們有甚麼「選擇的自由」? 聖經故事述說上帝的自由並主權式選擇（free and sovereign choices），多於人自主的選擇（autonomous choices）；故事所指向的，不是要我們按自己的心意而活和按自己的心意而死，而是要讓我們的生命聯繫到值得為之生和為之死的人事物。如果基督令我們自由，我們便真自由了（約八36）。

名副其實的教牧關顧，將我們的生命和要關心的，跟聖經 101
這個對世界實況的奇特講述放在一起。在我們的關顧中，我們用跟世界的版本相反的敍事，來覆庇人的生命。我們要給他們一塊鏡片，讓他們看清自己所渴望的。透過聖經這塊鏡片（這是加爾文的比喻），[9] 我們生命中某些事物的焦點會更為清晰，看到以往看不到的。透過這塊鏡片，世界告訴我們要珍視的，不再成為我的焦點。我們重整了自己的關懷。我們用來描述自己的話語改變了，因此我們的世界也改變了。

直面道德的問題（moral confrontation），在教牧關顧和輔導中有其地位。在輔導的環節中，牧者的關顧責任是確立並闡明我們奇特的教會場景（ecclesial context）。當牧者和會友傾談時，有時的確要「放下」並懸擱道德判斷，讓牧者和接受輔導者能相對放下戒心，能自由檢視情境中的各種動力。不過，牧養判斷的懸擱必須是策略性的，而不是一個普遍原則，供應用在每一個教牧關顧情境下的每一個人身上。

> 輔導患病和垂死的人，牧者責無旁貸，但……應該首先藉宗教文化觀，也就是藉著一種探究病患和死亡的意義之宗教文化觀，來幫助對方創造一個羣體。牧者當然應該輔導婚姻有問題、性方面有問題和面對離婚問題的人，但……他們更應該首先幫助人，建立……健全的觀念，無論對婚姻、性，甚至對離婚，使他們了解其正意。今天，很多教牧輔導面對的困難是，牧者花很多時間去討論輔導的方法，而不是花時間去建立構成輔導場景的意義的結構——後者是更加有挑戰性的一個過程。[10]

因此，亞奎那（Thomas Aquinas）在談及牧者的關顧工作時，列出的第一個責任便是**指導**（instruction），藉以「幫助你彌補智性方面的不足」。[11] 在某種意義上，我們的所有關顧，都必須是教育性的（educational）——如果關顧特別是基督教關顧的話。

102 我們關顧工作的會眾場景

米克斯（Wayne Meeks）是一位歷史學家，專研初期基督教的社會處境（social context）。他指出，當羅馬人看著基督徒時，基督徒表現出來的敬虔，是奇特地羣體性的（peculiarly communal），亦因此是對衡文化的。初期基督徒給信仰異教的羅馬人的印象是：

> 絕對的羣體相交。甚至那些鼓勵人在家中私底下進行的信仰踐行……都是羣體信仰踐行的延伸——實際上，這些踐行在提醒個人：甚至當他獨自一人時，他們都是

> 基督身體的一員，都是上帝的子民，而不單單是信奉基督徒的上帝者。這就是基督教運動與其他信仰最顯著的分別……基督徒的信仰踐行，不受限於神聖的場合和神聖的地方——祭壇、獻祭、崇拜行列，都是塑造羣體的重要組成部分，而這個羣體帶著一種殊異的自覺性（distinctive self-awareness）。[12]

教牧關顧不單是與受困擾者個人待在一起的時刻，也是牧者的羣體相交式教化的一種延伸。我們送給為生活苦苦掙扎的人的其中一份最大禮物，就是基督的身體。

有一位研究生跟我說：「我很高興，自從在這裏生活後，我便是美國路德會的教友（Missouri Synod Lutheran）。」他是我們大學醫學哲學博士雙修課程（MD/PhD program）的學生。

我問他：「你為甚麼感到高興？」

他說：「我們美國路德會的教友十分重視罪，我們相信人總是罪人。即便成為基督徒，你仍然是一個罪人。事實上，我們相信基督徒是最大的罪人。」

我問：「為甚麼這個觀念對你有幫助？」

「唔，每天早上我步進醫院時，都會停下來看看面前這個巨大的醫療設施。我心想，今天這裏會有很多好事發生，但也會有很多壞事發生。可惜的是，通常我們都是過了很久，直到無可挽救的時候，才看得出兩者的分別。幾乎每次的醫學進步，
都伴隨著相應的不幸的醫學事件。以往我從未試過跟一羣總認 103
為自己是對的人待在一起。當有些事情出錯時，例如有一個病人去世，你才不會相信醫護人員他們那些辯白——他們不斷跟自己說：『我們一切都做對了』，『我們已經依照正確的程序辦事』，『這不能怪我們』。然後我說：『唔，病人確實死了。肯定有甚麼事情出錯吧。』你知道嗎，在進到好像現代醫學那樣道德

上含糊不清的事業時，認定你是一個罪人，即使是蒙赦免的罪人，你仍然是罪人，是多大的恩賜。」

我驚歎於這個年輕人所掌握到的概念工具（conceptual apparatus），竟讓他可以透過聖經的隱喻、意象和故事，來易構（reframe）世界。因此，對我來說，他不單是優秀的教牧關顧所結的果子，也提醒我們作牧者的，那些懂得透過福音鏡片真確地解讀世界的人，他們得著的能力可以有多大。

傳道者根據耶穌的故事重述（renarrate）生命，讓普通人的生命得以重寫，並寫進一齣稱為拯救（salvation）的偉大戲劇中。眾人得到救拔，脫離那些不足以讓我們享受真確的生命的敘事，又脫離那些源自心理學、經濟學、社會學並其他為我們自己和自己的遭遇命名的世俗方法（也就是沒有上帝）的敘事。因此，畢德生讚揚教牧的探訪工作，多於教牧輔導，因為它驅使牧者在會友自身的環境、自身的生活實況中，與之相遇；這時牧者不得不直面孤單與淒苦，直面這種種構成我們會友大部分生活的經驗。在廚房喝咖啡時，在病榻旁邊，在工作間那張堆滿雜物的桌子旁，在牧者傾聽和回應之時，在牧者探望會友之際，我們透過話語，讓我們的會友將自己的生命置於上帝的生命之中。

牧者既會輔導，牧者也做探訪，在會友生活的實際環境中認識他們，這是無可取代的。[13] 因此，巴克斯特（Richard Baxter）寫道：

> 當我們熟悉他們，就可以鼓勵他們向我們坦承自己的疑惑。可是，當牧者不認識自己的會友……必定大大妨礙他在他們中間工作。熟悉會友，我們會更明白**每個人的靈性光景**，更曉得怎樣看顧他們；我們認識他們的性子，並他們反對的主要是甚麼，我們會更曉得怎樣向他

> 們講道⋯⋯我們會更知道怎樣為他們哀哭，怎樣與他們同樂並為他們禱告。[14]

與社會上其他從事關顧工作的人不一樣，牧者可以採取主動，介入會友生命中的窘局；不要乾等受傷害者前來尋求幫助，要主動尋找和拯救失喪者。因此，十七世紀的聖公會主教杰里米．泰勒（Jeremy Taylor）勸告牧者：

> 事奉者不能乾等別人來見他，應該主動關顧，去到會友那裏，了解他們，勸他們好好悔改，堅定他們的信心，鼓勵他們忍耐；勸他們順服，更新他們的神聖誓言，愛上帝，跟鄰舍和好，補償別人的損失和改正遷善。[15]

在神學院裏，很多修讀「牧關」課程的牧者都會修讀形形色色的心理輔導課。不過，將教牧關顧等同教牧輔導是不幸的。在過去一個世紀，大家呼籲牧者要細心關顧個別會友，這的確叫我們獲益甚深，但這同時也令我們忘記了教會——即那羣聚集的會眾——才是我們關顧的場景。

牧者不是獨個兒工作的。我們是與上帝一起工作，而祂的本性就是關顧與轉化（to care and to transform）。我們很多關顧工作，是在上帝介入我們中間之後或之前進行的。我們用積累下來的智慧回應會友的需要，而這些智慧是聖徒所見證並全會眾所印證的。保羅寫信給教會時用「我們」，表明他在基督裏與我們「同負一軛」（腓四3）；但同樣明顯的是，他亦寫信給那些受他所託要照管教會的同工。事實上，牧者身為教會裏負責靈魂關顧的人，他像教練或領隊多於球星。

就關顧工作而言，我們牧者最好花更多時間，充當鼓勵者
和協調者的角色，不要以為自己是惟一一個能給予關顧的人。 105

很多牧者因著保守太多會眾的祕密，擔子十分沉重。誠然，有很多祕密是只有牧者才應該知道的，但我們關顧及關心會友時，必須學習更多以牧養角度而不是以個人身分去處理他們的困難；應該學習與其餘的會眾「配搭」，而不是「代替」他們服事。這種教會關顧的一個例子是「司提反事工」（Stephen's Ministries program），在其中平信徒接受訓練，與牧者一起深入關顧教會中有需要的人。[16]聯合衛理公會的「門徒」查經課程（DISCIPLE Bible Study）將數以千計的平信徒培訓成優秀的聖經教師。教會中蓬勃的小組運動，幫助全教會投入關顧的工作。不過，正如我們要檢討牧者關顧羣羊的工作一樣，我們必須不斷檢討會友間的這些彼此關顧，以確保會眾的關顧工作是名副其實的、真確的和殊異的基督教關顧。

> 就如身子是一個，卻有許多肢體；而且肢體雖多，仍是一個身子。基督也是這樣。我們不拘是猶太人，是希臘人，是為奴的，是自主的，都從一位聖靈受洗，成了一個身體，飲於一位聖靈……你們就是基督的身子，並且各自作肢體。（林前十二 12～13、27）

牧養的一個重要工作，是幫助人將苦痛公開，並鼓勵大家共同面對。在帶領崇拜時，我們正正是在做這樣的事——當我們促請會眾公開認罪和寬恕別人，當我們接受金錢奉獻，當我們透過各種崇拜環節促請人將生命放在上帝的祭壇上，並作為基督的身體，領受福氣、被擘開和獻給世界。我們也透過我們的輔導和教牧關顧，鼓勵他們將苦痛公開。會友若孤身一人，便會自絕於羣體性和堂會可給予的智慧，得不著醫治。服事酗酒者的事工，可以由教會中那些從酗酒中康復過來的人帶領；經歷過離異痛苦者，常常有經驗和有智慧去幫助同病相憐的

人——而這些智慧應該是洗禮所賦予他們的職事的一部分，也 106
是牧者所缺乏的。牧者關顧者的角色不應該奪去平信徒關顧的呼召。

我們身處的社會熱烈地捍衛「私隱權」。我們的文化傾向將世界分為不同領域，即公共和私人領域，個人和社會。這觀念繼承自歐洲的啟蒙運動且業已內化——將公共領域留給政治和經濟，又將宗教歸入離開了公共關注的私人領域。

基督教會將很多世界認為屬私人領域的事，視為十分公共的事。對我們來說，性不是私人的事。性是一種公共責任，是與政治交織在一起的；性行為也是為了公共的利益，而不單為了個人的滿足。我們不相信性可以脫離公共的承諾和社羣的委身，而正正是公共的承諾和社羣的委身讓我們嘗受到性的真諦。我們不要忘記，教會對如性交這種肉慾的行為的看法，是多麼的奇怪——堅持二人於成為「一體」之前，要舉行婚禮，並在上帝和全教會面前許下諾言。

例如，保羅就哥林多首家教會的爭吵提供意見時，他也談到婚姻的親密。「妻子沒有權柄主張自己的身子，乃在丈夫」(林前七4)，這是我們預期一世紀的男性會提出的意見。接著保羅補充說：「丈夫也沒有權柄主張自己的身子，乃在妻子」，這肯定不是我們預期會聽到的。接著，保羅頗為具體地指出丈夫和妻子在婚姻的性事中對彼此該抱甚麼期望，即使這封信會在全會眾面前宣讀出來。

接下來，保羅勸告作丈夫和作妻子的不可分開，因為這是直接從主而來的命令，不得廢掉，不得拒絕。奇怪的是，保羅很快又補充說，如果夫婦二人真的離異了，就要維持單身或者重修舊好。這裏，我們看到一個牧者在苦苦掙扎著，既要持守耶穌艱難的命令(耶穌似乎偏向維持婚姻關係)，同時又想支持教會中陷於現實生活困境的人，他們的窘局令這些命令益發難行。

107 保羅給個別基督徒的行為指引，全都以教會為背景。基督徒不是獨個兒在主日敬拜上帝，也不是孤身在星期一活出信仰的。在教會，我們不能將痛苦的人孤立起來，告訴他們：「你有問題。」我們要將他們的苦痛置於會眾的掙扎之中；這個受苦的團契能將苦痛都變成救贖的途徑，因為我們心中的痛楚，被置放於一個更宏大的故事之中，即「上帝國的突現」(the outbreak of the kingdom of God)。我們在關顧別人時遇到的罪，沒有一件是不可以在會眾中間承認的；人不需要臻至完全，才能得救。

正如保羅向其中一家教會說：「你們常在我心裏」(腓一7)。他心裏容得下腓立比的獄卒一家，容得下不能和睦共處的友阿蝶及循都基，容得下與他同負一軛的以巴弗提和所有其他人，這表明了這個使徒的牧者心腸。因此，保羅雖堅守耶穌對再婚的教導，卻同時仍然關心關係糾纏不清的基督徒；他可以責備加拉太人「無知」，但在同一封信中，卻仍然對他們的困境寄予同情。保羅的牧函正好向我們作出了示範，當面對教會爭吵，該如何提出宏大的神學信念——甚至在糾正教會過錯的時候。

不過，其中的一大挑戰是：要與有需要的人同在，而又不被他們的需要淹沒；讓會友找得到自己，卻又不被他們完全佔有；認真看待他們的痛苦，同時又認真看待我們的使命，即宣講耶穌基督並祂的釘死和復活。

當保羅溫婉地談到他需要某種牧養的智慧，好應對帖撒羅尼迦教會的需要時(先不理甚麼保羅的父權主義、母權主義)，他說：

> 只在你們中間存心溫柔，如同母親乳養自己的孩子。我們既是這樣愛你們，不但願意將上帝的福音給你們，連

> 自己的性命也願意給你們，因你們是我們所疼愛的。弟兄們，你們記念我們的辛苦勞碌，晝夜做工，傳上帝的
> 福音給你們，免得叫你們一人受累。我們向你們信主的 108
> 人，是何等聖潔、公義，無可指摘，有你們作見證，也有上帝作見證。（帖前二 7～10）

就像保羅一樣，牧者不單藉著分享福音關顧上帝的子民，也藉著分享我們的生命關顧他們。因此，在保羅書信的很多篇幅中，當他鼓勵會眾時，我們都會覺得保羅也是在鼓勵自己。在使徒行傳中，保羅都在從事這種鼓勵的職事（徒十六 5，十八 23，二十 2）。我們要安慰我們的會友（comfort；英文"comfort"一詞字面意思是"with strength"，即**扶助**），向他們坦承我們自己的需要；在付出時，我們有所得（徒二十 35）。

如果牧者的關顧工作不是發生在崇拜時會眾聚集的場景底下，牧者就不能觸摸那麼多人生命中正經歷的極大痛苦，牧者也不能知道當中好些人埋在心底深處的黑暗祕密。在主日，我們能夠認罪和得到赦免，將自己的生命放在祭壇上，將自己生命中無法獨自應付的問題交給上帝。牧者帶領崇拜時，不斷聽到自己所宣講的同一個福音——我們的盼望不在我們，而在乎主。我們的關顧工作，將人引領到顧念他們的上帝面前，上帝的生命是我們的光。身為聖職人員／祭司，我們將自己對會友的關顧放在祭壇上，在禱告中將上帝子民的生命獻呈給上帝。

5

牧者就是聖經的詮釋者：由上帝話語創造的子民

唸神學時，我總認為傳道者最艱鉅的任務是將聖經古老、 109
原始的世界，聯繫到我們身處的現代和進步的新世界，就正如「傳道者一手拿著聖經，一手拿著報紙」這老生常談那樣。投身牧養工作後不太久，我便明白到，我身為教會中上帝話語的詮釋者，任務其實比想像中的更為複雜。

我問一羣學生：「從你們的角度看，主日早上的崇拜最奇怪的是甚麼？」

一個學生回答說：「是他們捧著那本大書進來的時候。」

「聖經？」

「對。在崇拜開始時主禮人列隊進場時。」

「進場禮？」我問。

「對，就是了。」

我心想，一羣二十一世紀初的人，於大約一小時內聚集，順從那些古舊而看似無序地拼湊在一起的經文——而且它們
出自與我們截然不同的人之手，在與我們截然不同的時空中寫 110
成——就正如那個學生所感受到的，這十分奇怪。

現代性（modernity）使我們以為，我們有幸活在人類發展階段的高峯。基督徒順服聖經，於是便成了對衡文化（countercultural）、具煽動性和稀奇古怪的事。基督徒和猶太人

及穆斯林一定是這文化中最後一批仔細讀經和順服聖經的人。牧者要幫助會眾仔細讀經，讓我們自己配合經文，並順從聖經對現實世界的複雜重述（the complex redescription）。

《威斯敏斯特信條》（*Westminster Confession*）簡潔地指出聖經的中心地位：

> 雖然自然之光，並上帝的創造及護佑工作，在在都彰顯出上帝的良善、智慧和能力……但主喜歡在各個時間，以各種方式，向祂的教會顯明祂自己，宣告祂的旨意；此後，為了更妥善保存和宣揚真理，為了更確切地堅立和安慰教會，以對抗肉體的腐敗……將同一真理完全寫下來；這令聖經成為最必需的；上帝以前向祂子民顯明祂旨意的方式，現在都停止了。[1]

順從上帝話語的子民

在公元前五世紀中期，以色列從被擄之地歸回。耶路撒冷一片頹垣敗瓦。人們決定重建城牆，踏出重塑以色列民族身分的第一步。在重建時，百姓發現了一卷皮卷，那是「耶和華藉摩西傳給以色列人的律法書」（尼八 1）。在水門前，從早上到午正，在所有百姓面前，祭司以斯拉閱讀律法書，「眾民側耳而聽」（八 3）。以斯拉站在木台上讀經，其他祭司將讀出來的文字的「意思講明」，「使百姓明白所念的」（八 8）。

百姓喜極而泣，因為他們終於尋回被擄時不可能讀到的文字。他們也憂傷哭泣，因為他們遠離了上帝指示他們的道路。以斯拉吩咐他們不要哭泣，並宣告那日是聖日，說：「因靠耶和華而得的喜樂是你們的力量」（八 10）。他們就大大歡慶，因為「他們明白所教訓他們的話」（八 12）。

這是以色列最美好的光景。上帝話語在崇拜中被誦讀和被解釋，百姓哭泣然後歡慶，將他們的生命配合話語。以色列由話語所構成、被話語糾正、藉話語得以復興和蒙話語所救贖。正如布格曼在尼希米記八章的註釋說：「這奇特的羣體不是自我產生的（self-generated），它從別具權威的經文去理解自身，也就是他們穩定地、恆常地、專注地反覆講述的經文。」[2] 基督教神職人員身為向公眾宣讀聖經和解釋聖經者，是站在往昔以斯拉所站的位置上。跟以色列一樣，教會聚集起來——但教會跟世界不一樣，教會不是根據種族、性別、民族或階級來聚集。讀經者誦讀聖經，不僅是為了要在聽眾中引發認同，也不是為了使聽眾感到自己高人一等，而是要塑造（form）和改造（reform）聽眾。聖經的本質是「政治性的」（political），它對我們的生命具模塑能力（formative power）。凱爾西（David Kelsey）說，我們來到聖經面前，不單問「聖經說甚麼？」也問「通過聖經上帝在我們身上有甚麼作為？」[3] 在我們讀經時，上帝不單向我們啟示祂自己，也容許祂自己的旨意成就在我們身上。

身為教會作帶領的聖經詮釋者，我們服事教會的方式是奇特的：按聖經的記載，將以色列和教會的故事，跟我們現在的教會模態，併在一起。以斯拉在水門這樣做，耶穌在路加福音四章於祂家鄉的會堂也這樣做。在被擄的景況中，話語將一羣殊異的百姓聚集起來；這是離散中的以色列（in diaspora）——百姓傾聽，配合話語，唱錫安歌，道出那名字，說出那故事，以上帝子民的身分繼續生活。

我們曾在
　　巴比倫的河邊坐下，
　　一追想錫安
　　就哭了……

因為在那裏，擄掠我們的
　　要我們唱歌；
112
搶奪我們的要我們作樂說：
　　「給我們唱一首錫安歌吧！」
我們怎能在外邦
　　唱耶和華的歌呢？
耶路撒冷啊，我若忘記你，
　　情願我的右手忘記技巧。（詩一三七 1、3～5）

我相信用**被擄**一詞來描述北美教會的社會位置（social location），措詞不會過於激烈。侯活士和我合著的《異類僑居者——有別於世界的信仰羣體》（*Resident Aliens: Life in the Christian Colony*）提出了這一點。我們在書中指出，教會是「另類的**城邦**，一個稱為教會的對衡主流文化的社會結構……世界所不是、也永遠無法成為的東西」。[4]

布格曼提醒我們，以色列的聖經大部分都是由被擄或正在脫離被擄的羣體寫成的，好像尼希米記中的聖經。只有被擄的著作才能夠充分表達出，以色列在被擄的劫難中所感受到的那種被摧毀、被棄絕的痛苦和所失。以色列中一些最有力、最有異象、最有盼望和最堅定的詩章散文，都是在被擄時期寫成的，它們見證著以色列對那位滿有智慧的上帝，滿懷信心，因為祂決意要得著一羣子民。如果要明白那個戰敗、被擄的民族，在面對巴比倫的帝國主義時，為何仍然能表現出一種「傳教的膽量」，就需要認識那位靠近受壓迫者的上帝。試想像，我們的所有聖經詮釋和研究都是「在外邦唱耶和華的歌」。

當權貴挑戰施洗約翰之時，他這樣回應：如果上帝的子民不回轉，不悔改歸回，上帝能夠從約旦河的石頭中興起一個民族來。

上帝決意要得著一個家。上帝藉著話語、透過像約翰般的傳講，也透過應許，興起祂的百姓（路三 1～21）。

教會由話語所聚集。在短短幾個世紀之內，教會以稱為聖經的這份無序地結集在一起的作品為基礎，打敗了羅馬。牧者有責任幫助被擄中的教會閱讀、反思和體現上帝的話語。我們 113
的上帝是喜歡說話的上帝（loquacious），祂單以話語創造出世界。每次上帝說話，新的世界便出現：「我們因著信，就知道諸世界是藉上帝話造成的，這樣，所看見的，並不是從顯然之物造出來的。」（來十一 3）

牧者讀經時，是以祭司的身分這樣做；他為全教會聆聽經文，按全教會歷代的解讀來詮釋經文。牧者的讀經提醒教會，聖經由信仰羣體寫成，詮釋必須在聖靈感動下、在羣體內進行。自從宗教改革以降，人們試圖抽離教會的場景，追求個體性的讀經，結果聖經遭濫用。但教會正是一處糾正我們的聖經閱讀，並場境化這些閱讀的地方。在羣體中讀經，意味著一種經得起時間考驗的釋經踐行，就是以聖經詮釋聖經，在整部正典的脈絡下閱讀（in context of the whole canon），容許個別經文與其他經文對話。聖經應該在羣體中閱讀——經文同時創造和批判教會。

在現代性之中理解聖經

聖經是古老的；它最新近的部分也在大約一千九百年前寫成。由於現代人相信進步這觀念，看待往昔事物時都會抱一種優越感，故驕傲油然而生。馬丁．路德在提出他改革彌撒的想法時，他譴責道：「好像不潔的豬一樣闖進來的三心兩意和挑剔……只喜歡新奇的事物，在新事物變舊後，很快又感到厭倦了。」[5]

現代世界將一切去神祕化（demystified），將世界化約成一無例外的自然世界。可聖經所描述的，是一位行動的上帝，介入歷史的上帝。現代性如今變成了一個封閉的因果系統，其運作毋須超自然的指涉。當康德（Immanuel Kant）將世界分為現象和物自身（the phenomenal and the noumenal）、自然和超自然，聖經便變得難以理解；結果它被推到世界以外，進入超凡的領域（ethereal realm），在那裏，事情鮮可以以確信（convictions）宣認或證明。聖經所記載的事，變成了超自然、神蹟和偶發的事件，是對不變的自然律的干預。

114

猶太人和基督徒不相信「自然」。我們認識的世界是一個受造的世界，是造物主的恩賜，為祂所有。即是，創世記一章和二章後，據我們所知，一切都還是奇迹，所有都是上帝的創造奇功。祂繼續干預世界，拒絕被人推到「超自然」、非歷史的毫不相干之中（ahistorical irrelevancy）。那位從空無中創造世界的上帝，正是那位叫童女懷孕，或者叫死人復活，或者在人意料不到之時向人顯現的上帝。

現代的聖經詮釋傾向在聖經文獻中來回尋找，希望找到無可辯駁、無可挑剔、千真萬確的資料，即不容置疑、也就是「確實發生過」的史實。歷史評經學（historical criticism）嘗試剝去加諸於聖經的歷史見證上的誇張失實的宗教外衣，重新發現令人信服為真的歷史核心。[6]

「歷史」是少數可以假定為「科學的」人文學科之一，也就是說，聖經詮釋的任務，是依從一些科學的、客觀的方法，重新發現那些在歷史上「真有其事」的事情。聖經詮釋者變成了歷史學家。透過歷史的方法，我們嘗試尋回「經文背後」的原意。現代性認定，基督教信仰的難題都是關乎歷史性的。

在使徒行傳中，大部分敘事都用上第三身單數和眾數人稱。突然間，在二十章中段，故事卻轉為第一身：「我們先上

115

船開往亞朔去，意思要在那裏接保羅……他既在亞朔與我們相會，我們就接他上船。」（徒二十 13～14）在人稱的轉換中，究竟發生了甚麼事？有些歷史評經學學者懷疑經文曾遭粗糙的編修，將一個時代的記述硬生生加進另一個版本之中。是否有一個「早期的路加」（early Luke）寫了使徒行傳的一部分，另一個「後期的路加」（late Luke）則寫了其餘部分？我們的詮釋倚靠歷史的重構與回溯，這使得聖經最終淪為一幅有待拼合的拼圖，在我們手中支離破碎的百家被。

但如果這裏的挑戰是文學性的多於歷史性的，那又怎樣呢？從第三身人稱（他們、他、她）轉向第一身人稱（我們、我），會發生甚麼事？文章會突然變得更直接、更個人化，有目擊證人記述的感覺。因著語調的改變，視角的轉變，有些事會發生在讀者身上。或許，使徒行傳的作者路加想帶我們深探這些行動。聖經不單在做匯報；它旨在轉化而不僅是資料的灌輸。「經文前面」的世界（the world "in front of the text"）——即我們詮釋聖經時所存的偏見和限制，以及因著我們的閱讀而在我們裏面產生的轉化——應該好像「經文背後」的世界（the world "behind the text"）那樣，能引起我們的關注。聖經不單要描述過去的世界，而是要在當下塑造一個全新的世界，並重造（recreates）我們。聖經的話語由聖靈賦予生命（enlived），滿有活力（liveliness），在「經文前面」會發生很多事情。[7]

按歷史評經學的說法，我們彷彿必須徹底令經文支離破碎，才能夠穿越迷霧，明白經文「真正說甚麼」。這就像傳道者所宣稱的：「耶穌在浪子的比喻中想說的是……」不！耶穌想說的，就是那個比喻。如果我們將經文的形式（form）拿走，嘗試從敘事中抽取一些普遍觀念（generalized concept），最終會失掉敘事中的某些東西。文學形式（literary form）有其作用，其意思是不能由更抽象的意思所取代的。

116

聖經不是一種原始、粗糙的傳播工具，而是一種用文字來表述的細緻黠慧的、意蘊豐富的轉化途徑。喬伊思（James Joyce）在《尤利西斯》（*Ulysses*）一書中，要摩莉．布盧姆（Molly Bloom）躺在牀上，思想著男人，想著她丈夫利奧波德（Leopold），然後加插了一段當天都柏林（Dublin）的剪報，要我們看著利奧波德走進房間，再帶我們回到摩莉的腦海。我們不是在閱讀編輯手法拙劣的作品，而是在閱讀作者怎樣將人類意識的複雜性描述出來。在人類的心思中，不同聲音互相較量，好些事情同時發生，不同影像互相交纏，充滿了感覺和意義的盈溢（surplus of sensation and meaning）——那是任何單一的詮釋所不能掌握的。[8]

也許使徒行傳二十章也在發生類似的事。

現代性傾向化約（reductionism），但聖經卻喜歡含混多義、多層次的閱讀。現代性的思考模態，其目的是要全然確定和不受阻礙地掌握事實，它鼓勵一種尋索文本「重點」的閱讀方式。我這裏要提出的是，我們必須與現代性分離，承認我們根本無能力弄清楚並肯定一切無虞——包括對上帝的話語。[9]

現代的詮釋方法是徒勞的，因為聖經喜歡不和諧的聲音（cacophony）。聖經不傾向用單義的方式說話（in a univocal way）。相反，聖經鋪陳了一系列故事，且往往給出對故事的各種評論；有時聖經本身就給出了多種不同的閱讀這些故事的方式。我們可以在福音書中看到對耶穌的不同詮釋。耶穌給稱為彌賽亞，即上帝的受膏者，但祂卻令那些期望「落空」；祂似乎有意對祂正在實現的這種種期望，加以重置和重釋。

因此，從牧養角度去詮釋聖經，包括願意跟經文不住爭辯，以及忍受經文跟我們不住爭辯。李思克（Richard Lischer）認為詮釋關係到向經文提出一連串恭敬的提問（respectful questions），讓經文啟發我們，向我們說話。當說到「恭敬的提問」，我們得承認我們是從一己的非常真實的道德、歷史和文化限制，來向經文提問的。[10] 正如布勞（Robert McAfee Brown）指出：

> 基督徒一開始就異乎尋常地賭上了一把，認為「聖經所載的奇異新世界」比我們自己所看到的世界更對確，因此我們需要修改我們對世界的看法。這表示我們與聖經展開對話——將我們的問題帶到聖經面前，聆聽它對我們的提問，根據它來檢視我們的答案，並認真地看待它的答案，特別是當那些答案在大部分情況下都與我們 117
> 自己的答案有衝突時。[11]

文學評論家奧巴赫（Erich Auerbach）指出，「聖經之難，甚於它應有之難」（Scripture is more difficult than it ought to be）。[12] 聖經告訴我們，它想讓我們得著上帝的話語；於是我們嘗試聆聽，可它似乎叫我們對此感到徒勞。聖經召喚我們走向一個充滿著奧祕的世界，在其中有些超越我們知識系統的事情正在運作。聖經這文獻旨在向我們講述一位外在的施為者（external agent）（即那位以色列和教會的上帝），叫經文本身，跟我們對它的掌握之間，注定保有一定的距離；叫我們的解釋系統，跟明白聖經意思之間，注定存在相當的落差。聖經喜歡帶出意義的盈溢（surplus of meaning）；它不喜歡被我們的詮釋套牢。即使我們用上了最可靠的詮釋方法來讀一段經文，經文可以向我們說的依然多著，依然可以有些甚麼非留到往後讀經時才向我們顯明，依然可以宣講多一篇「聖誕真義」；感謝上帝。因此，聖經引發詮釋上的謙卑（interpretive humility）。事實上，某些經文的捉摸不定本身就是一種鼓勵，催化人類的想像力，拉扯我們走向經文，召喚我們運用上帝所賜的能力去解釋和明白聖經。因此巴特將創世記的風格比作杜斯妥也夫斯基（Fyodor Dostoyevsky）那宏大而豐富的小說巨構。[13]

通過聖靈的作為，聖經向我們敞露自己，獨獨成了恩賜而不是別的。聖靈，正是我們不能理性化，也不能控制的那位，但現代人卻是如此看重控制和理性化。因此，聖經詮釋一事，是羣體性的，是聖靈論式的（pneumatic）——即恩典的作為；其所要求的，遠遠越過那個獨個兒並理性的讀者。

聖經真理

我們說聖經「真」（true），意思是聖經敍述世界的方式是真確的（truthful），聖經建構意義的方式是可靠（trustworthy）並忠於（faithful）事物本相的，而且在上帝的時間裏一切就會成其所是。

118

不同的文學體裁（genres）有不同的建構意義的方式。如果我說：「名字代表甚麼？我們所稱為玫瑰的，換個名字還是一樣芳香。」這句話的真確性（truthfulness）視乎它的文體和它用甚麼方式來表達它的意思。這句話其實是引自《羅密歐與茱麗葉》（*Romeo and Juliet*）。如果那是生物學家提出的理論，或者政府官員所發的新聞稿，意思會截然不同。

就算歷史研究顯示《羅密歐與茱麗葉》的內容與史實不符，凱普萊特（Capulets）家族並非如莎士比亞（William Shakespeare）戲劇中所描述的那樣好戰，誰又會在乎？作品文體不同，自有其不同的解釋規則。如果我說：「你知道嗎？從前有一個四處跑的推銷員，他來到這農莊大宅……」你可能已經聽出端倪，知道將要聽一個沒甚趣味的笑話。但如果你聽到我用上了與「合同法」相關的專門術語來做開場白，說：「當第一部分的一方，在考慮第二部分的一方那筆五十元的款項……」

你就會用上不同的詮釋規則。

聖經詮釋的其中一個挑戰是，聖經包含著各式各樣的文體。當看見這些早期信仰傳播者是如此才智過人，我們這些當代的傳道者當感到讚歎不已。他們傳遞關乎上帝的真理時，用上了詩歌、神話、比喻、家譜、漫罵、誇張和眾多其他文學手法和手段。如果我們運用不恰當的詮釋標準來理解他們所用的文體，就是在跟他們幫倒忙了。

神學家普徹（William Placher）曾指出，我們閱讀路加福音好撒馬利亞人的故事時，是不需要查核從耶路撒冷到耶利哥的公路巡警記事簿，方能夠明白故事的。如果我們覺得這個故事難以明白，那未必是因為我們不知道歷史背景。[14]耶穌講述這個故事旨在引發神學性的轉化（theological transformation），因此，挑戰我們理解的，是神學性的而不是歷史性的。創世記可能不是在科學上真（scientifically true），卻是在永恆上真（eternally true）。創世記的宣稱從來不關乎世界**怎樣**出現，而關乎**誰**令世界出現。

可幸經文通常會給我們提示，讓我們能夠辨認出它究竟 119
屬何種文體，以幫助我們詮釋。如果拉比說：「上帝的國好像……」我們將聽到一個明喻（simile），即用一種東西來比作另一種東西。「當那些日子，該撒亞古士督有旨意下來……」這讓我們有讀歷史之感，因為這裏提到一個歷史人物。聖經常常會用上一種類似歷史（history-like）的文體，當中提說一些歷史人物地點，為敘事添加具體的歷史時空，而不單單是「從前……」（once upon a time）。

我們閱讀天啟作品但以理書或啟示錄時，是在閱讀一種特別的文體，而它有其本身慣常的用法和閱讀規則。「天啟」（apocalyptic）一語來自希臘文，意思是「揭開」或「顯明」。這些又希奇又吸引人的意象，讓人看到了非用意象就不能清楚表達的信息，故此，我們不能將層層的隱喻剝去，將經文變成抽象的神學陳述，而不破壞作品原意。

我們傾向哄騙自己，令我們認為聖經是難懂的（就如天啟作品），因為我們又縝密又現代，而天啟作品則如此原始。其實，身為現代人，我們受困於既有的社會位置，我們的理解力因而受到限制。故此，天啟作品所以難解，並不是因為它用上了原始的祕密符號來傳遞信息，而是因為它堅持要我們察看一些我們素常難以看到的事物。也就是說，上帝而不是列國在統治世界；世界的結局在上帝手中而不是在我們手中；上帝會根據祂的旨意實現一切。換句話說，我們很多詮釋上的困難，是政治性多於語言學的（more political than linguistic）。對好像我們這樣又縝密、又科學的人來說，當我們說耶穌的醫治神蹟難以置信（incredible），其實我們的意思可能是我們不再向上帝尋求醫治了。我們相信的是醫學而不是神蹟。醫學是我們實現不朽、得著醫治和過無痛人生的主要方法。因此，我們判斷甚麼能夠發生、甚麼不能夠發生，甚麼可能、甚麼不可能時，我們的判斷，正見證著我們認為自己是活在哪種世界、事奉哪種
120 神明。

若我們試圖將天啟作品中所描述的事件，跟自己時代的特定政治事件一一相對應，便是沒有認真看待天啟作品了。不按聖經的文體來看待它們，便是濫用聖經，不尊重它本身各種獨特的聲音和豐富多姿的文體——而聖經作者正是以之來傳遞真理——結果便是靈性枯竭（spiritual starvation）。

聖經對聽眾的想像力是有要求的。如果想像力遭截斷——我恐怕現代人的心靈眼睛（mind's eye）正是如此——我們可能會問一些不恰當的問題，我們可能會欣賞不到這些話語怎樣有創意地試圖激發我們更巨大的詮釋能力，那是閱讀「要求沒那麼高」（less demanding）的作品所不能做到的。

戈梅斯（Peter Gomes）稱聖經為「一本有想像力的書」[15]——一本增強、助長甚至激發我們思想的作品。[16]

很多人不「明白」聖經的其中一個原因，不是因為聖經太古老，而是因為我們的思想太狹隘。

我們和聖經之間的距離

當別人在講一個非常惹笑的笑話時，有人問：「那**真的**發生過？」還有更掃興的事嗎？

雖然我們不能過分強調我們時代和聖經時代之間的鴻溝，但我們也不應該否認時間和文化的鴻溝存在，並它對我們當代詮釋所造成的挑戰。不過，只有對狹隘的現代思想來說，這些鴻溝才算是難題——因為這些狹隘的現代思想，拒絕向本身以外的任何時代或文化學習。譬如說，聖經作者對日期和數字的準確性好像不甚嚴謹。在聖經中，數字（numbers）往往比數目（numerals）本身，涵義更深遠奧妙——耶穌十二個門徒呼應著以色列的十二支派，這或許意味著在耶穌門徒中間，以色列的改造與重組（reconfiguration）正在發生。七和三在聖經中是完 121
滿和神聖的數字。「四十晝夜」或啟示錄中的一千年表示「一段很長的時間」。我們實在樂見在聖經的大部分篇章中，其實際發生的事，遠比眼見的為多。教父對約翰福音二十一章11節的一百五十三條魚所以有些非常神奇的看法，是由於他們認為，如果不是為了我們和為了我們的拯救，為甚麼作者要仔細記錄魚的數目？

不過，對我們現代人來說，數字就只是一個數字——一項事實，一個孤立的數據。

數字在聖經裏，含義較豐，而在現代中含義則較少。奧康諾抱怨說，在二十世紀難以成為作家的其中一個原因是：現代人已經不再期望世界會為他們帶來驚喜，他們認為實在（reality）就是他們那刻所看到的一切。[17]

我們在聖經讀到奴隸制。雖然任何形式的奴隸制都是邪惡的，但我們不可以簡單地就將希伯來的奴隸制類比於美國黑奴制。希伯來的奴隸制沒有任何種族上的含義。跟打完仗殺戮俘擄相比，叫他們作奴隸是更人道的做法；只是無論如何，猶大的奴隸制無疑是野蠻和該受批評的生活方式，證明了從屬與宰制之極端不平等。耶穌在祂的主、僕〔奴隸〕比喻中，並沒有忽視這個社會、經濟的現實。奴隸制的殘酷現實，使得保羅的觀點更加教人驚訝，他「因耶穌」而作他會眾的僕人〔奴隸〕（林後四 5）。**奴隸**這個帶冒犯之意的字眼，以某種方式被基督教世界觀所轉化，不旨在肯定人類的奴隸制，而是以一種叫人震驚的方式、奉上帝的名表明作門徒必要有的順服，而這位上帝正是那位為著我們緣故，取了奴僕的形象，且死在十字架上的上帝（腓二 7～8）。

我們對古代以色列的同性戀行為所知甚少。同性廟妓，似乎與巴力崇拜有關聯，是繁殖禮儀的一部分。如此，當聖經譴責這習俗時，更妥貼的做法，豈不是假設舊約的主要關注是拜偶像而不是性罪行嗎？（雖然我們得承認，在利未記，性罪行
122
和拜偶像經常一起出現，這或許跟我們今天無異。）利未記十八章 22 節和二十章 13 節說：「不可與男人苟合，像與女人一樣；這本是可憎惡的。」希伯來文 *toevah*（可憎）意指令人在禮儀上不潔的行為，例如吃豬肉或月經時行房。不過，今天我們該怎樣將這節經文應用在兩個兩相情願的成年基督徒身上？任何簡化的關聯，不理會時間和文化的差異，都是在濫用而不是尊重聖經。

保羅對於 *malakoi*（作孌童的）和 *aresenokoitai*（親男色的）的譴責，是指「強行侵犯年輕男孩者」嗎？（正如《亞里斯太德

士辯護書》〔*Apology of Aristides*〕所說的。）這是我們今天對「同性戀」的定義嗎？若我們尊重聖經，今天應用難解的經文時就必須小心謹慎，同時當心不會輕忽待之。

有時，我們傾向專注於那些有問題和艱澀的經文，反而忽略了那些指引清晰的。耶穌譴責人離婚後再婚時，似乎相當直截了當——雖然早期的基督徒詮釋者，明顯要為耶穌這裏的譴責大費周章；我們也一樣。我們跟一些艱澀的經文搏鬥，不單單因為我們想逃避聖經明晰的要求，也因為我們知道，有時經文會互相糾正。就是在正典之內，對某些議題的爭論也是持續不休的。在馬太福音，耶穌經常宣告說：「你們聽見〔聖經〕有話說，只是我告訴你們……」聖經詮釋聖經。

教會從聖經所得著的，又豈止當代基督徒的行為指引、規則和守則。聖經所以是恩賜，在於它用話語建構了一個世界、一種文化、一個現實（正如所有世界和文化建構一樣）。起初，上帝單單用話語創造世界。世界屬於那些真確地（truthfully）為實在（reality）命名的人。基督徒正是透過聖經的教導，學習不按著命運或運氣，而按著上帝護佑（providence）的引導和眷顧來為自己的人生命名。我們並不是犯「錯」，我們是犯「罪」；我們不只是求進步，我們是盼望得拯救。

在我們的溝通上，聖經的地位舉足輕重。我們遇上聖 123
經之前，我們不得不在其他權威、其他靈感源頭（sources of inspiration）和啟示間，亂找一通。[18] 成為基督徒，意味著將自己的生命，跟聖經經文放在一起，容許經文作為自己在世生活的 canon——或規則（canon 的字面意思是「尺度」）。這種最原始、最初始的行動，正是上帝子民的根源和支持，令上帝的子民成為聖書的子民——這就是我們在尼希米記或路加福音四章讀到的：當中經文成為我們的指涉，讓我們可以更忠心地將自己讀進經文之內；當中上帝的話語被閱讀和解釋，而人作出回應。

我們估計會堂制度是於以色列人被擄時興起的。人如果遠離家鄉，在異地寄居，可以做甚麼？他們聚集在一起（希臘語是 *synagogue*），他們唱錫安之歌（詩一三七篇），他們講述故事，他們說出那超乎萬名之上的名。因此，在我們自己的時代，教會圍繞著聖經的話語聚集，期望這些話語，對我們來說，會變為上帝成肉身的話語（the word of God Incarnate），期望聖道豐豐富富地住在我們中間，期望我們被擄時能得著支持。

信任聖經

教會不止息地接受訓練，學習信任聖經，學習不那麼認真地看待自己並認真一點地看待聖經。[19] 我們在主日聚集，聖經朝會眾翻開。我們說：「我們都相信，這本古老的書知得比我們多——雖然這本書在與我們截然不同的時代，用上了跟我們截然不同的語言，由與我們不一樣的人寫成。」然後我們埋首於聖經。我們的人生服膺於聖經，服膺於這份以種種文學手法就近我們的文本，由此教會便永遠得到塑造（formed）並改造（reformed）而成為基督的教會。

我們信任聖經，就像我們學習信任另一個人一樣。普徹指出，當你信任別人，你會去認識他們，也容許他們認識你。124 你會花時間與那人待在一起，有時目標明確，有時則不為甚麼。你知道那人是在說笑，懂得他們是在亂墜天花，明白他們是本著愛來勸告我們。我們可能不曉得那人的一切，但我們仍會學習相信那人總是由衷地為我們著想。我們相信自己不會被導入歧途。我們雖已多年朋友，她或他仍能夠使我們驚訝帶給我們驚喜和把我們弄糊塗；我們為此歡喜，因為這些驚喜提醒我們，朋友那可喜悅的、神祕而不能完全悉透的他異性（otherness）。

我們信任聖經，因為它不斷解釋和干預我們身處的世界。但我們必須以更小心和更尊重的方式來讀經，而不是僅僅來到聖經面前翻翻書頁，並根據我們現在的處境，挑選那些我們認為可能和能夠接受的內容（possible and permissible）。可是，這樣做不是把我們的生命跟聖徒的見證看齊，而是像巴特所言，「他們用羽毛為自己裝飾」，以聖經來點綴自己的生命。[20]我們面對的試探是：令我們不安的，或者不容易套進我們現有觀念系統的，統統都要丟棄。因此，適切的詮釋問題，不單是問「經文有甚麼意思？」而是問「**經文怎樣要求我改變？**」

身為傳講聖經的人，我們的喜樂部分來自於當我們觀看新世界的創造時，我們可以坐到前排的座位上。聖經要給我們新經驗，要給我們創造一個新實在（new reality），是沒有聖經我們無法得到的。聖經要改變世界，要透過話語為我們創造一個世界，一個我們若不順從這個稱為聖經的文本，便無法接觸到的實在。這不是想像出來的世界，這是真實的世界，是上帝所定旨甚至創造中的世界——就在我們中間創造。

傳講聖經的人所要面對的一個主要挑戰是，聖經的言
說，不容易用世界流行的言說來表述。正如林貝克（George
Lindbeck）說，我們傳道者教導和宣講聖經時，是對實在進行複
雜的再描述，在其中我們將現有的、大眾認可和經接受的「實
在，置於聖經的框架內，而不是用聖經以外的範疇來表述聖 125
經。我們可以說，是經文吸收世界，而不是世界吸收經文」。[21]
我的同事李思克指出，大部分神學教育都教導我們傳道者，要
離經文遠一點，嘗試抽離、冷靜、客觀和不帶情感地看待經
文——聖經就好像有待解剖的屍體一樣。李思克說，在美國
非裔教會中，牧者可以嘗試走進經文，試驗經文，在經文裏遊
走，擔當經文描述的一些角色。[22]牧者在講道時帶領教會走進
經文，試驗經文，經驗一個世界，在其中經文對實在的描述，

比起我們通常尊之為「真實的」(real)，更為真實。

這種「實在」(reality)，不單能真確地描述世界，也指出世界應該是怎樣的；在這個世界，耶穌是主，凱撒不是。讀經將我們的國民身分(citizenship)轉移到另一個世界，在其中我們是上帝國的居民(residents)，而不是這世上眾國度的居民。

加爾文將讀經比作戴上眼鏡，讓我們看到沒戴上眼鏡便看不見的事物。[23]聖經的本性是帝國主義式的(imperialistic)，也就是將一個世界強加給讀者和聽眾。奧巴赫就說過聖經是「專制的」(tyrannical)：

> 聖經故事的世界，不滿足於聲稱它是歷史上真正的實在(historically true reality)——它堅持它是惟一實在的世界(the only real world)，注定是獨裁的(autocracy)。所有其他場景、議題和法例都無權獨立於它，而且它應許，這一切……都會在它的框架內得到應得的地位，會從屬於它。聖經故事不像荷馬(Homer)的故事那樣，要討我們歡心，聖經故事不會奉承我們，以取悅和吸引我們，相反，聖經故事試圖臣服我們，如果我們拒絕，便是叛徒。[24]

耶穌開始一篇講章時說：「你們貧窮的人有福了……你們126飢餓的人很幸運……你們患絕症的人十分好運……你們失業的人很有福……你們富有的人受咒詛……你們稱心滿意的人是該死的……你們成功的人很可憐。」

會眾先是吃了一驚，後來才明白過來。甚麼？在真實的世界，窮人生活在赤貧之中，完全沒有出路。按美式思維，如果你失業，一定是你有甚麼問題。如果你按遊戲規則行事，便不會落到如此地步吧。

傳道者澄清說：「我不是在談論你們的國度。我是在描述上帝的國。這是上帝的方式——愛窮人，保護被踐踏的人，拯救卑微的人。現在你們應該跟上帝的道路同步（in sync），不然就是愚蠢地無視現實——上帝的兒子現已開始接管世界了。」

我們信任聖經，因為我們不斷在聖經中遇見上帝。在聖經的話說中，我們與成肉身的道相遇。我們說聖經「由聖靈所默示」（inspired），因為聖經一直就近我們、扶助我們，一直真確地將上帝描述出來——沒有其他媒介像聖經一樣。我們信任聖經，因為經歷了夠多個主日後，我們發現，上帝的話語自有培養祂所需的讀者的大能。我們讀經時，創造主在作工，從無中創造——上帝的話語召聚教會。

讀經要冒轉化的險，冒轉變的險，冒交出主權的險。讀經不單是模塑性（formative）的活動，也是有潛在擾亂性（disruptive）的行為，叫我們離開現存的文化，讓熟悉的變得陌生，令正常的看似古怪，令古怪的看似正常，脱離「一切就是如此」的桎梏——就是那些受傳統文化所制約的講述——呼吸喜悅的氣息。因此，基本的詮釋問題不是「我是否明白這段經文？」而是「這段經文怎樣令我歸向基督？」整本聖經背後，不單是問「你會否同意？」，而是問一個更加政治性的問題：「你會否加入？」

約翰．衛斯理（John Wesley）以耶穌登山寶訓的話——「要完全，像你們的天父完全一樣」（太五48）——成為他人生以及循道宗（Methodism）的核心經文。這些話令衛斯理十分震驚，他懷疑這些話是向怎樣的教會說的。那不會是他所認識的教會，這教會太不完全並且遷就世俗了。這家教會，必定知道怎樣一起組織生活，以致能夠聆聽和活出這樣高的要求；這家教會，必定知道怎樣饒恕，因為嘗試追求完全，會有很多罪要尋求赦免。

127

衛斯理學效德國的敬虔主義者，以彼此負責的小組（small accountability groups）為基礎，開展他的運動，讓十八世紀普通的英國人得以聚集在一起，互相砥礪，彼此代禱和彼此饒恕；就這樣在英國帶來了衛斯理的復興運動。

留心衛斯理不認為要修改經文以遷就教會的限制，相反，他嘗試改變教會以配合經文的要求。他希望建立一家配得閱讀和詮釋聖經的教會，而不是將聖經解釋至更容易接受妥協和被不忠的教會所無視。當眾人以「聖經是否真實？」來挑戰聖經的權威時，我們要做的，並非拿出我們小小的論證，而是拿出我們微小的生命。聖經的真確性（truthfulness），體現於它所能夠培養出的生命之中。

順服式嬉戲

牧者在輔導、講道和教導時，用布格曼的話來說，他們是在培育一種跟經文的「順服式的嬉戲」（obedient playfulness）[25]——既順從聖經，樂意被經文批判和改變，同時又因著經文的奇妙、古怪、全然他異性（otherness）而嬉戲地樂在其中（playfully delighting）。

我清楚記得有一個主日，經課集的經文是以弗所書五章 1 至 33 節。任何經課若包括「你們作妻子的，當順服自己的丈夫，如同順服主」（五 22），在我的教會都會引起不快！驟眼看來，這節經文似乎是父權保守主義的極致。但為了順服經課的安排，我仍然用這段經文來預備講章。我參考了一本釋經書，我指出經文不是以 22 節，而是以 21 節開始：「又當存敬畏基督的心，彼此順服」。這節經文為整段經文定下了基調。如果經文要求我們順服，那是**彼此**順服，就好像基督那樣，而不是指女性在婚姻中被男性征服。而且，當我們繼續讀下去，會發覺整段經文是這樣結束：作者清楚表明「這〔指基督徒婚姻〕是極大的奧祕，但我是指著基督和教會說的」(五 32)。如果我立時就想將這段經文讀成關乎女性應該在婚姻中要怎樣怎樣，而不是關乎囑咐我們所有人在教會中要怎樣怎樣，那不是很奇怪嗎？為甚麼我們關心婚姻多於教會？為甚麼我注意到經文呼召女性順服，卻沒有看到經文呼召我們所有人「當存敬畏基督的心，彼此順服」(五 21)？原來我正在預備的講章，既源自我跟經文的嬉戲 (playfulness)，亦加上我對經文的順服。或者，這是為甚麼我們以“passage”(編按：有篇章、段落，也有通道、通過之意) 來形容經文，因為上帝用經文這扇門，將我們從一處地方帶到另一處地方。

我們來到一段經文面前，就它是否適切我們現時的生活作出提問，結果卻只發現，原來是經文問**我們**是否切合基督的道路。有時，聖經將我們的平常生活描述成古裏古怪的，並揭露我們以為正常的原來是不正常的，這實在是十分有趣的事情。雖然嚴肅的耶柔米認為講道的目的是「令人扎心」，[26]但對那些更認真看待聖經，同時又不覺得自己那麼重要的人來說，幽默是莫大的恩賜。

正如巴特曾經對我們傳道者說：

> 我們能夠、也必須好像有所知的人 (those who know) 那樣行事。但我們必不可聲稱自己是有所知的人……真正有所知的人總會發現並承認自己是無所知的。深知〔上帝向我們自我啟示〕這能力的人，只能是心存最深的謙卑者……這正正在於，對完全超出他們控制範圍以外的解放，有一點是他們深信不疑的，就是真的自由地知悉這件事的人，對自己永遠不會失去幽默感。[27]

我們必須活在經文內，不斷將它放在我們面前。這對於必須每星期講道的牧者來說，不是甚麼難事。不過，我們讀經，
129 不要單視之為講章的來源，要解釋和傳遞給教會的東西；我們讀經，要容許聖經以它的方式對待我們，改變我們，重塑我們，呼召我們，使我們不安。定期、懷著禱告並嬉戲地默想聖經，或許是最重要的教牧屬靈操練。勒克萊（Jean Leclercq）把修士描述成這樣的人：將讀經當為日用糧食，加以細嚼，讓聖經對身心產生最大的果效。*Lectio*（閱讀）對聖經的詮釋者來說，總應該是一種 *meditatio* —— 懷著禱告並冒險的默觀（contemplation）。[28]

在其中一次最叫人難忘的教父釋經迴旋裏，耶柔米在他的第五十二號書信中，回想大衛王晚年怎樣堅持要年輕的書念童女亞比煞陪他睡覺，令他年老、冰冷的身軀暖和（王上一1～4）。「一個冰冷的老人裹在毛毯內，只能在女孩的擁抱中取暖。」[29]耶柔米問道，這身體暖和的少女是誰？她不可能只是一個溫暖的少女吧 —— 拔示巴仍然是大衛的妻子 —— 大家尊重的詩篇作者怎能和少女同牀共枕？無論她是溫暖的還是冰冷的，她又不是他的配偶。耶柔米記得所羅門用女性來喻指智慧，並促請我們讓智慧「擁抱」我們，致使她不會在我們「年老」時離棄我們（箴四5～9）。耶柔米有一個叫人愜意的推測，他認為亞比煞實際上是智慧女士（Lady Wisdom）。因此耶柔米促請所有牧者緊抱智慧，在我們年老時，讓她成為我們寒夜中惟一的安慰，我們便會永遠得到溫暖和感到舒適。[30]

有人告訴我，偉大的舊約學者馮拉德（Gerhard von Rad）在祖家德國一家教會聚會。這家教會真的細小，只有一位年輕牧者，他不是以知識或講道聞名。有人問馮拉德為甚麼仍然不斷回到那家教會聚會，他回應說，雖然那個牧者有不足之處，但他有一個很大的優點：他在主日讀聖經時，總是「好像在打開裝有計時炸彈的包裹」那樣看待聖經。

耶和華的聲音大有能力；
　　耶和華的聲音滿有威嚴。 130
耶和華的聲音震破香柏樹；
　　耶和華震碎黎巴嫩的香柏樹……
耶和華的聲音驚動母鹿落胎，
　　樹木也脫落淨光；
　　凡在他殿中的，都稱說他的榮耀……
耶和華必賜平安的福給他的百姓。

（詩二十九 4～5、9、11）

每天讀經解經，迫使牧者視自己首要不是會眾的僕人，而是話語的僕人（servants of the word），這可以是真正的牧養自由（true pastoral freedom）。[31] 正如我聽到布格曼說：「如果你天生懦弱，〔我們當中誰不是這樣的人？〕你可以走到經文背後。你可以從經文背後探出頭來，向教會說：『這不一定是我要向你們說的話，但我確實相信這是聖經要向你們說的話。』」

我喜歡牧者蹲在經文後面，將經文推向會眾這個意象。我們喜歡基督藉經文說話的聲音，多於自己的聲音、甚或多於會眾的聲音，這是智慧的開端。為了這目標，我們牧者最好在讀經中培養 *Lectio Divina*（靈閱）的習慣。靈閱的字面意思是對聖經的「神聖閱讀」（sacred reading），在其中我們默想、思索及細嚼聖經，不單以之作為講章的來源，更藉此更新我們的心靈，讓我們更愛慕那呼召我們投身牧職的上帝。[32] 我們對聖經如此小心謹慎，是為了遵從登山變像時的聲音——那聲音說：「這是我的愛子，我所喜悅的，你們要聽他！」（太十七 5）

你們要嘗嘗主恩的滋味，便知道他是美善。（詩三十四 8）

我們確信，就如猶太人和基督徒那樣，我們在聖經中得到的不單是故事、話語和意念；我們得到的是上帝。巴巴拉．泰勒說她經常問她教會的人，他們渴望參加哪一種基督徒培訓課程。他們總是回應說：「我們想更認識聖經。」但當她安排好
131 課程，出席人數往往又不多。她說：「我終於明白了。『聖經』是『上帝』的代號。大家不是渴求聖經的資料，而是渴望經歷上帝。」[33]

曾幾何時，我們在事奉中感到靈力枯竭，聖經卻令我們堅持下去。當我們有需要時，經文扶助我們。我們得著鼓勵，但那不是來自自己的籌算。我們再次發現到，成為話語的僕人而不是現況的奴隸，是何等奇妙的事。我們得著洞見，不得不與會眾分享；基督的話語豐豐富富地存在我們心裏——好像有一個會將我們炸得粉身碎骨的炸彈交到了我們手上一樣。

你的話是我腳前的燈，是我路上的光。（詩一一九105）

插曲

經文奇妙的豐厚感

你有沒有留意到，當出版商想出版關於某個課題的概論性作品時，都喜歡在書名用上**聖經**這字眼？《縫被聖經》、《背包客聖經》，甚至《吉普車車主聖經》，承諾就這些特定課題提供一切清晰、實際、務實的指引。

不過，這些書籍的作者和出版商究竟有沒有打開過真正的聖經？聖經根本完全不是這種「怎麼辦」(how-to)的書籍。譬如說，路加福音質感「豐厚」(thick)，這種作品是多價的(polyvalent)，以敘事為主，內容幾乎都是非命題式的，且向多重詮釋開放，亦不可能化約式地閱讀(reductionistic reading)。如果你讀一兩本上述那種「聖經」，然後轉讀路加福音，就會很容易感受到經文幾乎是刻意含糊，莫名其妙的。[1] 經文這種豐厚、不能穿透的本質，可能經過刻意設計。難以理解的經文吸引我們注意，要求我們留心，激發我們尋根究柢的本能。另一方面，經文所以難解、含糊和不明確，或者只是因為它們談到何為真，而我們說的話則大部分是假的。永活、公義和嫉怒的上帝，傾向於生出高要求的聖經(demanding scripture)。

切斯特頓(G.K. Chesterton)喜歡信經(creed)——雖然它異常地複雜——因為它的複雜性顯示出一種「總包含著有待發現的豐富」的信仰：「人一旦相信信經，便會因為它的複雜性而

感到自豪，好像科學家因為科學的複雜性而感到自豪一樣⋯⋯它顯示出其有待發現的，總是何等的豐富。如果它是正確的
133 話，大可這樣稱讚它：它正確得十分精巧。」[2] 有時我們傳道者會搞錯了，以為我們的工作是將原本豐富、豐厚和複雜的聖經，弄得簡簡單單、平易近人和要求不高。

有一個復活節，經課要求我的會眾與約翰福音二十章搏鬥。約翰首先將復活節的故事講述為門徒之間的賽跑，他們爭相來到墳墓那裏，然後「看見便相信」（約二十 8）。相信甚麼？約翰說：「因為他們還不明白聖經的意思，就是耶穌必要從死裏復活」（二十 9）。他們大概相信耶穌的身體被盜去。不過，無論他們相信甚麼，仍然不是相信復活。耶穌復活之後每個人都回家去（二十 10）。就是這樣。至少那些男人已回家。馬利亞留在那裏哭泣。她與復活的基督相遇，卻以為祂是看園的或者盜屍者（二十 15）。

然後，為了叫一切保持趣味，約翰福音二十章 19 節再以多馬和他疑惑的故事來開始復活的記載。那是復活日的黃昏。復活的基督在約翰福音二十一章再次出現，祂以極其複雜、全然謎團的方式出現在黃昏的黑暗而不是黎明的曙光之中；魚的細節、漁網、彼得和餵羊，令祂這趟出現變得頗令人費解。一切難以辨認。

當面對像約翰福音二十至二十一章這樣豐厚、這樣含糊又這樣豐富的經文，我們變成了音盲（tone-deaf）。我們得不到足夠的裝備，畢竟我們是現代人，滿足於平面、界定清晰、絕對平易近人且易懂易用（user-friendly）的世界，因為我們認為不供我們使用的世界，是不值得擁有的世界。正如我們有時說，我們思考的目的是要「掌握」、要「弄清楚」一個課題，那意味著要認識、抓著和確定。

在現代，我們喜歡閱讀「淺薄」的東西。當文本多層次地

處理實在（reality）的問題——探討人類認知的複雜性、時間的奧祕、文字的多價（polyvalence），正如很多聖經經文那樣——我們不曉得該怎樣應對，也難以知悉它們想怎樣對待我們。[3]

普徹的見解引人共鳴，他認為經文的混亂（messiness）——
互相平行、衝突、重複、失聯——正好將那位它們嘗試言說 134
的上帝體現出來：「敘述這位避免赤裸暴力的上帝——不需要以赤裸暴力對敘事加以編輯，強行加上單一、清楚的框架。」[4]正如這位上帝——根據耶穌的好些比喻——祂樂意忍受種籽浪費，忍受滿載好魚和壞魚的網子，忍受混雜著麥子稗子的田地；祂避免由暴力、脅逼而來的潔淨，以及由暴力、脅逼而來的和諧。因此聖經的作者和正典的編者也樂意忍受經文的混亂，而這正好成為他們忠於上帝的見證，就是忠於那位選擇受苦，接受人類的混亂，愛我們的不一致的上帝，而不是迫使我們理解一切的上帝。

現代對統一、中心、融貫和一致的慾望，不單孕育出或許是有史以來最暴力的世紀，也孕育出一些最可怕的中央集權政府和集體計劃。

我們知道的事情，是怎樣得來的？其中一個方法是：當你應付一條艱深的數學題，奮力搏鬥，最終說：「我明白了。」（I get it）這是一種方法。

另一種模式是，譬如說，你看完一齣出色的電影，令你成了不一樣的人。你從戲院走出來，你不是說：「我明白了。」不。如果你能夠說任何話，你說的會是：**它打動了我**。」（It got me）

所有知識都聯繫到某種權力架構。在資本主義和民主的文化中，知識始於和終於至高無上的消費者。因此我們會問：「我可以用這段經文來做甚麼？」然後才安靜地坐在經文面前，讓經文對我們做些甚麼。

我們將經文切開，拆解成最小的單位，將它從孕育它的羣體割離，砍去冒犯我們現代情感的部分。我們對經文所施加的暴力，就正如我們對任何我們感到陌生的文化、任何拒絕生產我們渴望的商品的文化身上所施加的暴力一樣。[5]

我們的很多暴力都始於我們現代人的渴望，渴望有單一
的「正確」詮釋，即一個官方解讀。[6]所有詮釋，包括歷史評經
學（特別是歷史評經學），都為某些權力結構、某些社會安排
135 （social arrangement）服務。我以前認為「毫不知情」的平信徒，
既沒有受過學術訓練，卻忙於詮釋經文是丟人現眼的。現在我
尊重這種多元閱讀，特別是當大家不單希望理解經文，也希望
將經文活現和踐行出來；這是教會對服事學術、而不服事教會
的權力集團的抵抗。

經文本身，鼓勵並促成非中心化（uncentering）、脫位（dislocation）和移離（dislodgment）。文學評論家克莫德（Frank Kermode）集中研讀馬可福音十四章51至52節那奇怪的一刻：當耶穌被拘捕時，一個「年輕人」赤身逃到黑暗中，將外袍留在驚訝的士兵手上。馬可沒有告訴我們，在這戲劇性一刻出現的年輕人是誰，也沒有告訴我們為甚麼他在這一刻出現。這事件似乎干預並打斷了耶穌生平中這重要一幕的融貫性。沒有任何解釋可以舒緩讀者因而感受到的認知張力。克莫德說，干預就好像生命本身——時感粗疏和混亂，不容許簡單的解釋。在任何時刻，正在發生的事都比我們知道的更多。或許，這一幕的難解、粗疏、干預的特質，正正是馬可展視的福音所固有的。[7]馬可喜歡「驚奇」、「驚訝」等用語，因為那就是「道成肉身」對我們那些安定的故事（our settled stories）所造成的影響。

我們牧者需要讓我們的會友習慣這種情況：在主日早上期待釋經的困難，享受信息的多樣性，並且眼前的現實會被高要求的經文所顛覆。我們太多傳道者在讀出一段令人困擾的經文

後這樣說：「給我二十分鐘，且聽我為你們一一解釋。」即使讀完一段感情澎湃的經文，接著還是用柔和的聲音說：「現在我對這段經文想說以下三個重點」，開始令經文緩和，使之可理解（make it make sense），而不讓經文有時間令我們成為可理解的（make us make sense）。接受洗禮，就是願意讓經文站在比我們高的詮釋位置上（superior interpretive position）。我們不應該將經文當為要解剖的屍體，而應該跟詩人一起禱告：「耶和華啊，你已經鑒察我、認識我。」（詩一三九 1）

復活節是真的，因為經文說它是真的，因為經文所說的是 136
真的——也就是說，就教會跟永活的基督不住交往而言，經文所說的是真的。它要求的不是確定感——掌握牢不可破的真相——而是信任，一種帶著嬉戲的意願（playful willingness），讓經文的陌生性（strangeness）在我們身上發揮作用。[8] 經文將我們歸入到它自身裏面，賜給我們一個世界，一個沒有經文我們不會得到的世界。但這並不表示經文帶來的世界只存在於想像之中。每次教會聚集、擘餅、喝杯，我們都向任何敢於聆聽的人宣告：經文所說的是真的。我們相信經文有能力引發它所描述的。畢竟，看看我們吧。如果復活節不是真的，你怎樣解釋教會的存在？

我們得著經文這樣上帝恩惠的恩賜，祂是那位定意不讓我們自行其是的上帝。復活節發生的事，也就是耶穌回來、不撇下我們、介入我們中間，其實是每星期誦讀聖經和傳講聖經時都發生的事。誦讀和傳講聖經，正是復活節的重新開始。感謝上帝，即使盡了我們一切的詮釋努力，我們永遠不能窮盡聖經的意義；即使經過了我們最長的講道，總存留著意義的盈溢（surplus of meaning）。[9]

因此約翰在結束他復活節講述的講道時（至少是他其中一個論述），他說：

耶穌在門徒面前另外行了許多神蹟，沒有記在這書上。但記這些事，要叫你們信耶穌是基督，是上帝的兒子，並且叫你們信了他，就可以因他的名得生命。（約二十30～31）

6

牧者就是傳道者：上帝話語的僕人

幾個主日前，一位女士從教會出來，她喃喃道：「我知道你 137
不會故意說傷害人的話，但你今天講道時說的話傷害了我。」

我心想：「**你從哪裏得到『我不想傷害你』這個觀念？我是傳道者。這工作總會帶來痛苦！**」路德將上帝的話語比作外科醫生的手術刀。[1]

路加福音四章16至30節是對我們作傳道者的警告，也是對會眾的警告。講道的話說，不單單是我們的話語，更關乎上帝的話語，那干預我們既定安排的話語，並非由我們自己編造的話語。領受話語，有時是痛苦的。正如路德說，話語首先將人殺死，藉以令人得生；它定罪，藉以賜福。講道有時和施手術差不多。

祁克果（Søren Kierkegaard）指出，很多人聲名鵲起，因為他們令人生活得更容易，發明了更省力的設備，能夠令人生活得更舒適。他說他會令人的生活更艱難和付出更多；他會是一個傳道者。[2]

歐洲宗教改革運動的主要目標是全面革新神職人員，令他
們首先成為真正的傳道者。[3] 路德、加爾文和慈運理都強調講道 138
是主要的牧養行動（a chief pastoral act）。路德談到教會作為「宣講房」（mouth house），就正如保羅所強調的，信道是從「聽道」

而來。

路德的《奧斯堡信條》(*Augsburg Confession*, 1530)將教會界定為「由聖徒組成的會眾，在其中福音得到正確的宣講，聖禮得到正確的施行」。留意這裏強調教會是「會眾」(congregation)，他們圍繞著上帝的話語聚集。

後來加爾文寫道：「哪裏人們懷著敬畏聆聽聖道，聖禮又沒有被忽略，我們就能在那裏發現教會的蹤影。」[4]

對改教家來說，話語先於教會並塑造教會。救恩植根於話語和相信，而不是個人的善行或在教會中的職分。

路德寫道：

> 我們對上帝的服事，面對三大惡習。首先，上帝的話語得不到宣講：教會只有誦讀和歌唱。第二，由於上帝的話語被壓抑，很多不符合基督教的發明和謊言，偷偷溜進誦讀、歌唱和宣講的服事裏，這光景實在可怕。第三，這樣敬拜上帝竟被視為善行，人更盼望藉以得到上帝的恩典和拯救。因此，信心消弭，人人都希望向教會捐獻，或者成為聖職人員、修士或修女。[5]

牧者成了傳道者，是 *minister verbi divini*(servant of the word of God〔上帝話語的僕人〕)。

講道作為上帝的恩賜

當路加要造就提阿非羅，他是透過 *kerygma*——即宣講(proclaimation)一些已經發生的事(徒一 1 ～ 5)。講道(preaching)先於新約，而聖經本身正是宣講的後續文學形式。透過講道，上帝的話語大大興旺，超越所有界限(徒十九 20)。

我們的宣講不是關於上帝的話語的講課（lecture），而是教會根據 139
自己的經驗去見證：講道就是與上帝相遇——*Praedicatio verbi dei est verbum dei*（編按：意即“the preaching of the word of God is the word of God”〔傳講的話語，就是上帝的話語〕）。[6]

我們這些差勁的傳道者所說的話，上帝恩慈地容許它們在聖靈的工作中成為上帝的話語。沒甚麼——包括君王和軍隊、甚至門徒的不忠——可以戰勝不屈不敗的話語。路德偉大的聖詩《上主是我們堅固保障》（*A Mighty Fortress Is Our God*）歌唱道：「身體縱被殺害，真理依然興旺」。

耀眼的一幕發生在使徒行傳十七章。路加帶保羅到各處地方。保羅在這些地方雄辯滔滔，到各處講述福音的大能。福音有能力對抗高雅的大學城嗎？路加帶保羅到雅典——古典文明的搖籃，波利克萊塔斯（Polyclites）和菲迪亞斯（Phidias）的藝術之城。坦白說，保羅並未受感動。保羅是「好猶太人」（good Jew），視雅典為「滿城都是偶像」的荒原（十七 16）。他做了一件十分「猶太化」的事。「於是在會堂裏與猶太人……並每日在市上所遇見的人辯論。還有伊壁鳩魯和斯多亞兩門的學士與他爭論」（十七 17～18）。很多人嘲笑保羅，但有些比較開明的人要求他到亞略巴古演講，因為他們誤以為他在提出一種「新學說」（十七 19；參《和修》）——雖然在使徒行傳中保羅先前的演說一直都在努力作見證，表明福音不是甚麼新創見，而是上帝在實現祂給以色列的歷史性應許。

這讓路加有機會將保羅描述成一位偉大的古典演說家，從他口中說出了其中一篇組織得堪稱完美的古典演說，符合亞里士多德（Aristotle）優秀演說的觀念。在較早前的講章中，保羅更多地引述聖經；但由於這篇講章的對象是一羣外邦人，為了配合他們的需要，保羅調整了他的表達方式，開始非一般地（uncharacteristically）將他的論證建基於一種「自然神學」。

亞里士多德建議演說者要在演說之初就贏取聽眾的信任。
保羅一開始就說：「眾位雅典人哪，我看你們凡事很敬畏鬼神。
我遊行的時候，觀看你們所敬拜的，遇見一座壇，上面寫著『未
140 識之神』」(十七 22～23 上)，他真正的意思是甚麼？還是他身
為一個「好猶太人」，實際上是在說：「我看到你們極之屬靈(於
猶太人來說這並不一定是稱讚)。我以前也見過一些偶像崇拜，
但你們這裏的偶像，比我到過的任何地方都多。你們甚至有一
個祭壇，將祭物獻給你們不認識的神明。你們從沒有一個你們
不能向之下拜的偶像。」

我不知道保羅是在稱讚他們有心尋求神明(十七 27)，還是在批評他們輕信偶像。但他確實引述「你們作詩的」(十七 28)並訴諸我們共通的人性(十七 26)。但接著保羅提出的一個宣稱，是在大自然裏找不到證據，憑常識也不能得到的。保羅說到以公義審判天下的那一位，說到因從死裏復活而得可信憑證的那一位(十七 31)。保羅暗示他們透過現時的經驗，可以接觸神明，讓他們稍為放下戒心，接著他進入人類過往經驗所沒有的事——審判和復活。這些終末的實在(eschatological realities)決定了基督徒如何理解人類經驗的限制，因為這些終末的實在揭示出，基督教所宣講的內容只能夠是上帝的恩賜，而不能藉人的經驗得到。

羣眾的反應，令人想起使徒行傳二章彼得演說後的情境。路加說：「眾人聽見從死裏復活的話，就有譏誚他的。」(十七 32)只有幾個人歸信，包括丟尼修和一個名叫大馬哩的婦女(十七 34)。對新約聖經惟一一篇用上古典修辭技巧的演說而言，結果只算中規中矩吧。

基督教的傳播者例如保羅，都要面對一個問題。他們嘗試以人對世界和自然的共同經驗為基礎，一心搭建連接文化的橋梁；但在某個時刻，忠心傳播基督教的人，必須敢於提出一

種非源自人類經驗的知識，並表明這種知識是恩賜。使徒行傳將使徒界定為「復活的見證人」（徒一 21～22）。使徒在傳講復活的信息時，不怕被拒絕和跟大家各說各話。基督教的宣講（proclaimation）不是建基於人類的經驗或卓越的口才。講道是上帝的恩賜，祂是那位恩慈地自我啟示的上帝。講道「有果
效」，是因為這位上帝定意啟示、說話，希望與祂所愛、仍在救 141
贖中（beloved, still-being-redeemed）的受造世界接觸。耶穌說：「聽從你們的就是聽從我」（路十 16）。很多講道所以失敗，不是因為傳道者沒有天分，而是因為福音本是困難，而信息又奇怪——我們的生活、動作和存留都在乎那一位支撐著世界的，不過祂跟人類的藝術和想像，竟又是如此截然不同。

正由於講道是上帝的恩賜，它亦易於失敗，這從保羅雅典講章沒甚麼果效可證。我們是有罪的受造物，我們聆聽的能力，跟我們的其他能力一樣，都已為墮落所扭曲。牧者有時會因著會眾對講道沒有反應而感到挫敗，但正如保羅對他其中一個會眾羣體指出，我們栽種、澆灌，惟有神使之生長（林前三6）。忠心的講道總不止於福音跟世界客客氣氣地對話，講道也是質詢、攻擊、宣告和碰撞，衝著領受信息的世界而發。這一切都是痛苦的。

新約聖經用上眾多不同的詞語來描述「講道」——宣講（the act of proclamation, *kēryssein*）、傳福音（the announcement of good news, *euangelizesthai*）、談論（conversing, *homilein*）、見證（witnessing, *martyrein*）、教導（teaching, *didaskein*）、作先知講道（prophesying, *prophēteuein*）和勸戒（exhorting, *parakalein*）。它們根源於會堂獨特的演說方式，根源於上帝子民直面上帝的話語（徒十三 16～41）。古典的修辭學讓公開演說配合帝國的修辭，基督徒的演說則源自聖經經文奇特並多層次的意圖（peculiar and manifold intentions）。好像亞里士多德

這樣的古典修辭學家，會花很多精力去處理受眾的限制和渴望這等問題，這驅使演說者會按聽眾的取向來預備演辭；基督徒的演說則首先關心經文的取向和它啟發聽眾的力量，然後才處理受眾的不足，無論對方願意聆聽還是拒絕聆聽。傳講聖經的人，乃按照經文所宣講的去宣講，確信在聖靈的幫助下，經文能引發積極的聆聽，儘管傳道者和聽眾都有其限制。正如使徒
142 行傳不時說，即使我們的努力微不足道，但靠著上帝的恩典，「主的道大大興旺，而且得勝，就是這樣」(徒十九 20)。「神的道興旺起來……門徒數目加增的甚多」(徒六 7)。

使徒行傳這樣描繪初期的教會：名副其實的上帝話語大爆發，直到全地。使徒行傳大約有二十八篇演辭，佔了整卷書幾乎三分之一的篇幅，而當中大部分是彼得和保羅所傳講的。許多時候，按使徒行傳所載，當福音的傳講受到頑強的抵抗，接著便會加插一句：「上帝的道日見興旺，越發廣傳。」(徒十二 24)對我們這些差勁的傳道者，基督竟如此誇譽：「聽從你們的就是聽從我；棄絕你們的就是棄絕我。」(路十 16)聖靈是上帝創造的大能，賦予演辭豐富的內容，真理也就是上帝的話語——因而超越所有界限，跨越每一個障礙。使徒行傳最後的話可說意味深長：「並沒有人禁止。」(二十八 31)沒甚麼——包括羅馬的勢力、來自上帝自己子民的敵擋、教會及教會領袖的不忠——能妨礙上帝的話語前進。

按著聖經講道

按使徒行傳所示，早期的基督教講道跟聖經密不可分。使徒行傳的大部分演辭都在不懈地(等於單調地？)重述拯救的歷史，引述以色列歷史中的事件，證明耶穌就是眾人期盼已久的基督。透過順服經文並與經文對話，講道因而成為**基督教**講

道。我們對聖經滿有信心，確信它既傳遞著對上帝的真確講述，也是教會與上帝相遇的首要方式。聖經是一本會説話的書，是上帝呼氣出來的書（God-breathed）。

身為傳道者，我們不會求諸於其他文本，直到我們處理聖經經文，直到我們滿懷禱告地、嬉戲地、順服地嘗試聆聽經文
為止。這種詮釋工作是代表會眾做的。傳道者從事凱克所說「祭 143
司般聆聽」（priestly listening）——代表教會聆聽經文，聆聽教會，讓傳道者可以與他們一起聆聽經文。[7]

潘霍華談到傳道者的聆聽是神聖的：

> 基督徒，特別是牧者，往往以為他們跟其他人待在一起時，必須有所貢獻……這才是他們彼此的服事。他們忘記了聆聽可以是一種比説話更大的服事。
>
> 很多人在尋找願意聆聽的耳朵。他們在基督徒中找不到，因為這些基督徒在應該聆聽時説話。不再能夠聆聽弟兄〔姊妹〕的〔人〕，很快便不再聆聽上帝……這是屬靈生命死亡的開始，他們最終只剩下屬靈的喋喋不休和神職的自高自大，卻用敬虔的話語來包裝。[8]

為了培養祭司般的聆聽，傳道者要經常觀摩其他傳道者的講章，追看小説，觀賞話劇和電影，並且細究當中表現出來的文化積累，使我們更明白並能更有效地向在該文化中生活的人説話。譬如説，既能在約伯記中看出上帝的啟示，他們能看出基督原來潛伏在背景之中，在樹與樹之間躲藏飛奔（正如奧康諾曾經説過的），也就不足為奇了；基督確實臨在，但只有用相信的眼睛才看得見。對我們這些蒙召（用奧古斯丁的話説）作「話語的販賣者」（peddlers of words）的人來説，講道的其中一個挑戰是留心話語，對靠話語為生者——例如小説家、喜劇演員和

劇作家——保持好奇心，並重視那些有說話恩賜的人。傳道者要成為能言善道的人（good talkers），就必須首先成為出色的聆聽者和求知慾強的讀者。

雖然聖經古老，聖靈卻令古老的變成全新的。耶穌在說出一連串比喻後，祂告訴門徒：「凡文士受教作天國的門徒，就像一個家主，從他庫裏拿出新舊的東西來。」（太十三 52）每個文士——即忠心並細心讀經者——都走上這趟發現之旅。

144 傳道者一旦有所發現，便會找方法與人分享所得。傳道者所做的，只是重述（recapitulates）出現在傳道者身上的經文發現之旅。因此潘霍華談到講章時，說講章會經歷再生，出生兩次——先在研經時，然後在講壇上。

傳道者帶領會眾走上他所經歷過的同一經文之旅。講章是穿越時間的旅程，[9] 是與永活的基督充滿動感的相遇。祁克果曾經抱怨說，他那個時代的講道好像向正在捱餓的人朗讀菜單。

梅爾維爾（Herman Melville）將講壇描繪為一艘大船的船首（prow），可說十分貼切；而這艘大船正駛進未知的海域：

> 講壇帶領世界。從那裏，上帝烈怒的風暴首先出現，船艄得承受最早的攻擊。從那裏，上帝溫和或污濁的微風最先被祈求轉化成為順風。是的，世界是一艘準備出航的船，而不是一次已完成的旅程；講壇就是它的船首。[10]

在一個主日，當天選讀的福音書經文給我不少挑戰——路加福音十三章 18 至 20 節。耶穌提出兩個短篇比喻，一個將上帝的國比作一粒小小的芥菜種，發芽生長（路十三 18～19）；另一個將上帝的國比作一個婦人在三斗麵裏藏著麵酵（路十三 20～21）。種籽是那麼細小，麵酵也是，但它們帶來驚人的增長。上帝的國也是如此。從細小的得出巨大的東西來；不要因為會眾人數少而氣餒——僅得十二個門徒幫助耶穌接管世界！藉著上帝的恩典，上帝的國會出現巨大的增長。

在編寫這篇「由小變大」的講章時，我翻閱了一本聖經註釋書，那本書告訴我，「由小變大」這個主題可能跟婦人和麵酵的比喻無關，而只跟芥菜種的比喻有關。註釋書作者告訴我，麵酵在聖經中從來都不是一個正面的意象。麵酵可說是腐臭之物，給混進麵團，令麵包發酵。因此發酵代表腐爛、腐化和受
感染。耶穌說上帝的國透過那些我們視為腐爛、腐化和受感染 145
的東西臨到，是甚麼意思？

這是路加福音這個大段落中惟一涉及婦女的比喻。她是社會上的邊緣人，被排除於一般的權力之路。而且，耶穌說她將麵酵「藏在」麵團裏，好像賊人收藏贓物一樣。用這種方式來描繪廚房軼事實在奇怪。

當我參看註釋書，我有一個發現：上帝的國，有時從邊緣來到，透過一些我們認為不重要的人，並且用上奇怪、出人意表、隱藏甚至逾矩的方式來到。

因此，我開始講道時問道：「上帝的國有沒有透過錯誤的人，以錯誤的方式來到你們中間？」如此，我開始在講道中重述我研經中的發現。

在前一章的討論中，我們談到將經文轉移到講章，我將之形容為「向經文提出一連串恭敬的提問」。例如：這段經文對今天的基督徒有甚麼適切性？我可以怎樣幫助會友按照經文的本意如實地聆聽？這段經文最重要的信息是甚麼？

但我的提問應該是恭恭敬敬地提出的。身為傳道者，我的地位不比經文高。正如阿赫特邁爾（Elizabeth Achtemeier）曾說過，我們身為傳道者的角色是傳講聖經，而不是為聖經道歉。[11] 我是倡議者而不是法官。已受洗的基督徒的其中一個主要責任是順服聖經，讓聖經判斷我們的門徒身分，而不是我們判斷聖

經的要求是否可行或者可接受。

「耶和華啊，你已經鑒察我，認識我。」詩人説道。聖經閱讀我們，根據上帝在耶穌基督裏的掌權（reign）來詮釋我們的世界。耶和華問我們伊甸園的先祖：「亞當，你在哪裏？」因此，我們的主要問題可能不是：這聖經材料是否適切我們？而是：我們自己的生命可以怎樣跟聖經的要求配合得更好？也可能不
146 是：這段經文有否處理我這個活在二十一世紀的手機使用者的需要？而是：這段經文怎樣重整和判斷我們對需要的看法？聖經的擔子也是一種賜福，使我們能擺脱社會試圖壓在我們脊背上的那些無意義重擔。

在我們編寫講章時，應該向經文提出以下這些「恭敬的提問」：

1. 經文有甚麼不尋常、富挑戰性、古怪或吸引人的地方？我們已習慣在經文中尋找熟悉、有用，以及跟自己相容（compatible）的東西，並認定我們的問題和經文的答案之間有基本的一致性。這裏，我希望大家可以鮮明地意識到一點，就是我們的道路和上帝的道路，其實存在著一道鴻溝——按祁克果的講法，那就是我們和上帝之間「質素上的無限差異」（infinite qualitative distinction）。我們來到經文面前，應期望被經文挑戰、衝擊和撼動。因此，我們傳道者必須問：經文裏有甚麼麻煩？這段經文有甚麼古怪的地方？沒想過的閃電在哪裏出現，突然發生？經文哪些地方正在衝擊我們的世界觀？我們要祈求上帝賜給我們膽量、想像力，令我們可以好好領受信息，令我們的讀經成為我們宣講聖經的催化劑。我身為傳道者的責任，不是將聖經的所有菱角磨平，將福音重新包裝，根據我們慣常的方式來理解。我想享受我們和上帝之間的距離，也為我會友的好處而努力開拓這空間。傳道者要學習開發聖經的不尋常面、挑戰面和古怪面，視不協調和不能理解的地方為通往經文

的大門，並視之為一種啟示的方式，在其中福音轉化我們。

聖經為我們帶來的喜樂，大部分來自再次聽到已知和原本已鍾愛的事情，不過，在陌生和未知當中，我們也可以找到喜樂。在預備階段，第一印象是重要的。我告訴學生：「如果你在研讀經文時找不到令你興奮的東西，就不要用那段經文來講道。」我可以這樣說，是因為我確信對幾乎任何經文來說，細心並有創意地研讀經文，都會叫人與經文產生令人興奮的交流互動。[12]

2. 就著這段經文，我該怎樣逐步組織講章？這包括一連 147
串的行動，讓傳道者嘗試藉此為會眾重述他自身走過的同一趟發現之旅。這段經文怎樣使你留下深刻印象？例如：在五旬節時，詮釋者有一個發現，原來使徒行傳二章所描述的好些進入出神狀態（ecstatic）的古怪行徑，跟大部分主流美國宗教的對比是如此強烈。故事結束時，羣眾嘲笑教會，說我們新酒灌滿，而且那時只是剛到巳初（上午九時）！我們要為會眾重述這個強烈的對比，這個滑稽的事件。這事件跟我們那老式的、體面的、謹慎的、穩健的門徒身分之間的鴻溝，受到注意和充分利用。藉此，會眾有機會對聖靈有更刺激、甚至醉酒般的經驗。如果一個傳道者深受一段經文吸引，他是會設法說出來的。

3. 就著這段經文，我該怎樣設計講章？現在是判斷講章形式的時候。我在講道開始時會先帶出經文，還是稍後才處理？我用甚麼喻道例子和隱喻，並會在甚麼時候用？一般而言，如果我們有好的喻道例子，那應該在講章較後部分才引用。這篇講章對會眾**帶來**的影響，跟我相信經文對原初聽眾**曾帶來**的影響，是否相似？聖經不單要向我們說話，聖經也要為我們帶來影響。故事隨著時間展開。敘事帶我們由一個地方去到另一個地方。不要在講道開始時就洩露你的主旨。帶你的會眾踏上旅程，幫助他們發現自己的目的地。讓經文的形式決定講章的形式。如果經文是敘事體，講道應該有敘事感。如果經文是一個沒有結論的比喻，並沒有說出結論或「重點」，那講章可以反映出一點不確定性（indefiniteness）。如果結局太早公告，沒有衝突要解決，沒有困境要在講道的過程中處理，講道便會流於沉悶。講道時，形式是內容不可或缺的一面。我們口頭溝通時提出的論證，不能與我們用來提出論證的形式分開。留心經文的
148 情節、結構和形式，可以大大幫助我們設計出一種講章形態，是能夠做經文所做，帶出經文原來要帶出的影響的。

4. 我應該怎樣說出這篇講章？這是我們所說的「傳遞」（delivery）。縱然這是講道最重要的其中一面，但它卻是講道學課堂經常忽略的一面；而「傳遞」這個課題，又往往是聽道者最關注的一面。這裏說的是風格、聲線、節奏、語調等問題。你要將講章由文字變成口語。有些傳道者對太花精神在傳遞上懷有偏見，他們相信上帝的真理是不證自明的，不需要訴諸花巧虛飾或修辭表達。但這種態度忽視了編寫聖經的人，傳播信息時所具備的相當視域和技巧，我們從聖經看到，他們傳播信息時用上了非凡的文學創造力和多元性來言說上帝。在講道時，風格是極重要的組成部分，即表達真理的方式是真理的一部分。正如我們不能將耶穌的一個比喻歸結成一個抽象的觀念，而不失故事的力量，所以我們不能只靠開列一連串正確的觀點來宣講福音。有時，傳道者花費太多精力在解經和初步的研經工夫上，一心只想著講道時要說些甚麼，以致再沒有時間精力處理該**怎樣**表達講章。風格和傳遞的問題，在聽眾心目中所以如此重要，或許是因為聽眾本能地知道傳遞令講道成為見證。要聽道者感受到講章就是見證，傳道者跟他們的眼神接觸是重要的。在道成肉身式的信仰中，風格和傳遞是整體的一部分，是聯繫到實質和內容的。當聽眾聽道後說：「講得不錯，但這不

是講道」，意思通常是指他們認為傳道者講道造詣不足，表達冰冷，不像在宣告滿有能力的好消息。

講道作為一門藝術

可以肯定的是，講道是最有要求和最困難的牧養工作之
一。講道要求眾多的恩賜和技能。難怪有些人質疑講道究 149
竟是否可以學得來的：「傳道者是天生的，不是來自後天的栽培。」雖然傳道者的天分很重要，但出色的講道是一門藝術，不是魔術，是必須通過學習而得的。正如其他藝術形式一樣，講道結合了天賦和訓練，先天喜好和後天培養出來的性情。由於講道是一門藝術，教授講道的最好方法是師徒制（apprenticeship）——初學者留心察看經驗豐富的師傅如何從事這門藝術，從中汲取睿智，學習當中的一舉一動。

對正在學習中的傳道者來說，網絡世界可是一大寶庫。傳道者要好好成長，得多聽別人講道。網絡世界讓我們有機會接觸到數以千計傳道者的視頻，恍如親臨現場一樣。

屈梭多模（John Chrysostom）説過，傳道者要具備兩種基本特質：「輕視稱讚」和「能言善道」。如果傳道者缺乏口才，是會「受人鄙視，他的高尚不會為他帶來甚麼好處」。另一方面，如果傳道者「是掌聲的奴隸」，那麼講道會「為了稱讚多於會眾的好處」。[13] 因此屈梭多模不怕要求人在講道時深諳雄辯之道，但口才總要為福音真理服務。屈梭多模同時亦提醒我們，優秀的講道不止於嫻熟的釋經技巧，更重要的是傳道者的品格——如何與會眾互動，並與上帝，即與揀選我們參與傳道工作的那一位互動。

基督教的傳道者總感到不大容易承認講道是一門藝術，是需要具備某些技術和技能的技藝（craft），可以在講道的實作

中精益求精的。反之，如果講道是上帝的恩賜，是啟示性的行動，講章應該直接來自上帝，那麼傳道者預備、計劃、琢磨和練習傳遞之道，豈不有點不夠真心實意嗎？保羅道出了這種張力，他告訴哥林多教會：

> 弟兄們，從前我到你們那裏去，並沒有用高言大智對你
> 們宣傳上帝的奧祕。因為我曾定了主意，在你們中間不
> 知道別的，只知道耶穌基督並他釘十字架。我在你們那
> 裏，又軟弱，又懼怕，又甚戰兢。我說的話，講的道，
> 150 不是用智慧委婉的言語，乃是用聖靈和大能的明證，叫
> 你們的信不在乎人的智慧，只在乎上帝的大能。（林前
> 二 1～5）

值得留意的是，保羅說他「定了主意」，也就是他經計劃和構思，決定以某種方式向哥林多人說話。他的進言經刻意設計，卻是設計得像沒有經過刻意設計似的，致使哥林多人受「上帝的大能」吸引，而不受他的演說吸引。換句話說，我們無可避免要考慮修辭的必要性——有意識或潛意識地構思說話的方式，目的是將信息打進聽眾靈魂深處。保羅為了傳揚他摯愛的福音，用上了又豐富又有創意的修辭技巧，實令人讚歎不已。他的確是我們傳道者的模範。

講道的操練

牧者必須培養研經和反思的生命，其講道職事才有根有基。耶柔米建議：「你的頭在晚上垂下時，就用聖經的書頁作枕首。」[14] 如果我們傳道者不是與靈感泉源保持定期的接觸（wellsprings of inspiration），讓自己保持活力，那麼要每星期

向會眾傳揚福音，這工作對智性和靈性的要求未免太高了。因此，大部分優秀的傳道者都發覺到，他必須**在一星期中安排某些時間，全情投入這種艱鉅和孤獨的研習工作之中**。可是，牧者所要擔當的那種感情豐富的公共角色，卻不時與牧者預備講道的工夫相爭競，有時前者甚至蓋過了後者。結果，會眾哀歎今天教會有力的宣講衰微。

如果傳道者**建立起一個自我批判和反省的模式**，那麼經驗（experience）多會成為傳道者最好的教師。很久以前，亞里士多德指出，友誼需要時間培養，我們花時間談天，安靜地與朋友坐在一起，在各種境遇下觀察大家。把為了預備講道而研經視為我們畢生要學習的功課，就像跟聖經交朋友一樣，讓上帝成為上帝，讓聖經自己說話，而不是按我們喜好說話。

我們大部分傳道者都要花上多年時間，才會感到自己能在 151
講壇上「好好表達自己的想法」，才會對我們自己和對自己說話的方式有信心，可以聲稱自己有當傳道者的恩賜。不斷在經文、在會眾的場景上花工夫，成了福音在我們心中燃點火燄的催化劑，而藉此我們得著需要傳遞的信息，並藉此找到傳遞信息的方法。當傳遞信息者的心思意念受到信息吸引，他們自會找到說出信息的方法。

上帝所賜給我們的，就是祂的話語，讓我們去作我們的工。我們沒有得著一支軍隊或一套法律或一大筆財富——就好像世界要完成它大部分工作時那樣。因此，**我們必須甚麼都讀，並且跟所有人說話，我們也要細心聆聽，留意人們怎樣說話和怎樣聆聽。我們也要看電影**。我覺得隨身帶著輕便的小筆電，用它來記錄有趣的句子、故事和省思，也是大有裨益的。

約翰．衛斯理以身為「一書之人」（man of one book；或作「忠於聖經的人」）而自豪——這一本書指聖經。但衛斯理明顯廣泛閱讀世俗作家的作品，他講道時會引述當代劇作和世俗的作品，視之為「掠奪埃及人」（“plundering the Egyptians”；編按：這是有名的隱喻，出自出埃及記十二章19至22節，主要論到基督教信仰如何從世俗思想擷取智慧）。我聽到克拉多克（Fred Craddock）說他深受福樓拜（Gustave Flaubert）的《包法利夫人》（*Madam Bovary*）所啟發，福樓拜寫出這樣的旁白：「在吹襲愛的一切大風中，對金錢的要求是最冷的。」在這樣的時刻，我們傳道者感到和另一位文字工作者很親近，雖然對方可能跟我們沒有共同的信仰委身。[15]

畢德生（Eugene Peterson）談到，他身為傳道者得益於杜斯妥也夫斯基的小說，他喜愛這個俄國作家，因他「中了上帝的毒和喝醉了文字的酒」。[16]對傳道者來說，他真是良朋益友！

如果我說預備傳道是一種單獨進行的行動，也不完全正確。一班傳道同儕定期會面，一起傾聽聖言，分享講章並徵詢大家意見，確能幫我們傳道者成長。

觀摩摹仿，有助我們最終找到自己的聲音。

古典的演說家（rhetoricians）要求學生花多年時間背誦其他
152 人的演辭，才容許他們撰寫自己的演辭。約翰．衛斯理要追隨他的傳道者先傳講他的所有講章，才嘗試傳講自己的講章。大部分傳道者反覆從其他傳道者的講章中，學習時間控制、姿勢和風格，之後慢慢把他人的講章整合消化，按需要量體裁衣而編寫自己別具風格的講章。

馬丁．路德．金學習講道時，曾深受一些講道大師影響，從他們身上獲益良多。在莫爾浩司學院（Morehouse College）讀書時，馬丁．路德．金細心研究和有系統地模仿學院活力十足的院長邁斯（Benjamin E. Mays）的風格。後來在克羅茲神學院（Crozer Seminary）時，他又花很多個主日下午待在「巴爾布爾大學」（Barbour University）——這個名字，是美國非裔學生給那一區最有學識和最有影響力的黑人傳道者巴爾布爾

（J. Pius Barbour）的堂區所起的名字。他們會記住當天早上聽到的出色講道，接著下午在巴爾布爾的客廳的「講道馬拉松」中彼此傳講。馬丁．路德．金說，巴爾布爾的指導「令福音活現在我面前」。[17]

在一個牧者身上，講道的風格（style）很可能是講道中最後發展的一面。像講章設計、材料安排、邏輯和主旨等元素，通常會早一點學習。風格跟以下三者的融合程度有關：經文的形式和情節、會眾場景所孕育的期望，以及傳道者的個性（personality）。亞里士多德說，我們向聽眾發出呼籲，是通過 *logos*（理據、邏輯，和理性的論證）、*pathos*（情緒、訴諸感受和感覺），以及 *ethos*（講者的品格，和聽眾對講者的尊重）來進行。根據亞里士多德的說法，最重要的講道元素是 *ethos*。聽眾先看我們是誰、我們在他們心目中是否有信用，然後才聆聽我們說的話。拉丁的雄辯家（orator）昆提良（Quintilian）更強調演說家品格的重要性，他將優秀的演說界定為 *vir bonus dicendi peritus*（"a good person speaking well"〔一個好人說得好〕）。現代最流行的講道定義很可能是布魯克斯（Phillips Brooks）的定義：「講道是通過個性帶出真理」。[18] 雖然我認為真正要強調的是「真理」多於「個性」，但經驗豐富的傳道者都會感受到布 153
魯克斯的定義是正確的。**講道的本性，正正要求著它要通過傳道的人、通過道的活現（performance）、通過成肉身的道，來加以體現（embodiment）**，由此，講章可引發聽眾作出回應、體現所聽並加以踐現（enactment）。

在一次講道中，奧古斯丁因著自己「講道中所說的話」，得以在他會眾的生命中「成為肉身的道」，因而大感驚訝：

> 我心中的話語在化成語言前已經存在。我尋找正確的聲音將它帶出。我需要一個方法讓它接觸你們而又不離開

> 我。即使現在你們聽到在我心中的話，它仍然是你們的。它屬於你們和我，你們現在擁有它，我也沒有失去它。正如我的言詞需要有聲音才能讓人聽見，上帝的話語需披戴肉身才能讓人看見。（*Sermon* 225.3）[19]

因此，本篤會學者勒克萊指出，我們身為聖經詮釋者這角色，要求我們全力以赴：

> 默想是指閱讀一段經文並「用心」牢記著它，也就是用一個人的整個存有（whole being）來閱讀，包括身體各部分——將經文說出的口、牢記經文的記憶、明白經文意義的智力，和渴望踐行經文的意志。[20]

強調傳道者的生命質素乃優秀的講道所不可或缺的，這無疑會觸動我們的神經。教會譴責多納圖派（Donatists），因他們強調牧者的品格決定了牧者的職事的有效性。就神學是否正統而言，多納圖派也許是錯的；但當論到講道，他們卻是對的。會眾需要相信，我們傳道者是相信我們自身所見證的，並盡力將我們所說的體現出來。要會眾接受傳道者說的話，傳講者是誰，十分重要。由於聖經本質上是一種要求活現出來的話語
154 （performance），會眾希望傳道者不單向他們說話，也期望他能與他們一起活出信仰。

會眾是站在一個非常有利的位置，從中可觀察到牧者的勸勉，跟他自己的倫理生命之間，是否相稱。當福音在特定會眾的生活之中活現和體現，更能彰顯福音的大能；也由於福音是極之羣體性的活動，會眾是基督教講道的原棲地，是最佳的踐行場地。用富希士（P.T. Forsyth）的話說，「教會正是……歷史上的一個偉大傳道者；令教會能夠講道正是個別傳道者的第一

要務。」[21]

以下是一個文字大師，給當代的上帝話語的僕人的大師級鼓勵：[22]

我們要高聲說出的話語

——巴巴拉·泰勒
（Barbara Brown Taylor）

從一開始，講述上帝的話語，便是一個大能的行動。上帝說：「要有光」，然後就有了光。摩西將律法傳給以色列人，妥拉（Torah）就成為他們眾人一起的生命之約。施洗約翰在曠野喊叫說：「預備主的道」，路便預備好；他的話修平曠野，讓耶穌走在其上。

不過，有時話語的大能卻不是那麼明顯。耶利米成了笑柄，何西阿戴綠頭巾，以西結被放逐——上帝可能要藉此告訴我們，沒有人可以按結果來判斷上帝話語的能力。上帝控制著結果。我們宣講話語，並相信這樣做是在改變世界，這已經足夠，無論世界知道與否，無論我們知道與否，我們只需要站著說出所賜給我們的話語，是愛與質疑的話語，是審判和恩典的話語，是那麼真實和清楚至極的話語，以致有時我們高聲說出來之時會感到戰戰兢兢。你不需要站在巍巍的講壇上說出這些話語，任何老房頂都已經足夠。譬如，在護養院的陽
光房（sun-room）內，站在鋼琴旁邊，四周圍聚著坐在 155
輪椅上的老年人，他們有些在打瞌睡，有些喊著要回房間，當中甚至只有不足一半的人知道你存在。在他們面前說「復活」，說「永生」，說「記念」，任由這些話語溢

滿房間；只管在光明中說出這些話語，相信它們會完成它們的工作。或者向一個愛滋病患者支持小組說話。如果你可以的話，與他們一起敬拜，按手在他們頭上，祈求他們得著醫治。向他們說「憐憫」，說「盼望」，說「上帝蒙愛的兒女」。將這些話語說給他們聽，相信它們有醫治的能力。或者讓你關心的議題將你帶到市政大樓的階梯上，在那裏，你瞪眼看著你面前的電視攝影機，正在奇怪自己此刻正在甚麼景況之中。說「正義」，說「和平」，說「上帝的公義」。不要理會別人說甚麼。

不要理會他們走過卻看不到你的標語，或者他們將你押上囚車，將你送走。上帝掌管著結果。

無論你在哪裏，無論你遇到甚麼事，只管把上帝賜予你的話語說出來，無論那是甚麼話語。永遠不要忘記，說話這個行為，令上帝的話語開展行動；你自己願意高聲將話語說出來，足證那是活躍的話語，是真實而有生命的，正如它昔日將光明從黑暗中分別開來，讓活物充滿全地一樣。要敢於以上帝的話語創造一個新世界。給你的聆聽者一個全新的意象，一個充滿新人的新地。對上帝賜給你的能力要謹慎，好像處理炸藥那樣小心，懷著敬慎之心來運用。對你所宣講的話語，要盡所能地學習：研究它，與它爭論，怕它，愛它，活出它。然後放手，讓它得自由。

插曲
使徒行傳中的講道

按路加的使徒行傳所載，於五旬節之時，路上的人羣分成兩批，一批問：「這是甚麼意思呢？」另一批將聖靈澆灌解釋為只是新酒灌滿（徒二 12～13）。這時候，彼得講道。[1] 這正是不久前於午夜面對婢女時無話可說的同一個彼得（路二十二 54～62）。曾經膽戰心驚的，現在放膽講道，單單以宣講來回應外間的好奇和嘲笑，這現象預示了話語的中心性和大能。在使徒行傳中，沒有甚麼是話語所不能成就的。

今天，很多牧者想知道講道到底有甚麼好處。當道講完了，我們的講道會變成了甚麼樣子？（編按：指講道有甚麼果效？以甚麼方式出現、再現等？）一方面，電視教會（TV church）受五光十色、華而不實的技術控制，一心取悅觀眾，提供娛樂——上帝的話語本身太沉悶了。另一方面，支持解放神學者，頌揚信仰的實踐（praxis）和對抗不義的行動，他們認為，比起「中產教」的空洞宗教言語，這是更忠於所信。

在這些取向以外，現在還有另一些選擇：傳道者必須更有創意，必須學習講故事，創作戲劇，成為詩人或者視覺媒介的達人。傳道者受到催迫，要成為電視節目主持、革命鬥士、網絡作家、電影明星……難怪傳道者往往疲倦沮喪。講道，可以從哪裏開始更新？

有道可傳

需要更新，並不是新鮮事。在路加的雙重序言中（路一1～14；徒一1、2），他表明了自己為甚麼要為提阿非羅提筆作書：「使你知道真理」（路一4）。**提阿非羅**（Theophilus）這個名
157 字的字面意思是「愛上帝者」（lover of God）。使徒行傳是寫給這位早期的愛上帝者，幫助他認識真理，並且讓他對在耶穌基督裏發生的得以 *asphaleia*（《和合本》作「確實」）。*Asphaleia* 這個名詞可能有不同意思，根據路加的用法（路一4；徒二36，五23，二十一34，二十五26），它大概指涉到一個人的信心得到堅固（reassurance）。我們不知道是甚麼困境困擾著提阿非羅和他的教會，不知道他的信心受到怎樣的考驗，不知道他在信仰和踐行的哪些方面需要加強和堅固。我們只能夠推測路加正在處理某些特定的問題；他實在太擅長講故事了，他從不偏離敍事，向我們多作解釋。可以肯定的是，路加——新約最細緻、最有「藝術感」的溝通高手——從他的講道錦囊，掏出了所有的文學手法，去服事提阿非羅和他的教會。每一位上帝話語的僕人都驚歎於路加的溝通能力。在路加福音和使徒行傳中，我們是面對著一個講道大師。

因此，如果傳道者從使徒行傳尋找講章資源，卻最終只找到歷史記錄（「這是保羅的第二次還是第三次旅程？」），或道德教訓（「但願我們可以好像一世紀耶路撒冷教會！」），那實在太可惜了。路加自稱是「按著次序」來書寫（路一3），於他而言，歷史當然是重要的，但歷史在這裏是「宣講藝術」（kerygmatic art）的載體，而這不是現代意義上的藝術——也就是疲憊的中產階級的時尚娛樂——這種藝術，為了服事教會的歸信和教會

的成聖（conversion and sanctification）。我們傳道者傳講使徒行傳，要好像傳講路加福音那樣，要將使徒行傳當作小說而不是教會歷史來詮釋。（龐德〔Ezra Pound〕曾經將小說定義為「常為新聞的新聞。」（news that stays news）

路加的藝術造詣服膺於他的神學主張。使徒行傳從來沒有聲稱自己是一個充滿娛樂性的故事。這個故事是那麼真，但它不是**我的**故事，由抒情解慰的主觀表達堆砌而成；它體現出來的，是**那個**故事。透過指導、糾正和教理問答，路加期望提阿非羅認識到一點，就是 *asphaleia* 不單是信仰的確據和保障，也是「傳道的人從起初親眼看見又傳給我們的」（路一 2）忠心見證。路加說，千萬不要誤會！有些事情真的發生了！我們這時代，對任何過去的事情都會抱「詮釋的懷疑」（hermeneutical
suspicion）；在這樣的一個時代中，我們必須留意見證人「經 158
詳細考察和按著次序寫的」記述。各式各樣的諾斯底神學理論（Gnostic theologies），試圖用想像力重構一個耶穌來支持他們的意識形態。結果設想出一個耶穌，有點像一個來自西岸的教授，一個醉心於聖靈的農民，一個到處流浪的犬儒分子，一個社會革命家，或者其他跟我們氣味相投的耶穌——但卻不是福音書告訴我們的那個嫉怒的耶穌。

路加想我們聆聽他「見證人」說的話，讓他們評斷當代的詮釋，而不是倒過來讓當代的詮釋評斷他們。當人忠心地說出「上帝的話語」（徒四 29、31，六 2、7，十一 1，十二 24，十七 13），上帝的話語就彰顯出上帝的大能，成就上帝的心意。

對路加來說，惟有忠心傳揚上帝的話語，傳道者才能顯出其涵義。例如：假若我像彼得和約翰那樣，跟當權者直接衝突，後果堪虞的話（徒四 23～31），我當會祈求上帝保護。但門徒的禱告卻是「叫你僕人大放膽量，講你的道」（四 30）。奉耶穌的名所施行的神蹟奇事，是上帝自己的作為（四 30）；放膽講道，卻是羣體的責任。對路加來說，「見證人」是那些見證過基督同在的大能及其果效的人。強調話語的見證人的同時，路加堅持話語的「客體性」(objectivity)——上帝的話語是上帝之自我揭示(self-disclosure)的神聖恩賜和事實。「這耶穌，上帝已經叫他復活了，我們都為這事作見證。」(二 32)忠心的講道(faithful preaching)，不在乎傳道者的個性，不在乎傳道者激勵羣眾的能力，也不在乎講章的藝術成色，而在乎所傳講的事實，在乎忠心地申明在基督裏發生的事乃千真萬確。成功與否，反應如何，不用我們操心。

路加對提阿非羅所說的話，顯示使徒行傳是「教理問答式的宣講」(catechetical proclamation)，為要堅固那些已經有所知的人，而不是向那些完全無所知者傳福音。路加提筆作書，雖帶著各種理由，但主要還是想提阿非羅對話語的大能更有信心，相信它能夠拯救他和他的教會脱離前面各種患難。面對世
159 上的權勢，無論是凱撒的軍隊，還是羣體內外的敵對勢力，我們都需要倚仗自身以外的能力。這能力透過話語臨到。

到故事結束之時，提阿非羅的信心將會得到堅固。不過，這不是由於他認同某些教會的教義，也不是因為他主觀地認同那些他個人感到是真實的事情。相反，提阿非羅將會跟一股獨立、自我揭示且在世界迸發的力量相遇。這股力量像夜間的賊、童女生子、一縷光明、一陣烈風，這股力量臨到他身上，突然出現，不能預測，在他以為自己只是在讀歷史之時改變他。路加福音和使徒行傳蘊含著一種信念，就是當基督徒被抓著，不得不說出一些重要的事之時，基督徒的生命和宣講，對世界便會變得重要。當信息抓著傳遞信息者，已蒙更新的傳遞信息者就會知道該怎樣說話，就如彼得在五旬節得著口才，向街上的羣眾述説一些確實已經發生的事，「是給你們和你們的兒女，並一切在遠方的人，就是主我們上帝召來的」(徒二 39)。

雖然話語滿有能力，而且即若由保羅這樣能幹的人去傳講（徒十七章），傳講出來的話語（the preached word）也不會總是得勝的。人仍然可以拒絕話語。這不單因為傳道者和會眾可以是耳朵發沉的罪人，更因為講道在乎上帝。我們沒有任何技術可以操控講道的能力，確保人們會傾聽。只有聖靈可以這樣做。有些現代註釋者指控路加擁抱勝利主義（triumphalism）。就如加百列告訴馬利亞：「在上帝凡事都能」（路一 37）。我們在使徒行傳會讀到一位英雄保羅，卻恍似看不到歷史上的保羅的十架神學。使徒行傳滿載了福音大能衝破一切障礙、跨越所有難關的故事，載滿了使徒施行「很多神蹟奇事」的故事（徒二 43，五 12）。事實上，這一切在在表明了一點，就是提阿非羅和他的教會需要鼓勵，叫他們在沮喪之時仍有信心宣講基督教的信息。路加正是用「上帝的道日見興旺，越發廣傳」（徒十二 24）這些記述來激勵他們——雖然上帝的話語還是不住受到抵抗。認真的詮釋者在讀到使徒行傳第二十次記述上帝的話語 160
帶出奇妙的果效時，可能會感到不自在。書中的講道勝利主義（homiletical triumphalism），會否適得其反，打擊了提阿非羅的信心？如果話語得到正確傳講，所有障礙都被跨越，教會同心，每次講道都有人歸信，鬼魔被擊潰，這樣，提阿非羅還可以怎樣解釋他的沮喪？

看看使徒行傳的幾乎每一個轉折點，我們見到每當路加將故事說成是福音帶來的成功，他同時也會誠實地承認福音本身遭到拒絕。使徒行傳的第一堂道，是彼得在五旬節宣講的，講道結束時，聽眾分成兩批人，一些想受洗，一些認為傳道者是新酒灌滿。司提反殉道後，「耶路撒冷的教會大遭逼迫」（徒八 1）。耶穌在拿撒勒講完第一堂道後，會眾不是在門口與祂握手，而是想殺死祂（路四 16～30）。使徒行傳說，耶穌的追隨者要像耶穌那樣傳道，也要像耶穌那樣受死。司提反講完道後就被打死了，教會也大遭逼迫。為了好好傳講福音，不單傳道者，全教會都要付上代價。

保羅在亞略巴古的出色講章引來了別人的嘲笑和好奇，同時也帶領了丟尼修、大馬哩和另外幾個人歸信（徒十七32～34）。如果這是路加的「勝利主義」，那就是一種古怪的勝利主義了，因為那是零星的勝利混合著眾多的痛苦。上帝話語的大能不保證傳遞話語者可倖免於被拒絕。保羅的歸信的確是帶著上帝的應許，但那不是應許他一直健康、富有和聰明下去，而是指「他為我的名必須受許多的苦難」（九16），不是嗎？

然而，世界沒有任何力量可以阻止上帝話語的最終得勝。路加的表達方式當然不會像我那樣平白。例如：路加記述司提反被人用石頭打死後，教會大遭逼迫，但他沒有用「掃羅卻殘害教會」來結束整個記述（徒八3），而是用「那些分散的人往各處去傳道」來結束（八4）。上帝的話語就像野火般，你在一處地
161 方踐踏它，它會在另一處地方燃亮。沒有任何攔阻，即使聰明如掃羅所施加的殘酷逼害，最終可令話語沉寂下來。復活的基督告訴祂的追隨者，他們會「在耶路撒冷、猶太全地和撒馬利亞……作我的見證」（一8），但誰會料到福音是藉著逼迫在撒馬利亞傳開？被驅離耶路撒冷的傳道者再次到訪撒馬利亞，他們醫治人（八7～8），責備當地行邪術的人（八9～24），並「在撒馬利亞好些村莊傳揚福音」（八25）。可場景一轉，我們和腓利來到曠野（在一天的正午！），在那裏他偏偏遇上了一個年老的衣索匹亞人（八26～40），他聽到福音後就想受洗。腓利感到作難，因為施洗要有水。不可思議的是，衣索匹亞人竟在曠野中看到了水源。沒有甚麼可以攔阻話語的實現（realization）。講道結出了果子。當話語的大能被釋放，誰知道接下來福音會在哪裏傳開？

在閱讀使徒行傳時，當讀到路加特別的宣講方式，我們會

超越簡單的「聖經說甚麼？」，而進到更有動態的「上帝要透過聖經在我們身上施行甚麼作為？」。正如侯活士指出，「由故事所塑造的羣體」(story-formed community)正是教會的存在形態。[2]教會處於新世界的中心，這新世界源於我們稱之為故事的好些充滿想像力的行動。當我們聆聽歸信者衣索匹亞人和羅馬百夫長的故事時，有些事情會發生在我們身上。我們意識到並認識到，我們的世界原來比我們最初所想像的，更加開放，更加未完成(unfinished)，因為世界是上帝實現其神聖應許的所在。

我們當代的傳道者跟提阿非羅一起閱讀這些故事，我們都得到鼓舞。感謝上帝，上帝的話語本身大有能力(徒三12，四7、33，六8，十九11)。對傳道者來說，好消息絕非我們傳講的福音好消息總能收穫到無痛和正面的結果，而是這個福音好消息不為傳道者的能力所限。腓利原先不知道自己於正午時分，下迦薩的路上要幹甚麼，或者為甚麼要召他到那裏去。彼得最初以為他的夢是關於不潔淨的食物，而不是關於不潔淨的
人，並因而需要被引領到哥尼流的家。使徒行傳連篇累牘地向 162
我們再三證明，如果傳道者跑到社會邊緣，向那些又陌生又奇怪的人傳講好消息，那不是因為傳道者的個人取向，而是出於聖靈催迫的大能。沒有任何出自社會學研究的教會增長計劃，或者有效的傳播理論，或者建立教會的技巧，可以解釋在使徒行傳中所發生的事情。這裏正是路德所說的 *verbum externum*(外在的話語)正在活動，即既不是出傳道者自我產生、也不是傳道者自我控制的話語。

講道中的使徒行傳

當代的傳道者要本於使徒行傳來建立傳道的基礎，他們將面對的挑戰包括：

人們普遍懷疑教會的價值。路加對福音的羣體性體現（communal embodiment）是那麼重視，致令一些早期的德國歷史評經學學者指他擁抱「早期的大公主義」（early Catholicism）。這個標籤反映了一種奇怪的想法：當一個人十分關心教會的模塑，即獨一、神聖、使徒和大公的教會，便會變得較少關心耶穌那純粹、純全的宣講（kerygma）工作嗎？任何欲令基督不能體現出來的意圖，或令這位彌賽亞跟祂的彌賽亞羣體割裂的企圖，使徒行傳都會加以有力的駁斥。在使徒行傳中，復活的基督是那麼緊密地聯繫到祂的教會，以致掃羅逼迫教會時，基督可以對掃羅說：「你為甚麼逼迫我？」（九 4～5，二十二 8，二十六 15）教會（無論好壞）正是基督揀選在世界中臨在的所在。

使徒行傳所記述的種種教會窘境——即教會塑造、成長和保持忠貞時面對的窘境——我們聽上去所以總覺得太偏重教會或者太專注於建制（parochial or institutionally），是因為我們很多人身邊的教會，都不再與凱撒爭論何謂和平與公義，這樣的教會任由遷就文化的傳道者用膚淺的方法將福音和現狀之間的鴻溝填平。這種教會將福音變成個人的滿足，或者一種要在政治上有助美國進步的原動力，而不大需要擔心教會本身。
163 在這樣的大氣候中，提阿非羅所聽到故事，將是一羣人如何克服個人焦慮或苦悶的生活，走向解放或有目標的人生，而不是一羣人因著一個對衡文化的現象——我們稱之為「這道」（The Way）——而歸信和潔淨（converted and detoxified）。

使徒行傳的講道的其中一個目的，是改變思想和生命。嘲笑的人變成悔改的信徒（二 14～41），偏遠地區有人受洗（八 26～40），忿怒的敵人變成弟兄（九 1～31），外邦的軍人歸信（十 1～十一 18），聖靈澆灌在所有人身上。教會懷著愛心重述歸信的故事，以肯定上帝在每個世代中，藉聖靈的能力從無中創造（*ex nihilo*）基督教羣體的大能。未來不是取決於我們，信仰羣體也不是我們獨自地創造的。

在我身處的基督教世界裏，教會生活大部分是關乎如何維護和守住傳道先賢所交付我們的；但在使徒行傳中，歸信是**關於開始（beginnings）的故事**——教會生活開始了新的一頁；新的使命開展了，個人的新生命也開始了；那是基督徒旅程的開始，不是結局。此外，在使徒行傳中，歸信是**關乎召命（vocation）的故事**——歸信是為了使人不住倚靠福音的大能，而不是自滿於一己的轉變。最後，在使徒行傳中，歸信是**關乎上帝恩賜（the gifts of God）的故事**——上帝是路加所有歸信記述的主角。歸信不是羣體領導得宜的結果，甚至不是由於講道有説服力或者詮釋夠忠於聖經。在很多記述中，例如腓利在衣索匹亞人身上的工作，必然是上帝奧祕的手引導一切。在其他故事中，例如彼得和哥尼流的故事，教會雖然喊叫、反抗，仍不得不捲進了上帝的行動中。太多新教宗派教會沒有專注於使人歸信，反而專注於遷就、調整，將福音化約，使之完全順應社會的規範，以及變得全然個人化。使徒行傳提醒傳道者，改變、轉向、容許自己給聖靈驟然拉扯進傳道的工作中，才是基督教信息的核心。

使徒行傳的講道有一種獨特的政治執著。在使徒行傳中，164
門徒不斷與當權者衝突，包括世俗和宗教的當權者。他們在好像腓力斯和亞基帕這樣的官僚面前作見證。驟眼看來，路加似乎在嘗試幫助教會，讓教會在凱撒和基督的主張之間，取得某種平衡：不要干涉教會好了，因為教會並沒有為帝國帶來任何麻煩，它甚至可以成為凱撒的朋友——提出這種解讀的聖經註釋者，除了指出教會對國家有益以外，就無法想像出任何其他為教會辯護的方法來。

在使徒行傳裏，路加幫助基督徒恰如其分地看待政權的地位。教會必須述說真實的故事，即使這些故事有違凱撒的主張。如果保羅可以利用凱撒的保護，得以保命，繼續傳道，就最好不過，不過凱撒到底是否真的理解，或者是否准許他們宣講福音，對傳道者來說不是攸關重要的事。來到使徒行傳十章，我們看到第一個歸信的外邦人竟然是哥尼流——羅馬佔領軍的一員，就明白教會執意全力挑戰凱撒全能的宣稱了。第一個明白這一點的外邦人竟是一名「凱撒警察」！當然，如果教會認為，只要凱撒是經由民主方式選出的，基督跟他就沒有矛盾了，那麼教會可能仍然不明白使徒行傳的某些記述的顛覆性，例如哥尼流的歸信，或者保羅在二十二章嘲弄長官時那具煽動性的幽默。使徒行傳充滿著政治，而這種政治以這樣的主張開始——被釘十字架的基督已經復活升天，祂不會容忍任何敵對祂主權的人。難怪傳道者們被控「攪亂天下」了（徒十七6）。

馬利亞在她的《尊主頌》（*Magnificat*）中不是警告說：自高的必降為卑（路一52～53），有權柄的會失位嗎？耶穌令很多人跌倒，也令很多人高升。透過路加的事奉，我們見證那位擁有最終決定權者，是上帝而非君王。

> 草必枯乾，花必凋殘，
> 　　因為耶和華的氣吹在其上；
> 　　……
> 　　惟有我們神的話必永遠立定。（賽四十7～8）

165 正面對大規模逼迫的初生教會，竟誇口得這樣鋪張、信心十足，這對我們這些每星期都與道為伍的人來說，是極大的安慰。為何正為生存搏鬥的教會，敢於為上帝的話語說出一些最意義深遠的主張？這些基督徒一定知道一些世界不知道的事。因此，在閱讀使徒行傳時，我們這些後來的提阿非羅得更加上心了。

7

牧者就是輔導員：基督教的關顧工作

教牧關顧在歷史上重要的職能

喬叟（Geoffrey Chaucer）在《坎特伯雷故事集》（*The Canterbury Tales*）的〈序言〉中簡明地描述了中世紀牧者如何在會眾中履行他的職務：

他的教區廣大，房屋相隔甚遠，
不過他從不失約，無論下雨打雷，
患病、犯罪，或在任何狀況下，
他都會探望最遙遠的人，無論地位高低，
他徒步上路，手裏拿著手杖。
他給自己的羣羊留下美好的榜樣，

我相信再沒有更好的聖職人員了。
他不渴求浮華也不渴求尊敬。
但關於基督自己和祂十二使徒的教誨，
他教導，自己更首先遵從。

雖然喬叟有好些反神職人員的情緒，但看到這幅早期牧者

168 關顧工作的正面圖畫，他還是高興的。事實上，我在跟自己宗派的平信徒交談時，談到他們渴望牧者當具備甚麼質素：他們想有人關顧，有人關心，「患病、犯罪……他都會探望」，好像牧羊人關心羣羊那樣。

不過，正如我們在本書第四章指出，我們的主要牧養目標，不僅是關顧別人；**以基督的方式關顧**（care in the manner of Christ），才是教牧關顧的重大挑戰。可幸教牧關顧的歷史可以帶給我們鼓勵和鑑戒。[1]在研究教牧關顧的歷史時，杰克爾（Charles Jaeckle）和克勒布施（William Clebsch）勾畫出教牧關顧四個在歷史上重要的職能：醫治（healing）、扶持（sustaining）、引導（guiding）及復和（reconciling）。[2]

教會在不同時代、不同環境下會傾向更強調某些教牧關顧方式。例如：在教會首兩個世紀，在一個往往充滿敵意的世界中，面對無常的人生，教牧關顧更強調對靈魂（soul）的「扶持」。好像聖餐禮和抹油這些深具扶持意味的行動，在羣體面對困難的時候，可以支持它繼續生存下去。

在接下來的幾百年，隨著國家愈發逼害基督徒，很多基督徒在逼迫中跌倒，背棄信仰。這段時期之後，關顧的主要焦點，變成了如何通過悔改和悔罪的行動，讓失迷的靈魂與教會「復和」，重投教會生活。教牧關顧的另一次轉折，發生在四世紀，當時君士坦丁已把基督教定立為國教。如今，教會面對的艱鉅任務是同化不同羣體，使之接受帝國——及其盟友教會——的精神洗禮。耶路撒冷的區利羅（Cyril of Jerusalem）的教理問答式講課（初信者受洗後向他們解釋教會的「神聖奧祕」〔holy mysteries〕），還有針對修道靈性操練的本篤會規，都是在這段時期出現的「引導」和操練的例子。在中世紀時代，「醫治」成為 *cura animarum*（靈魂醫治）的一個重要功用，由教會清楚界定的聖禮體系作為中介，而這個聖禮體系能醫治任何困擾著共同生活的弊端。

與上帝「復和」，是文藝復興和宗教改革運動的重要主題。路德在《教會被擄到巴比倫》（*Babylonian Captivity of the Church*）中，經常讚揚洗禮的好處，認為洗禮是基督徒人生中 169
最大的安慰。後來，啟蒙運動催使教會開展扶持靈魂的工作，因為人們要走進教會視之為邪惡艱險的現代世界，於是便設計出種種個人靈修方法（personal devotion）——包括小組靈修方法——以「扶持」忠信者。

後啟蒙基督教（post-Enlightenment Christianity）的「後基督教世界時期」（post-Christendom era），對教牧關顧發出了嚴峻的挑戰。啟蒙運動質疑教會的禮儀和聖禮的有效性。「醫治」——曾經專屬於教會的領域（正如教育、社會工作、藝術等）——漸漸脫離教會的根源，演變成一種獨立和世俗的活動。新發現的「理性」對教會老一套的個人福樂的方程式，提出了質疑。很多心靈開始到各處尋求醫治、扶持、引導及復和，很多聖職人員和牧者在關顧會眾時感到失去了權柄。十八世紀後期和十九世紀初的革命帶來了多元主義（pluralism）和唯意志論（voluntarism），人開始尋求一種引導，是可以從個人所堅信的價值和規範推演出來，而不是來自教會一直所提倡的老舊的傳統指引的。

新教的宗教改革運動也在靈魂關顧方面造成了危機。牧者權威的來源，由教會的本性，轉向聖經的權威或聖靈的帶領。牧者的身分（identity），由聖禮及其醫治恩典的傳遞者，轉為話語的傳講者。第一代改教家的信念和實踐，正朝與傳統相反的方向發展，致使在改教時期冒現的教會中，特別是聖禮和一般的公開崇拜，均不再成為教會教牧關顧的主要焦點。

新教強調話語的中心性，亦關心教育、內在權威（inner authority）（編按：指聖靈聖化後的良知）和個人主義，這最終在某程度上令宗教改革運動跟啟蒙運動內在的種種發展相配合。另一方面，新教的敬虔主義（Pietism）強調主體感受，並強調一個人的宗教是否對確，其驗證是個人性並可經驗的，
170 這很可能出於對理性時代（the Age of Reason）過度理性的反撲。可奇怪的是，十九世紀的復興運動——對美國新教影響特別大——竟成功融合了眾多啟蒙運動和敬虔主義的要點。而替現代時期新教自由神學奠定基礎的士萊馬赫（Friedrich Schleiermacher），於一七九九年宣佈：「聖職人員在世界的使命是私人的事，宗教場所也應該是私人的場所，而聖職人員在那裏可高聲表達對宗教的信仰。」[3]宗教變成了私人、主體、個人的事宜——我們如何看待自己的主體性（subjectivity）。

我們只要看看新教教牧關顧的窘境，就可以明顯見到這些運動匯合的結果。克勒布施和杰克爾指出，「宗教改革運動在教義和教會論上的激變，從沒有在靈魂醫治（cure of souls）方面帶動相應的改革。」[4]（我想，衛斯理可能會不同意這一點。）羅馬天主教將思辨神學和實際引導綜合起來，也將懺悔補贖的敬虔和可見的蒙恩途徑綜合起來，但這一切都被宗教改革運動破壞掉。宗教改革運動也對罪與懺悔的既有計算方法，加以攻擊，而強調人與生俱來的罪性，以及不能靠行為得救和上帝恩典的全權。但宗教改革運動亦無可避免催生了自己的一套律法主義，它基於新興經濟體系的需求，建立了許多個人行為的規範（正如韋伯〔Max Weber〕向我們所顯示的那樣）。拯救於是變成了商品，人可以在教會、聖禮、羣體和傳統以外得到。最後，只餘下赤赤裸又孤獨的個體，自行與經常嫉怒大作的上帝修和。

講道不再傳揚路德那位恩慈的上帝；在很多人心中，講道已變成了審判式、父權式責備的同義詞。教牧關顧漸漸給歸類為牧者與羣羊中的一員的一對一交往。扶持、引導及復和這

等牧養工作，不再是牧者為羣體而做和跟羣體一起做的行動和記號，就如以往那樣；如今它們變成了牧者對個人的問題的糾
正。很多新教徒誤解了路德「信徒皆祭司」的意思，誤以為它質 171
疑牧者從事一切祭司般的行動。於是「牧者」與「祭司」(聖職人員)對立起來，彼此成為反題(antithetical)，而「祭司」職能中的牧養面向亦受到忽略。

公開崇拜的踐行也同樣受到影響。禮儀學者記錄了宗教改革運動怎樣改革了禮儀——崇拜不再是神職人員的專屬領域，基督教崇拜回到原來的可參與性、本於聖經、集體性、行動性特質——結果卻幾乎將聖禮消解了。教會的集體崇拜變得支離破碎，成了私人的靈性修為。主日早上的崇拜退化成傳道者和詩班的表演，充斥著贅言、說教和道德責備。

在往昔，當我們說牧者關顧羣羊，從事關乎靈魂醫治的工作，很大程度上是指他在崇拜中帶領他們。耶穌會的禮儀學者容曼(J.A. Jungmann)的總體評述是很有道理的：「多個世紀以來，積極投入於禮儀的歡慶，一直都是教牧關顧的最重要形態」。[5]「醫治」意指抹油或傅油，向聖徒禱告，和各種形態的驅魔。「復和」——旨在重建人與人、人與上帝之間的破裂關係——傳統上意指一些禮儀性行動，赦罪、懺悔、告解和宣赦。「扶持」意指施行聖餐禮、堅振禮，以及其他可見並具體的行動，是能夠彰顯羣體的支持和上帝的恩典的。

現代的教牧關顧卻愈來愈囿於個體導向和心理學導向的技巧，可這些技巧，卻深受流行的世俗治療技巧影響。

在巴克斯特的《改革的牧師》(*The Reformed Pastor*)一書中，側重點的轉變顯而易見。對個別靈魂的規訓和牧養引導，成了新教牧者的主要活動。巴克斯特闡明了牧者關顧會友時的兩個主要關注：「改轉他們的思想和情感，使其輕蔑這個世界」，以及「所有罪惡，都必須顯明；它帶來的危險以及它

172 對我們已經造成的傷害，都必須揭露」。[6]愛德華滋（Jonathan Edwards），美國早期最有創造力的神學家，往後二百年新教所關注的，即由他首先提出：研究個人的宗教經驗和宗教「情感」（affections）。一個世紀後，威廉．詹姆斯（William James）影響深遠的《宗教經驗的種種》（*Varieties of Religious Experience*）出版，延續了愛德華滋此前提出的主題：闡釋和證明個人宗教經驗的多樣性——雖然他沒有愛德華滋的神學委身。詹姆斯是研究宗教現象的心理學先驅，而身為擁抱實用主義的哲學家，他強調宗教行為的治療價值。信仰對你有好處。詹姆斯的《宗教經驗的種種》，為現代教牧關顧定下了基調，也就是以個人主義、實用主義、效益主義、心理學為取向；不過，這樣的現代教牧關顧工作卻難以為其找出神學的根由。

在現代美國新教教牧關顧的發展過程中，最後的基準終於奠下，就是上世紀二十年代所採納的醫學模式（medical model），以及於方法論上將教牧關顧和心理學緊扣在一起。當時弗洛依德（Sigmund Freud）的精神分析理論（psychoanalytic theory）相當盛行；而當美國神學界因著老舊的基要主義式微以及對社會福音的興趣消滅，有點停滯不前之際，以經驗為基礎和「非學術化」的神學訓練取向卻深受歡迎。名為「臨牀牧關教育」（Clinical Pastoral Education, CPE）的課程，在二十世紀五十年代開始大行其道，幾乎成了各大新教神學院課程的主要部分，而其後繼續成為培訓神職人員的重要一環。雖然今天神學院教授 CPE 時，有時會以牧區為本，但培訓神學生時主要還得倚仗醫療機構的環境設定，而且教導牧關技巧時十分倚重醫學、精神醫學和心理治療。如此，一代代的神學生仍然記憶猶新的是，他們在醫院急症室擔任實習院牧的日子、他們在 CPE 分享小組作個人反省時經常面對的痛苦時刻，或者他們在臨牀實習時初次遇到病人：患病的、垂死的、迷惘的、飽受困擾的。臨牀牧關訓練的確能很好地幫助牧者和神學生更了解自己和別人；不過，CPE 也可能限制了受訓者對「教牧關顧」的 173
理解。

教牧輔導

奧登（Thomas C. Oden）研究教父的教牧輔導（pastoral counsel）著作時，指出了五個一再出現的主題，可用來描述卓有成效的治療關係：[7]

1. 能準確地、同情共感地聆聽；
2. 對自身的經驗歷程，有確切一致（congruent）並開放的認知，並信任自身的經驗；[8]
3. 無條件和願意接納的愛；[9]
4. 嚴格的自我認識；[10]
5. 敍事式的幽默洞見。[11]

馬丁．路德抱怨説：「如今我花在處理婚姻問題的工夫，比所有其他問題都多。因此，我們鮮少閱讀、講道或研究。」[12] 對很多牧者來説，事奉的其中一大重擔是：為了輔導會眾中受困擾的人，持續地暴露於人類的極大痛苦之中。牧者和精神健康護理專業人員不同之處，是牧者有自由選擇——實際上有責任——介入會眾中飽受困擾者的生命。世俗領域的輔導，大多是被動地等待別人採取主動，前來尋求幫助。不過，飽受困擾的人往往未能向前跨出這一大步，承認自己需要幫助；如此，主動接觸有需要的人，是牧者的責任。[13]

在輔導中，牧者暴露於赤裸裸的人類痛苦的面前，人類苦厄的面容是如此明確清晰——可牧者要準確認識會眾，這是非

常重要而且絕對不可或缺的。在輔導時，人感到他們的牧者是關心他們的人，願意進入他們痛苦的所在，即使那裏既黑暗又
174 危險。而當中最重要的是，教牧輔導是一個場合，讓身為輔導員的牧者和接受輔導的會友，都有機會探討基督教信仰可以怎樣回應身陷人類窘困的血肉人生。於此，福音和人類的需要就這樣相遇了。

巴克斯特指出，講道的人必須先是聆聽的人；教導者必須先是受教者：

> 當牧者不認識自己的會友，或者對他們感到陌生，彷彿不認識他們，必定會大大妨礙他在他們中間所能帶來的裨益。〔我們身為牧者對自己會友的認識〕，讓我們更明白**每個人的靈性光景**，更知道該怎樣看顧他們。當我們認識他們的脾性，他們最反對的是甚麼，從而知道他們最需要聽到甚麼時，我們會更知道該怎樣向他們講道。[14]

我們需要讓教牧輔導再一次成為屬靈導引的途徑（spiritual direction），讓教牧輔導再一次為著裝備聖徒事奉而努力（且是有紮實神學基礎的努力），再一次使之成為先知式言說真理的方法，以及再一次使之成為基督徒成長的教理問答。在實實在在的教牧輔導中，人的需要給置放在耶穌基督的好消息旁邊，以致福音和我們的需要都一同得到闡明。

我們最出色的輔導，許多都是帶著牧養想像的複雜行動（complex act of pastoral imagination）——接納在基督裏正飽受困擾的弟兄姊妹，將他們的故事重述成福音的敘事，看看當中還可以有甚麼新的聯繫、新的關係和別的可能，是未蒙福音光照所沒法想像得到的。[15] 我們第一個具想像力的行動，是與受

苦的人認同。安波羅修勸神職人員要「憐憫那些受捆鎖的人，彷彿你自己與他們一同受捆鎖……與受困擾者一起受苦，彷彿你和他們一起受困擾。」[16] 接著，我們要與他們一起想像，思索他們在如今的苦楚以外是否還有別的可能。巴頓(John Patton)認為教牧輔導的主要目的是提供「一些新的東西……讓人經驗到改變的自由，且有自由去考慮生命中的一些新的可能」。[17] 巴頓的這些想法，同樣強調了輔導工作的同理心、創新性、想像力。

很少牧者有時間，或者有足夠的訓練去從事更深入的輔 175
導，意即超過六節的輔導；我們大部分人都不應該長期輔導別人。教牧輔導的主要技巧是願意轉介，讓深受困擾者有機會接受長期的心理治療和精神科護理。譬如重度抑鬱症患者、受癮症纏繞者和精神病人，便是棘手的案例；要好好幫助他們，需要專業的心理治療和精神科護理。牧者的支援和轉介，往往是一個關鍵因素，令受困擾者向專業的精神科護理人員尋求幫助，接受專業的治療。如果牧者不懂得在適當的時候作出轉介，企圖做超過自己裝備所能做的事，根本是在浪費寶貴的時間，掠奪他從事其他牧養活動所需要投入的心力和精神。[18] 轉介讓我們可以與其他人——對嚴重心理問題懂得比我們多的人——好好合作。

輔導是歷史上重要的牧養途徑，旨於屬靈導引及靈命成長而非做心理治療。我們的輔導，應該是短期性的，並且要目標清晰。適度的行為改變、處境弄得清楚一點、準確掌握面對危機者的資料、決定是否介入、制訂短期策略——相比要大大改變受輔導者的性格，這些都是更適切的目標。

在第一節輔導裏，牧者與受困擾者展開坦誠、專注、開放的對談，希望能確定問題的性質。這可以是困難的，可能需要超過一節的時間。在這個關顧的早期階段，牧者必須確定，對方帶來的難題是否他專業範圍所能解決，以及是否適合牧者去處理。「為甚麼你就這個問題向我尋求幫助？」這是值得思考的問題。牧者亦必須評估對方能否從教牧輔導中獲益。對方能否將問題好好表達出來——即使這個人現在還未完全明白自己的問題——以讓輔導員能夠聽清楚問題所在？這個人想不想在受輔導的過程中有所成長？還是受輔導者只滿足於向人吐露病徵？

拿先斯的貴格利（Gregory Nazianzen）強調，教牧關顧必須按受輔導者的個人性情，加以調整。對謙虛的人，我們應該謙
176 虛待之，「藉此鼓勵他們心存更美好的盼望。有些人我們要像跟他們戰鬥一樣，征服他們，寸步不讓」。[19] 因此，牧者必須學習自律和善於聆聽，不要在最初的幾節輔導環節中，不加思索就將遇到困難的人加以標籤或籠統歸類。

牧者和受輔導者應該能夠講出未來幾節輔導環節的目標，例如：「決定你應否和約翰結婚」，或「知道你能否繼續與酗酒的妻子生活下去」。這樣，輔導員和受輔導者便能同心合意，一起用心去處理一個特定的問題。[20]

教牧輔導的技巧和目標包括：[21] 積極並批判的聆聽；願意進入受輔導者的世界；留心傾聽對方說了甚麼和沒有說甚麼；對於討論中的問題，留心當中跟情感和情緒相關的內容；誠實和真誠地給予回應；專注於受輔導者正面對的問題，特別是受輔導者感到痛苦的；牧者要經常自我審視，問自己：「在這節輔導中，有甚麼發生在我身上？在我自己的感受中，甚麼是攸關重要的？我正講述的這個故事，怎樣聯繫到耶穌基督福音的故事？」

在輔導的環節中，牧者要提防受輔導者出現**阻抗**（resistance）的反應，要將這種**阻抗**指明出來，與受輔導者一起探究**阻抗**的可能根源。當問到對方：「告訴我，你與爸爸的關係，跟這個問題有何關係？」如果對方在談話中迴避、否認或者

逃避這個問題，輔導員應該請那人集中思想這種迴避、否認和逃避有何意義。

牧者必須**設定好輔導的時間**。在輔導環節開始時，要先定好結束時間。牧者必須小心防範，不要為對方的困難承擔不恰當的責任。受困擾者很多時會試圖將責任轉移到希望幫助他們的人身上。最重要的是，牧者必須留心**移情作用**（transference）的可能性（甚至留心移情作用有可能是無法避免的）。移情就是 177
將過往對某人的反應（reactions）和對那人的需要（need），移置到目前另一人身上，這便是巴頓所說的「時間上的偏差」（an error in time）。[22]當一個成年人將他童年的需要——父母的愛、保護、責備、稱讚和懲罰——置放到另一人身上（例如輔導員），移情便發生。

一個孤單、在情感上有需要的人，來到牧者面前，訴說婚姻不愉快。在輔導的過程中，她將自己對愛，對同伴的渴望，轉移到牧者身上，錯誤地將愛投放在關心她的人身上。輔導員應該抵禦受輔導者的移情傾向，令對方不致於將不恰當的責任轉移到輔導員身上，而不讓輔導者幫助受輔導者確定並接受恰當的責任。

巴頓提出三個方法，讓從事教牧輔導工作者，可以防止移情作用破壞恰當的教牧輔導關係：[23]

1. 為自己定下界線，限定自己在輔導關係中會和不會做甚麼。時間和身體接觸的界線，在輔導關係中不可或缺。譬如說，受輔導者遲到，輔導者就要留心並問自己：這證明了受輔導者對輔導的意見出現阻抗嗎？要緊記，你是牧者，不是對方的丈夫、知己、父母。

2. 預期強烈的情感會出現。對十分忿怒的人，牧者往往會感到頗為不自在。對受輔導者所表達出來的感受，以及輔導者懷疑受輔導者所壓抑著的感受，輔導者都要保持好奇心。

3. 將自己設想為一個有耐性、肯聆聽的**老師**。你要關心別人，就必須幫助對方區分現實和幻想的情境。移情出現時，要坦白跟受輔導者討論，堅定地將你自己跟受輔導者投射在你身上的形象，區分開來。

牧者要小心有可能出現的另一種心理現象：**反向移情作用**（countertransference）。有需要、有感情並要處理心理問題者，不只尋求輔導者一人。輔導員本身也有需要和慾望。有時輔導員不知不覺間會配合了受輔導者的移情作用。受輔導者想要一
178 位全能的父親或母親，幫助自己解決自己生命中出現的問題；牧者想要成為一個成功和能夠幫助人的輔導員。由於牧者在這樣的情境中希望成為一個全能的救世主，他會為受輔導者的難處，擔起不恰當和不現實的責任。教牧心理學家談到「克制性」（abstinence）的需要，意指輔導員必須刻意並自覺地作出努力，不利用受輔導者來滿足自己的情感需要。牧者是那位獨一救主的僕人，我們自己不是救世主。

當神職人員自覺性（self-awareness）不足，或者對自己的工作在神學上缺乏足夠的自我理解（self-understanding），便很容易不自覺地涉足了反向移情作用。任何牧者，進入親密而情感豐富的教牧輔導環節之時，如果只是想到「要幫助人」，而沒有釐清當中的角色、界線、限制，以及缺乏對自己的限制、幻想和需要的自我認識（self-knowledge），他們便已身陷險境了。

我發覺，重要的是，我得承認，我的牧養關顧工作，並非全部出於我對上帝的愛和對會友的愛。我亦愛我自己；我對會友的愛，有時候，只是令我更加愛自己的手段罷了！因此，當我說「我這樣告訴你，是為了你的好處」，或「我不會因為她的行為就當面與她對質，因為我是如此的體貼和有愛心」，這時我實在需要檢視自己的動機。我確實在滿足會友的需要，然而我同時也在滿足自己的需要。基督徒宣稱福音所蘊含的認罪和赦

免，令我們得以誠實，那麼就讓我們牧者在自己的生活和工作中，證明這點吧。在一次牧者的討論分享中，有一位牧者說：「我得承認我喜歡別人喜歡我，我需要別人需要我。我不肯定，我曾否認定父母是愛我的。這就是牧職吸引我的原因嗎？因此，當有人來到我面前，需要我付出愛和接受愛，或者帶著很多需要時，我就特別脆弱。不過，知道在甚麼情況下我應該小心謹慎，是我教牧關顧工作的一個重要特質。」

我們一定要找出一個恰當並與別不同（well-differentiated）
的隱喻，來形容我們牧者在會友中的關顧工作。我們很多人 179
在神學院接受的臨牀牧關教育，它的其中一個弱點是：它為我們的關顧工作建立了一個醫療模式。在牧者的大部分輔導工作中，「治療」這個目標是不現實甚或不可取的。我們蒙召是做教牧關顧（pastoral care）——而不是治療（cure）。即使當我們的愁苦得不到完全的醫治（healed），關顧令我們能繼續前行。關顧將我們置於一個安全的環境中，在那裏，我們的疾病有可能得到治療，但同時也得到保證：要得著基督和祂教會的愛與扶持，我們不用臻至完全。對患病的人和受到傷害的人，基督似乎是眷愛和賜福，多於醫治。

或許，我們教牧輔導最首要的目標，應該是幫助會友在基督裏漸趨成熟（maturity），即「成長」而不是「健康」。一個教師幫助人知識增長，愈來愈懂得運用和體現自己剛獲取的新知。薩提爾（Virginia Satir）在《聯合家族治療》（*Conjoint Family Therapy*）一書中將成熟界定為「一致」（congruence；編按：意謂「身心整合，內外一致」，或譯為「融會」、「圓融」等），在這個狀態中，一個人為自己的生命負責，對自己和別人擁有相當準確的評估，並為自己所作的選擇和決定負責。[24]基督徒相信，當我們在「我們是誰」和「我們**在基督裏**當怎樣生活」之間得以「一致」，以及當我們在「我們對自己的認識」和「我們**透**

過基督，怎樣在與別人的關係中運用這知識」之間取得「一致」，我們便是處於最佳狀態了。我們知道「一致」只能是忠心地令自己符合上帝創造我們的本意。

很多牧者發覺弗里德曼（Edwin Friedman）的家庭系統治療（family systems therapy），對他們關顧會眾（視之為一個家庭系統），和關顧會眾中的各個家庭，均十分有幫助。弗里德曼的系統取向，幫助我們擺脱個體式需要和個體式關顧這些觀念的束縛，讓我們重拾關顧的系統性、政治性、集體性面向。[25]用我們獨特的語言來説，我們要令我們的關顧成為羣體性的（communal）——也就是**教會性的**（ecclesial）。教會是我們做關顧工作的場景，教會亦令我們的關顧工作與別不同。

180

牧者作為嚮導

為了重拾我們關顧工作那明確的教會和神學基礎，我同意邁爾斯（Rebekah Miles）的主張：我們需要重拾牧者就是**嚮導**（guide）這個形象。[26]正如我們已經看到，「引導」是歷史上重要的牧養職能。[27]但有太多牧者放棄了這個歷史上重要的角色，而認同據稱不帶偏見、同情共感的聆聽，不尊重教牧關顧所獨有的模塑、教育、引導功能，以及我們關顧工作的道德場景。

嚮導是有所知的——也許不是知道一切，他們卻是有所知的。嚮導引領和提議。嚮導沒有能力迫令尋求引導者接受引領和建議；但嚮導有責任作引導。嚮導有説話的自由，卻沒有脅逼別人的自由。

邁爾斯認為嚮導一定要開口説話。「一個拒絕提供建議和分享知識的嚮導，根本就不是嚮導。」[28]優秀的嚮導，不單走過那條路，也知道他所引導的人的長處和短處。基督教信仰的資源極豐，在我們之前，有超過兩千年的故事，這些故事縷述那些嘗試走上這條十架窄路者的事迹。而會眾所踐行的基督教信仰，遠不止於只是有用的「資源」，它也是讓我們活得更美好（即作門徒〔discipleship〕）的不二法門，幫助我們忠心地追隨基督，並且在追隨之中，成為更美好的人——比靠自己努力而可以成為的人更美好的人。

牧者不僅要輔導飽受困擾的人，也要面對自滿的人。我記得我聽過偉大的傳道者巴特里克（George Buttrick）說過，探訪剛知道自己患了絕症，或者剛失業，或者孩子剛被趕出學校的會友，幾乎所有牧者都能勝任。他認為，陷於困境的人較樂於聽別人、甚至是他們牧者的話。

然而，巴特里克指出，探訪剛在銀行升職，或者孩子剛被哈佛取錄者，只有十分特別的牧者才能勝任。深諳牧養之道的牧者，知道世人眼中的健康、成就，可能蘊含著屬靈的危機。[29]
因此，教牧關顧遠不止於照顧受傷的，激勵心碎的，那更關乎 181
勸戒和督責那些豐衣足食的、心滿意足的。基督教信仰既使傷心者得安慰，又令安舒者生苦惱；而牧者的召命就是成為教會其中一個傳播這個「好消息」的施為者（agents）。

聽聽馬丁．路德如何將一個病人的故事——薩克森選侯費雷德里克（Elector Frederick of Saxony）的故事——置放在基督受苦的福音故事旁邊。路德寫了一封信給費雷德里克，給他牧養關顧：

> 因此，當我知道，最傑出的選侯殿下病重，並基督同時在您裏面患病時，我認為自己有責任寫一點東西給殿下以表關心。我不能假裝我聽不到基督的聲音從殿下的身體和肉身向我呼喊說：「看哪，我病了。」因為諸如疾病這等惡事，不是由我們基督徒來承受，而是由基督我們

的主和救主來承受，也就是我們活在祂裏面的那位。[30]

關顧人的牧者，會將當下的苦難置於基督的苦難旁邊，容許基督的憐憫透過我們的關顧行動發出光芒，讓受困擾的靈魂看到，今生的考驗和艱難正預備我們，使我們有分於在基督裏的永恆生命，牧者亦敢於斷言，即使在痛苦和艱難之中，基督仍呼召我們過聖潔和有盼望的生活。這樣的關顧才配稱為**教牧**關顧。

插曲
奧古斯丁的《懺悔錄》：由上帝話語造成的世界

儘管這不是我的用意，但前一章（第七章）讀起來，或 182
許會予人一種感覺，就是我們的關顧和輔導，大部分跟關顧技巧是否嫻熟有關。我們不自覺地追隨了現代的神話（modern fiction），認為我們的人生由我們所做、和所決定的事組成，是我們人類的技術所帶來的結果——這是我們為自己編造的故事。

不！基督徒發現自己的生命亦是一個上帝所述說的故事。我們不是自己人生的作者。我們的人生最終因著上帝的恩典而變成要向世界所說的話，這便是上帝說話的方式。我們相信，沒有甚麼可以叫這個世界的創造沉寂，也沒有甚麼可以妨礙這個世界的創造。

在使徒行傳八章，司提反遭殘暴對待，他殉道後，「教會大遭逼迫」（八1）。結果，「門徒都分散在猶太和撒馬利亞各處」。

接著，路加簡潔地補充說：「那些分散的人往各處去傳道」（八4）。這樣就開始了門徒向撒馬利亞宣教的工作，名副其實的話語大爆發。在使徒行傳的起首，經文告訴我們，「你們……要在耶路撒冷、猶太全地和撒馬利亞，直到地極，作我的見證」（一8）。見證人就是那些只會講出自己所見和所聽者，福音透過他們傳揚開去，他們願意為話語所用，就是那具干預性的情感奔放的話語。

上帝話語之不屈不敗見諸於召命一事。牧職首先是上帝的
183 心意，然後才是我們的心意。牧職始於上帝的心，始於上帝決意要得著一羣子民，一個家。上帝決意要有最終的話事權。

從〔人的〕話語到〔上帝的〕話語

就基督徒的召命來說，奧古斯丁的《懺悔錄》(*Confessions*)是範式性的(paradigmatic)，[1]書中詳述他信主成為基督徒的見證。誠然，奧古斯丁只受洗八年便成為主教(大約公元三九五年)，那是他成為聖職人員後四年。奧古斯丁在出任主教後寫下了《懺悔錄》，當時他苦惱於教會的衝突，需要維持自己主教的權威，因此這個故事也是有關基督教領導的呼召的故事。我們蒙召成為「牧者」的故事，以我們蒙召成為「基督徒」的故事為基礎。正如奧古斯丁後來向他的其中一羣會眾說，「對你們來說，我是主教；和你們一起，我是基督徒。」

我們可以將《懺悔錄》看為奧古斯丁畢生與話語搏鬥、同時對話語驚歎的故事。《懺悔錄》卷一由他童年對〔人的〕話語著迷、同時感到挫敗作開始。

> 我漸漸察覺自己身處何方，並想向其他人表達我的願望，以實現我所不能實現的。我的慾望在我身內，成人〔其他人〕則在身外……於是我揮舞四肢，大聲叫喊，做出一些能代表我意願的表示。(1.vi [8], p. 7)

奧古斯丁當時仍然是嬰孩，未懂溝通之法，被社羣孤立。我們的時代普遍被視為一個彌漫著疏離和孤單的時代。我們在這裏是獨自一人嗎？有沒有別人在這在那，還是我們要靠自己努力？「我身處何方？我是何許人？」他問道。沒法與他者聯

繫，那麼對我們自己來說，甚至我們也成了他者。魯益師（C.S. Lewis）説過：「我們閱讀，藉以知道我們並不孤單。」[2]

回顧他過往的嬰孩階段，奧古斯丁發現話語是讓他能夠跟別人聯繫的機制。隨著他漸漸學懂發出某些聲音，話語令他能夠將他身內的變成身外的，他能夠向周圍的成年人表達他的 184
願望和需要。懂得運用這些話語令他能夠進入世界，「現在已是能説話的男孩……我做出一些表示，向我周圍的人表達我的願望，更進一步踏入人類生活的動盪社會中」（1. viii [13], pp. 10～11）。語言是朝向羣體，朝向團契的途徑。

奧古斯丁的人生不是始於出生，而是始於學習説話。他最初説的話，是嬰孩向世界邁出的一步。這些〔人的〕話語也是〔上帝的〕話語用來牽引奧古斯丁的拴索（我們之後亦會知道這一點）。我相信這是《懺悔錄》的主要寫作目的：記錄奧古斯丁由〔人的〕話語走向〔上帝的〕話語（from words to the word）。《懺悔錄》以「我、我」開始，並以神聖的「你、你」結束。我們所有微小的話語都指向〔上帝的〕話語。

> 當人談到你，他以話語成就了些甚麼呢？但對你保持沉默的人有禍了，因為即使他們滔滔不絕，卻沒有甚麼可説的。（1. iv [4], p. 5）

這個從〔人的〕話語到〔上帝的〕話語的走向，按奧古斯丁的教導，我們稱之為拯救（salvation）。奧古斯丁成功令讀者預期自己會讀到一本自傳，但不多久，我們就發現自己不單單在讀一本自傳（即個人生平事件的記述），也在見證著一個嬰孩如何由最初的挫敗邁向醫治——這個嬰孩在世界，卻不認識世界（世界也不認識他）；也見證著這個嬰孩雖在世界，卻苦於沒有正確的話語而生出挫敗，而又如何得著醫治。

我們也見證著一種基督教意義的自我（Christian sense of the self）的創造。奧古斯丁驚異於人既凝視高山，因星宿而驚訝，卻沒有留意到他們自己是世界上最大的奧祕（10.vi [10], p. 184）。不過，奧古斯丁所說的自我，不是現代意義上的自我。奧古斯丁所說的自我，是一個不斷受上帝影響的自我。奧古斯丁所以有這個自我，是因為他發現了上帝向他說話。（巴特
185 說，我們只是人，因為上帝向我們問：「亞當，你在哪裏？」）我們閱讀《懺悔錄》的時候，有時難以知悉我們是在閱讀奧古斯丁的故事，還是在閱讀上帝的故事。奧古斯丁用「我」的方式，聽起來就像現代意義上的我（ego）的誕生；但在他生平敘事的關鍵點，奧古斯丁發現，他以往一直被教導相信一點，就是認定在作工的是「自己」，可實際上原來是「你」在作工。上帝正在干擾他，推動他，吸引他。

在《懺悔錄》的結尾，他說：「由於喜愛你的愛，我才講述我的故事」（11.i [1], p. 221）。或許最好將《懺悔錄》當為愛情故事來讀，故事講到一個人去愛，卻發現自己已經蒙愛。

跟奧古斯丁的神學著作相比，例如《上帝之城》（*The City of God*）或《論三一》（*On the Trinity*），我覺得《懺悔錄》實在吸引得多。在奧古斯丁的神學著作中，上帝似乎像一種力量（例如像萬有引力），像一連串互動的哲學原理。但在《懺悔錄》中，上帝總是位格的（personal），是一個角色、施為者（agent）和作者。《懺悔錄》不但採用了敍述體裁，跟聖經呈現上帝的方式保持一致，它也像聖經一樣，頻繁地描寫一位施為者、一個位格（person）、一種個性（personality）。我們閱讀這些文字，以為它們在講述奧古斯丁的個性，最終卻發現它們在講述另一位的個性——上帝。它們在闡述一個故事作者——不是奧古斯丁，而是亞伯拉罕、以撒和雅各的上帝。《懺悔錄》是一個擴大了的愛情故事，不只關乎奧古斯丁的醒覺，感到要愛上帝，也

關乎上帝對奧古斯丁先存的愛（prevenient love）。他說：「噢，上帝，你牽引著我。」

因此，奧古斯丁將自己的人生說成上帝跟他交往的故事，而不若現代慣常的方式，將之說成關乎內在渴求和培育自我的故事。奧古斯丁有幸得到他所說的「不安的心」（restless heart, *cor inquietum*），令他失去平衡，朝他的需要蹣跚走去，雖然他仍未知道怎樣渴求他的需要。我們讀到，他為了那位，就是我們生活、動作、存留都在祂裏面的那一位，而感到不安，有所行動，渴求之和為之努力；祂也是為奧古斯丁而努力的那一位。有一次，在講道之時，奧古斯丁對會眾說：「我盡所能向你 186
們袒露我自己」（*Sermon* 120.2）。[3]

他大約在公元四〇〇年寫作本書。當時阿德里安堡（Adrianople）戰爭已經結束，哥德人（Goths）打敗了羅馬人。那次失利敲響了帝國的第一聲喪鐘。在短短十年內，羅馬便遭入侵。羅馬帝國傾覆時，奧古斯丁寫到一個新世界的出現。奧古斯丁自己的人生變成了周圍世界的一個隱喻。在他的人生中，隨著一個舊世界的衰亡，古典的自我觀不再緊箍著西方人的思想。奧古斯丁放棄帝國那種英雄式的自我（the heroic self），就是那個由荷馬唱出，並得到培里克利斯（Pericles）頌揚的既積極又剛毅自信的自我，改而接受一個全新的自我，一個由上帝的愛——多於由人類的自我肯定——所構成的自我。羅馬正在消亡，耶路撒冷正在誕生，這一切蘊含在稱為聖經的文本中，而奧古斯丁自己的人生，成了那新生的縮影。

《懺悔錄》共有十三卷。十三不是完美的數字。或許奧古斯丁想表明他的故事有一種不完整性。在這個意義上，《懺悔錄》跟馬可福音相似，沒有加上任何總結性的結尾；所以，或許奧古斯丁想我們將他所講述的故事，不單看為他人生的故事。沒有令人滿意的結論，故事未完成；故事在上帝跟我們交往的故事中繼續下去。

奧古斯丁在晚年重讀《懺悔錄》，他指出首十卷是關於他自己的，最後三卷是關於聖經的。我認為《懺悔錄》最後三卷的格格不入——以解釋聖經來結束一本自傳——正是詮釋《懺悔錄》的關鍵。我懷疑這一切全都關乎上帝。我們初讀《懺悔錄》，總覺最後三卷是附加的。為甚麼用這樣的論述，就是用創世記頭幾章的詮釋來結束一本自傳？

有些人以為最後三卷是一種「附錄」。或許，奧古斯丁想寫一本創世記註釋，就簡單地將這幾卷附在書末作為事後的補記
187 （afterthought）。不過，我認為奧古斯丁這種刻意的編排才是重點所在，是他人生的高峯。在開始時，奧古斯丁渴求與周圍的世界交往，包括與神明交往；他渴望認識上帝，渴望尋見回到上帝那裏的路徑。在結束時，《懺悔錄》卻記述了上帝找到通往奧古斯丁那裏的路徑。

他在基督裏的生命，被〔上帝的〕話語挑戰——「拿著，讀吧」（*tolle, lege*）——之時，才真正開始。到他生命結束，他安息在〔上帝的〕話語中，安息在《懺悔錄》最後三卷關於聖經第一卷書——我們開始向人介紹上帝之處——的三一之中。他的旅程是由〔人的〕話語走到〔上帝的〕話語的旅程。他的人生因而被描繪成：從人關於他自己的話語，提升到人關於上帝的話語。他盡上了一切努力，人生在釋經中達到了高峯。而人生的目標，是聖經的詮釋和活現。

奧古斯丁的見證

或許，我們扯到太遠了。我們已指出，奧古斯丁的人生記述，以回憶他早期如何著迷於〔人的〕話語作開始。人生就是一種掙扎，掙扎著要溝通。奧古斯丁沒有好像柏拉圖（Plato）那

樣，以人生的應然（ought to be）的一些想法來開始，而是著力先以經驗來檢視自己的生命，並相信他自己的經驗，特別是他對語言（language）的經驗。

接續嬰孩時期發現〔人的〕話語的故事之後的，是奧古斯丁的第一個關於罪的論述（2.ii [2], p. 24）。實際上，在卷一，奧古斯丁已將深重的罪性歸到身為嬰孩的自己身上，他說嬰孩不犯大罪的惟一原因，是他們沒有能力犯罪，而不是沒有這傾向（1.vi [g], p. 7）。他年幼開始讀書時，已經察覺到，他求學不是在求智慧，而是藉此學習「大量有用的〔人的〕話語」，以通往權力和財富之路（1.xv [24], p. 18）。

奧古斯丁是出了名確信自己罪孽深重的。他如此描述青少年時期的日子：「於尋求喜悅而言，主宰著我的惟一渴望，不過是愛和被愛」（2.ii [2], p. 24）。「只求最好的詞令，使我能高談闊論說服別人」（2.ii [4], p. 26），這是他和朋友們這段時期從偉
大的古典教育中所學到的。在這時期，他為了贏得世界而學習 188
大量偉大和新奇的話語，沒留下甚麼空間給上帝說話：「而你卻一言不發。」沒有來自上帝的身外之話語，生命只是一大堆不止息、不能抑制的慾望。

他和情婦生了一個私生子。有趣的是，他沒有用自身的性行為作為自己全然敗壞的主要例子。他敗壞的主要例子，倒是青少年時期與梨子有關的一個片段（2.iv [4], p. 29）。對我們來說，一羣男孩偷梨子可能不是甚麼大罪，但對奧古斯丁來說，這卻顯示出他的問題不單是他所犯的罪，更是他犯罪的意向。

他和一些朋友從鄰居的梨樹上偷了幾個梨子，但這不是因為他們飢餓，而是因為「那不許可做的事吸引著我們」（*eo liberet quo non liceret*），也就是說，只因為那是件壞事。重要的不是那過犯，因為他所犯的，在道德上或許只是小事一樁；問題是這種意向，這種慾念。

在前卷，奧古斯丁才提到，當他還是男孩時，怎樣從研習修辭學學到很多漂亮的話語，但這一切卻意味著他可以更流暢地描述他的道德卑污。〔人的〕話語是含混的，讓我們可以為自己所做的惡事，提供漂亮的藉口。「我不怪罪於這些話語，它們只如精美貴重的器皿，〔裝著〕錯誤的酒」(1.xvi [26], p. 19)。最重要的是，奧古斯丁指出，他從自己的巧言如流中，得到極大的犯罪樂趣，而他竟因著這等巧言而被稱為「前途無量的男孩」。十六歲時，奧古斯丁發現了性，並「被青春的軟弱抓著」(2.ii [2], p. 24)。至於他的家人，他們本該感到憂心，卻「只求最好的詞令，使我能高談闊論說服別人」(2.ii [4], p. 26)。他喜歡背誦演辭：「最受讚揚的演說者是⋯⋯能最有效表達忿怒和哀傷感情，並用最恰當的語言包裝這些想法的人」(1.xvii [27], p. 19)。他是個聰明的年輕人，能運用自己的智力跟基督徒辯
189 駁。「我學會了熟練地使用語言」，他是這樣悔恨地談到自己(1.xx [31], p. 22)。在這段年輕的慾望躁動時期，奧古斯丁說，那時上帝彷彿「始終沉默」。

當然，又聰明又年輕的奧古斯丁既學到那麼多新奇的話語，就沒留下多少空間給上帝的話語了。他指出：「話語實際上令人更有信心做出不光彩的行為」(1.xvi [26], p. 19)。這一切，令奧古斯丁懷疑伯拉糾主義者(Pelagians)的信念是否正確？——當我們充滿這種誤導人心的意向時，我們還有能力令自己的生命轉向上帝麼？如果我們可以將語言(language)這樣恩惠的恩賜都加以扭曲，我們可以怎樣對待性和友誼(他與朋友一起偷梨子)及其他的一切？甚麼可以令我們不再意圖不軌？那一定是來自身外——那是恩賜，那是恩典。《懺悔錄》是一部記述，縷述著得著慾望的全新源頭、慾望的全新對象。

奇怪的是，卷二——當中記載了梨子的那個片段，而奧古斯丁又在其中承認自己遠離上帝——幾乎沒有談到任何關

乎語言（language）的事。這或許表徵了奧古斯丁的感受：罪是「沒有正確話語的生命」（life without the right words）。在這個階段，奧古斯丁的感官向他說話，其聲音比上帝的聲音大；那時，他十六歲，完全降服於慾望之下（2.ii [2], p. 24）。

奧古斯丁將自己的生命描述成旅程（journey）、移動
（movement）、過渡（transition）和轉化（transformation）。他的
先行者，若不是荷馬的《奧德賽》（*Odyssey*），就必定是福音本
身，因為福音書總描述耶穌走在路上。馬可發明了書寫形式的
福音，由此建立了一個偉大的傳統；它由奧古斯丁承繼，並在
好像班揚（John Bunyan）的《天路歷程》（*Pilgrim's Progress*），
或拉莫特（Anne Lamott）的《人生旅途中的恩慈》（*Traveling*
Mercies）等著作中延續著。[4]有時基督徒忽略了一個要點，就
是我們不會將與基督的關係描述成一個目的地（destination），
一個已臻的地位，而是將之描述為一趟旅程，一次開展了的歷
險。文評家比爾茲利（William Beardslee）寫道：「特定的文學
風格，不僅適合於某種生活方式，也催生了某種生活方式。」[5]
《懺悔錄》敘述了一個不住移動、不斷發展中的生命（on the
move）；它受上帝牽引、吸引和干擾——縱使我們往往沒有
意識到——而這位上帝正正就是我們所有旅程的目的地。
因此，我們談到聖經的"passage"。閱讀是一種最首要的途 190
徑（primary way），在別人幫助之下，接近、走向，進到非
有文本邀請，我們就認識不到的地方。奧古斯丁是基督徒
讀者的原型（archetypal Christian reader），即他閱讀時願意
由文本轉移到另一個世界，這世界非有文本邀請，我們是接
觸不到的。「我尋找你的時候，我在哪裏？你比我先到，但
我已離開了自己。我甚至不能找到自己，更不要說你了。」
（5.ii [2], p. 73）

《懺悔錄》載有一連串與書籍的相遇。其中一次最早的相

遇發生在奧古斯丁十八歲那年。奧古斯丁研習修辭學，沉浸在西塞羅（Cicero）的作品中。（在我十八歲時，於格林維爾中學〔Greenville High〕博格斯小姐〔Miss Amber Boggs〕的指導和威嚇下，閱讀西塞羅的文章。唉，可惜西塞羅對我沒有發揮像對奧古斯丁一樣的作用。）

西塞羅的作品，是羅馬貴族青年，或者想成為貴族青年者所必讀的。在古典時代的世界中，研習修辭學，透過演說說服別人，是富裕的年輕人會接受的共同教育，而這亦是他們攫取權力的主要途徑。因此他們閱讀和背誦西塞羅的演辭，以及他所定的修辭規則。

西塞羅晚年不單寫下修辭學著作，也寫下哲學著作。其中一本是《霍爾廷西烏斯》（*Hortensius*），這本書已經失傳。在這部對話錄中，西塞羅促請人們（包括書名所指的霍爾廷西烏斯本人；編按：霍爾廷西烏斯是西塞羅的朋友，一位演說家和政治家）研究哲學。

奧古斯丁第一次把閱讀當為「磨練自己風格」的磨刀石（3.iv [7], p. 39）。《霍爾廷西烏斯》「改變我的感受。主啊，它將我的祈禱轉向你自己。我嚮往不朽的智慧」（3.iv [7], p. 39）。他「受到刺激、點燃、激發，去追求智慧」。（這些拉丁詞彙情感豐富。謝謝你，教我閱讀西塞羅作品的博格斯小姐。）對一本書來說，奧古斯丁這樣的評價實在非常難得，或許這應該是偉大作品的一個條件吧——它們不單能夠激發我們，也能夠改變我們的慾望。

191 西塞羅身為異教徒，對基督一無所知。但這本異教徒作品卻點燃了奧古斯丁尋找純全的智慧的慾望，他最終在基督裏找到這純全的智慧。從這裏開始，《懺悔錄》便變成了奧古斯丁逐漸學習讀經的記述。他二十九歲時遇到摩尼教主教浮士都（Faustus），他便知道自己有進步了，因為那位主教的演說技巧雖然吸引，但奧古斯丁感到他滿口空話。奧古斯丁感到很高興，「我懂得辨識〔詞令和〕事物的真理⋯⋯我不會著眼於提出論述的器皿身上的裝飾」（5.iii [3], p. 73）。在卷五結束時，奧古斯丁離開他北非的家鄉到大都會米蘭，在上帝的帶領下，他在那裏遇上主教安波羅修（「你把我帶到他那裏去」〔5.xiii [23], p. 87〕）。

安波羅修是當時其中一位重要的神學家，他教導奧古斯丁怎樣讀經，並由此教導他怎樣閱讀世界。

奧古斯丁先是著迷於安波羅修讀經時的安靜和深思，這與典型羅馬式的高聲誦讀方式截然不同。安波羅修最終介紹奧古斯丁認識象徵法，或稱寓意解經（allegorical），而這亦成了他歸信的必要前奏。

當奧古斯丁轉向聖經時，他發現那是一本寫得又糟又乏味的書，和西塞羅滔滔雄辯和鏗鏘有力的文字，根本不能比擬（3.v [9], p. 40）。他說，回顧起來，他當時實在太驕傲了，不能順服於寫得「這樣糟」的作品。

奧古斯丁一直接受古典傳統的訓練，強調簡單直接的閱讀方式。因此，當奧古斯丁讀經時，他覺得聖經好像劣等的文學，味同嚼蠟，因他專注於文字的字面意思。安波羅修引介奧古斯丁認識一種觀念，就是要更多層次地閱讀聖經，尋找更豐富的意蘊（6.iii [3], [4], pp. 92 ~ 93）。在聖經裏，餅不單單是餅，魚也不單單是魚，它們是一扇扇門，讓我們進到比單單字面意思豐富得多的對實在（reality）的描述——就近聖禮所活靈活現地指向的某些東西（編按：聖禮是那些上帝使用的受造物，以指向上帝自己）。

經過這番指導後，奧古斯丁發覺聖經充滿著奧祕，是無窮 192
啟示的來源：

> 自此我也開始相信，如果你不是要人通過聖經而相信你、尋求你，你決不會使聖經在全世界享有如此崇高的威權地位。至於聖經中常常和我見解相抵觸的荒謬之處……我明白這是由於其含義的奧妙高深……聖經一方面文字淺白通俗，人人可解，而同時又令那些「心不輕浮」者可專心致志（《便西拉智訓》〔*Ecclesiasticus*〕19.4）；一面懷抱羣眾，而同時又讓少數人通過窄門去到你那裏（比較太七 13～14）；但如果聖經沒有如此崇高的威權地位，如果不吸引羣眾到它謙虛神聖的懷抱中，進入的人將更為稀少。（6.v [8], p. 96）

奇怪的是，到了卷七，奧古斯丁與摩尼教搏鬥，他大量閱讀聖經，跟心靈境界如安波羅修那樣的基督徒交談，但他仍然不認為自己是基督徒。他成了慕道者已經十年。在理性上相信是一回事，歸信則是另一回事。究竟甚麼能力才可以轉化意向？奧古斯丁所經驗到的，是他對一己慾望有限的自制力，這令他十分懷疑自由意志這講法。

他感到十分沮喪。他發現到，需要在他裏面發生的改變，是意向上的改變、思想上的改變和意志上的改變，但我們可以從哪裏找到這種意志？他有些朋友正在讀亞他那修的《安東尼生平》（*Life of Antony*），書中那種完全獻身和紀律嚴明的修道生活，深深吸引著他；但吸引不是歸信。

他終於歸信了，那是透過一本書，這是我們不會感到驚訝的。他坐在花園的一棵樹下。早年的一棵樹成了他失敗的場景——偷梨子，正如從前的一棵樹成了亞當和夏娃在第一個園
193 子裏失敗的原因一樣。在加略山上，一棵「樹」成了我們拯救的來源。在這裏，罪和拯救和這些樹木之間有某種聯繫嗎？我們甚至留意到這裏有可能出現的象徵主義，可見奧古斯丁的文本

影響著我們呢。

在極大的激動和折磨中，他聽到一個孩子唱著一首小歌：「拿著，讀吧，拿著，讀吧」（*tolle, lege; tolle, lege*）。那孩子的聲音好像天使的聲音。那是天使，是神的使者，還是只是個孩子而已？奧古斯丁吸引我們，讓我們對世界的描述和期望更為豐富、更多層次，而在這世界中，聲音可以是含混的，可以來自好些地方，樹也可能不單是樹。

我們可能覺得他的想像力有點太過了頭。不過，我們現代人與聖經相遇時，會極力壓抑我們的想像力，因為我們受現代聖經詮釋方法訓練，試圖將經文化約至只剩字面意義或最簡單的意思。奧古斯丁傾向更加活力澎湃的思考，傾向期望、享受一件事情的多重意義。因此，當他聽到一把聲音，他願意順服，願意探討它的意涵，並享受冒險。

聽到「拿著，讀吧」這句話，奧古斯丁拿起身邊最易拿到的書——聖經。他隨意翻開一段經文。那一刻是個神蹟。經文是保羅的羅馬書十三章13至14節：「不可荒宴醉酒，不可好色邪蕩……」為甚麼是這些叫人提不起興趣的禁令的經節？為甚麼不是更有意思的經文，是與他所追尋的關係更密切的？上帝對待聖經和對待我們的方式，是令人費解的。如果上帝可以用這麼幾節經文來改變生命，上帝凡事都能。

對奧古斯丁來說，這已經很足夠。他流著眼淚，發覺經文說出了他生命的真相，經文將他抓著，這就好像保羅在往大馬士革路上的歸信一樣。奧古斯丁的慕道時間也是有紀錄以來最長的！他終於在公元三八七年復活節受洗，替他施洗的是安波羅修。「……立刻『歸向你』」（8.xii [29], p. 153）。他眼上有鱗片脫落。他看見。怎樣看見？是透過〔上帝的〕話語的大能。

194

轉化慾望

在歸信前，奧古斯丁曾如此祈禱：「主啊，求你令我貞潔自制，但現在還沒有。」他未得方法，也缺乏渴望。如今，透過道，他已擁有所需要的一切，讓他成為他所盼望的自我（self）；或許說得更準確一點，藉著〔上帝的〕話語，上帝得著他。他充滿慾望，卻發現上帝對他的渴望更大。他從前一切的激情，以女性、朋友和世界的智慧為目標，但現在的激情，似乎都消耗在上帝身上：

> 我愛你愛得太晚了，你是萬古常新的美善，我愛你愛得太晚了！看，你在我身內，我卻在身外。我在身外尋找你；如此不可愛的我，奔向你所創造的可愛事物。你和我在一起，我卻不和你相偕。這些事物如不在你裏面便不能存在，但它們抓住我使我遠離你。你高聲呼我喚我，開通我的耳聾。你的光暉，驅走我的瞎眼。你散發著芬芳，我聞到了，我渴求你。我嘗到你的滋味，我感到對你如飢似渴；你觸摸我，我燃點起來，要得到你的平安。（10.xxvii [38], p. 201）

他的歸信，記載在卷八。但他的歸信不是故事的結束。他在公元三九一年於希坡（Hippo）接受按立後，第一件做的事，就是寫信給自己的主教瓦勒留斯（Valerius）請假，讓他完成聖經研究的工作。如此，他在花園的歸信，引領他接受〔上帝的〕話語的模塑，這樣，奧古斯丁便繼續完成其脫去舊人的過程，而變成一個用全新眼光去閱讀世界的人。在《懺悔錄》其後的書卷裏，當他受聖經感動（inspiration），思考記憶、時間、永恆的意義之時，奧古斯丁的思想彷彿迸發出一股強大的智性能量。在他現存的五百萬字著作中，我們看見奧古斯丁將語言和智力推至極限；他立足於與上帝剛建立的友誼，試圖從這角度重新思考世界。奧古斯丁餘生都為此事業獻上了他的智力 —— 195
以神學角度閱讀世界。有時，他因為自己提出的問題是那麼巨大，答案那麼難尋而感到沮喪。他承認：「人類智力之貧乏，罄竹難書，因為探究較發現答案，更費言詞」（12.i [1], p. 246）。

這肯定有助解釋為甚麼《懺悔錄》以聖經的第一卷書、第一卷書的第一章 —— 創世記一章 —— 來結束。《懺悔錄》的結束，看上去似乎是一個反高潮 —— 以卷十一至十三的聖經詮釋「起初，上帝創造天地…… 上帝說……」來結束。當奧古斯丁還是一個成長中的青少年，他洗澡時會因著自己裸著身子而感到羞恥，雖然他父親因為自己成長中的兒子那健美的體格而高興。外表如此吸引，這個年輕人的後代一定十分優秀，而這正是羅馬人通往不朽的道路。後來，奧古斯丁進入青年期，他談到被慾望「淹沒」。好像亞當和夏娃一樣，他單單因為喜歡「禁果」，而在樹下重重地「墮落」了。這些跟創世記平行的事，回響出世界的開始，故事的開始，由〔上帝的〕話語創造的新世界最初的日子。奧古斯丁一生都沉醉在創世記中。[6]《懺悔錄》說明了一點：對奧古斯丁來說，歸信表示一個世界的開始 —— *genesis*。新世界的建立，以〔上帝的〕話語為基礎，由一種特殊的描述世界方式所構成 —— 也就是**聖經**。

在《懺悔錄》開始時，奧古斯丁問：「有人可以成為自身的創造者嗎？」（1.vi [10], p. 8）。他以響亮的「不！」來回答自己的提問。我們的組構，一個人的構成，只能是那位決意要與我們談話的上帝賜下的恩賜。奧古斯丁經過這麼艱辛而又風暴滿途的旅程後，安歇在聖經裏，終於安歇在對新世界的演繹中，而這新世界非出於他的構想。世界是恩典的結果。我們衞理公會信徒相信，**恩典**意謂著，不管我們如何，上帝的大能會在我們裏面作工，轉化我們。

《懺悔錄》顯示了一個人如何由獨白走向對話，顯示了一個
196 人發現自己的生命不是由他自己所組構，「你，主我的上帝，是生命的賜予者」（1.vii [12], p. 10）。整本書都不是向讀者說話，而是向上帝說話。奥古斯丁的著作是一本以禱告寫成的自傳。

稱這本書為《懺悔錄》，令它聽起來好像奥古斯丁要揭露甚麼祕密似的。拉丁文 *confessio* 更理想的翻譯是「承認」或「見證」。青年奥古斯丁原以為是他自己對世界的無窮尋求，是他自己對生命的慾望，可到頭來原來是上帝對他主動的懷抱，也就是那位把一切都更新了的上帝。在記述自己的生平時，奥古斯丁成了見證人（徒一 7），站立在勢不可擋的〔上帝的〕話語之大能所創造、再創造、加力、呼召、差派的所有人當中。

到最後，奥古斯丁終於安歇，沒有甚麼比花盡餘生精力著書立說，讚美三一來得更好的了；他的故事促請我們將這個故事變成我們自己的故事。他嘲笑自己從前的修辭工作是「〔人的〕話語的販賣者」（*venditor verborum*, 9.v [13], p. 163）。如今，他會用〔人的〕話語作為對〔上帝的〕話語之愛的回應的工具。奥古斯丁的見證邀請我們冒險接受召命，走上他走過的旅程，懷著探索精神，期望發現新世界（或被新世界發現）；他的見證亦邀請我們學習閱讀，以之成為走向上帝的首要途徑。[7]「只能向你祈求，向你尋找，向你叩門（太七 7～8）；是的，惟有如此，才能得著，才能找到，才能給我們開門」（13.xxxviii [53], p. 305）。

奥古斯丁於公元四三〇年八月去世。臨終前，他要求其他修士讓他獨自留在房間。這個十分享受別人陪伴，也要求別人陪伴的人，最後卻選擇獨自一人。他要求人在他房間的牆上貼上一些懺罪詩（penitential psalms）；用大字寫成，讓他讀到。他離開世界——就好像他出生和重生那樣，被話語圍繞——走向成為肉身的道所應許的永恆安息去。

8

牧者就是教師：基督教的模塑工作

> 求你教導我尋求你，在我尋求之時向我顯明你自己；因為除非你指示我，否則我不能尋求你，除非你顯明你自己，否則我不能找到你。讓我在渴望你之中尋求你；讓我在尋求你之中渴望你。讓我在愛你之中找到你；讓我在找到你之中愛你。
>
> ——坎特伯雷的安瑟倫（Anselm of Canterbury）

在《心靈的習性》（*Habits of the Heart*, 1985）一書中，作者羅伯特．貝拉（Robert Bellah）和他的同事介紹我們認識了書拉．拉森（Sheila Larson）這個角色。書拉描述自己的信仰時說：「我相信上帝。我不是宗教狂熱分子。我不記得我上次上教會是甚麼時候。我的信仰帶我走了很遠的一段路了。那是『書拉主義』。只有我自己微小的聲音……」[1]這段話讓「書拉主義」（Sheilaism）這講法流行起來，用以標示我們這時代真正的美國宗教——「只有我自己微小的聲音」才是我們生命中惟一有權威的說話（編按：「書拉主義」泛指一種個人化、粗疏主觀、並不講究神學教義的宗教觀念）。有一個研究，在研究了共一千一百五十個加州居民和北卡羅萊納州居民後，發現大約百分之六十六的人同意，人不應該依靠任何教會或宗教組織，而要獨立地憑自己去認識、皈依一個宗教信仰（在十八至三十四歲羣組中有百分之七十三同意這一點）。[2]現代人與安瑟倫截然不同；安瑟倫認為，若非上帝向他說話，他就不能思考上帝；如今，卻「只有我自己微小的聲音」。牧者正是在這種氛圍中從事基督教模塑（Christian formation）的領導工作。

在馬太福音結束時，耶穌告訴門徒：「所以你們要去，使萬
198 民作我的門徒，奉父、子、聖靈的名給他們施洗。凡我所吩咐你們的，都教訓他們遵守，我就常與你們同在，直到世界的末了。」（太二十八 19～20）耶穌命我們將一切都教訓信徒遵守。[3]基督教信仰斷非自然而得的。

正如特土良指出，門徒是建立出來而不是生出來的。當保羅說教會是「上帝的建築物」（林前三 9，《呂振中譯本》；《和合本》作「所建造的房屋」），他形容自己是一個 *architektōn*（10 節），而不是如人們預期的那樣是一個 *tektōn*。*Tektōn* 指木匠、建築工人，而 *architektōn* 指工匠、建築師或工程師（《和合本》作「工頭」）。如此，牧者就好像一個造詣精深的藝術家，與基督一起工作，教導並模塑教會。

按使徒行傳二章所記，教會即使經歷了聖靈大大的澆灌，大家還是恆心「遵守使徒的『教訓』」（徒二 42）。作門徒並不是跟我們天性吻合的事。作耶穌的門徒不等於作一個體貼、有愛心的人；而認為「我在北美出生，這裏至少還有一點點基督教化，所以我自自然然就成為基督徒吧」也不足夠。耶穌基督的好消息，跟官方認可的拯救方法，總是格格不入。基督徒是建立出來而不是生出來的。耶穌基督的好消息將門徒模塑成特別的一種人，他們活在世界，卻與世界的道路相對立。

「到了安息日，他在會堂裏教訓人。眾人聽見，就甚希奇，說：『這人從哪裏有這些事呢？』⋯⋯他們就厭棄他。」（可六 2～3）馬可給耶穌的主要稱號是「拉比」，那麼耶穌便是個被人

厭棄的教師。「他……就往周圍鄉村教訓人去了。」（可六 6）在馬太福音裏，耶穌承認祂的教導不是叫地上太平，乃是叫地上動刀兵（太十 34）。

一天，門徒向耶穌報告他們「一切所做的事，所傳的道」（可六 30），耶穌提議他們與祂一起出去「歇一歇」（六 31）。他們就去到曠野，但當他們到了那裏時，那裏已經完全不是「曠野」——「有許多人」聚集在那裏，耶穌「就憐憫他們，因為他們如同羊沒有牧人一般，於是開口教訓他們許多道理」（六
34）。我們知道耶穌之後施行神蹟，給他們吃，並且吃飽。但 199
我們有沒有留意到，耶穌為「如同羊沒有牧人一般」的羣眾所做的第一件事，是「教導」他們，而不是給他們食物吃。

今天的光景告訴我們，教師這個角色，也就是牧者一向要擔當的主要角色，變得更形重要。因著美國社會的本性，基督徒被逼生活在被擄的環境中，他們必定要懂得在思想上對此加以抵抗。有一位美國非裔牧者朋友說得更直白——他哀歎許多美國非裔教會的青少年和青年人都流失了，他說：「我恐怕我們將有第一代的美國非裔青年，是未裝備好去應付奴隸制暴行的。」

在前一章，我們集中討論牧者就是輔導員，是受苦者的嚮導。我們要知道，我們社會上有很多人不是因為他們心理有問題而受痛苦；他們受傷，是因為他們感到迷惘，如迷羊一樣。他們不是患病，而是無知。他們沒有花工夫、或者根本沒有機會去思想信仰。他們從各處收集到零零碎碎的神學點子，便企圖以此來面對複雜的人生；他們試圖憑著十歲時所認知的信仰，或者十四歲時所拒絕的信仰，就在成人世界中生活。人們渴求餅，但同樣渴求「上帝口裏所出的一切話」（太四 4）。奇怪的是，我們聽到保羅、亞他那修或奧古斯丁的名字時，多只想到他們是神學家，但其實這些偉大的思想家花了大部分時間來

當牧者；他們的神學都旨在回應教牧關顧方面的特定議題。

在我開始事奉的那時代，社會學家貝格（Peter Berger）形容我們基督徒是「認知上的少數派」（cognitive minority）。基督徒的思考模式，偏離了官方認可並社會強制的知識體系。世界的「可信性結構」（plausibility structures）——藉以知道甚麼是可能和容許的事——告訴世界，基督教信仰是不可信的（implausible）。貝格說：「人們當然可以違反身處之地的社會共識，但我們會『承受巨大的壓力』（表諸於我們意識到的心理
200 壓力），迫使我們迎合周遭文化的觀點和信念。」[4] 一種隱晦但強大的監控力量，令某些基督教信念不能在既有的社會中被說出和肯定。基督教教育是教會的其中一種方法，能夠令我們心意更新變化，免於效法這個世界（羅十二 1～2）。[5]

受邀走進新世界

米德（Loren Mead）那本簡潔的小書《從前和未來的教會》（*The Once and Future Church*），使得很多牧者再思（reconceive）自己的工作。這本書的副題「為拓展宣教而重塑教會」（*Reinventing the Congregation for a New Mission Frontier*）[6] 正是其主要論題。米德宣告說，在最初幾個世紀，教會追隨著「使徒的範式」（Apostolic Paradigm），深明世界和教會本身相去甚遠。教會肩負著一個宣教使命：向世界佈道，在世界面前體現基督的福音。帶著宣教使命的教會，就像飛地（enclave）一樣，被別種文化包圍著。

米德說，當君士坦丁大帝（Emperor Constantine）奠定了教會的地位，並化解了教會和世界之間的緊張關係之後，便帶來了一種「基督教世界的範式」（Christendom Paradigm）。基督教成了國家宗教，試圖將文化基督教化。在這種新的關係下，教

會促進文化的發展，文化則成為教會的支持。

可米德宣告這個基督教世界已經死亡。雖然在我們的文化中，基督教的所謂國教地位沒有完全被廢除，但它從前享有的特殊地位正迅速失落。牧者被逼為自己的工作建立新的範式。米德說，最合適的模式當根源於使徒式的教會（apostolic church）——這是使徒行傳所體現出來的典範，由此我們看到教會不斷與世界互動，但它總是意識到自身與世界的徹底區別（radical distinction）。按使徒行傳所載，教會做了大量教育工作，一路往西朝羅馬拓展；但教會並不是教育基督徒去適應世界，而是期望改變世界，保護自身不被世界顛覆。米德說這就是我們今天身處的時代。

紐畢真（Lesslie Newbigin）曾在印度擔任主教，回國後他稱二十世紀的英國為最新、也許是最艱難的教會「宣教工 201
場」。[7]他指出西方的「可信性結構」是一個科學化的世界觀，建基於笛卡兒式的「事實與價值二分」（Cartesian "fact-value dichotomy"），傾向化約、實證，拒絕任何非源自它本身思想體系的資料。紐畢真號召教會擴展對聖經的認識，以對抗這種有限制的（limited）現代可信性結構。

神學家林貝克的一本小書，幫助了我們很多人，叫我們能真確地道出在會眾羣體中經歷過的事情。[8]在《教義的本質》（*Nature of Doctrine*）一書中，林貝克指出，因著我們大部分人都受教於哲學上的自由主義思想，認為宗教是關乎「經驗—表現」（experiential/expressivism），也就是說，我們認為宗教是表達我們個人、內在並固有宗教經驗的一種制度性途徑（an institutional means）。宗教只在表達人類對追求神聖的普遍傾向。不同宗教只是人對內在、固有並普遍的經驗的一些外在並人為制約（human-conditioned）的回應。這樣的人會說：「我是基督徒，你是佛教徒，但最重要的是我們都相信神。是嗎？」

我們活在自由、民主的文化中，在這種文化中，大家認為實在（reality）大都根源自人類的經驗（human experience），並且認為宗教只是時空下的偶發產物（accident of birth），是表達人類經驗的一種原始途徑（primitive means），那是可以透過其他媒介來表達的。所有宗教均只是用不同的並由文化制約的方式（different, culturally conditioned）來言說同一事物。

若人以「經驗—表現」的方式來看宗教，宗教教育便主要是關乎引發（evocation）、引出（drawing out）（即 *educare*, to lead out）人類本性固有的經驗（an innate human experience）。這樣，基督教便成了對人類景況的一種儘管原始、卻是激發性的論述（provocative account）——將深藏於我們內心的思想和願望表達出來的一種途徑。

林貝克提出，雖然以「經驗—表現」的方式來理解宗教，在我們的社會十分流行，但它扭曲了宗教在信眾中間實際發揮作用的方式。宗教真的只是一種經驗——一種先於宗教的經驗——的表達嗎？還是，更準確地說，宗教其實是孕育和模
202 塑我們經驗的一種方式？林貝克表明，成為宗教的追隨者跟學習講一種語言其實十分相似。他因而提出了一種形容宗教的方式，他稱之為「文化—語言」（cultural/linguistic）：即成為一個宗教徒，就是成為一種文化的參與者——集合了習慣、言語、儀式、踐行、傳統、食物和故事，將參與者移進另一個世界——這個世界跟沒有將這等宗教象徵、踐行和詞彙外加於其中（imposition）的世界，是截然不同的。雖然自由主義嘗試將我們的宗教參與，描述得像有選擇一樣，即宗教參與是我們選擇來表達對上帝最內在感覺的；但實際上宗教不是這樣運作。雖然「經驗—表達」這種設想信仰的模態，將我們描述為這樣的一種人：他們感受到某些宗教意向，接著去選購能表達這些意向的宗教；林貝克卻強調，信仰羣體是以「文化—語言」的

方式來模塑我們意向的。這樣，歸信便不是去發現一些內在於我們的東西，而是融入到一種新的文化，接受一種新的語言，改變我們內在的一切。

林貝克認為宗教不僅僅是我們自己的投射，而是一種模塑我們的外力。我們的宗教不僅僅在表達某種我們本性固有的意向，相反，**宗教塑造我們的意向**。我們受著一套符號、記號和象徵所薰陶（enculturated），並藉著深化培育（inculcation），孕育某些經驗，是沒有這宗教就不會有的。因此，成為基督徒有點像學習法語。林貝克指出，正如我們不可能藉著閱讀法語小說的英譯本去學習法語，我們也不可能透過存在主義的版本、或女性主義的版本、或與自尊感相關的語言的版本，來學習基督教。我們必須學習辭彙，深化培育信仰的言行舉止，才能夠認識信仰。[9]

語言先於經驗。理論不單源自我們的經驗，更會常常形塑和引發經驗。或許，正因為這樣，保羅說信仰是從聽道而來的（羅十 17）。必定要有人告訴我們耶穌基督的故事，我們才能夠認識耶穌。我們必須學習一些舉止習慣，由此，讓基督徒能與耶穌相遇。在我自己的會眾羣體當中，當人們上前領主餐的時 203
候，我們要大家伸出雙手來領餅和杯。這個簡單的動作饒有意義。我們身處的文化訓練我們要緊抓、攫取、牢牢抓著。在教會，我們則受教要張開雙手——這個姿勢是我們承認虛空、飢餓、需要恩賜所必須的。我們稱之為**恩典**。

因此，林貝克的分類法提醒我們，**基督教是一種文化**（Christianity is a culture）。不過，我喜歡稱教會為一種「對衡文化」（counterculture），並不表示我認為教會是站在人類文化以外，對佔主導地位的世俗世界指指點點，相反，我相信教會本身會塑造出一種跟世界相反的文化。教會不單主動往外接觸主流文化，向主流文化說話，它更要拯救人脫離文化的宰制（即歸信），再深化培育灌輸，讓人得以進入一種稱為教會的新文化當中（即洗禮）。

因此，從已存在的東西中引導出（drawing out）一些東西來，並不是基督教教育（Christian education）的最佳描述（編按：拉丁語 *educare* 就含 drawing out 之意；參前文），它最好用「教理問答」（catechesis）來形容——我們用「教理問答」來描述能塑造人並使其得以進入稱之為教會的文化的一切方式。除了被教會理解（to be caught），就沒有其他方法理解基督教了。信仰對我們來說，不是一些普遍的人類特質（universal human attribute），而是透過教會的服事照料，令一個人的生命朝向耶穌基督。

耶柔米在他的第五十二號書信中，如此勸告他那時代參與牧養工作的教育工作者：

> 在教會作教導時，我們希望引起的不是喝彩而是歎息。讓你聽眾的眼淚成為你的榮耀。長老說的話，應該用讀經來調和。不要成為高談闊論或大叫大嚷的人，也不要沒條沒理或沒頭沒腦地胡言亂語；卻要表現得你是長於深思，熟諳上帝奧秘者。口才便給，反應敏捷，仗此令未受教育的羣眾驚訝，只會顯出你的無知。[10]

由於我們身處的主流文化是自由主義式的個人主義和表現型的個人主義（expressive individualism），基督教往往會強烈反對傳統智慧（conventional wisdom）。基督徒理解得到的（make
204 sense），不是常識（common sense）。我們生活四周的人，都以為自己創造了自己的實在（reality），他們「為自己設想」，「追隨自己心所想的」。但事實上，他們所宣告的自由和自我創造，只見證了官方認可的意識形態對他們的箝制有多成功。在這個被束縛、被社會共識所宰制的智性氣候中——社會接受了諸如「我可能是神」或「我是意義的惟一中心」或「我有權判斷一切思想」或「宗教本身是壓迫性的」等說法——教會的教導事工成了先知式的。事實上，不是基督徒被一種受規限的思想方式所塑造，那自認為世俗、自由、自主者不受任何外在的決定所影響；相反，根本就沒有所謂「**不**信」（*dis*belief），我們所有人都受到那加諸我們身上的外在決定所塑造。有些外在決定得到現存經濟體系的認可，以致看上去不似是由社會所建構所加諸的罷了。事實上，所有思想模式都從屬於某些政治秩序，從屬於某些對世界所發生的事的講述，從屬於某些對善和真的定義。

由於美國憲法將宗教歸到私人領域，脫離了經濟、政治和公共事務，宗教成了純個人的事，亦因此變得不相干（irrelevant）。今天一個住在北美洲的人說「我為自己設想」，正好是社會決定（social determination）的鐵證，因為他不是自行想出「我為自己設想」這個信條來的。

基督教信仰不單想向你的世界說話，基督教信仰想搖撼你的世界。我們的宣稱是如此的：文化，也就是教會，是上帝對待世界的方式，是基督令萬有歸向自己的指定途徑。你的教會於主日經常神經兮兮的其中一個原因是，主日早上是在為一個問題而爭辯：**究竟誰來為世界命名**？

有時候，人會促請基督徒向「更廣闊的世界」說話，促請基督徒從事「公共神學」。可是，我們問，如果基督徒希望更加「公共」的話，他們應該進入哪個世界？指美國？指聯合國？這些政治實體用致命的力量來捍衛自己有限的邊界，就「國家主權」和「自決」絮絮叨叨。為甚麼教會必須順從這些限制？一個小世 205
界名為「美利堅合眾國」，一個更廣闊的世界名為「大公教會」。為甚麼世俗、國族帝國主義式的世界，要比那稱為**教會**的世界優先？

世界往往告訴基督徒「要現實」一些，但這要求先要回答一個更先決的問題：「誰來界定實在（reality）？」某些「實在」，似乎是我們應該配合的事實，不是因為它們比其他對實在的講述更為真實，而是因為它們得到資本主義經濟體系和國家政權的支持——它們偏袒某些對實在的講述，而壓抑其他講述。

教會不是解釋實在（construing reality）的主流模式，並不意味著教會的思考方式是「原始的」、「不切實際的」或者「屬靈的」，或者其他貶詞（epithets）——世界用這些貶詞來壓抑對世界自身之另類、反抗的講述；教會不是解釋實在的主流模式，意味著基督教的思考模式是真確的，而許多世界所偏袒的講述卻不。

有人問：「你認為我們應該領人歸信基督教嗎？」主曾命令我們走遍世界，奉三而一的上帝（triune God）之名傳揚福音，那麼如果我們不佈道，還有甚麼其他選擇？「我們應否嘗試令人歸主」這個問題，往往認定外面的人是無知的，未經塑造，未受文化薰陶，如此，那些固執己見的基督徒便希圖改變他們，令對方接受我們有限的思想方式。不！每個人都受某些文化，某些外在決定（external determination），某些非本性所固有的觀點所模塑。因此，問題是「哪種外在所加諸的文化模塑，會影響我？」

在一次講道中，我指出：「如果你帶一個小孩子進入一家玩具店，你毋須指示他該怎樣做——在我們的這種文化中，貪心來得很自然。但如果你在主日早上十一時帶著同一個小孩子上教會，經高速公路返到聖約翰堂，小孩可能會不明所以，心不安定，同時需要指導。」這時，我發覺我說錯了，我補允說：「這對文化不大公平。沒有甚麼是『自然』的，甚至貪心也不是。除了犯罪的傾向外，一切都是教育。我當時忽略了孩子在生命中已受了多年的灌輸。那孩子接受了世界上某些最好的教育，令其相信一點：『你惟一的目標是生產和消費。』幾乎沒有東西是自然的。」

基督教教育必須具有重複性（repetitive quality），因為大量相互競爭的故事和「反向模塑」的工具，均影響著我們，而它們很多都是被文化及其經濟體系所認可的。我們的目的，不是闡明眾人已經知道的事，而是模塑出一種生活方式，是他們不接受基督教灌輸不會認識的。[11]我們不應將基督教信仰解釋成一套需要肯定的觀念，而應該將信仰展示為一套需要深化培育的踐行，一套需要培養的習慣。我們要人承諾什一奉獻，不必然要向他們講一大堆「基督教金錢觀」的教訓；人在財富上忠誠，需要有一系列相應的操練和認知，這樣會引導人逐漸走向更忠信的認知。

這種深化培育和模塑的首要場景是教會的集體崇拜。[12]雖然今天參加主日崇拜的人數正顯著下降，但相較其他基督教活動，參加主日崇拜的人數還是較多。除了集體崇拜，我們難有機會讓大部分人接觸關乎耶穌的記號、符號和故事。因此，我們牧者面對的一個主要問題是：「我教會的主日崇拜是否夠充實，能幫助會友一直作主門徒？」

今天很多教會為崇拜的模式而煩惱——在崇拜中，我們應該用傳統還是當代音樂？用風琴還是電結他？我們通常從口味、喜好或年齡等角度去辯論。其實，我們應該這樣問自己：唱這些歌會模塑出怎樣的門徒？

首要的基督教教育工作者（primary Christian educator）是這樣的牧者：在眾多的事工之中，他們要向基督徒示範何謂不住在信仰中成長。牧者肩負的首要責任是：為我們共同生活之神學內涵操心；衡量我們現在的信仰踐行跟聖徒的信仰有多相稱；考量我們的禱告和讚美是否忠於聖經；以及將信仰傳遞給新一代。 207

牧者是否把教會的教導事工放在優先位置，視乎牧者對我們的景況作出了怎樣的政治性評估（political assessment）。如果你相信我們基本上還是在基督教文化中工作，而當中每個人均自自然然會接受信仰的話，那麼便不需要基督教教育了。若此，牧者的領導目標便是更新和重溫，多於改革或革新。

克拉普（Rodney Clapp）強調教會是「全新和獨特的文化」，那包括：

- 一種獨特的進食方式，那是在聖餐禮中並透過聖餐禮學懂的；
- 一種獨特的處理衝突方式，亦即稱為「饒恕」的一種獨特政治，那是透過耶穌並祂釘十字架的榜樣和踐行學懂的；
- 一種保存自身的獨特方式，那是透過佈道繁衍而不是生物繁衍（biological propagation）來達成。[13]

任何革命都需要「操練有素」的革命者（disciplined revolutionaries）。這趟充滿喜悅的冒險之旅稱為**作門徒**，意即模塑出一羣人，他們獻上自己，有能力抵擋執政掌權者的一切誘人偽裝。透過教會的所言所行，例如什一奉獻、崇拜、饒恕、禱告、靈閱和捨己的服事，教會解構世界的社教化，並解構世界對靈性的窒礙制約，給人們提供一種活在世界的全新方式。[14]「我今日所吩咐你的話都要記在心上，也要殷勤教訓你的兒女，無論你坐在家裏，行在路上，躺下，起來，都要談論。」（申六6～7）

如此，教會就塑造出一羣新人、一種「對衡結構」（counter configuration）——也就是世界招聚人的方式以外的另類政治。布格曼說：

以色列的敍事是一種派別式的敍事（partisan）、辯論

> 式的敘事（polemical）。它關注的是建立一個對衡羣體
> （countercommunity）——對衡埃及壓迫，對衡迦南誘 208
> 惑，對衡投向其他文化和對衡一切帝國的飛揚跋扈。在這個敘事之中，找不到任何吸引局外人之處（這些局外人擁抱另一個共識，或者擁有不同的精神面貌和秉持另一個認識論）。對這些人來說，以色列的敘事是愚蠢、狹窄、討厭和蒙昧的……妥拉（Torah）想培養出一些局內人（insiders），他們願意冒險，進入特定的論述世界，並押注於其中……我們要為這些故事冒險嗎？我們要支持它們嗎？……只有當我們決定了是否一心顛覆帝國意識，並提供一個真正的另類選擇——也就是權力上、價值上和知識上的宰制形式以外的另類選擇——我們才曉得回答這些問題。[15]

當那些市井匪類攻擊帖撒羅尼迦的信徒，喊叫說：「那攪亂天下的也到這裏來了」（徒十七6）。他們所指控的，其實不單單是基督徒裏裏外外的將世界翻轉，攪亂天下，也在於他們是一個新世界的國民。

教導的時刻

在一個牧者的會議中，有人問一位著名的教會觀察員：「講道時間的長短怎麼樣？」

觀察員回答說：「講道變得愈來愈長，同時又變得愈來愈短。優美的十八分鐘講道似乎正在消失。主要的因素在於你們會友年齡的中位數。你的會友愈年輕，講道的時間便愈長。」甚麼？我們還以為三十歲以下的一輩的專注力，已逐漸減低至只能夠忍受電視廣告的長度了。

他繼續說，很多三十歲以下的人自知在基督教信仰中，仍未經塑造（unformed），毫不知情（uninformed），甚或受到錯誤塑造（malformed）。他們渴望得到模塑，渴望更生，因此，向他們講道需要花更多時間來講述故事，介紹角色，並重溫信仰基礎。

我們可以因而大感苦惱，哀歎信徒對聖經的認識日益減少，但他們也可以祈求上帝以更有創意的方式啟發我們，叫我
209 有能力向那些仍未真箇認識聖經者展露聖經的豐富。我們可以再次發現那份跟聖經相遇的喜悅，就猶如初遇那樣，用初遇的眼睛來看福音。我們可以再次喚醒一種模塑信仰的方式，就是在主日崇拜中，用信仰的象徵模塑我們的信仰。我們也可以恢復牧者作為拉比這身分的意涵，在我們這後基督教世界的時代中，以拉比作為一個特別適用於牧者身上的隱喻。

宗教是關乎製造意義（meaning-making）的事業。如果宗教只是一種拙劣的模仿，照抄世俗文化理解事物的宰制模式，它定會衰微。試想，如果教會不過是神聖版的扶輪社，那又何必大家費心？

我們有機會恢復一種奇特感（a sense of the peculiarity），就是對基督徒理解世界之模式（mode of making sense of the world）的一種奇特感。基督教教育，比我們在主日學或者研經小組所做的，要高遠得多。在《禮儀和生命週期中的功課》（*Liturgy and Learning Through the Life Cycle*）一書中，我和韋士特霍夫（John Westerhoff）點出了一些方法，指出基督徒可以怎樣從參與教會崇拜得到塑造和改造（formed and reformed），並指出當牧者是聖職人員／祭司，他們怎樣擔當教師的角色。[16]每次我們舉行婚禮，教會都是向自身和世界宣告它對婚姻的信念；當我們一起參加喪禮時，教會不單關心那些極度悲傷的人，也叫我們其他人做好準備，有一天我們也會走在這同一條憂傷的

道路上。

海菲茲（Ronald Heifetz）在《沒有簡易答案的領導》（*Leadership Without Easy Answers*）一書中談到轉化式的領導（transformative leadership），他說**所有轉化式的領導都是教導**（all transformative leadership is teaching）。領袖藉著教導和安排教師作教導，為組織帶來轉化：

> 領導的任務包括：在組織或羣體中編排和指導學習的過程。要進步往往就要新觀念和創新。它亦往往要人改變態度和行為。適應的工作（adaptive work），包括發現的過程，以及帶來那些改變的過程。領導，無論有權威還是沒有權威的，都要具備教育的策略。[17]

幾年前，三位社會學家注意到新教宗派教會（也快成為古 210
老教會或邊緣教會了）的會友人數下跌，給我們描述出一種在這些教會裏面出現的現象，他們稱之為「新興的平信徒自由主義」（the emergence of lay liberalism）。[18]他們對嬰兒潮世代進行研究，發現他們百分之九十二會形容自己是「信奉宗教的」（religious），但只有百分之六十二宣稱自己是教會會友，而只有百分之四十七一個月至少參加崇拜兩次。令人驚訝的是，**上教會的人也持相同立場**。「百分之八十活躍的長老會信徒和百分之七十二參加其他宗派教會者，都同意這一點。甚至屬基要派的也有百分之四十五的嬰兒潮世代持這種立場。」[19]這意味著，上教會者也認為他們的教會跟他們的信仰關係不大。

而且，嬰兒潮世代也同意的一點，就是如果他們是基督徒，那也只是：

> 時空下的偶發產物……很多嬰兒潮世代甚至說，如果

> 他們的兒女接受非西方的宗教，「只要他們快樂」，只要他們做一個品行端正的公民，他們也會樂於接受。
>
> ……他們已不大相信建制教會或宗教傳統的宣稱。此外，自十九世紀開始，人們開始挑戰聖經的字面解釋，宗教改革運動所堅守的唯獨聖經（*sola scriptura*），已沒多少作用……宗教權威的基礎，縮窄為個人經驗，而個人經驗也成了他們對宗教和道德主張的量度基準。[20]

一個世代囿於它自身的徹底個體化的個人經驗（radically individualized personal experience），這現象使得宗教羣體被建立在沙土之上——建立在「平信徒自由主義」這沙土之上。它沒有內在的忠誠因素（inherent loyalty factor），讓體制得到支持。相反，它推動一種時代精神，在其薰陶下，教會參與（church involvement）完全是非強制性的，選擇權也完全在個體手中。結果，平信徒自由主義者變成了宗教的消費者，尋求能滿足他們個人渴望的宗教服務。[21]

要用教理問答來回應這些「平信徒自由主義」，難免讓人感到充滿對抗性（confrontational），因為教理問答會揭示真
211 相——他們所聲稱的「自由」其實只是被文化俘擄，他們所吹噓的「個人主義」本質上其實只是隨俗從眾；教理問答要拯救這些靈性上的消費者脫離自我的束縛，解救他們脫離既有的觀念的轄制——「實在（reality）只是個人的構想（personal contrivance）」。教理問答會教導我們所需的言行，藉此，我們看自己為這趟冒險之旅的一員。這趟旅程稱為「作門徒」。

好消息是，這是教導好消息——即耶穌基督〔的好消息〕——的大好時機。在一場有關所謂「同性戀」（這不是聖經的詞彙）的學生辯論中，學生幾乎平均地分為兩組，一組被標

籤作「直」，另一組被稱作「彎」。我感到我難以跟這羣學生說話，不是因為聖經對同性戀的負面立場，而是因為聖經對人的看法，跟在現場所表現出來的，截然不同。

有無數電影和小說都在告訴這些年輕人，他們的性（sexuality）是他們人性中最重要的一個面向，致使「直」或「彎」這些標籤，彷彿具有本體論上的意涵（ontological significance），並深刻地決定了他們是誰。消費經濟明白「性」（sex）對推銷商品效力宏大——性消費（sexual consumption）和其他形式的貪慾，配合得天衣無縫。

我懷著喜樂地向他們宣講，聖經不多談及他們性方面的事（sexuality）；耶穌也沒有對性（sex）作為人類生命抽離而獨立的重要面向，多所著墨。對我們來說，惟有當性方面的事是讓我們活出作門徒的召命的一種方式，也惟有當它是向上帝和彼此的委身之時，它才值得我們留意。藉著應許，教會令「性」——作為作見證的方式、先知批判的方式和作門徒的方式——深具涵義。

對基督徒來說，對「性」的興趣，不應該如對應許、委身和忠誠的興趣那麼濃烈吧。

當我們說「耶穌基督是主」，或說「教會是上帝對世界種種問題給出的答案」，這與世界的理解方式相衝突。不過，這亦是作教導的大好時機。我在一個關於基督教和家庭的會議中發言。我指出，耶穌與家人只保持低度的交往，而且當祂回家， 212
事情通常變得很糟。祂建立門徒的方式，是將他們從家庭中拯救出來。祂說「來跟從我！」意指「離開你的家庭」。然後是保羅，我們都知道他對婚姻和家庭的看法有多負面。事實上，信奉異教的羅馬對早期基督徒的其中一個最尖銳的批評，便是他們令家庭支離破碎：教導兒女不尊重父母，妻子不順從丈夫。而對信奉異教的羅馬人來說，沒有甚麼比家庭更珍貴的了。[22]

耶穌來是叫人與父親生疏，女兒與母親生疏。福音是破壞家庭的刀兵，令很多父母心碎（太十 34 ～ 39）。

當基督徒提及「家」，我們指的是「教會」——不是基於自然出生、或社會階級、或種族、或世界將人分門別類的一切方式。我們是那個由洗禮的水所形成的家——就是那些藉受洗和受教而成為門徒者所組成的家——的一分子。這就是我們的**家庭**觀。

大部分在場較年長的人都發覺我關於家庭的說法很是古怪，雖然我引述了耶穌的話。教人意外的是，喜歡聽我講話的，竟然是與會中較年輕的一輩。一個少年人告訴在座的人，自他父母離異，教會對他有多重要。另一個青年人說到，當她逃離虐待她的父親的魔掌，孤身一人流落在大城市之時，一個小小的會眾羣體怎樣收容了她。「聽到上帝在家庭以外，對我們還有其他計劃，實在太好了，」一個青年說：「我以前不知道還有其他路可走。」

有時候，好消息和壞消息的分別，在乎個人收到消息時正經歷何事。我們既活在道德混亂、社會崩壞、體制非人化的時代，對我們這些作教師的牧者來說，「好消息」就是：這正是教導世界，上帝另有道路的大好時機。當人不再對現存秩序抱有希望，當人得到了世界所提供的一切而仍然感到不滿足之時，就是介紹他們認識基督並祂教會的大好時機了。

主日崇拜是為了榮耀上帝，也是令忠心信徒成聖的主要處
213 所（location）。我上一個服事的會眾羣體決定將基督教教育的主要目的定為：好好預備年輕人，幫助他們全面參與崇拜。因此，我們定下了一個教育方面的目標：「當我們教會的孩子到了六歲，會懂得背誦《使徒信經》（*Apostles' Creed*）、主禱文、《榮耀頌》（*Gloria Patri*）和《三一頌》（*Doxology*）。」兒童不需要明白這些集體崇拜行動的所有意義（又有誰能夠？），但當會眾

聚集在一起，一起踐現所信時，兒童應該要經歷到全面參與的那份喜樂。教會不應該將教會的禮儀「淺陋化」，以遷就我們那些未經塑造、毫不知情的感應能力；教會的時間應該花在提供洞見、習慣和語言，幫助我們更全面地參與教會的讚美和禱告。

我開始我的牧職時，較年長的牧者告訴我：「平信徒說他們想研經，然後當你為他們組織查經班時，他們就會找開脫，記起他們退出上一個查經班的原因了。」

我們創立了「門徒」查經課程（DISCIPLE Bible study）。現在有差不多四百萬平信徒完成了這個課程。這個課程包括三十星期深入的密集課和很多習作。[23]這個課程是那麼成功，以致教會後來另外創立了一個「信徒課程」（Christian Believer）。後者是一個為期六個月的基督教教義課。

幾年前我探訪了好些聲稱屬「基要派」（fundamentalist）的教會。所有這些教會都在增長，它們年輕人的比例都相當高。令我印象深刻的是他們主日崇拜的「智性」色彩。大部分參加崇拜者都帶著聖經和筆記本。講道（他們稱為「教導」）至少長達四十分鐘——其實像一場講課多於講道。其中一個講員在講道時帶出了頗為複雜的希臘文字義研究，而會眾則細心地做筆記。他們的會眾似乎大部分都是藍領。那個場面令我十分感動。我猜想，他們各自有不同的人生經歷，但在處理那些經驗時卻苦無概念輔助。教會認真地看待他們的需要，為他們提供所需的理論和神學框架，幫助他們以基督教的方式理解自己的生活。

普羅克特（Samuel D. Proctor），一位美國非裔傳道者和教 214
師，是紐約市阿比西尼亞浸信會（Abyssinian Baptist Church）的牧者，也是我杜克大學神學院的同事。他偕偉大的加德納．泰勒（Gardner C. Taylor）寫了一本書給牧者進言，分享如何成為更好的教師：

> 神學的活力從來不在抽象的辯論；神學給活出來的時候，最能夠為人所理解。一個好牧者會花時間向會眾展示——由於我們有幸認識這樣偉大的一位上帝、由於我們的受造是如此奇妙——我應該怎樣活出生命。基於這了不起的認知，我們意識到自己的人生目的，原來是為了上帝之名和為榮耀上帝而去培育自己的恩賜，並終身以愛順服上帝。那意味著，我們在停下來讚美上帝和在與別人的團契中，尋見喜樂……；我們高舉其他與主同行者的生命故事；在順服和喜樂中，學習和聆聽能堅立我們生命的音樂和詩歌……；在追隨基督服事他人之中，找到我們最高的滿足。禮讚得勝的基督徒的生命，是優秀的教導最美妙的開端。[24]

我估計，我們會重新看見牧者作為會眾中主要的基督教教育工作者的角色——培養並批評教會的踐行，讓教會成為教會。[25]

9

牧者就是佈道者：基督意味著改變

> 掃羅行路，將到大馬士革，忽然從天上發光，四面照著 215
> 他。他就仆倒在地，聽見有聲音對他說。（徒九 3～4）

牧者不但是關顧者（caregivers），亦是言說真理的人（truth tellers）。這奇特的基督教真理，我們稱之為耶穌基督；而這真理關乎「我們從哪裏來」、「我們為何在此」、「世界將何去何從」、「誰在掌管」。這真理的本性——也就是由教會的言行踐現出來——就是擾亂，即使之失序混亂（to disrupt）。[1]

路加在他的福音書一開首（路一 1～4）就向提阿非羅保證，他已定意「按著次序」將基督教運動的記述寫給他看。但我們去到路加第二卷書，即使徒行傳時，很快便發現這個信仰完全沒有秩序可言。一羣好譏誚的民眾給轉化為誠心悔改的信徒（二 14～41）；一個來自遙遠異地的人徹底改變，接受洗禮（八 26～40）；一個殺氣騰騰的敵人搖身一變成為「兄弟掃羅」（九 1～31）；一個被鄙視的外邦軍人被教會接納（十 1～十一 18）。無論福音是甚麼，它都是關乎具擾亂性的重大變易。[2] 創
造主繼續創造，叫生命掙脫死亡；從前算不得祂子民的，上帝 216
喜悅從他們造出一個家來（彼前二 10）。

雖然並非所有人的信仰都來得像保羅（使徒行傳九章的記

述）那麼戲劇化（新約聖經的歸信記述是非常多樣化的），但基督徒的生命總是來得不「自然」，也不「正常」。我們內心還沒有準備好迎接道德更新的震盪。在基督裏，上帝想在我們裏面成就的，是徹底的新創造〔新造的人〕，出死入生。這意味著在已受洗的人中間的職事，比我們牧者所意識到的更具擾亂性和更具對抗性的。在錫安我們十分適應，生活得很好，很自在——或者至少對現時的安排極之愜意。我們用不冷不熱的教會的陳腔撫慰自己：新教宗派教會中所有人都在退步吧，人根本不會改變。我們臣服於社會決定論（sociological determinism）。還有甚麼可以做？

儘管死亡的問題已得到排解，但正如我一位美國非裔牧者朋友說，福音意味著「上帝要取回屬於祂的東西」。

魯益師用「上帝未包圍我之前」來描述自己歸信前的人生。[3]

歸信——重生、轉化、更新、潔淨——是上帝「包圍」我們的方法，是上帝對待世界的方法，雖然「取回」（reclamation）可能要以上帝或我們自己作為代價。

有一個故事深藏在我這個衞理公會信徒那顆溫暖過的心之中（once-warmed heart）：一個自命不凡的小小牛津教師，怎樣在考爾德門街（Aldersgate Street）被改變，以及其後發生的種種。在考爾德門街那天夜幕降臨前，約翰．衞斯理的生命已在多方面受到基督教的正面影響，得著塑造和造就。但其後發生的事，卻叫我們循道宗信徒看到，他的心「奇怪地溫暖起來」（strangely warmed），感到一種奇妙的溫暖，那絕對是戲劇性的終結和開始，是死亡和新生，是一個全新的世界。

這樣的故事深深地藏在我們的靈魂深處，挑戰著那向現狀妥協的教會。這故事也責備教會——安於將基督徒生命等於一直快快樂樂地做好人的教會。

217 聖經用上了很多隱喻來描述我們所說的「歸信」

（conversion），這是新生命的突現，既不連貫也不調和——「重生」、「新生」和「新創造」（new creation）。保羅將「隨從肉體」的舊生命，跟「隨從聖靈」的新生命作出對比（羅八1～39）。洗禮試圖告訴我們，基督徒的生命有時是不調和、不和諧和充滿擾亂性的。當你加入扶輪社或者女性選民聯盟（League of Women Voters），他們會給你會員證和襟針。然而，當你加入基督的身體，我們會將你拋到水中，將你半淹，「脫光你的衣服」，將你全身洗淨，接著將渾身黏糊糊和新鮮得像初生嬰兒的你拉上來。我們可能以為大家會明白那是甚麼一回事，但正如路德說，這個老亞當是個「優秀的泳手」。[4] 歸信式的信仰（conversionist faith）其實是十分令人不知所措的，特別是那些感到世界也算不錯的人。那些屬上層階級者，那些錦衣美食者，那些前途光明者，他們傾向依附世界，而不會冒險接受甚麼嶄新的天啟事物。因著這些經濟、社會和政治因素，我們牧者傾向維持安定，而不是期望歸信。

新創造

保羅對復活的實在（the reality of the resurrection）——上帝叫耶穌從死裏復活，不但證明祂無罪，也從而重新創造了整個 *kosmos*（宇宙）——大感震驚。在復活節，舊世界終結，新世界出現，因此保羅被逼重新思考一切。保羅大部分有關基督徒行為的言論，都是來自對「復活」的見證——就是他往大馬士革路上自身的戲劇性改變中所經歷到的事件。

但保羅的召命不純然是主觀的。保羅的使徒呼召是一種他自身的終末性並世界終結的經歷——他發覺自己突然被轉移到一個全新的世界。他改變，因為他發現在耶穌基督裏，世界已然更易了（shifted）。保羅對這次重新創造（recreation）的見證，主要見於哥林多後書：

> 218 若有人在基督裏，他就是新造的人〔新創造〕，舊事已過，都變成新的了。一切都是出於上帝，他藉著基督使我們與他和好，又將勸人與他和好的職分賜給我們。（林後五 17～18）

按希臘文原文，五章 17 節沒有主語和動詞，因此最好翻譯成驚歎句：「若有人在基督裏——新的創造〔新造的人〕！」當然，人的舊習慣是根深柢固的。保羅在羅馬書八章的表達十分有力：他仍然有「現在的苦楚」（八 18）。一個人是否認識復活，是天差地別的。因此，向上帝發出頌歌之時（羅十一 33～36），保羅也要求我們不要「效法這個世界」，只要「心意更新而變化」，將自己獻上，「當作活祭，是聖潔的，是上帝所喜悅的」（羅十二 1～2）。這一切都是復活的言説（resurrection talk），出自那些發覺自己仍然活在舊造並衰敗中的世界、今卻又意識到他們在新誕生的世界中的國民身分者。我們的生命，就在新世界的預展（sneak preview）和執政掌權者所把持的舊造兩者之間，經受著因終末而來的拉扯。就在此時，也是教會所知道的惟一的時間，我們成為對世界的命途走向有一點認識的人，而這些認識是世界仍未知道的。這令我們與別不同。

歸信作為稱義和成聖

有些人也許樂意得著新的生命，卻不想為它放棄任何事物。歸信基督有得也有失，而失去可能會帶來痛苦。教會為了言説基督在我們所產生的轉化的作為，極力維持以下兩個用詞之間的張力。歸信，是一個兩重的轉化過程，我們**稱義**

（justified）——透過上帝在我們中間的拯救工作，我們與上帝和好；我們也**成聖**（sanctified）——蒙轉化、徵召、服役、加入聖徒的行列。[5]由此，我們與基督一起展開一生之久的救贖旅 219
程。第二次梵蒂岡大公會議談到教會的崇拜是「榮耀上帝和使忠信者成聖」。[6]

我們在崇拜中讚美上帝時，我們被改變；我們的生命被我們愛慕的對象（the object of our affections）所轉化。在新教徒中，路德傾向強調稱義的能力，而加爾文則強調成聖的需要。衛斯理的神學召命是保持這兩個歸信運動彼此間的張力，強調稱義和成聖的互補性。

美國新教的福音派過去犯了一個錯誤，就是將歸信變成一刻間的即時現象——來到壇前，認罪悔改，你便即時「得救」了。不過，新教改教家傾向認為歸信是一個過程而不是一個時刻。因此加爾文說，透過洗禮，「重生並不是發生在一刻或一天或一年之中，而是透過持續、甚至有時是緩緩前行而來到」。[7]

我們的文化幻想著即時的轉化，一切毋須代價。魯夫（Wade Clark Roof）在對當代美國人靈性生活的研究中，展示出這樣的一個國度：在這個國家中，很多人都追求靈性，這裏一點，那裏一點地將他們的信仰拼湊出來。[8]正如魯夫給它的一個適切稱呼：「靈性的市場」（spiritual marketplace），這是一個消費者作王的世界，眾人從宗教傳統中擷取零零碎碎的內容，卻鮮有被要求付出昂價的倫理轉化。[9]

成聖論者（sanctificationists）強調在基督裏新生命的大能，令我們不再自行其是，不再一心只靠自己，而可以成為更好的人。我們必須**天天**背起我們的十字架。基督教信仰需要花時間，且是一生之久的時間。因此加爾文用「更新」（regeneration）來言及在基督裏的新生命，那是一個過程，是長期並一生之久地深化培育一套不是自然而然的踐行。但改教家確信罪在我們的心思意念中已根深柢固，只有一生不住的回轉，不斷被上帝修剪及潔淨，才能夠成就上帝對我們的定旨。[10] 每天我們都要背起十字架來跟從耶穌。每天我們都被歸入（being incorporated）到基督身體，令我們不再自行其是，不再一心只靠自己，而能夠成為更好的人。[11]

220 歸信、更生、奧祕的聯合、*metanoia*（悔改），都是在嘗試言說我們這種身、心和思想上的向上帝的轉向——而這轉向乃根由於上帝先在基督裏轉向我們。班揚的《天路歷程》將新生命描述為一趟旅程，而這個隱喻是由馬可福音所發明的。耶穌的出現，讓稱為**福音**的這種新的文學形式成為必須，這種文學形式是馬可福音以前所未見的；而福音是用文學去體現（a literary embodiment）基督所帶來的轉化。伍斯諾（Robert Wuthnow）研究過美國五十年代對靈性的關注後，他說我們已從一種穩定的「棲居式的靈性」（spirituality of dwelling；在其中大眾可以找到一個安身立命的信仰，可以安穩地棲居其中），轉向一種「旅程式的靈性」（spirituality of journey；在其中我們禮讚聖靈那移動中並流動的生命〔moving, fluid life of the Spirit〕）。[12] 如果真的如此，教會便要幫助人分辨其旅程究竟是與基督、還是與其他神明同行了。

莫爾（Hans Mol）說明了典型的歸信講述所包括的步驟：脫離以前的身分模式；經歷一段無意義和失序（anomie）的時間；戲劇性地由黑暗過渡到光明，由混亂過渡到意義；最後，羣體接納新加入者跟他們一起生活。[13] 這個新加入者在一個全新的存在（a new existence）、一個全新世界中，經驗到稱為「歸信」的戲劇性旅程。

但這個旅程隱喻也有它的限制。巴特研究新教的歷史，當中信徒試圖將基督徒的人生，描繪為一連串井然有序的成長步驟（developmental moves），往前和往上發展，但他的研究表明了這都是徒然的；[14]「以我們可以掌握和詳述的方式，去勾畫自然人如何發展成基督徒，基督徒又如何發展為愈來愈完美的基督徒……這整個嘗試意味著，那是對召命進程的真義要旨的攻擊」。[15] 在前一章，我們視基督教教育為深化培育、灌輸和薰陶，這些隱喻所代表的，是成為門徒包含著某些漸進的東西、發展性的東西和可預測的東西。但現在，在考慮到牧者身為佈道者這個角色時，我們必須誠實面對因 *metanoia*（悔改）而不得不蒙受的顛簸、崎嶇、突發、攻擊。牧者不單要籌算如何循序漸進地模塑基督徒，也要見證上帝如何將普通人戲劇性地轉化 221
為基督的門徒。

歸信作為世界的破壞和重建

歸信是對美國主流信仰（conventional American faith）的徹底攻擊——我們相信自己的光景大致沒有問題，而世界雖然有缺點，但也就僅此而已；但歸信這一個信仰陳述，表示上帝要擁有我們——我們所有人。「他曾照自己的大憐憫……重生了我們，叫我們有活潑的盼望。」（彼前一3下）

信仰，是經由該信仰主體來認識的。[16] 信仰，基督教信仰，不僅僅是自然並普世性的人類質素的發展（development）。事實上，連人類的潛能和人類的發展也在罪的掌控之中，因此，我們的很多「發展」都包含著一些更為精細、複雜的方式，叫人轉離上帝、歸向我們那些不同的神明。成為基督徒，很少是天性使然的。人要成為基督徒，必須徹底轉向（radical turning）——一種由外在力量，即外在於那被轉向者的力量所推動的轉向。歸信所以出現，是因為上帝想要得著一個家，一個聖潔的祭司國度，而不是出於我們自覺自己需要甚麼以令自己快樂。基督教信仰不是一種技術，叫我們可以從上帝那裏得著我們想要的；基督教信仰是上帝從我們身上得著祂想要的。因此，我們必須改變。

雖然美國福音派將歸信變成主體的內心改變，純粹的個人事件，但成聖論者已盡力強調，歸信既是靈性方面、又是倫理方面的過程。稱義和成聖彼此相屬。我們心中所感到的，必須植根於我們的腦袋和我們的雙手，必須在對一系列踐行之承擔之中體現，必須經過集體試驗和模塑，以致我們能持續地歸信。凱策拉特（Richard Heitzenrater）在《衞斯理和被稱為循道派的人》（*Wesley and the People Called Methodist*）這本書中指出，在十八世紀，循道宗怎樣竭力向英國低下階層傳道，將他們編進稱為「班會」（classes）的小組。[17] 有人提議「會社」——「稱為循道派的會社」（society called Methodist）——中每人每星期
222 奉獻一便士（在創始的會社中已經實行，旨在幫助窮人）。有人反對說，會社中並非每個人都能夠負擔這筆金錢，於是富瓦隊長（Captain Foy）就提議在每個循道派會社內成立一些十二人的小組，每組設一個領袖，負責每星期繳納十二便士，無論收集到的數額足夠與否。他主動提出要帶領一個由最窮的十一個成員組成的小組。[18]

因此，循道宗的開始，是一個操練有素的團體（disciplined body），他們通過高要求的面對面小組，彼此轉化和轉化窮人。循道宗的成聖觀和完全觀的神學，在這些班會中找到其拯救論，通過這些班會，這些循道派將生命赤露敞開，彼此擔當，致能「邁向完全」，正如循道派對成聖的描述那樣。這些循道派，特別是衞斯理，總堅持他們所說的根本無異於古典基督教。他們只是在尋探一些共同踐行，能有助他們成為基督徒。他們立約，接受操練，透過神學語言的操練，並透過跟神學語言相稱的踐行的操練，成為一個不會因為貧窮便被逼過墮落生活的人。

衛斯理列出了給成員的規則：「為了加入會社，人只需要表現出：『渴望逃避將來的忿怒，渴望從罪中得拯救。』不過，那些希望**繼續留在**會社中的人，則需要『證明他們渴望得救，首先，不做壞事⋯⋯其次，要做好事⋯⋯第三，必須遵守上帝的所有律例典章』。」[19] 一些經歷過的具體例子，譬如將某些人逐出會社，讓這些規則更形充實。例如：有兩個人因為賭誓起咒而被逐，有兩個人因慣性不上主日崇拜而被逐，有十七個人因為醉酒被逐，有兩個人因為賣酒被逐，有三個人因為爭執打架被逐，有一個人因毆打妻子被逐，有三個人因為慣性和故意說謊、咒罵人和說歹話而被逐，有一個人因懶散懶惰被逐，有二十九個人因為輕浮和粗心被逐。

這些小組有明確的目標，就是在基督裏的轉化，這個目標 223
令這些小組跟當代教會眾多的小組運動，大相逕庭。伍斯諾發現，超過百分之四十的美國人說他們會參與某種小組，而它們大部分都聲稱有「靈性」的基礎。他同時發現很多這些小組都自豪於其對「多元性」（diversity）的尊重，致使它們當中瀰漫著一種隱晦但僵化的氛圍，就是視小組中的所有意見都有同等價值。他們不會冒險跟人發生衝突，不會冒險接受挑戰和學習成長，成員在小組中一味「彼此寬容以對」，因此根據伍斯諾的估計，小組的靈性（group spirituality），傾向「個人化和主體化」：

> 這些小組鼓勵成員，只有當聖經的智慧能幫助他們改善日常生活，才視這些智慧為真理。小組衍生出一種「自己動手」（DIY）的宗教，一位讓生活更輕鬆的上帝，一種程序導向的靈性，這奪去了小組那讓人敬畏的奧祕和深度，叫小組失去神聖感⋯⋯用最簡單的話來說，小組跟神聖感的關聯，只端在小組直覺上認為正確的細微

> 洞見，而不是來自過去多個世紀以來所積累的智慧。[20]

卡羅（Jackson Carroll）指出，新範式的教會——「後傳統教會」（post-traditional Churches）和巨型教會（megachurches）往往將整個教會論（ecclesiology）建立在小組之上。[21] 在被問及這些小組的目的時，這些教會往往說它們是「訓練人作門徒」（discipling）的主要途徑。不過，它們究竟是否如實地按真理訓練人作門徒，讓他們走十字架的道路，而不僅是將組員的集體屬靈訴求集合起來，還有待分曉。

當年循道宗所以增長，很大程度上是因為它拯救人脫離十八世紀英國社會的墮落習慣，讓人得著拯救。誠然，循道派既反映、又反對他們所身處的社會，不過，其精粹在於他們給予人一種全新的生活方式，拯救他們脫離自身社會階級對他們的想望。[22]

在以弗所書中，同一位作者既可以主張歸信主義的觀點，
224 認為「然而，上帝既有豐富的憐憫，因他愛我們的大愛，當我們死在過犯中的時候，便叫我們與基督一同活過來。你們得救是本乎恩。他又叫我們……與基督耶穌一同復活，一同坐在天上」（弗二 4～6），也可以流露成聖主義式的情感，指出我們是「在基督耶穌裏造成的，為要叫我們行善，就是神所預備叫我們行的」（二 10）。

教會的存在不是為了自己，而是要藉著宣揚「那召你們出黑暗、入奇妙光明者的美德」（彼前二 9）來拯救世界。這個過程可以是即時和戲劇性的，也可以是漸進式和生長性的。論到成就基督在我們生命中的旨意，祂實在滿有智慧。成為基督門徒的喜樂，來自帶來轉化的冒險之旅，來自出死入生，來自出黑暗入光明，這全是我們生命中的恩典作為。身為牧者的喜樂，來自見證會眾中的這種轉化。在我們預備替人施洗時，在

我們講道時，以及在我們的基督教教育中，歸信和潔淨、捨棄和更新這些意象，必須取代漸進式發展（gradual development）和可量度的培育這等意象。

龔漢思（Hans Küng）挑戰我們傳道者去傳講歸信的信息：

> 我們要傳講 *metanoia*（悔改）。我們必須吸引人們從世界轉離到上帝那裏。我們不是用苦修主義（asceticism）的精神與世隔絕，而是在世日常的生活中徹底順服，因為這是上帝的愛對我們的要求。教會必須不住改革，每天不住歸信，才能實現它的使命。[23]

成聖，是上帝在我們裏面的作為，是來自天上的活動，是照亮我們的光輝。這種領悟，令我們不致用道德主義的方式來言説成聖。衞斯理教導説，即使那些還未體驗過被基督的愛征服者，如果他們的生活能夠在某程度上脱離罪的奴役，那麼他們的自由亦是出於基督在他們裏面的作為，無論他們認識祂的作為與否。完整的拯救，意味著聖潔，意味著同時接受稱義的恩典和成聖的恩典，這是福音所成就、而單靠律法永遠做不了 225
的事情。

若教會未能強調上帝的恩典和審判——那是新生命所有可能性的來源——教會便會退化為一種濫情而感傷的道德主義，在其中，基督徒的生命被看為只是另一種令好人變得更好的有用途徑。作門徒，不是神聖版的十二步療法。聖潔的人，不是去見證人裏面所固有並正面的種種可能性，而是去見證上帝在耶穌基督裏越過我們的罪的那份堅執並帶來轉化的愛。我們牧者不應該嘗試將我們的神學化約成最小公因數，也不應將我們一起的生活（our life together）描繪成無意義的文娛康樂中心；相反，我們必須帶領自己的教會找到實際和制度化的方法，以在我們中間重申：教會有一個相當誇張的説法，就是人的內心和生命，透過上帝在基督裏的愛，可以徹底得到更生。

我聽歷史學家威爾斯（Gary Wills）説過，如果你是超過五十歲的美國南方白人男性（我正是這樣的人），便沒法説服你接受這個觀點：人是不能改變的。如果你自己的家庭，你自己的靈魂深處，曾經歷心思意念的徹底轉化，那麼你就有一個不可動搖的信念，就是相信人改變的可能。[24]

布蕾登（Anne Braden）成長於肯塔基、亞拉巴馬和密西西比，繼承了早期美國南方對種族的態度。她所以變成一個勇敢為種族公義發聲的發言人，並不是有過保羅那樣的經歷，「忽然從天上發光，四面照著他」，而是漸漸醒覺到她那保守的亞拉巴馬州的美國聖公會的講道，其實比教會本身所認知的遠為徹底。讀大學時，她曾與一個年輕的美國非裔女士一起吃晚餐，在餐桌上，她經驗到一種聖餐式的歸信（eucharistic conversion）。她以使徒行傳的語言來描述自己的改變：

> 那是一個巨大的啟示……人生中的一個轉捩點。在那一刻，一生中拘禁著我的牆垣，似乎全然傾倒。一些沉重的腳鐐，似乎從我的腳上掉落。我在世的十九年間，
> 226 第一次感到有空間可以伸展自己的四肢和抬頭仰天……
> 在這裏，有一刻，我瞥見了一個異象，就是世界應有的樣式：在那裏，人就是人，心靈有成長的空間。其影響一直延續至今。[25]

像布蕾登這類自傳呈示出一個令人鼓舞的應許——**你是可以改變的**。你現時的生命並非一切。靠著上帝的恩典，你可以變得更好。瓦克爾（Grant Wacker）在他關於葛培理的著作中表示，葛培理所強調的「上帝藉第二次機會作工的大能」

（the power of God to work second chances），正是葛培理身為國家級傳道者的成功關鍵。[26]當然，使徒行傳九章的保羅，是聖經中第二次機會的大能的偉大榜樣。發生在保羅身上的事，帶有突然和轉折的性質，令他的故事成為歸信的範式故事（paradigmatic story）。[27]將殺人兇手變成宣教士，見證了上帝的恩典。掃羅的歸信不是故事的終結，而只是故事的開始。有聲音向亞拿尼亞說話並向他解釋，掃羅的轉化也是掃羅本身的召命，「他〔掃羅〕是我所揀選的器皿，要在外邦人和君王並以色列人面前宣揚我的名」（徒九15）。那從天上所發的光，那來自天上來的聲音，是戲劇性轉化的記號，是他旅程的記號——始於生命受到徵召，捲進了上帝慈愛的旨意中——也是新生，帶來了在基督裏的新生命，祂是世界的光。

插　曲
佈道和耶穌的不可抗拒

擊打我心，三位格的上帝；因為你

仍未叩擊、吹氣、照耀和著意修補；
讓我可以起來站立，推翻我，集中
你的力量，打破、吹襲、燃燒和更新我。
我，好像被奪取的城市，虧欠別人，
努力承認你，但是，啊，卻沒有結果；
理性，你是在我裏面的總督，是我應維護的，
卻被俘擄，證明是軟弱或不真實的。
但我十分愛你，也會欣然蒙愛，
但我已經被許配給你的敵人。
休了我，再次解開甚或打破那死結；
帶我到你那裏，拘禁我，因為我，
除了被你吸引外，永不會自由，
也不會貞潔，除了你使我著迷。[1]

著迷、打破、奪取、照耀，詩人鄧恩（John Donne）故意毫無節制地將這些用詞套用在上帝身上。太多時候，現代教會滿足於一位富同情心但很大程度上不大積極主動的神明，這位神明會關心，卻不會關心得採取行動；會邀請，卻很少打破、奪

取、使人著迷。

表面看來，當我們想到鄧恩那三位格的上帝的非凡智慧——先不要說祂的毫不吝嗇——我們不禁會問：為甚麼相信這位上帝，對很多人來說是那麼困難？但接著我們記起當代無神思想那非凡的才智，如何令現代世界變得可能。首先，我們殺死父親（在弗洛依德的幫助下），然後我們得到自由，建立現代、民主、正式的無神國家，並且帶著它普羅米修斯式的控
228 制感，和它的暴力傾向。當我們想到，我們既想方設法將自己蜷伏拘禁在自己裏面（路德對罪的定義），我們還能夠聽到自己聲音以外的任何聲音，實在要歸功於上帝的作為。

我問一個學生是否喜歡主修歷史。他回答說：「那還好，但也是挑戰。」

「書很沉悶？」我問。

他解釋說：「不。要主修歷史，你首先要成為無神論者，然後一切都變得十分簡單了。」他解釋道。「你很快明白到，回答好像『法國大革命的成因是甚麼？』這樣的問題，答案從來都不會是『上帝』。」

除了我們以外，便沒有歷史事件的原因、目的或根由。在當代的大學裏，所有知識純屬個人的發現，其採納的方法論完全是無神論式的。沒有甚麼是從啟示（revelation）而來的。除了唯物和自然主義的解釋外，其他一概都不容討論。[2] 所有洞見都必須是自我衍生的（self-derived）。你可以說它去神祕化（demystification），解釋傾向空洞單薄、化約主義，或者簡單說就是想像力不足。這樣，我們已使得任何人都難以親近我們，即使是那位衝擊人心、三位格的上帝。

但感謝上帝，三一的本性是愛說話、具干預性，和堅持跟受造世界交往。路德在解釋基督怎樣可以臨在於一塊麵包時，談到上帝的「無處不在」（ubiquity）。佈道、宣教，始於這樣

的上帝的心懷。在好像拿撒勒這樣人迹罕至的地方，令一個貧窮、未婚的處女懷孕的那位上帝——唔，這樣的上帝，會屈尊於任何事情，以親近我們，包括打破、奪取、令我們著迷和所有我們稱之為「佈道」(evangelism) 的其他神聖資源。

一位牧者曾經在人迹罕至的密蘇里州的鄉村社區勞苦了
三十年，我問他怎能夠捱得住。他回答説：「上帝喜歡這種地
方。讀一讀路加福音二章吧。就世界來説，我們可能在偏僻的
路上；但對比上帝，我們已不是要走到伯利恆那麼遙遠呢！」 229
這意味著，如果你渴望與上帝親近，便需要到上帝喜歡流連
之處。」

教會的歸信

我們教牧關顧的其中一個面向，是要模塑一羣人，令他們喜歡、期盼和享受那名為三一的上帝無處不在的活動。在上帝干預之後，牧者必定要享受做善後的清理工作。我們並不是獨自工作。牧養感到疲憊，是因為不相信耶穌是如此毫不吝嗇。無神論認定，拯救世界在於我們，不然世界便不能得拯救。

博施 (David Bosch) 主張「宣教首要不是教會的活動，而是上帝的屬性。上帝是宣教的上帝……因此宣教被視為是從上帝到世界的活動；教會是……宣教的工具……因為有宣教，才有教會，而不是有教會，才有宣教。」這是博施 (得自巴特) 最重要的真知灼見。[3] 教會是上帝令世界著迷後，我們牧者要管理的地方。

這位上帝的本性是就近我們。在三一中，聖父上帝差派聖子，聖父和聖子差派聖靈，聖父、聖子和聖靈差派教會進入世界。上帝創造，不是為了展示神聖的大能，而是出於創造力的自然湧溢。上帝不是簡單的一，一個獨立自足的單子 (self-contained monad）。上帝是三而一，即聖父、聖子和聖靈三者在關係中的存有（being in relationship）。

由此，這位關係的上帝（relational God），其本性是懷著愛去就近我們，去成為肉身，去啟示。這位上帝堅持這最終的定案：「耶穌來到加利利，宣傳上帝的福音，說：『日期滿了，上帝的國近了！你們當悔改，信福音！』」（可一 14～15）上帝這好消息的主要內容特點（帖前二 1、8、9；羅一 1），是一種毫不吝嗇的接觸。這位上帝決意要合羣（gregarious），決意要將萬物帶來歸祂（約十二 32）。想想你自己的職事，你的教牧召命，這便證明了這位上帝堅決要完成祂在創造中所肇始的，得著祂所渴望的。

230 這包括教會。佈道工作不單是教會的本性，由三一的工作所引發；教會也是這工作的果子。新約聖經本身的主要對象，是那些「信，但信不足」而盼望主的幫助的人（可九 24）。正如古德（Darrell Guder）主張，「教會持續地歸信」是必須的。[4]因著上帝的呼召，我們也許是聖徒，可卻仍是含混的（ambiguous）。上帝應許我們會成全在我們裏面動了的善工（腓一 6）。事實上教會從未善於忠信，對上帝的異象堅定不移，以致不需要出生、重生、蒙召、重召。牧者有時苦惱於當代基督徒的光景，苦惱於他們對聖經的無知和欠缺委身，諸如此類。但在任何時代，持續地歸信總是教會議程的核心。我們牧者今天稱為「基督教教育」或「教牧關顧」的，其中大部分最好設想為**佈道**，即教會的持續歸信。

教會**就是**宣教，也表示教會不是為了自身而存在，而是要標誌、表明和體現上帝對整個世界的旨意。教會，是上帝取回屬於祂自己的東西的最首要工具。我們教會儘管如何失敗，但如果從我們的外表看不到任何記號、我們在教會中對上帝的國未有可見的預嘗，我們便沒有話說。這表示牧者花時間從事教會管理工作和其他培育會眾的行動，本質上都是佈道和宣教的行動。就正如我們花時間獨個兒好好鑽研和預備，讓我們得以在講道時公開宣講上帝的話語，那麼我們關注如何好好建立會眾，也不是為了轉向內部（turning inward），而是在切實參與教會的公共職事。教會的宣教，向世界體現基督的福音，不是教會的一項活動，它本身本**就是**教會。

正如偉大的宣教士紐畢真說過：「耶穌來到，將一件事件引進到歷史之中，而在這事件中，上帝的掌權以軟弱和愚拙的方式呈現，讓那些蒙上帝揀選的人知曉……而讓他們知曉後，就可以向所有人宣講。」[5]

教會不是我們的見證的實質內容，而是我們的見證的 231
途徑。[6]

正如以色列蒙召以它獨一無二的羣體生活作萬國的光，教會也蒙召作世界的光。但不是教會拯救世界，而是上帝恩慈地讓教會加入到祂對世界的拯救之中。因此，佈道和宣教邀請所有人加入教會。佈道不是教會出去招募新成員，佈道是：教會既作為上帝所委派以施行拯救的途徑，而不是目的。宣講基督，就是宣告基督的體現；將生命交給基督，就是加入祂的身體。在教會以外的基督徒，是不能理解的異常狀態。教會若沒有不斷地領人歸信、發出呼召、使人歸入教會、成長和傳揚福音，便不是基督的教會。

在使徒行傳中，教會不斷受到敵人威脅——包括來自教內和教外的——在當時的古典文化邊緣掙扎求存。但使徒行傳的教會不斷轉向外部（turning outward），堅持干預帝國的結構；不斷跟人對話，堅持為「主我們上帝所召來的」人施洗（徒二 39）。

因此洛芬克（Gerhard Lohfink）指出，視新約聖經為歸入基督的身體的訓練，是理解新約的最佳方法。洛芬克說：「上帝從世上萬國中選出一個民族，藉以令他們成為拯救的記號。」[7]因此教會體現了揀選的奧祕。正如以色列這個民族蒙上帝揀選作全世界的光，教會蒙上帝揀選去拯救全世界，照樣耶穌一人也令所有人得著拯救。為甚麼上帝的拯救，要透過揀選、透過委派一些人去服事所有人來施行？我們不知道為甚麼，但我們知道結果。揀選——上帝的選擇，在聖經中是難以理解的（inscrutable）。整卷使徒行傳都讓人感到，教會不住驚歎於上帝揀選了那羣「沒有學問的小民」，令他們成為攪亂天下的人。

由於拯救的集體性質，佈道本身總是一個「政治上」的挑
232 戰。呼召人追隨基督，是呼召人轉移國民身分（citizenship），由一個政權轉到另一個政權之下。耶穌宣講「上帝**國**」。國意味著國界的存在；世界和教會有別。「佈道」（evangelism）一詞來自 *evangel*，在古典世界中這詞意為公開的宣告，公佈一些值得留意的政治事件，例如打勝仗或者皇帝出巡。因此費爾海（Allen Verhey）留意到，馬可如此開始他的福音書：「耶穌基督福音〔*evangel*〕的起頭」（可一 1），他用 *evangel* 這個詞，就像在宣告皇帝出生或登基那樣。[8]

巴特說過基督徒是這樣的人：「他蒙耶穌基督呼召去依隨祂，成為祂的門徒，與祂自己有活潑的團契……他已經跟祂建立了緊密的連結，實際與祂已經連在一起。」[9]基督發出呼召，是為了讓人依隨基督的身體，也就是依隨教會。

因此，首要的佈道事件是教會的集體崇拜。[10]在這裏，當福音給誦讀和宣講之時，當福音在餅和酒當中——滿桌都是平凡人圍繞著——給踐現時，我們顯明我們之所是，並靠著上帝的恩典，顯明我們盼望要成為之所是。我們所開創的新社會安排，是世界永遠不會知道的。世界根據福音所能夠結果出的生命質素來評斷福音，是十分正確的。因此，我們牧者最好不是根據「是否沉悶？」這種社會主流提問來評估我們教會的崇拜

（雖然令崇拜沉悶，確實是冒犯了那位極其有趣的「三位格」的上帝）。問題倒應該是：我們在崇拜中是在讚美三一還是其他神明？我們的讚美在宣講基督的完滿豐盛，還是將自己自限於更容易掌控的神祇？我們在逃避真理，還是敢於直面真理？我們會眾的組成，限制了上帝掌權的界限？

如果當代基督教崇拜擔心溝通的問題，也就是如何跟未經塑造、毫不知情並世俗的尋道者或偶爾參加聚會者溝通，結果通常是遷就他們，改變崇拜的模樣，將這種遷就歸咎於佈道的需要。其實更好的做法是：將關注點放在崇拜，有否聚焦於上帝；憂慮我們讚美的模式和會眾的組成，是否源自那位名為 233
三一的上帝的特質。我們不應該改變我們的崇拜來配合當代世俗人士的限制，更好的做法是令他們歸信——令他們適應這一艱鉅但又充滿喜樂的任務——敬拜以色列的上帝。

我聽到一位出色的傳道者抱怨說：「普通人聽我們講道時，坐在那裏他會想：『這一切與我的世界沒有任何關係。』」佈道是攻擊、重構、改造、重新創造一個世界——如果耶穌沒有召我們去追隨祂，往普天下去使人作門徒，這個世界不會出現。

我承認，教會所犯的一些最嚴重的神學錯誤，都是因佈道而犯下的。當我們極之渴望外展，向世界說話之時，我們跌倒了；我們以世俗的智慧取代福音的愚拙。當我們還未告訴世界，甚麼才是真正值得擁有以先，我們便奉福音之名向世界提供世界想要的東西。我們成了世界蒼白的模仿，只反映了一種在世界可以找到的生活方式，卻忽略了教會本身。因此，我們必須用神學來判斷我們的禱告和讚美，令我們可以確信，我們所見證的上帝，就是基督——祂厚賜我們，叫我們得以向世界有可以說的、有可以展示的。

基督透過我們發出呼籲

基督透過我們向世界發出呼籲。我們的崇拜必須有實質的神學意涵，但同時又兼容並蓄。古德用發展迅速的非洲教會的崇拜作為例子：在那裏，教會通常是一個有蓋的框架，人在其中讚美上帝和聆聽福音。而他們歡迎仍未相信耶穌的村民站在建築物周圍。由於教會沒有牆壁，圍聚的人可以見到和聽到基督教崇拜時所做的一切。這打造出一個奇妙的佈道時刻，讓旁觀的人可以由旁觀進而參與其中。

當身為信徒的我們在讚美上帝時，得同時設法兼容非信徒。每個會眾羣體都一定要自問：「我們需要做甚麼才能令我們的崇拜，對非信徒來說，更有吸引力、更能打動人，和更有
234 感染力？**同時**我們要怎樣好好預備他們，幫助他們全面參與我們的讚美？」這樣，我們的基督教教育，便成了為崇拜作準備和佈道了。正如林貝克指出，彼得認識基督，不是透過蘇格拉底式的答問方法，或者閱讀一本書，或者有甚麼戲劇性的個人經驗。彼得成為基督徒，是因為他歸入了（being incorporated）一個稱為教會的羣體，逐漸學會一些對衡文化的踐行。[11]

我相信，新教宗派教會奉耶穌的名外展時所以失敗，是根源於政治上的錯誤觀念。我們假設北美的文化是「我們的世界」（our world）。我們好像壟斷了美國人的宗教生活。如果人想崇拜耶穌，就需要在我們指定的時間、地點，以我們指定的方式崇拜。我們毋須為世界而煩惱，因為那畢竟是「我們的」世界。滿足於謙恭、安靜、「同在的職事」（ministry of presence），我們對世界沒有甚麼可說的，也沒有甚麼可展示的，我們確信，作基督徒就是成為一個又關心人又夠包容的美國人。

這種君士坦丁式的教會觀和世界觀，現正受到徹底審視。我們的會眾可以懷著喜樂的心，跟耶穌一起高聲說出上帝的真

理，不然，我們會變成為時代的遺迹——在這個時代，教會認定佈道無關緊要，因為我們已經舒適地在這個世界之中安頓下來了。被擄的景況要求我們要刻意地、細心地，但同時又朝氣勃勃地奉耶穌的名邁步向前，將真理告訴世界，這真理是它靠自己所不能知道的，那就是：它是上帝的世界。

正如布格曼說，就像我們之前的以色列，我們的禮儀其實在顛覆現存的秩序：「這個獨特的羣體，受託去確認，這個**在禮儀中所建構的世界**，比『外面』的世界，更加可靠可信。這種禮儀旨在培養以色列的想像力，裝備他們，叫他們在面對敵對的可怕勢力時，有勇氣活出自身的殊異性（distinctiveness）。」[12]
這個羣體之塑造，其手段不若世界聚集人的方式——根據種
族、階級或生育。教會的成長和聚集是通過洗禮、呼召和感
召、歸入和灌輸。這羣人受教要去愛外人，以至於稱他們為鄰
舍，做一些他們身處的文化視之為討厭的事，也就是說，去關 235
心人——聆聽他們、告訴他們耶穌的故事——以至干擾別人
的生活。

服事那位無處不在的上帝

坦白說，身為牧者的一大困難是：跟一個向上帝負責的羣體同工，而這位上帝的本性是好牧人，尋找和拯救失喪的人（路十九10）。如果受按領導這個呼召，只是呼召我們去做管理，做當家，給人信心，跟信眾待在一起，令他們舒服，我們牧者會感到比較輕省。只是，我們正處身繁忙的十字路口，世界和救主——那位決意令我們「著迷」、「打破」和「奪取」的救主——相交匯之處。這使得我們牧者要保持警覺，踮起腳尖，渴望一瞥上帝在世上的作為。有些事情正在發生，而我們就坐在前排的觀眾席上。古怪的人出現，而那位永活、主動並多言的上帝

干擾了他們的生活，令他的生命得到重整；聖靈闖入，尋找和拯救奇怪的人，就是靠自己而我們不會領他們歸主的那些人；他們「感到扎心」，問：「我們當怎樣行？」（徒二37）在使徒行傳中，相較上帝福音那極其誇張的外展性，教會總落後一步之遙。

在《干預的道》（*The Intrusive Word*）一書中，我介紹大家認識了韋爾萊（Verleen）：

> 我們決意要增長。經投票我們決定開展一個佈道大計。佈道。你明白那是甚麼意思吧。那是「我們最好出去找新會友否則就等死」綜合症⋯⋯我們研究宗派的一個規劃，這個規劃告訴我們怎樣去找新會友⋯⋯這個教會增長規劃（church-growth program）在推廣一個挨家探訪制度。於是我們將會友分作兩人一組，在某主日的下午，我們出去探訪，邀請人上我們的教會。
>
> 那些隊伍出去，帶著一袋單張，有介紹我們會眾羣體的，有介紹我們宗派的，有介紹我這位面帶笑容、和藹可親的牧者的，邀請人上我們的教會。每隊人都獲分派一張地圖和一些地址。
>
> 236 海倫（Helen）和格拉迪絲（Gladys）分派到一張地圖。我們清楚告訴她們，要沿著撒米特路走（Summit Drive），然後右轉。我們是這樣告訴她們的。我聽到隊長告訴她們：「你們沿著撒米特路走，然後右轉⋯⋯」
>
> 但海倫和格拉迪絲兩人都已經七十多歲了，畢生都任小學教師，她們更擅長給人指示而不是接受指示。她們轉左，走到撒米特路西面的住宅區去。我們要她們右轉，她們卻左轉。
>
> 這表示海倫和格拉迪絲會去錯社區佈道，找錯福音

對象。

那天下午稍後時分，各小隊回到教會做匯報。海倫和格拉迪絲只得一個受訪對象向我們匯報，一個名叫韋爾萊（Verleen）的女士……兩人告訴我們，韋爾萊和她兩個孩子住在一間有三個房間的樓房裏。雖然她從未上過教會，但韋爾萊想到訪我們。

我跟自己說，你們不依指示，做事從來不依牧者吩咐……就要承受這樣的結果了。

下一個主日，海倫和格拉迪絲在十一時的崇拜中，自豪地向各人介紹韋爾萊並她兩個看上去野性未馴的孩子。韋爾萊十分喜歡主日崇拜，她說她想參加星期四早上的婦女查經班。海倫和格拉迪絲說她們會在星期四接她到教會。

星期四，韋爾萊出現了，她自豪地拿著她的新聖經，是海倫好友們送給她的禮物。這不但是她擁有的第一本聖經，也是她見過的第一本聖經。

那天早上的查經班由我帶領，是查考下主日的經課，即路加福音四章耶穌在曠野受試探的那段經文。「你們有沒有人遇過試探？且靠著耶穌抵擋了那個試探？」我講解完我的資料後這樣問大家。「你們有沒有為了認認真真做基督徒而拒絕試探？」

其中一位女士告訴我們，一星期前，超級市場的付款櫃位出現了混亂，後來她竟發現自己拿著一條麵包站在停車場，但她還未付款。

「最初我想到，」她承認說：「為甚麼我要付款？但 237
後來我想：『不，你是基督徒。』於是我跑回超級市場，付了那條麵包的錢。」

我說了一些讚賞的話。

然後韋爾萊說。「幾年前，我經常吸食可卡因。你知道那是怎樣的！令你瘋狂。唔，我的男朋友，不是我現在這個，是我第一個孩子的爸爸，那個，唔，一天晚上，我們打劫一個油站——拿走了二百元。就像拿走嬰孩的糖果那樣簡單。唔，我男朋友對我說：『我們打劫街角那間便利店吧』。我裏面有把聲音說：『不，我已和你一起搶劫了那個油站，我不會搶劫便利店。』他將我打個半死，但我仍然堅決拒絕。說不的感覺實在太美妙了。因為那是我一生中惟一一次說不。這令我感到自己是個重要人物。」

大家都驚訝得沉默起來，我低聲說：「唔，啊，呀，那是抗拒試探。現在讓我們一起祈禱結束吧。」

我走出教會的大堂，站在停車場，幫助海倫登上她的普利茅斯（Plymouth）汽車時，她對我說：「你知嗎？我急不及待要回家，打電話邀請人下星期四來！以前你的聖經故事十分沉悶。但我相信現在我可以找到一大羣人來了！」[13]

無處不在、幾乎（但從來不是完全）無可抗拒、三位格的上帝，咯咯地大笑起來。

10

牧者就是先知：奉耶穌的名言說真理

一個愛搬弄是非的少年人跑來告訴摩西說：「伊利達、米達 239
在營裏說預言。」(民十一 27) 較早時，耶和華跟摩西說話後，要將祂的靈分賜給長老，而此前耶和華主要是將祂的靈降在摩西身上的。現在，伊利達和米達接受了聖靈的恩賜後，多言起來，開始為上帝說話。其中一個「蒙揀選的人」約書亞(十一28)不喜歡這情感過分奔放的靈。他說：「請我主摩西禁止他們。」

我們不能讓沒有資歷和未經認可的人說預言，為上帝說話。今天是伊利達和米達，明天是我的兒子或女兒。約書亞要求摩西頒佈說預言的規範。

摩西的回應是：「惟願耶和華的百姓都受感說話，願耶和華把他的靈降在他們身上！」(十一 29 下)

摩西對靈並不吝嗇，他自己本來就不慣於向有權位者說出真理，直至上帝的靈的催迫(參出三～四章)。但願所有上帝的百姓都是先知！滿有聖靈恩賜的上帝真理的言說者(spirit-gifted tellers)，從來都不嫌多。

五旬節的經課，巧妙地用上了民數記十一章這個不太好懂的片段，來襯托使徒行傳二章那次情感更加奔放、更加具先知
性的靈性大爆發。在五旬節，他們聚集在一處。有一陣大風吹 240

過，有舌頭如火燄顯現——聖靈。就如在民數記十一章那樣，聖靈的恩賜是説話的恩賜，説預言的恩賜；就如在民數記十一章那樣，聖靈造就出一大批傳道者，令羣眾驚訝(徒二 12)：「這是甚麼意思？」

在回答民眾的譏誚時，彼得開腔説話。很明顯，五旬節〔的經歷〕讓彼得找到應説的話。彼得引述先知約珥的話來解釋樓房的騷動。從前，聖靈澆灌在個別少數有恩賜者身上，他們被稱為先知。但根據約珥書二章 28 至 32 節，終有一天，上帝的靈會澆灌在所有人身上。**是所有人**。即使是典型的無聲者——老年人（退休人士，他們通常在接受安老服務，沒有生產力，因此不受重視）、失業的年輕人、低收入的女傭、打理建築物的工友（編按：對比珥二 28～32，當中提到「老年人」、「少年人」、「僕人」和「使女」）——上帝的靈會在末後的日子降臨在他們身上，帶來話語。那些從來不會在《紐約時報》（*New York Times*）出現，那些從來沒有人要求他們在擴音器前説幾句話的人，都會説話。

其後，世界感到驚訝，像彼得這樣「沒有學問的小民」（徒四 13）竟然在説話，每個人都用自己的鄉談講説「上帝大能的作為」（徒二 11）。五旬節神聖的大風是先知講道的大能。那天，肯定有人會記得摩西自信滿滿的説：「惟願耶和華的百姓都受感説話！」那天就是現在，那些先知就是我們。

年輕的牧者賴荷．尼布爾（Reinhold Niebuhr）感受到牧者和先知這兩個角色之間的張力：

> 大部分先知是巡迴講員，對此我不感到意外……我想，傳道者所以馴良，是因為人對著自己要去愛的人説難入耳的真話，是艱難的事……一旦建立了個人關

> 係，你很容易就會傾向遷就他們的需要。同時兼具人性和誠實，確實毫不容易。大部分初露頭角的先知，隨著時間過去都會給馴化為無傷大雅的堂會牧者，對此我不感到意外。[1]

尼布爾**沒有**在牧區逗留多久，或許正因為他看到真正的「先知」太容易為一般會眾所限。

幸好有像布蘭金索（Joseph Blenkinsopp）這樣的學者 241
的著作，叫我們得知以色列的先知其實是「傳統主義者」（traditionalists），而且是最深刻意義上的傳統主義者。[2] 先知呼籲以色列憶記耶和華所給定的獨特召命。先知式的記憶（prophetic remembrance）確實發揮著模塑獨特羣體身分的作用，而不止於籠統地對當時的社會安排作出批判。先知是社羣主義者（communitarians），他們關注的是以色列這個先知羣體的培養陶冶、承傳沿襲和完整合一。

今天，有傳道者向政府提出批評，要求政府更公正地運用資源和權力，大家會稱這些傳道者為「先知」。這些先知的光譜屬於民主黨左翼。但這種對「公義」的「先知式」呼籲，卻鮮少像我們所宣稱的那樣富批判性或「先知性」，因為我們所說的「公義」，通常只是建基於一種徹頭徹尾的傳統見解（conventional understanding），試圖透析現行政治結構的框架內，還可以有甚麼可能性。這種「先知式的話語」遠不是對現行秩序的攻擊，而是將之合理化。

我帶著一班會友去參加北卡羅萊納州的「道德星期一」（Moral Mondays）示威遊行，抗議州政府削減預算的不公義行為。我對我的先知式領導很感滿意。

在回家的路上，我聽到州長告訴一位電台記者說，示威者只是「一班年過六十的激進分子」（哎喲），而且按民意調查結果，大多數人都支持他的政策。

當他提到如此正面的民意調查結果時，我突然想到：那些有分投票選出州長的人，以及支持他政策的人，都在我的教會裏。我每星期天都向他們講道。

這樣看來，參加示威遊行，較諸在講台上言說真理，對我們來說其實是更省力的。我下定決心，我可以做的最合乎聖經的「先知式」行動是戮力講道。

但我不想令人誤以為牧者有可能不是先知。牧者不是過氣
242 的先知，失去了戰鬥力。由於牧者蒙召為真理——就是耶穌基督——作見證，很多牧養活動都必須是「先知式」的。而且，先知式的牧者的目標是組織一個先知式羣體（「惟願耶和華的百姓都受感説話」）。作先知的勇氣可以源自很多地方——確信有值得傳講的真理、認定真理比受歡迎更重要、相信耶穌已令那怕是普通人也有法子成為先知。這種先知式的確信、認定和信仰的首要源頭，是教會的主日崇拜，那裏充滿著極富想像力的意象、隱喻、審判及赦免，真理得著更新，憑此我們得以在謊言充斥的世界中活出真理。真理的體現，便是先知式的敬拜。我們應該學效甘地（Mahatma Gandhi），他稱自己的生命為對真理的實驗（an experiments with the truth）。[3]

用美國非裔教會的話説，當我們不單「言其所行，行其所言」，先知式的職事（prophetic ministry）就出現了。

不久以前，我講道後有一個人向我走來，她因那篇道而不大高興。聽著她抱怨，我心想：「我真的不在乎那篇道怎樣令你不高興。」我天性懦弱，有這種想法實在不可思議。（我從十二歲開始，每年都獲選為班會主席。不過，一個人可不是因為真誠而當選。）但現在，我站在教會的門口，對於一個感到被冒犯的會友的攻擊，不可思議地了無影響。只單純地講道、教導、嘗試聆聽上帝話語、嘗試在言説中傳遞真理，在某程度上，我

已經變成了先知。那是對上帝在教會中的恩典的見證。

奧古斯丁於公元三九五年在希坡講道時，他留意到那城的基督徒正在歡慶著利蒂希婭節（the feast of Laetitia），上教堂時往往喝得醉醺醺又不守秩序。那天選定的福音書經文是馬太福音七章6節——警告人不要將聖物丟給狗，也不要把珍珠丟在豬前。「奉全能上帝隱藏的定旨，我如此講述豬狗，迫使那些大聲反對神聖訓詞者，以及沉溺在肉體歡愉的惡習者，羞愧得漲 243
紅了臉。」[4]對奧古斯丁來說，這個例子說明了一點，只要老老實實地忠於上帝的話語，就能於適當的時候，像先知那樣真確地說出正確的話語來；跟聖經連繫得更牢固更緊密，我們可得享自由，成為我們應該成為的先知式的牧者。

「惟願耶和華的百姓都受感說話」

在《異類僑居者》[5]一書中，侯活士和我講述了格拉迪絲（Gladys）的故事。格拉迪絲是教會一個十分活躍的會友，在一次基督教教育委員會的會議上，她以一個簡單的先知式問題打斷了會議：「為甚麼教會要做日託服務？」

後來，我在肯塔基演說時，一位女士上前對我說：「我是格拉迪絲。」

我問：「哪位格拉迪絲？」

她說：「你書中的格拉迪絲。」

「我們的教區委員在開會，我們的牧師興高采烈地簡介將會在迪士尼樂園舉行的青少年退修會。我當時想到一些問題，就問他們：『為甚麼我們帶一羣平日已節目多多、家境富裕的青少年去迪士尼樂園，並稱那為事奉？』牧師說了一些甚麼關於『建立羣體』的話。我說，他們參加我們的人道居住組織（Habitat for Humanity）計劃，羣體同樣可以建立。牧師們因而自我防衛起來。幸好，委員會中最年長的成員、一位八十歲的女士支持我，她說她也看不到奧蘭多之旅和事奉有甚麼關係。那晚的會議實在很棒！」

我們在《異類僑居者》中談到格拉迪絲時說：「在任何時代，教會面對的最大挑戰，就是創造一個真理的僑居地（colony of truth），那是有生命、有活力、有見證的；亦正因為這樣，必須由曾接受訓練和具備恩賜的牧者和領袖，幫助我們塑造一個羣體，是能夠培育出好像格拉迪絲這樣的人，又培育出能夠聆聽格拉迪絲言說的真理而又不因而討厭她的人。」[6]或者正如摩西說：「惟願耶和華的百姓都受感說話，願耶和華把他的靈降在他們身上！」

244 五旬節（徒二章）對先知講道的考驗，不是我們站在講壇上有多令人討厭，而是我們能培育出多少好像格拉迪絲這樣的人——能夠說不的人，能夠向當權者言說真理的人，有異象異夢的老年的男男女女、打理建築物的工友和女傭，以及不介意向世界述說這一切者。

從我閱讀使徒行傳二章和路加有關教會誕生的記載所得，我歸結出幾項先知講道的原則，可以見到三一的第三位其行事的方式：

1. 聖靈賜給世界一個**先知式羣體**（prophetic community），而不單單是幾個敢言的社會時事評論員。聖靈降臨的目的，是政治性的，為要創造一個城邦（*polis*），也就是一羣人，他們的外表、言語和行為，都是有別於世界的羣體所想的。沒有奇特的先知式羣體存在，不可能有獨立個體的先知；他們一起生活，滿有活力，得以培育出一羣先知來，而他們總不介意向彼此和世界言說真理。

威廉斯（Charles Williams）這樣形容教會：「她的外表和她的才華確實絕倫，但她那些無名的聖徒才是她的能力所在。」[7]

好像格拉迪絲這樣平凡的普通人得以成聖，作聖潔的器皿，作真理的見證人，是上帝在基督裏的大榮耀。頭三世紀推動教會奇迹般增長的引擎是：整個教會通過參與慈惠工作，見證著一個全新的世界。當時信奉異教的羅馬人有棄嬰（exposure of infants）、墮胎和雞姦的風俗，而且經常遺棄病患者和垂死的人；可是，基督徒不單關顧他們當中軟弱的，也關顧整個羣體。正如特土良在《辯護書》（*Apology*）中作見證說：「在我們很多敵人眼中，我們的標記是我們照顧無助的人，以及實踐仁愛。他們說：『只需要看看他們怎樣彼此相愛。』」[8]

哈利（Philip Hallie）的《免流無辜人的血》（*Lest Innocent Blood Be Shed*）記述了尚邦（Le Chambon）[9] 的胡格諾派（Huguenot）信徒羣體內的平凡人的一些非凡事迹。平凡的男女拯救了超過三千名猶太人，他們所以有這樣了不起的見證，
不是出於他們自己，而是他們的牧者每星期的講道，令這些小 245
人物做出英勇的事。一九四二年，納粹控制下的法國維琪政府（Vichy）的警察要求特羅克梅牧師（Pastor Trocme）告訴他們猶太人躲在哪裏，但特羅克梅拒絕回答。經搜查，警察結果只找到一個猶太人。警察送他上巴士，要載他去監獄，這時，牧師的兒子越過守衛的包圍，將一塊珍貴的巧克力放在這個猶太人手中。其他村民也開始「從窗子遞出他們的小禮物，直到那人周圍都放滿了禮物——大多是食物，就在那段德國佔領法國的飢餓日子中。」[10] 或許令人印象更為深刻的是，這些人甚至將維琪警察也當作自己的鄰舍。他們抵抗這些警察，用盡一切手段阻止他們找到躲藏著的猶太人，並一再向當局說謊，可他們卻無意加害這些警察，他們的這些死敵。為甚麼？因為他們所研讀的聖經，令他們相信，甚至連警察也是他們的鄰舍。他們感到自己應該盡一切努力，令警察不會成為加害者。[11]

當哈利問，哪個聖經故事是他們最常引述的？毫不教人意

外，是好撒馬利亞人的故事。[12]這個故事創造出一個世界，在其中，平凡的人不止於消極地遵守禁令，不彼此傷害，而是更積極主動地關愛和憐憫受害者和加害者。教會通過持續地將平凡人的生命讀進耶穌的故事，能塑造品格，建立聖徒，開啟新世界，令良善成為可能。

2. 聖靈令人放膽說話。我曾經問一個美國非裔朋友：「為甚麼五旬宗的講道多傾向高聲喧嚷？」他回答說：「因為長久以來，別人經常告訴我們，我們應該讓人看得見——卻聽不見、不露臉和安靜不語。我們要有禮地站在一旁，讓位給主流文化。教會招聚我這羣人，令他們能夠挺胸昂首，高聲呼喊，站起來讓人聽見他們的聲音。」

基督教崇拜都應該建基於這樣的一個前提：如果我們可以找到一羣人——老年人、少年人、女傭和打理建築物的工
246 友——在主日挺胸昂首，將他們的東西放到上帝的寶座前，我們於星期一也可以在市議會或五角大樓做同樣的事。使徒行傳的故事，大部分是講述一羣「沒有學問的小民」（徒四 13）如何從聖靈得著能力，充滿自信，靠著復活的基督的大能，「攪亂天下」（徒十七 6）。

幸好，當這些先知放膽高聲說話時，毋須顧慮自己要說些甚麼。耶穌應許聖靈會將合宜的話賜給他們。

> 人帶你們到會堂，並官府和有權柄的人面前，不要思慮怎麼分訴，說甚麼話，因為正在那時候，聖靈要指教你們當說的話。（路十二 11～12）

某一個主日，在杜克大學的禮拜堂，我翻查經課集，失望地發現，第一次經課選自箴言。總的來說，我不大喜歡箴言，因為它缺乏神學內容，只一大串老生常談，陳詞濫調似的，「做

這」和「不要做那」。自強不息，力求精進，做好人總該是好事。不過，箴言確實像人在長途旅程中塞車，卻正好跟母親待在一起。但我仍然沿用那節經文，箴言二十二章1節：「美名勝過大財。」

我告訴會眾，箴言充滿著傳統並世俗的智慧，是生活的小貼士，是有用的小提示，可算是建制性的作品，是老年人傳給少年人的話，以讓孩子走在正途上。

不過，這句箴言，二十二章1節，卻挑戰著我這種觀念。「美名勝過大財。」這裏下了一個價值判斷。一件事「勝過」另一件事。只是，我們有多少人上大學是為了求取美名？特朗普（Donald Trump）倒相信格言「全力掙錢！」「**美名勝過大財**」？——你試試將這句話寫在圓領T恤，穿上身在大學校園裏走走，然後告訴我你在友儕間的遭遇。在我們身處的社會，人不顧一切去全力掙錢——甚至不惜犧牲名譽。

在崇拜結束時，令我大感驚訝的是，一個高中生走出來跟 247
我說：「這堂道講得真好，謝謝你。我現在知道我不會上法律學院了，今晚我會找我的老頭子，對他說：『去你的。』」

我說：「唔，你找他時不要跟他說你今天早上十一時在哪。」

一旦被聖靈抓住，甚至看上去是馴服並膽怯的傳統智慧（conventional wisdom），也可以很有爆炸力。

3. 聖靈充滿的言說，所帶出的果效，多屬政治、經濟和社會性的，因此，**我們必須操練自己，讀經時能會眾性地閱讀、教會性地閱讀，並因而政治性地閱讀**（congregationally, ecclesially, and therefore politically），而不是著眼於治療性、主體性、或者根據世界對「適切」的定義而適切性地閱讀（therapeutically, subjectively, or relevantly）。布盧姆（Harold Bloom）表明，美式的信仰尤其認為我們與上帝的聯繫非常緊密。[13]我們感到我們與上帝的分歧甚少。路德說：「上帝的聖道臨到，只是因為上帝將它傳達出來……它臨到，只是因為它從天上而來……從天上而來的聖道，跟我自己選擇的道、跟由我自己發明的工具而來的道，它們是天差地別的。」[14]當世界求變，會找一些有效、重要、通常亦是合法的強制方式，以求為自身帶來改變。但當耶穌想改變世界，祂呼召一羣那麼平凡、經驗不足、不特別有天分的人去作祂的門徒。這是耶穌推動革命的方式。雖然對世界來說，這種方式似乎注定是了無效益，不切實際和不可能；但無論如何，教會總是上帝對世界的問題的答案。單單讓教會向掌權者言說真理，見證統治世界的是上帝、而不是列國，見證真正的主是耶穌基督、而不是凱撒，教會便已經發覺，世界的統治者原來那麼輕易就會感到受威脅。如果基督徒不是在中國和蘇丹受到逼害，沒有在荷李活（Hollywood）和牛津（Oxford）被人嘲笑，我們可能以為先知講道的時代已經結束。當千萬人仍然為這信仰獻出他們的生命，便足證上帝仍然在興起先知一族。至少，讓執政掌權者，以及身處高位的，承認卑微的古老教會是對他們世界的所有根基的威脅。

248 世上的國，成了我主和主基督的國；
他要作王，直到永永遠遠。（啟十五15下）

在很多政治議題背後，均是一個關乎禮儀的問題：「你所崇拜的是誰？」牧者身為先知，就要不斷提醒教會，上帝揀選「世上愚拙的，叫有智慧的羞愧，又揀選了世上軟弱的，叫那強壯的羞愧。上帝也揀選了世上卑賤的，被人厭惡的，以及那無有的，為要廢掉那有的」（林前一27～28），是多麼奇怪，又多麼美好！

正因為這樣，侯活士可以說：「教會沒有一套社會/社羣倫理，教會**就是**社會/社羣倫理。」[15]福音不單勾勒出一個事實，就是信徒跟基督以外的任何關係，都是艱難的和屈從的，福音也塑造出一羣子民，他們知道究竟誰坐在寶座上。教會給世界的其中一個最大的先知式恩賜，就是教會——一個政治實在（rcality），以它的話語，以它同在的生命，以它對世界的愛，向世界展示出一個另類可能。

4. 先知式講道的目的，是培育和裝備一個先知式羣體。先知式講道（prophetic preaching）的目標，是召喚教師、售貨員、安老者和十六歲的青少年，使他們作先知，向掌權者言說真理。對講道的真正考驗，不是有否得到大眾的稱許，甚至不是有否忠於聖經原文，而是講道有沒有能力召喚先知。因此，我們傳道者有理由以像格拉迪絲這樣的人為榮，因為從她身上我們看見我們講壇上的一切努力最終都沒有白費。希伯來先知常常給描繪成孤獨的人。不過在使徒行傳二章之後，先知講道成了羣體的事。

以弗所書四章 15 至 16 節，將言說真理和羣體、言說真理和成熟，緊緊扣在一起：

> 惟用愛心說誠實話，凡事長進，連於元首基督。全身都靠他聯絡得合式，百節各按各職，照著各體的功用彼此相助，便叫身體漸漸增長，在愛中建立自己。

「說誠實話/言說真理」（speaking the truth）跟成熟和長 249
進有關。沒有真確的言說，便沒有成熟的基督徒。在教會裏，我們往往選擇愛而犧牲真理。根據以弗所書四章 15 至 16 節，先知式的言說是踐行愛的一個面向，是締造基督徒合一所必須的，因他們乃是「一主，一信，一洗，一上帝，就是眾人的父」

（弗四 5～6）。我們有太多會眾羣體是以世界的方法來追求合一——控制資訊、假意奉承、和藹友善——而不是用基督指定的方法，也就是用愛心言說真理來締造合一。為了達至與「基督徒」這稱號相稱的愛，我們需要愛基督的真理，多於愛合一或我們教會的人。

一位女士在我講完一篇關於饒恕的道後，於崇拜結束時，在教會正門跟我攀談起來。

「按你的意思，你是否要告訴我，耶穌想我饒恕那個虐待我的丈夫？他曾令我恍如置身地獄，直到我有勇氣離開他。」

我有點緊張，並帶點自辯地說：「唔，我們只有二十分鐘的講道時間，未足以好好界說及詳述當中每一要點。虐待配偶當然罪大惡極了，但耶穌吩咐我們要饒恕我們的仇敵，有比你前夫更大的敵人麼……？」

「好！我只是想確定一下！」她這樣便走了出去，我想，她背負著一個重擔離開，而這重擔不是從她自己而來的，她走上了一條跟世界的道路大相逕庭的窄路。誰告訴我，我身為傳道者的工作，是保護她遠離耶穌？誰告訴我她命定只能充當受害者的角色，而免疫於耶穌作門徒的呼召？**為甚麼我認為她不能成為先知？**

有時，我們甚麼也不用說就可以作出先知式的見證。只單單做一個言說真理的人，承擔起照顧孩子的責任——甚至不是自己的，只求施而不求受，這樣，我們便引來世人的疑問：「這個人怎麼能以這種方式生活？那跟我們一向習慣的生活是如此不同。」

路德說，上帝差派祂話語所配得的聆聽者，[10] 我曾對路德說，透過上帝所差派的聆聽者，能造就出祂話語所配得的傳道
250 者來。在美國第一次攻打伊拉克期間，有一位會友給我一張字條，她是一位八十多歲的女士，由於健康轉差，她大部分主

日都被逼在家中收聽我們的崇拜轉播。她在信封內附上一份剪報，報道指美軍在一場戰役後於戰壕裏埋葬了七百個伊拉克士兵——其中有些仍是活著的。她寫道：「你最近講道有沒有講到這件事？你一定要。我們的神職人員的道德聲音哪裏去了？有人犯了這種殘暴的罪行，沒有感到一絲良心責備便走開了，他們變成了怎樣的人？」

那位婆婆甚至令我慚愧得要作先知講道。有時候平信徒會得到他們配得的講道。

牧者有幸站在有利的位置，可以看到聖徒在世上作工，看到上帝使用先知叫有智慧的人羞愧，令高升的人降卑（林前一26～31）。五旬節的真正神蹟是如下的宣稱：「眾人都懼怕……信的人都在一處，凡物公用，並且賣了田產、家業，照各人所需用的分給各人」（徒二43～44），因此，摩西在民數記十一章所翹首以待的先知國度，已經出現了；傳道者正正是站在一個能好好地講道的位置上，可以像五旬節那樣作先知講道。

5. 作先知講道源自確信「耶穌基督是主」這個終末式信念。在統治世界的，是上帝而不是列國。終末論——對「末後的事」、即 *eschaton* 的言說——乃基督教的言說，就著世界的關注，論到最終有甚麼事情發生。那就是，耶穌基督是主；祂終必掌權，把一切放在腳下（林前十五25）。與其說終末論關乎將來，倒不如說它是關乎現在的、充滿政治意味的信仰聲明。

居普良（Cyprian）在迦太基向他的信眾講道時指出，向其他基督徒表達愛心，沒有甚麼了不起。要見證那是真正的新世界，基督徒應該做得比異教徒好；我們應該以善勝惡，好像上帝那樣廣施憐憫恩慈；我們應該愛仇敵而不單單愛同一信仰者，以表明舊世界正在終結，一個新的世界已然開始。[17]斯塔
克（Rodney Stark）指出，有充分證據讓我們可以認定一點， 251
就是在最初的幾個世紀裏，女性佔會眾的大多數，他推想，教

會現象級增長的一個主要原因是，它吸引婦女。基督徒與羅馬人和猶太人不一樣，他們樂見女性在教會中擔任領導角色。[18] 基督教教義除去種族、性別、階級在羅馬人心目中的力量，在一點一滴地改變世界。可惜，當教會那種新時代並終末的張力一紓解，舊世界便取而代之，於是教會便回到了過往的生活，彷彿一切都沒發生過。因此，終末論是徹底的基督教倫理（radically Christian ethic）的基礎。[19]

有機會與一位拉脱維亞牧者交談，他在共產鐵腕下受了許多苦，我對他的抗逆力，對他在共產黨統治下仍然抱持著盼望，感到驚歎不已。他解釋説：「我們多展望將來。七十年，在教會的思想中，不是那麼長。上帝只需七十年便令一個防衛森嚴、根基牢固的政治制度倒塌。還真不賴！」

「展望將來」這種終末式意識（eschatological consciousness），讓這個先知羣體能夠在張力中持守著誠實和盼望，讓我們有能力對抗看似打不倒的敵人，不住尋索國度的突現，即使一切都顯得了無盼望。

使徒行傳記述了掃羅歸信後，在約帕發生的一件戲劇性事件。在那裏有一個婦人名叫大比大（徒九32～43），對教會來説，她成了先知式時刻的中心。大比大是新約中惟一用上陰姓名詞「門徒」的女性。她作門徒的方式是照顧寡婦，即照顧羣體中最脆弱最易受傷害的人。[20] 當她猝然離世，這些絕望的婦女的盼望消逝。她們難過地展示著大比大給她們的衣服，具體表明了她們失去大比大的哀傷。

教人意外的是，死亡對大比大於寡婦間的事奉，竟沒有最終的話事權！彼得大膽説出復活的話語：「大比大，起來！」（九40）她也確實起來了。她的名字在亞蘭文和希臘文的意思都是「羚羊」。聽到復活的道，大比大好像羚羊一樣，生命躍動起來。

這個小插曲是「復活節羣體」最具終末性／先知性的一刻

（eschatological/prophetic）。這些婦女在古老、牢固、僵化的社會安排下，掙扎求存，現在這結構被瓦解了！在這個全新的羣體裏，沒有人——包括大比大、寡婦、格拉迪絲和彼得——給福音觸摸後仍裹足不前。耶穌戰勝了死亡；教會也一樣。上帝使用了世上無能力的和一無所有的，使有能力的和樣樣都有的羞愧（林前一 26～31）。

就像使徒行傳這裏的彼得一樣，牧者不斷陳說、再現和表明上帝國那既濟/已然與未濟/未然的性質，基督徒的終末盼望。我們仍未抵達，但已在途上。沒有持續的闡釋、未有懷著愛去重申終末的異象，先知式的職事就會消失。當保羅談到一種職事，是建基於確信一位「賜忍耐和賜安慰的上帝」（羅十五 5），從而使我們能夠「彼此勸慰，互相建立」（帖前五 11），他肯定就是指到這種職事。世界和它的詭計、執政和掌權者，對單純合乎人道的利他主義（altruism）而言，實在太偉大了。如果我們想應付掌權者的一切頑強和複雜的手段，我們需要一些能超越今天的異象。終末論不是對先知職事的逃避（「未來的空中樓閣」），透過夢想天際縹緲的未來，迴避此刻的公義問題。終末論是先知式的行動的基礎——因為我們知道故事的最終章如何，我們行動時便能滿懷勇氣和信心。[21]

我們在使徒行傳遇上的基督徒，他們確信自己有幸活在一個全新的時代，而這全新的時代是根據他們對終局的認識來設定來形構的。使徒行傳以基督升天開始，戲劇性地宣稱，現在坐在寶座上的是誰，又是誰在掌管。而掌管一切的那位，同時是被釘十字架的那位，意味著這位上帝不是用舊時代的暴力方式來求取勝利，而是通過愛的方式，而這最終又會徹底改變我們此後該有的生活方式（意即：懷著寬恕和受苦的愛，信靠上帝的大能而不是我們自己的力量，令歷史步入正軌。[22]

羔羊，就是那被釘十字架的羔羊，坐在寶座上（啟七

9～17）。

253 基督耶穌
他本有上帝的形象，
不以自己與上帝同等
為強奪的，
反倒虛己，
取了奴僕的形象，
成為人的樣式……

所以上帝將他升為至高，
又賜給他那
超乎萬名之上的名，
叫一切在天上的、地上的和地底下的，
因耶穌的名無不屈膝，
無不口稱
耶穌基督為主，
使榮耀歸與父上帝。（腓二 6～11）

因此，因著審判是由上帝而不是我們來決定，與其說我們先知式的見證是我們對世界的審判，不如說那是我們充滿喜樂的宣告——以我們的所言所行，宣告上帝在基督耶穌裏使一切同歸於一。

插曲
基督教牧職中的罪

我在西岸一所牧者培訓學院主領一系列講座，主題與罪有 254
關。聽眾對我的講話倒不完全認同。聽眾中有好些人——大部分是新教宗派教會的中年男性——對我的講話頗感困惑。他們似乎在說，畢竟我們受過良好教育、開明，又支持社會變革，生活在美國太平洋西北部地區（Pacific Northwest），那些一度困擾著正統基督教的負面事情（例如罪的問題），我們已經克服了。我們的口號是：天天如意，事事順景，更高更大更好。

而那些聽我的演說聽得十分快樂的人，包括了一羣女神職人員。

我有點意外。很多女性主義神學家（feminist theologians）都批評奧古斯丁太注重罪，特別是驕傲的罪，她們認為這種關注壓抑了女性的全面自我表達。

經與她們交流她們在牧養事奉中的經驗，我發現一個事實：如果一個人生活安定，對罪便可以保持樂觀。我們這些手執權力的人總以為自己基本上是個好人，正在盡我們所能打造一個井然有序的世界。不是嗎？那可是**我們的**世界。對這樣的人來說，先知式的職事只意味著對現有的政治架構做一些小修小補，通過新的法例，給國會進言。我們的世界儘管需要一定的調整修正，但基本上還是好的，因為它是**我們的**世界。

但如果一個人生活在社會底層，因著別人的暴行和踐踏而不時成為受害者，可能會對世界有很不一樣的看法。正如其中一位女神職人員說：「我實在無法解釋，為甚麼我會眾中的這些大好人，竟然可以如此刻薄——只可說因為他們都是罪人。」
255 這些婦女蒙召投身牧職，卻發覺服事教會原來是件十分冒險的事。正如祁克果指出：「罪本預設其自己」，為人類事業的一分子、甚至是(尤其是)教會事業的一分子。[1]

如果你想尋找惡(evil)，首先在會堂和教會裏尋找吧。惡隱藏在善中(good)。撒但也裝作光明的天使，畢竟他的名字是路西弗(Lucifer)。教會的領袖要小心防範，不單因為我們在敬虔的人中間工作，也因為我們自己蒙召向上帝說話，並替上帝向祂的百姓說話，故此，我們身處的位置，在道德方面十分脆弱——罪總伏在門前的一個位置(創四7)。

神職人員為主作工，特別容易自欺。如果你探望病人，傳講真理，施行聖餐——獻上基督的身體和寶血，在微薄的薪金下勞苦努力，那麼，在會眾中間，甚或在其他神職人員中間，還有誰可以批評你呢？如果牧者是言說真理的先知，那麼他們將要面對極大的試探——說謊。如果我們蒙召去運用上帝大能的話語，那麼我們將極有可能濫用權力。

基於上述這些原因，神職人員必須培養出一種健全的罪觀——包括他們自己的罪觀和教會的罪觀——否則成為神職人員是危險的。很多當代神學看來都忽略了罪這個面向，不過在實際事奉時，需要恰如其分地看待罪在教會和教會領袖中之無處不在。正如魯益師指出：「魔鬼的策略是說服我們沒有魔鬼。」[2]當教會不再處理罪的問題，那便證明教會已經妥協了——教會退下陣來，不再跟執政掌權者爭戰；教會再沒有先知。[3]

如果神職人員想成為忠心的傳道者，成為向先知式羣體講道的先知，成為傳遞基督的身體和寶血者，成為真理的言說者，他們將有大量學習的機會，體會到「人從小時心裏懷著惡念」(創八21)。我們怎樣將這教人憂傷的洞見融入到牧職的工作中？

坎貝爾

坎貝爾(Will Campbell)在貧窮的密西西比成長。他七歲受洗，十六歲講第一堂道，手裏拿著由三K黨送給東部支流浸信
會(East Fork Baptist Church)的聖經。他離開密西西比到軍隊 256
服役，在太平洋的一個島嶼上讀到一本書——法斯特(Howard Fast)的《自由之路》(*Freedom Road*)。對坎貝爾來說，那完全是奧古斯丁和那本書和那個花園的翻版。法斯特令他看到南方種族主義和南方貧窮的白人所受到的壓迫兩者的關聯。「我知道我餘生都會想著南方的悲劇。那是一次歸信的經歷，是我以前從未有過的。我知道這些經歷一定要表達出來」。[4]坎貝爾完成耶魯大學神學院的課程後回到南方。他形容自己是「向南方邦聯(Confederacy)傳教的人，白人和黑人之間的橋梁，對頑梗的人發出挑戰，揭露墮落的南方土地上的野蠻政治；是一手拿著聖經，一手拿著破舊的卡什(W.J. Cash；編按：美國二十世紀上半葉作家，以其美國南方的著作聞名)著作的先知」。[5]

坎貝爾幼年時赤貧的經歷，以及他在老密西西比(Old Miss)作為年輕校牧時遇到的種族仇恨，令他對「人天生的邪惡本質」抱一種兩重的信念(用他傳記中的話)[6]——著名的坎貝爾信條(Campbell credo)：「我們都是壞蛋，但上帝始終愛我們。」[7]

在六十年代初，坎貝爾因為從事民權運動，和為全國基督教協進會(National Council of Churches)工作，被密西西比大

學（University of Mississippi）革除校園牧職的職務，他父親吩咐他不要回家鄉去，因為「他從鄰居那裏得知，當地一個種族主義組織表示，如果我那個夏天回家，就會躺在棺材裏離開」。[8] 坎貝爾認為基督徒應該視美國的種族主義為「人遠離上帝的病徵，以及破碎的基督的身體之象徵」。民權運動同時是「耶穌基督的救贖心意」和「上帝對祂百姓的審判」的證據。[9] 上帝的恩典和人類的罪惡這兩重信念，是坎貝爾事奉的特點，這讓他看到很多白人自由主義者在參與民權鬥爭時那種自私的虛偽，[10] 也讓他看到民權運動式微時一些美國非裔人士所懷抱的複雜動機。[11]

257 五十年代中期，在密西西比大學當校牧時，坎貝爾——在貧窮、低教育程度的白人種族主義中成長的人——第一次見識到，哈佛大學受過良好教育的律師和溫文爾雅的大學行政人員的種族歧視。這個傳道者發現，罪在社會的上層和底層，在教會的內部與外部，都十分普遍。在他的小說和他其他的著作中，坎貝爾既譴責公然種族歧視、落伍、低教育程度的三K黨人，但他同時對出現在溫文爾雅、擁抱自由主義、情操高尚的社關人士身上那隱微的階級和經濟罪惡，痛下針砭。坎貝爾也沒有著力區分個體的罪和集體的罪、個體性的惡和制度性的惡。我們的罪，已經跟我們的階級及種族壓迫體制、並我們的小小歪念混合在一起。

因此，我們要在主日禱告——作為個體和作為教會——一個集體認罪的禱告：

全能和最有憐憫的父，
我們犯了錯，如羊走迷偏離你的路。
我們過分隨己意和慾望而行。
我們違反了你神聖的律法。

應做的事我們沒有做；
不應做的反倒做了。[12]

坎貝爾雖感到人性全然軟弱，但並沒有窒礙他作見證的勇氣和創意，而這個事實見證了罪的意識對事奉是如此重要。馬克思（Karl Marx）指摘基督教的原罪教義，指它在現存的經濟制度之中奴役著羣眾——如果革命之後，我們人類仍然是敗壞和充滿罪污，為甚麼要力求改變？只是，相信我們是活在一個墮落的世界，也就是相信這個世界的結構並非神授而神聖不可侵，是需要糾正的。我們蒙召歸信，受命向世界分享基督的救贖工作。有人要求坎貝爾解釋他為甚麼獻身於種族公義，或者後來服事三K黨的貧窮白人，他回答說，基督徒有的，世人看來，只是一種簡單的回應，就是我們有責任幫助有需要的人。[13]
但同時間，我們這些照顧者，在單純幫助有需要的人之時，對 258
人類的罪抱一種健康的罪觀，並坦承即使我們最純全的動機也無可避免混合著無私和自私，我們才不致認為自己在道德上比別人優越；這樣，也讓我們毋需在幫助有需要的人之前，把對方過分理想化，即認為他們不單貧窮，基本上也是好人，所以是配得幫助的。

成為基督教的傳道者，就是將耶穌釘十字架的故事——我們罪人對上帝的獨生子所做的事——跟上帝在十字架和復活中為我們所做的事，併置在一起。耶穌選擇與罪人一起吃喝，跟他們同行，而不斷受到批評。祂不獨留意他們的罪，祂也赦免他們罪，甚至到了十字架上垂死的一刻，祂仍在赦免人。祂赦免罪人——當這些人是祂自己的門徒，甚至在他們逃跑和離棄祂之後，祂仍回到他們那裏，服事他們，赦免他們的罪（約二十 19～23）。

奇特的基督教罪觀

教會教導人如何做一個罪人。對基督徒來說，罪不但是人類的固有狀況，它更是我們與上帝之間的問題。福音的故事——即我們是蒙赦免、蒙救贖的罪人——叫我們能夠誠實面對我們的罪。誠然，很多思想敏銳和深刻的人，都留意到人類的實存中（human existence）普遍存在的弊病和失序。不過，這種籠統的意識，並不是基督教的罪觀。罪不僅是禁忌、畏懼或羞恥感，不僅指人未能好好活出自己的潛能，跌跌撞撞，屢屢犯錯。

賴荷・尼布爾引述巴特菲爾德（Herbert Butterfield）的話，指原罪是惟一可以用經驗來證明的基督教教義。即使那些不認識耶穌基督是主的人，也會認識罪。不過，尼布爾錯了。基督徒的罪，不是根源自我們不滿於人類實存的限制，也不是根源自我們不恰當地回應自己所不滿的有限性（discontented finitude；用尼布爾的講法）；[14] 相反，基督徒的罪衍生自、並取決於他們對上帝的認識，這認識是透過耶穌基督的啟示而得的。

259 身為年輕的牧者，巴特接受了十九世紀德國神學教育典型的自由主義神學訓練。人類在進步，至少在德國的文化中是在進步，而教會的存在，是幫助人歡慶這些有關人類進步的絕對樂觀的論述。接著，發生了第一次世界大戰。巴特拿起一九一四年十月四日的早報，得知好些神學教授簽署了一份支持戰爭的宣言，這位年輕牧者「震驚地找到幾乎所有至那時為止，我在信仰上十分敬重的神學教師的名字。他們的行為令我不再心存幻想，我認為我不能夠接受他們的倫理學和教義學，不能夠接受他們的釋經和對歷史的詮釋」。[15] 年輕的牧者巴特看到了，他們的神學怎樣屈從於德國的 *Kultur* [16]（編按：*Kultur* 指納粹期間，德國帝國主義宣揚者所美化的德國文化和文明）。因此，年輕的牧者巴特開始重構基督教神學——不過，基礎不再是哲學探究中那份過分樂觀的信念，而是聖經。

我們可能以為巴特會以創世記開始，檢視原罪的教義，就好像始自奧古斯丁的古典基督教神學那樣。但巴特沒有這樣做。傳統的進路是從我們罪的問題開始，然後去到救贖和代贖的教義，也就是上帝的回應——就是當我們因悖逆而弄垮了上帝原先的方案（God's Plan A），然後上帝採取的應變方案（God's Plan B）。巴特拒絕走這條路，因為如果人類就像基督教神學所宣稱的那樣，充滿罪惡，那麼即使我們承認我們的罪，力求改過，都不過是欺人、情感化和自利的。我們只有在講完我們的救贖故事**之後**，才能夠談論罪。

正如巴特說：「**只有**基督徒才犯罪。」[17]也就是說，只有基督徒才會這樣：他們曾接受深化的培育，培育出某些洞見和踐行，是令罪能夠被理解的（comprehensible）。基督徒學曉何謂犯罪（learn to sin），是始於救贖的故事——上帝在耶穌基督裏揀選了那位成為為我們者（to be for us），又揀選了我們成為為上帝者（to be for God；編按：當中的「為」（for），亦含朝向、服事等意思）。我們蒙赦免這個喜樂的故事，先於任何對我們的罪的誠實言說。我們的罪的教義所試圖指出的是，我們在基督裏所接受的跟上帝和好的恩典，是多麼奇妙。

教會的罪觀，就像以往以色列人的罪觀一樣，源於一個 260
獨特的、非常特別的講述，論到上帝在世上的作為：約、妥拉——或者對基督徒來說，是耶穌的好消息。如果我們從創世記開始，從亞當和夏娃以及他們所謂的「墮落」開始，我們會犯上尼布爾所犯的錯，誤以為罪是人類本性中固有、不能消除的小故障。我們必須由出埃及記而不是創世記開始，由西奈山而不是伊甸園開始，由伯利恆和加略山開始。惟有弄清楚這個故事——上帝的救贖故事——我們才能夠恰當而認真地，而又不致絕望地明白我們的罪，因為惟有這樣我們才會認識那位既恩慈又真確的（truthful）上帝。我們人類的窘局，不是我們決意追求能力和超越，而最終只換來有限性（finitude）與失敗，此外一無所成；我們的實情是，我們透過關乎自己生命的一系列謊言，透過關乎我們是誰和要成為誰的虛假故事，來看我們自己的生命，卻從未看清楚自己要受命作上帝的伙伴。只有透過基督十字架故事的鏡片，我們才能夠真確地看清楚自己，按事物的本名呼喚他們（call things by their proper name）。只有透過基督的十字架，我們才能夠看到我們的罪的全然深重，竟伴隨著那位決意拯救罪人的上帝的無比智慧和大愛（羅三 21～25）。因此，巴特宣稱「不在基督十字架的光照下，就不能認識罪。」[18]

既然牧者自己有罪，會眾也有罪，他怎可能仍然如先知那樣真確、勇敢、有愛心和有膽量？我們又怎可能同時保持誠實和盼望？如果我們的職事不是反映、回應基督在我們中間的職事，對於像我們這樣的罪人來說，那是不可能的召命。復活節及其後的每個主日均成了明證，證明了耶穌不止息地回到我們中間，尋找及拯救失喪的人，並與罪人一起吃喝——他們有些是無家可歸者，在垃圾堆中討生活；有些是教會中人，他們在團契室中彬彬有禮地彼此分享烘焙盤和紙碟上的食物的當兒，卻渾忘了無家可歸者的困境——大家都只是罪人。

261 為這個奇特的故事作見證，就是不斷去為我們知道和不知道的罪尋求赦免。那是一個接一個主日，懇求赦罪，擺脫我們隱伏著的邪惡意圖，以及饒恕我們有時搞砸一切的罪尤。那是成為一位同時在認罪和宣赦中帶領會眾的牧者。那是繼續與我們的會友一起生活，深信耶穌決意最終要透過一羣如我們這樣的罪人之無能服事，去得著世界。[19]那是輕看我們事奉上的成功，因為知道當中包含著種種罪過；同時又接納我們事奉上的失敗，不會對如我們這樣的人期望太高。那是一種幽默感，源自我們驚訝於耶穌基督的死，不是為了國家的榮耀，或者一間有兩個車位的車房，或者一筆豐厚的退休金（這些都是我們為之獻上生命的理想），而是為了拯救罪人。我們牧者，即使我們乃在罪中，仍然能夠有信，有望，有愛，因為即使我們仍在罪中，我們仍然能夠相信，「靠著愛我們的主，在這一切的事上已經得勝有餘了」（羅八 37）。或者，正如傳道者坎貝爾所言：「我們都是壞蛋，但上帝始終愛我們。」

11

牧者就是帶頭宣教的宣教士：差派

> 耶穌基督的使徒非但可以、且也必須是宣教士……那不僅僅是因著上帝話語的宣講在形式上的必須性，也不是出於人道的愛而不願向人隱瞞這話語……那決定性因素，是話語本身的具體內容。那關乎耶穌基督和人類生命……的真理……差不多是自然而然地在未被認識之前，被言說出來。那好像空氣湧進真空之處，又或者水從山上往下流，又或者火上添油。〔人類的生命〕站在上帝審判的記號底下。這不單是一種宗教觀，而是普世的真理。它適用於所有人……它跨越所有界限。它比任何人類的洞見，更有迫切性和約束力……被熱情地擁抱。這真理，就是基督教宣教背後的推動力……它衝破所有障礙。
>
> ——巴特（Karl Barth）

一七三九年春，懷特菲爾德（George Whitefield）寫信給約翰·衛斯理（John Wesley）說，因為來聽他講道的人委實太多，他的聲音不能傳遍數百人的聚會，所以需要衛斯理前來協助。衛斯理對於懷特菲爾德的請求誠惶誠恐，因為他身為聖公會中人，又是牛津大學教師，可卻被請求從事如斯不正統的活動，他的朋友也勸他不要去；其時，英國仍未走出克倫威爾叛變（Cromwellian rebellion）的陰霾，也對大型公眾集會演說抱有戒心。

264 三月三十一日星期六，衛斯理的態度軟化下來，他去到布里斯托（Bristol），在那裏他「甘願卑微」，屈尊到戶外講道。當他在第二天傳講登山寶訓時，便注意到，耶穌正是在曠野傳講這篇最偉大的講章——雖然那裏有很多會堂。衛斯理後來反思：「我從前以為，救人靈魂的事，若不是在教堂裏進行，就幾乎等於是一種罪。」當福音跨越疆界，以言傳身教的方式使其眾所周知，並向那些未聞福音的人，解釋和踐現上帝要取回屬於祂的東西的這個消息，這就叫做**宣教**。

宣教領導（mission leadership）是牧者不可或缺的角色，這是教會作為一個制度（institution）的固有本性使然。忠心的教會，是外展並隨之而成長的；當一個會眾羣體不能將其精力擴展到會眾以外的範圍，它終究不能長存。教會，要不是成長（有新生命），就是死去（他們常告訴自己：「我們雖沒有成長，卻守住了自己。」）正如耶穌在多個比喻中指出，上帝的國因它的擴張和推展而被人看見。卓有成效的牧者（effective pastors）知道怎樣引領成長。

就宣教而言，與上述的制度性因素同樣顯著的是，宣教的首要理據是神學性的。宣教是教會的重要記號，因為宣教（拉丁語是 *missio*，意即「差派」）是**上帝之所為，和上帝之所是**。父差派子，子在聖靈的大能中，將祂的生命賜給世界，且在禱告中將世界及其需要帶到父面前。在三一中，上帝拒絕囿於自己的神性，上帝是全然關係性的，祂成了肉身，滿有創造力，不住就近我們，引領我們進入與祂的關係之中——上帝的愛湧流到世界每個角落。

關於耶穌出來傳道前的生平，福音書著墨甚少，這彷彿在

說，耶穌基督**就是**宣教（Jesus Christ is mission）。基督呼召人，
並不是呼召人成為基督徒，而是呼召他們到祂那裏，受差派奉
祂的名傳道。因著上帝之所是，牧者不單蒙召心存憐憫，關心
別人的需要，也不單蒙召去用愛心說誠實話，言說真理，更蒙 265
召像使徒一樣（apostolically；希臘文 *apostolein* 的意思就是差
派〔to send〕）去作帶領，就是與歷代所有不單由基督呼召、也
由基督差遣的人，一同奉差派作上帝國的施為者（agents）。

我們帶領的宣教工作，乃衍生自 *missio Dei* ——「上帝的宣教」。宣教意指上帝要宣揚好消息，上帝要全面進入世界，上帝要將所有受造物連結在一起，上帝要創造新的信仰羣體。三一在全世界的宣教工作，既是向心的（centripetal；將萬物引到上帝的生命當中），也是離心的（centrifugal；上帝擁抱每個人並所有受造物）。

加入上帝的宣教

我們其中兩位最出色的宣教學者，沃爾斯（Andrew Walls）和羅斯（Cathy Ross），列出了宣教的五個記號：

1. 宣講國度的好消息；
2. 教導、施洗和培育初信者；
3. 以愛的服事回應人的需要；
4. 企圖轉化不公義的社會結構；
5. 努力維護受造世界的整全性（integrity of creation），並維持和更新地上的生命。[1]

宣教領導，讓教會維繫著宣教的五個記號所要求的多樣性和多面性。不是每個會眾羣體都能夠實現所有這五個記號（雖

然聖經顯示每家堂會都當如此），但這五個記號，卻是一個很好的指標，用來評估每個會眾羣體在宣教方面有多忠誠。

我們可以將整部聖經當作宣教手冊來閱讀，它展示著這五個宣教記號，特別是使徒行傳。在使徒行傳九章，那殘害和逼迫教會的掃羅，蒙揀選成為宣教士（徒九 15）。使徒行傳高聲說出那驚天動地的消息：上帝的宣教，不單為到以色列家的迷羊，祂也透過差派使徒，向外邦人宣教。上帝向外邦人的行動——這教最初的基督教傳道者感到十分意外——被描繪為
266 上帝的主權所啟始的工作（sovereign initiative of God）。使徒行傳說，上帝的國是更遠為廣大的，我們的上帝，甚至比猶太人所預期的更有恩慈。

猶太人和外邦人被一起擠到教會中，不是為了得享特權（特權在上帝的揀選中幾乎不起作用），而是為了讓他們參與上帝在地上、在歷史上向世界的宣教。保羅認為上帝選擇以色列（羅十一 28），以及上帝揀選亞伯拉罕（羅九 6～13，十一 5、7），是上帝對列國永恆和預定的行動；從萬民中，以色列蒙揀選（申七 6、7），就是為了宣教，作外邦人的光（賽四十二 6）。

上帝向世界宣教，使世界與自己和好的一個主要方式，就是透過揀選一些人，叫他們向所有人踐現和見證上帝的應許。少數人蒙揀選，以顯明上帝對眾人的賜福。上帝的宣教，在上帝揀選挪亞以保存一切活物之時，首次以可見的形式在地上顯明出來。以色列由亞伯拉罕蒙召開始，正如創造主上帝從無有中以話語創造世界，以色列也是由召命所創造。上帝單單與亞伯拉罕立約（創十五 18），卻是為了宏大的擴展，使「地上萬族都要因你得福」（創十二 3）。創世記十八章 19 節將亞伯拉罕的任務形容為：在地上萬民面前「秉公行義」。然後，這約單單臨到亞伯拉罕和撒拉以及他們的後裔，及後再臨到雅各家，再繼而單落在一位蒙揀選者——基督——身上，而祂卻親身擔當

了宇宙性拯救這一切定旨。及後來到使徒行傳，揀選開始拓展到「少數蒙召傳遞祕密者」身上，[2] 又擴展成「上帝也賜恩給外邦人」，實叫人讚歎不已（徒十一 18）。[3]

路加的福音，始於施洗約翰警告羣眾不要自滿，說：「有
亞伯拉罕為我們的祖宗」，因為「上帝能從這些石頭中，給亞伯
拉罕興起子孫來」（路三 8）。上帝的百姓，乃透過召命、而不
是自然的世代繁衍而興起。初代的基督徒，可以對婚姻和生兒
育女之事漠不關心，因為這個國斷不是透過行房所生的兒女而
繁衍，而是藉歸信者加入這個新羣體而成長，這意味著世界如 267
今被帶回上帝那裏。拯救不僅僅關乎個人靈魂的命途；拯救是
揀選某些人，並叫他們為著其他人，就是那些仍未知道自己也
是蒙揀選的人，活出獨特的生命。偉大的宣教學者紐畢真歡慶
說，基督徒不單歸信基督，也蒙基督差遣，「傳達上帝賜福萬有
的應許」。雖然，我們說不出為何我們蒙揀選而有分於上帝的生
命和工作，但我們卻知道：「基督徒的大喜樂，就是我們得聞那
消息。基督徒的重大**責任**，就是我們要將這消息帶到世界各處
地方。」[4]

藉著上帝主權的召集和差遣，教會展開宣教工作。教會是上帝的宣教的演示，在其中，卑微的人和罪人蒙揀選，以成為上帝當下所做、將來所做之事的一個記號。以色列和教會，乃上帝榮耀的具體說明。教會見證著我們的拯救，是一個我們原不配有且滿有上帝恩慈的邀請，這邀請延伸到教會以外，讓所有人加入教會，因上帝滿有恩慈地決定要成為我們的上帝，以及讓我們也為了上帝的緣故，而活出那份喜樂和責任。這個羣體，已開始嘗到將來國度的實在（reality）——即使只是預嘗。基督徒相信，上帝的心意是叫萬人得救，但斷不會無視或繞過跟以色列和教會尤關的歷史事件來實現這心意；藉著以色列和教會，拯救乃獨特地、可見地並制度性地給啟示出來。

彌撒（Mass）是天主教徒對聖餐禮的稱呼，來自傳統上於彌撒結束時所說的話——**你們被差遣出去**（you are dismissed）。正如紐畢真說：「教會是一個運動，進到世人當中，承載著上帝自己賜給世人的和平恩賜。因此，教會不單宣講國度，更在**其自身的生活中**承載著國度的臨在。」[5]這即表示，對於廣傳福音而言，教會在佈道和宣教方面的最大需要，斷不是要有更好的論證（better arguments），而是要有更好的教會（a better church），以打動世界，即以不背離基督打動世界的方式去打
268 動世界。每當教會受限於一個民族、一代人、一個種族，又或者一種語言時，我們便有違使徒行傳二章，即五旬節給教會的準則。可惜的是，很多人被基督吸引，卻對教會——基督的身體——的壞見證深感厭惡。

看使徒行傳十章的彼得，大部分基督徒也可以感受到被催迫去擴展上帝國是怎樣的一回事。如使徒行傳所見，宣教孕育神學——當教會對聖靈在歷史中持續不斷的拓展工作驚歎不已，神學反思就會隨之而來。我們做神學，不是沿著自己的思想走向上帝，而是從聖靈不尋常的干預中尋出意義來，因上帝正就近我們，**並**越過我們。如果我們想崇拜這位上帝，我們必須甘於奔走四方，走於人前，成為性格外向的人，並敢於在上帝的宣教中盡上自己的本分。[6]

見證

宣教表明了一點，就是上帝讓各人都從別人那裏領受基督，由此強調基督教信仰那恩惠並恩賜的本質。[7]讓我們將基督徒的生命設想為一種訓練，學習領受並為此而感恩——「救恩是從猶太人出來的」（約四22）。沒有基督徒是自我創造出來的（self-created）。我們每個人能夠相信，都是基於上帝差遣

的「宣教士」所傳的福音，他們將耶穌基督的真理交付給我們。福音是好消息（希臘語是 *euangellion*）。既然關於上帝的真理是「消息」，這即意味著福音這真理不是源自我們，而必然是傳給我們、告訴我們，以及賜給我們的。稱這真理為「消息」，也意味著這是要向所有人宣佈的公共真理（public truth）。伊斯蘭（Islam）意為「降服」（surrender），福音則意為「好消息」，因此，兩者談及獨一真神時所指向的方式也南轅北轍，並孕育出截然不同的信眾。

在宣教的見證中，教會向自己重申，也向世界陳明，我們愈發確信耶穌真的是我們在此生中所盼望看到的上帝。福音遠不止於〔人的〕話語，但不可沒有〔人的〕話語，因為這〔上帝的〕話語是我們不能跟自己說的。沒有人天生就有信仰，又或是在樹林中散步時偶然發現了它；信仰也不是從人的自我（ego）中翻找出來的。基督徒是接收者（recipients），且從來都不是啟始者（initiators）。我們只能白白地張開雙手去領受這真理。總要 269
有人因為愛耶穌的緣故，向別人言說祂，即使有可能遭對方拒絕；又總要有人因為愛我們的緣故，向我們展示和傳講那個好消息，即使有諸般權勢正誘使我們不將福音傳開。我們只有透過見證，才可以相信我們所相信的，知道我們所知道的。[8]

使徒行傳所描述的教會，它所作的見證既在帝國權力的掌控之外，也在古羅馬文化既有階級和社會秩序的界限之外；教會無法掌控其自身的生死存亡，但福音猶如野火一樣，燒遍整個小亞細亞；人們得自由、得釋放、得拯救——羅馬兵丁、為兒為女的、年老的男男女女、像羅大般亢奮的使女（徒十二章）——那些無人想過可以得救的人，那些無權冀望可以得著自由的人、那些無人留意、無足輕重的人，他們如今被囚、被毆，又或遭遇更大的患難，但都無法禁止他們閉口。新的社會結構給開創，飢餓的得飽足——竟是那些非親非故的人使他們得飽足。教會這脆弱和幼嫩的團體，在聖靈的拖帶下四散到整個帝國，即使陷入險境，也不屈從；即便去到羅馬，也在那裏作見證，用言說勝過凱撒——這一切全是上帝的作為，祂正是那位不甘於麻木緘默的上帝，祂要透過見證人的見證來發動革命。

宣教是基督的身體在行動，跨越文化疆界，用世界的語言來表達信仰，在未經邀請下現身，闖進別人不敢踏足之地。這一點正正是亨特（James Davison Hunter）主張以「忠心的同在」（faithful presence）作為基督徒改變世界的惟一方式時所缺乏的。[9]同在，即便有好效果，對教會來說也不足夠。我們蒙召不單要在世界的好與壞面前，活出亨特那種安靜、謙卑的同在；我們是蒙召**作見證**。縱然同在可能是一個前奏，是一個作見證所需的先決條件，但它永遠不能取代忠心的見證。因此，我相信對將來要成為教會領袖者，一個恰當的問題應該是：**你從上帝看見或聽到了甚麼，是值得向別人作見證的？**

270 城市宣教士（urban missionary）責難說：「只管給人們食物，將你那些教會的說話留給自己吧。我們不是要使人改變信仰（proselytize），我們只是要與別人待在一起。」我敢向積極關心社會而焦慮的人保證，他或無家者都不用擔心甚麼——我們是新教宗派教會信徒，我們寧願給不幸的人一碗湯，也不願意冒險告訴別人真理。做一點善事來安撫飢餓的人，比起向有需要的人作見證說：「如果不是耶穌，我們就不會在寒冷的路邊與你們待在一起」，給當權者總帶來較少的顛覆性吧。更重要的是，因著上帝的眷顧，這羣基督徒沒有陷於飢寒交迫、失業無家的境地。

當耶穌稱自己為「世上的光」，先知給以色列的應許得以實現：「我還要使你作外邦人的光，叫你施行我的救恩，直到地極」（賽四十九6下）。耶穌又在別處轉向門徒這羣烏合之眾，敢於稱**他們**為世上的光，這是上帝對世界的問題所選擇的答案。光，透過見證照在人前。

復活的基督沒有說：「我已從死人之中復活，你們死後將會見到自己所愛的人。」雖然這也可能是真的。更確切地說，基督顯現，乃是要興起使徒，就是那些蒙差遣的人——「去！傳講！」復活通過見證激發起真正的宣教大爆發。[10]「第三日，上帝叫他復活，顯現出來；不是顯現給眾人看，乃是顯現給上帝預先所揀選為他作見證的人看，就是我們……」（徒十 40～41）「你們……要在耶路撒冷、猶太全地，和撒瑪利亞，直到地極，作我的見證」（徒一 8）。

對保羅來說，做基督徒不是踏上痛苦的自我發現之旅，而是蒙復活的基督顯現，並蒙差遣參與上帝的宣教。藉著亞拿尼亞的見證，保羅蒙揀選向外邦人作偉大的見證（徒九 16 及以下）。使徒行傳二十六章 16 節說，上帝揀選我們作「萬民的見證」。復活驅使人成為復活的見證人，越過一切疆界（徒一 22）。在五旬節，彼得在譏誚他們的民眾面前作見證說：「這耶穌，上帝已經叫他復活了，我們都為這事作見證。」（徒二 32）[11]
成為基督徒，就是從別人領受到那消息，知道關乎世界的終局 271
和世界起頭的終末真理，於是成為那燎原之火的火花；而點燃這熊熊烈火者，正是把火丟在地上的那位（路十二 49）。

在使徒行傳中，*missio Dei*（上帝的宣教）是言行並重的。「你們是世上的光……你們的光也當這樣照在人前，叫他們看見你們的好行為，便將榮耀歸給你們在天上的父。」（太五 14、16）不過，我們的好行為，不在乎給自己帶來榮耀，我們不是光的源頭，我們的見證只是反照那光。當耶穌呼召祂的門徒，並沒有應許使他們成為基督徒，而是要使他們成為得人的漁夫、被差出去的使徒、尋找和聚集迷羊的報信者。耶穌叫他們禱告，求上帝打發更多工人出去收這大片莊稼（路十 2）；而當耶穌差派使徒出去時，祂是派他們去做祂自己也在做的奇妙工作。在路加福音十章 8 至 9 節，祂指示他們：「無論進哪一城，人若接待你們，給你們擺上甚麼，你們就吃甚麼。要醫治那城裏的病人，對他們說：『上帝的國臨近你們了。』」那七十人歡歡喜喜地回來，說：「主啊！因你的名，就是鬼也服了我們。」（路十 17）

我們一羣人，聚集在城內一個曾發生槍械暴力事件的現場。我們祈禱，然後只安靜地站著，「為反槍械暴力作見證」。而神職人員也佩戴著牧師的衣領。從最好的一面看，我們的見證，僅僅指向一些辨別是非的能力，一些超乎當下的實在（reality），見證上帝的心意，在黑暗中透出微光，等待光明。當我有參與其中一個這樣的守夜活動時，並邀請一個平信徒和我同去，我就是帶頭宣教的宣教士（lead missionary），是教會真正的宣教士教練，而不是一個獨行宣教士（lone missionary）。

宣教領導

由於教會不斷受到試誘，要從上帝的宣教的艱難險阻中退卻——使教會變成某種給老年人淨化心靈的俱樂部，讓好像我們這樣的人安逸過活——因此牧者必須成為宣教的領袖。宣教
272 的五個記號中的每一個，都為身為宣教領袖的牧者，帶來挑戰和機遇：

1. 宣講國度的好消息。牧者要清楚表達和倡議福音這奇特真理。上帝不是我們所預期的那一位上帝；上帝在基督裏與世界和好；上帝揀選了成為那位為我們者（to be for us），又揀選了我們成為為上帝者（to be for God）。我們需要向世界言說真理，讓所有人都可以自由地活在基督裏。

2. 教導、施洗和培育新信徒。牧者要預期有新信徒加入，

且要為他們訂好栽培計劃，並拒絕將我們的事奉對象局限於前任牧者努力集結起來的信徒身上。我們豈可容許自己只照顧那些已信主者，而不好好想一想，怎樣令自己的教會更加友善，好吸引那些從未上過教會的人？每個會眾羣體都必須要能夠在他們中間找到某些人，是因著會眾的言傳身教而愛慕基督的，否則那個會眾羣體便得不著成為 *missio Dei*（上帝的宣教）一分子的喜樂。初信者比起信主已久且已安穩下來的基督徒，更能吸引人去認識福音。牧者要訓練會友分享自己的見證；當人加入教會時，是加入成為見證人，也就是成為宣教士。

3. 以愛的服事回應人的需要。事奉卓有成效的牧者具備領導的技巧，可以推動、鼓勵、裝備和組織教會，讓教會向有需要的人宣教。耶穌將食物轉化為靈性的課題；祂醫治病人，讓他們成為上帝國介入的記號；教會通過關愛、憐憫、勇敢和恩慈的服事，服事社會的邊緣者，從而表明、標誌和見證將要來臨的世界是怎樣的。

4. 尋求轉化社會不公義的結構。耶穌從來沒有停止過對抗執政的和掌權的。當祂遇到不公義之事，會直斥其非，祂亦會擁抱世界所排拒的人。最終，一羣有權有勢的政治和宗教領袖，合謀將祂折磨至死。福音拒絕承認世界所建立的種種界限，它們意圖保衛現存的政治、經濟、教育和社會結構，不受 273
基督的審判和不為基督所轉化。

5. 努力維護受造世界的整全性，並維繫和更新地上的生命。世界不是非位格性的（impersonal）、中性的「自然」；世界是一位慈愛的創造者的傑作，也是上帝展現救贖、立約和拯救的處所，而受造的世界是上帝賜給我們的恩賜，要我們好好託管的。我們確信上帝深愛著這個世界，而教會正是這信仰最好的見證——透過倡議和踐行對受造世界的關愛，判斷並承認這是人類合謀掠奪大地，用種種方式加以消耗剝削。

在我們的宣教活動中，教會公開表明，上帝仍然透過愚拙的人（也就是我們）作工，好叫有智慧的羞愧（林前一 27）；[12] 基督透過好像我們這樣的人，向世界發出呼籲（林後五 20）。

單單照顧會眾的需要並不足夠，忠心的基督教領導，永遠不能只注目於教區內的事。因著 *missio Dei*（上帝的宣教）奮進不息，基督徒的言說是公開的宣佈，不是局內人的交談。任何會眾羣體若只知圍爐取暖，而非積極地、敢於冒險地追隨基督，力圖跨越文化、種族、意識形態和國家的疆界（宣教），都不算為忠心。因此，紐畢真提到教會是「福音的詮釋」（hermeneutic of gospel），即上帝向世界詮釋那可見的、公共的真理——當羔羊掌權，人類的景況將如何——的途徑。會眾就是上帝的自我呈現（self-presentation）。[13] 我們關於基督的宣稱，在宣教中展示和證成。是基督驅使我們投身宣教工作：「不是你們揀選了我，是我揀選了你們，並且分派你們**去結果子**」（約十五 16，強調為筆者所加）。

同時間，宣教也將牧者要執行的一些尋常的內部行政和教會聖秩（church order），轉化成不可或缺的宣教預備工作。若要教會不空喊宣教口號，而是實際投身宣教，就需要有領導（我將領導定義為：做一切必須做的事，以跟上復活的基督的種種活動）。因此，牧者要致力創建一個同心而有活力的會眾羣體，
274 這樣的會眾羣體在宣教中是最有果效的。我們關心主日崇拜是否合乎聖經，是否有信息量和富啟發性，這正是這些宣教士所需的，以維繫他們在世界——這個上帝的世界、卻是常常起來反對祂的世界——的艱鉅工作。

我的理論是，很多會眾羣體所以發生衝突和爭執，是因為他們只跟自己說話。暮氣沉沉（以及對以下的不安感：教會不應停留在一種舒適俱樂部的狀態）是教會爭論不休的溫牀。不過，能印證教會就是基督的教會的那種衝突，斷不是這種會友

間的吵吵鬧鬧，而是世界抵抗基督的掌權而激發的衝突。

每當教會感到自己被上帝驅策，去跨越一些疆界——經濟、種族、世代、文化、國家——這就是所謂的**宣教**。上帝恩慈的旨意越過教會的界限，上帝揀選教會的目的，正是要將上帝的心意體現出來。對方可能是我們國家的敵人，又或者是與美國價值觀南轅北轍的對手；但上帝斷不是他們的敵人。如果教會譴責某羣人的生活方式，又或者譴責另一文化的罪，以至譴責某個敵對國家奉行的外交政策，那麼教會要肯定我們是受上帝的感召而不得不如此行（divine compulsion），可同時要清楚一點，藉著揀選萬人同得拯救，上帝已揀選他們成為我們的姊妹弟兄。每當教會由談論耶穌，轉而跟其他同作罪人者談論那位拯救罪人的救主時，憐憫總勝過譴責。

正如紐畢真簡潔地說：

> 教會在歷史裏傳承基督的工作，但它不是惟一的受惠者。上帝的旨意是拯救所有人，為此〔上帝〕揀選了一羣人。由於那羣人一再落入罪中，滿以為他們擁有上帝——而其他人沒有，他們一再受到懲罰和羞辱，且要聽從上帝透過別人向他們說的話……每當教會以為它擁有上帝，是其他人所沒有之時，它已經從恩典中墮落。教會是僕人，不是主人。它被指派代表所有人作管家，而不是擁有特權，將別人排除在外。[14]

雖然宣教不是甚麼新事，但對基督教宣教工作的嚴厲批評 275
卻是晚近的事（到了上世紀結束時，批評的聲音達到頂峯）。有評論指出，基督教宣教的歷史，從最好的一面看，是含混不清；若從最壞的一面看，則可說是教人悲痛不已的一筆，寫滿了教會的罪。過去兩個世紀，特別由西方教會帶領的基督教宣教工作，犯上了種種錯誤：帝國主義、執迷於「海外宣教」的浪漫情緒、驕傲自大、敵視伊斯蘭教、淪為殖民主義的代理人、充斥著種族歧視和文化優越。西方、北美教會得承認，他們的宣教努力已然留下了污點。

在我們的時代，更好的宣教動機，來自於意識到一件事，就是宣教始於上帝的心；基督教總涉及歸信（包括那些宣教動機不純全的基督徒的歸信！）、宣講，以及體現出終末的實在，並涉及教牧領導的轉向——由維持教會現狀，轉向策勵教會成為上帝在世界的宣教的主要參與者。無論是在奮力追趕聖靈那出人意表的動向，還是出於對植堂的火熱（特別是在從前由無神論共產主義控制的地方），又或者出於善心而渴望與有需要的人分享，凡此種種都有助教會恢復生氣，更積極參與宣教，而非變成暮氣沉沉的建制。[15]

另一方面，對宣教的批評，必須結合對基督教宣教活動正面貢獻的認可。雖然宗教優越主義（triumphalism）敗壞了基督教的宣教，但我們仍看到一些受苦的榜樣，他們和平地向那些對他們不友善的文化傳講福音，可卻遭遇血腥的逼害。基督教宣教士將福音翻譯成數以千計的地方的語言和方言（與伊斯蘭教頗為不同），宣教士所編的辭典和語法書籍，比任何行業的人都多；很多部落語言（tribal languages），都多得宣教士語言學著作才得以保存下來，免於失傳。宣教學者薩內（Lamin Sanneh）相信，基督教的一個獨特面向是其決意的「可譯性」（translatability）。[16]與伊斯蘭教不同（薩內是岡比亞的穆斯林，
276 他在當地改信基督教），基督教宣教士不單將聖經翻譯成別的語言，也包括方言、習語，且不住吸收佈道對象的日常語言。薩內強調，鮮有比起學習別人的方言，更能凸顯出一種謙卑、肯定、順從和關愛的態度。

我們從小就以為，宣教意即西教士於「外地」從事「海外宣

教」工作，但我輩對宣教的看法已被糾正過來，因我們認識到二十一世紀可能是基督教宣教的真正偉大時代，且由更年青、更新晉的教會所差派的宣教士所成就，這比起十九世紀由歐美帶領的宣教運動，有過之而無不及。今天最教人興奮的宣教動向，與基督徒的「反向遷移」現象有關（reverse migration）。宣教不再是「往那裏去」，而是「歡迎到這裏來」；說本地語言的當地基督徒，將接待湧進世界各地城市的移民。當這些移民在羅馬建立非洲教會、在紐約建立中國教會時，新的信仰羣體便形成。

過不多久，就會有更多非西方宣教士和佈道家在世界各地工作，他們的人數，比由西方世界差派的更多。有些人相信，在過去幾百年，相比起基督教殉道歷史中的任何時期，有更多基督徒為了信仰而付上了生命的代價。基督徒善用那種全新的世界「超連結性」（hyperconnectivity），通過互聯網向普世傳福音。身處南方和東方國家的基督徒，不單特別容易接受福音，對投入宣教大爆發的領導工作，也比西方教會更加熱心和更加外向。基督教的宣教，不再由西方主導；基督教的宣教，乃是每一個人去到每一處地方。現在比起歷史中的任何時期，都有更多穆斯林成為基督徒。沒有人可以準確點算中國新建立的教會的數目，雖然政府對它們百般阻撓。前蘇聯政府強制推行無
神論超過七十年，今天卻成為傳播基督教信仰其中一個最教人 277
驚喜的宣教機遇。

行動中的基督的身體

對我們這些北美的教會領袖來說，刺激我們更新宣教想法的主要催化劑，是認識到北美是教會其中一塊宣教沃土和最有挑戰性的宣教工場。在二十世紀，北美教會醒覺到，它們要成為自己城市的宣教士——我們一度以為這個城市是掌握在自

己手裏。成為基督徒，不再是大部分美國人正常和自然不過的事，基督教福音也不再是引導我們文化中大部分人的敍事。我們被逼偏安一隅，安安全全地做一個安分守己的基督徒。我相信恢復牧者作為帶頭宣教的宣教士，會使身為一個牧者變成一趟更快樂的冒險之旅。[17]

將牧者刻劃為宣教士領袖，對思考牧養工作有激勵作用。例如：博登（Paul Borden）對牧者身為**維繫型會眾**（maintenance congregation）的領袖，或者身為**宣教型會眾**（mission congregation）的激勵者這兩種角色，作出了以下對比：[18]

當需要改變，維繫型會眾會說：「如果這令我們很多會友不高興，我們不會做。」宣教型會眾會說：「如果這有助我們接觸堂會以外的人，讓我們冒這一趟險吧！」

當思量教會的創新時，維繫型堂會的成員會想知道：「這個改變會怎樣影響到我和我的家人？」宣教導向的堂會問：「這個改變是否受我家庭以外的人歡迎？」

維繫型會眾說：「最重要的事是忠於我們的過去。」宣教型會眾說：「最重要的事是忠於上帝所應許的未來。」有復活的基督同行，我們的未來將有更多可能。

維繫型會眾的牧者向初到教會的人說：「我介紹你認識一些
278 你會喜歡的教友吧。」宣教型牧者向有可能成為會友者和新的會友說：「你可以這樣幫助我們成為更忠心的堂會，我們可以這樣幫助你更忠於你的召命。」

當面對一些合理的牧養關注，維繫型堂會的牧師問：「我可以怎樣滿足這個需要？」宣教型堂會的牧者問：「這需要可以怎樣得到滿足？」會眾當中主要的關顧者是會眾本身，而不是牧者；會眾當中主要的宣教士，就是上帝的子民。

維繫型會眾問：「我們這區有多少衞理公會信徒？」宣教型會眾問：「在我們教會的二十分鐘車程內，有多少人是沒有上教會的？」

維繫型會眾問：「我們怎樣令這些人支持我們的教會？」宣教型會眾問：「我們可以做甚麼支持這些人？」

維繫型會眾問：「我們可以怎樣維持這個會眾羣體？」宣教型會眾問：「我們可以怎樣有分於上帝對世界的拯救？」

維繫型會眾不惜一切去避免衝突，他們會專注於瑣事，可結果通常只能壓抑著衝突。宣教型會眾明白，衝突可讓我們從中學習到怎樣作耶穌基督的門徒。我們的主要任務，斷不是逃避痛苦，又或者平息所有紛爭或衝突，我們的任務是參與基督的宣教，投身於福音與世界互動所引發的衝突，而不是糾纏於教會內部的吵吵鬧鬧。

維繫型牧者設法管理好教會；宣教型牧者則分享異象，讓平凡的人蒙召參與基督的宣教，從而帶來轉化，接著幫助教會開疆闢土，推動會眾恆切禱告，尋求從上帝而來的支持和賜福，不然那怕大家竭盡所能，最終我們還是會凋敝失敗。

我最近在一間市內的聯合衛理公會堂會做了一年牧者。為了好好帶領教會，我請了一位顧問協助我。他花了幾天時間，
催促我們要誠實面對自己的巨大挑戰和考驗，這些難處是市內 279
每家宗派教會、金齡教會所共同面對的。我們的掙扎，主要是我們與社區和基督徒新生代的關係。那位顧問的建言，讓我們確信那是攸關生死的：離開我們的教堂，投身宣教，教導教會同工心懷異象而不僅關注人年紀老大，花更多資源於對外作見證而花較少於內部維繫。

當那位顧問離開時，我陪他走過我們教堂舉行崇拜的地方，那裏有長達百年、頗為炫目而與眾不同的彩繪玻璃窗。在面向繁忙街道的大窗面前，他停下了腳步，那扇窗是我們每主日離開教會時都會看到的。那扇窗描畫了與循道宗傳統相關的一幕：那天，衛斯理被禁止在聖公會牧區講道，於是他去到教

堂的墓地，站在他父親的墳墓上講道；彩繪玻璃上的衛斯理就在教會外面，他身後是教會緊閉的大門，他四周有一羣十八世紀的英國人，他們正義憤填膺，滔滔不絕。

那驚訝不已的顧問說：「忘記我的報告吧。每星期聚集你的會友，在崇拜結束時叫他們看看這扇窗。這羣會眾所需要的一切，都在這裏顯明出來了。也許，他們凝視得夠久，終究會明白當中的深意，並踐現出那窗所傳講的信息。」

12

牧者就是領袖：基督教領導的奇特性

名為「使徒行傳」的這卷書，其實教會也可以稱之為「基督 281
教領導入門」(Christian Leadership 101)。使徒行傳敘述最早期
教會的歷史，講述教會早期領袖所面對的考驗、磨難和勝利。

> 有一個人，名叫亞拿尼亞，同他的妻子撒非喇賣了田產，把價銀私自留下幾分，他的妻子也知道，其餘的幾分拿來放在使徒腳前。彼得說：「亞拿尼亞，為甚麼撒但充滿了你的心，叫你欺哄聖靈，把田地的價銀私自留下幾分呢？田地還沒有賣，不是你自己的嗎？既賣了，價銀不是你作主嗎？你怎麼心裏起這意念呢？你不是欺哄人，是欺哄上帝了！」亞拿尼亞聽見這話，就仆倒，斷了氣。聽見的人都甚懼怕。(徒五 1～5)

這是一個奇特甚至可以說是有點費解的故事。我們嘗試將
它當為早期基督教領導的記述來閱讀吧。我們教會太多聚會是
沉悶和無趣的，不若彼得主持的那些！驟眼看來，故事中的兩
個重要教會成員，亞拿尼亞和撒非喇，非常貪心。不過，若我 282
們再仔細探究，發覺彼得不是指控他們貪心，而是指控他們欺
哄聖靈(五 3)。「你不是欺哄人，是欺哄上帝了！」(五 4)在使

徒行傳裏，基督徒羣體是那麼的接近上帝，以致欺哄教會就等於欺哄上帝。因此，可憐的亞拿尼亞就這樣死去了。

兩個重要的教會成員於聚會結束時溘然而逝（五 7～10），是怎樣的牧者會激發起這樣的結局？神學院的教牧關顧訓練，使得我留意到，亞拿尼亞和撒非喇雖然富有，卻是落在掙扎中的可憐罪人，我們應寄予同情而不是加以譴責。相較彼得，我是個更敏銳和更關懷人的牧者。

老實說，我沒那麼堅持真理，沒那麼願意對抗別人和要求別人交代，特別是，如果接受這種教牧關顧的，是一雙比較重要的平信徒。而這兩個人願意放棄大約三分之二的財產。在我的教會，甚至連什一奉獻的人也不多，他們二人願意作好管家的程度，已表明他們是異常委身的基督徒。

不過，彼得似乎認為言說真理的職事，比我那種家長式的保護作風更為優先。彼得委身於培育一羣真理的子民（people of the truth）。彼得關心言說真理多於同情共感的關顧。正如我們說，真理有時會傷人；而在這情境底下，真理簡直足以致命。而謊言是羣體的死亡——至少是擁抱真確性的先知式羣體（prophetic community of truthfulness）的死亡，也就是服事那位「不單是道路、生命，也是真理的主」的先知式羣體的死亡。雅各書指出（一 9～11，二 1～7），因著基督徒不能恰如其分地看待財富，很多初期教會受到虧損。

全教會都十分害怕（徒五 11）。我會說，落入那位不單慈愛也是真理的上帝的手中，並見證上帝創造那個對衡文化的羣體，也就是那個言說真理和無盡慷慨的羣體，是可怕的。或許正因為這樣，使徒行傳在這裏第一次用**教會**這個詞。

我講述彼得與亞拿尼亞和撒非喇的故事，旨在強調奉基督的名領導的奇特本質。基督教領導確實頗損心神，因它旨在
283 服事基督的身體，而不是為了受歡迎，為了效率、生產力和為

了名氣——在好些羣體當中，這些目標會對領導工作帶來侵蝕和貶損。正如巴特主張：「基督徒羣體……是一個異類僑居地（alien colony），在周圍的世界，沒有任何跟它本性和存在（nature and existence）相似的羣體。」[1]

當教會中受按的領袖要學效世俗的領導模式，我們就得小心謹慎！因為我們的領導應該與基督自己的領導一致（congruent）。

牧者作為轉化式的領袖

牧者花大部分時間在教會領導一事上，也是應該的。我們需要牧者，因為我們要模塑一個有生命、有呼吸、可見和集體的記號，以表達基督的臨在和上帝國的來臨。洛芬克說，耶穌就是羣體。教會就好像它以前的以色列，是上帝彌賽亞式奇妙作為所孕育的「**拯救記號**，當上帝的拯救可辨認地、可理解地、甚至可見地（recognizably, tangibly, even visibly）轉化祂的百姓時」，教會便臨在、體現和被塑造。[2]因此，最好將領導、行政，設想為佈道和宣教的一個層面，因為教會本身是向世界和為世界而設的先知、佈道者和宣教士。

侯活士說，福音本身是要訓練人融入基督的身體。

> 成為門徒就是成為新羣體、新政體的一部分，它是根據耶穌順從十字架而形成的。這新政體的憲章是福音。福音不單是對個人的描述，也是訓練人成為新羣體一部分所不可或缺的手冊。成為門徒表示分享基督的故事，有分於基督掌權的實在。[3]

我總覺得神學院取錄了很多性格內向的人。他們的信仰

之旅多始於校園的宿舍祈禱小組。他們愛上帝，享受安靜地
284 思想奧祕的事。可惜，這並非受按職事的主要內容。牧者受教會按立去帶領教會——正如本書導論所說，成為「羣體人」（community persons），他們的生命必然地擴展到羣體、小組和教會的關注上。出色的牧者不斷建立基督徒羣體，不斷思考這羣由個人聚合而成的羣體，怎樣可以成為行動中的基督的身體（the body of Christ in motion）。

從經文到講章，在過程中我其中一個最大的弱點是忽略了聖經的羣體性、集體性意向，將針對全會眾的經文，變成存在主義式的、主觀的心理治療。但聖經傾向先關注羣體，然後才關注個體。我不禁想，為甚麼我通常很少用保羅書信來講道。書信充斥著牧區及會眾羣體的事，例如：促請富人和窮人在教會彼此分享；催促友阿蝶和循都基放下分歧；勸勉年輕的提摩太好好運用上帝所賜的權柄，儘管他未夠成熟。簡單來說，保羅書信所關注的，正是困擾我們牧者的問題。對大部分基督徒來說，只照顧自己的屬靈花園，不大理會其他基督徒的需要，可能已經足夠；但對牧者來說這並不足夠。

過去，有些談論領導的作品採取一種「偉人進路」，暗示領袖是「天成而非栽培出來的」，這些書籍集中描述領袖的人格特質。「偉人」（great man）理論既會令一個獨行領袖（lone leader）變得不負責任和生出錯誤的觀念，同時又暗示人要麼有領導能力，要麼就沒有。後來，領導理論家又開始提出，出色的領導傾向是處境性的，不同情況要求不同的領導風格。一些人需要民主式的領袖，另一些人則對善意的獨裁者有較佳反應。[4]近期對領導最出色的研究和理論，都強調領導的交易性質（transactional nature）。領袖無疑會具備某些人格和性格特質，是有助他們領導的，但可知他們與追隨者的關係更是相互性的（reciprocal）。領導是一個共享的過程，領袖不單影響他們的支

持者，也受他們影響。教牧領導很大程度上是從會眾而來的恩 285
賜。領袖是組織的僕人，為機構提供因時、因地制宜的適切的領導。[5]

特別是在教會裏，牧者帶領教會，往往是通過召集平信徒領袖，給他們充權；領導要與人合作、配搭，運用影響力而不是靠天分單打獨鬥。

領導是可以學習而得的。領導是關乎服事一羣人，這羣人有一些重要的工作要做，而這些工作非有協調是不能做到的。只有當一個組織想朝某一目的地進發，才需要領導。一個組織要真正改變，不單需要那種「令人做我想他們做的事」的領袖；組織要改變，需要人的轉化，通過領袖的服事將人轉化成各色各樣的人。基督教領袖特別相信，深刻的轉化是上帝的作為。因此，教會領導的其中一個挑戰是，成為上帝會用來改變人的那種領袖。

伯恩斯（James MacGregor Burns）寫了一本關於領導的經典著作，在其中他拿「交易式的領袖」（transactional leader）和「轉化式的領袖」（transformative leader）作對比。[6] **交易式的領袖**辨識追隨者的需要，作帶領者需要滿足一系列期望，完成一連串工作。因此領導就是追隨者的期望和領袖如何滿足那些期望之間的交易。

轉化式的領導不單希望處理好追隨者的需要，更要將追隨者提升到更高的層次，拒絕被追隨者的共同期望所困住，或受其鼓動，且可以號召追隨者追求更遠大的目標——更崇高的道德委身——從而轉化組織和它的成員。社會要進步，便需要有領袖願意為了轉化而甘於不被認同、甚至甘願忍受被拒絕。[7] 放到基督徒的處境，我會說身為轉化式的領袖意味著相信上帝會更新一切，甚至更新我們，而歸信、改變、轉化，就是來自信仰的典型的、可預期的恩賜。

286 因此，我建議年輕的神學生「進入教會後至少一年之內，不要隨便改變任何事情。」但我總是補充說：「不過，另一方面，若那是不會招麻煩的，則要立刻改變。很可能教會一直在渴望著這樣的一個勇敢的領袖。」

馬克．吐溫在密西西比學習怎樣當引水員時，他那位堅強而又有經驗的老師告訴他，他必須掌握不斷變化的「河流的形狀」。

馬克．吐溫寫道：「看起來有兩件事對我來說是再明白不過的。其一是想當引水員的人所學的東西，必須比常人所能學的要多很多；另一是他必須每天二十四小時以不同的方式反覆學習專業的知識。」[8]

海菲茲稱領導為一種「適應的工作」(adaptive work)，[9]這是對馬克．吐溫的領導觀點的肯定。要有出色的領導，領袖必須願意學習並究察其領導場景(leadership context)的細節，願意直面大家正面對著的挑戰，就是大家所秉持的價值觀與他們所面對的現實之間的衝突。善於適應的領袖必定要有勇氣調解衝突，讓人學習新的思考和行動方式。因此，好奇心以及願意學習，願意成長，願意接受意料之外的事情和願意適應，是卓有成效的領袖的必備特質。這意味牧者必須做好心理準備，十年前在神學院學到的教牧領導形象，必須因應今天教會新的領導需要而作出調適。一種領導風格，在一個會眾羣體的場景中行得通，在另一個場景中可能行不通。領袖正要一個推動全教會的僕人，他就要肩擔起適應的工作，而且這工作不住變遷，因為(1)人和世界在變，以及(2)我們是與一位永活且滿有活力的上帝同工。

使徒行傳十五章1至35節顯示，教會就外邦基督徒的地位問題發生衝突，起了「大大的紛爭辯論」(十五2)。彼得促請大家向外邦人開放，又引述自己的經歷(徒十1～十一18)，知道上帝「不區分」猶太人和外邦人（十五9）。另一方面，雅各也引述聖經在阿摩司書九章11至12節的先例。經過多番辯論後，他們取得共識，當「使徒和長老並全教會」（徒十五22）同 287
意雅各的提議，教會便正式迎向一個轉化了的情境——這是聖經中適應性和轉化式領導的好例子（adaptive and transformative lcadcrship）。

海菲茲區分兩種領導：只求操縱「羣體，使其跟隨領袖的願景」；影響「羣體，使其面對自己的難題。」[10]

適應表示移動、轉化、改變；太多牧者安於目前的架構，太願意按教會的現狀去管理它，而不是擴展自己，冒險按上帝的心意提出教會的異象。舊約先知對聖殿祭司的批評，是基於先知的信念，他們認為祭司只滿足於得到足夠支持，以維持現狀，而不願意按永活上帝的作為及判斷來行事。由於教會的領導是要服事那位名為三一的上帝，而祂是那位介入並與人同工的上帝，那麼，奉基督的名作領袖者，便是蒙召去接受轉化的挑戰。[11]

給教會和領袖的挑戰

在《給過去和未來的教會的五個挑戰》（*Five Challenges for the Once and Future Church*）一書中，米德告訴我們，牧者一定要好好安排如何**將教會的擁有權轉移到平信徒手中**。[12]教會歷史顯示，平信徒太樂意逃避責任，將上帝藉洗禮賜下的責任就逕直交給我們神職人員。

因此，我認為我們傳道者最好視自己為領隊，帶領著一支有潛力贏得錦標的球隊，而不是球隊中的球星。在講章裏，我們應該包含一些喻道例子，講述大家（而不是傳道者）體現福音的一些嘉言懿行。這些榜樣帶來認同和鼓勵。又或者我們是教練，而不是領隊，積極發掘平信徒的天分和召命。社會學家米勒（Donald Miller）在其對快速增長的「新範式教會」（new
288 paradigm churches）的研究中，描繪了當中的牧者如何將事奉交到平信徒手中，開放教會的管理權，以培養平信徒的主動性以及令平信徒得到充權。[13]

接著，米德提出一個挑戰：**宗派中複雜的民主結構表明了一點，就是我們彼此缺乏互信**。外人看教會時，看到我們那些沒有生產力的宗派結構，往往會感到失望。今天很多在宗派裏手握大權者，在六十年代時都是年輕人，他們因此對立法、組織授權、既定程序和精心設計的結構，極有信心。在這樣的結構之下，更重視代表性多於生產力。

教會架構這種「規矩為本」的取向，既特別不適合新一代，對「聖靈隨祂的意思吹」的身體來說，亦太過僵化——在這個身體內，大家是彼此充權，互相感染，以促進變革的。要讓聖靈帶領教會，教會的結構必須有彈性、有適應能力、夠精簡和信任聖靈的突然干擾。教會不是一台只求維持內部組織運作的機器，教會之所是，就是為了宣講福音、廣傳福音和踐現福音。

我們傳道者明白，沒有結構的講章，是一篇難明的講章。但我們都知道，當我們講章的結構完成後，我們仍然要全然倚靠聖靈的恩賜，令講道「有果效」。這同一種對聖靈的倚靠感，應該成為我們教會行政的特點。有時，我們牧者糾纏於行政工作，是為了避免處理事奉中另一些更具威脅性的任務。讓機器保持暢順運作，比開放予聖靈作工，的確容易得多。

米德肯定我們的挑戰是：**如何建立一種充滿激情的靈性**（passionate spirituality）。我們放棄了教會的靈恩形象，接受了官僚的形象。教會應該是一種對衡文化，抗議現代無神論式的、實證式的單調淺薄。米德說我們必須從一個由活動、節目推動的教會，提升為一個能塑造信仰的羣體。

米德最後強調，**教會中的每一員都投入宣教**，是重要的。
那個享受單單保持機器運作、上教會活動一番的世代，已成過 289
去。新一代積極關心社會的信徒，在想到宣教時，不再想到送錢給住在紐約或納什維爾（Nashville）的人去從事宣教工作，而是想面對面，自己親身參與服事。他們希望自己的生命能被捲入比自己更偉大的事業中。

宣教始於差派。因此，講道是宣教不可或缺的部分。我想我們傳道者應該在每一篇講章中，都盡力加上一些喻道例子或見證，是讓一般基督徒也可以感受到上帝的召命的。宣教始於上帝的心，祂決意去愛世界，去得著一羣子民。上帝為了成全這工，按名呼召基督徒，叫他們成為宣教的一部分。

宣教的其中一個最大障礙是缺乏想像力。教會太多人將宣教想像成一種奇異的東西，是只發生在別的地方的。可是，在講道中，特別是在敍述宣教活動的故事和成功的故事時，人的武裝會解除，防衛會放下，開始看自己為上帝在世界上的恩慈活動的一部分。任何積極、大膽地參與宣教工作的堂會，其講台都是充滿活力的。人所以投身宣教，因為在講道中他們聽到牧者差派的呼聲；他們的牧者正是這羣宣教的會眾最主要的宣教士（chief missionary）。[14]

轉化式領導的法則

如果牧者想在教會中成為轉化式的領袖，[15]羅賓遜牧師（Pastor Anthony Robinson）給大家開列了十條「領導法則」。

將責任交回。當平信徒說：「這事情應該要有人做」，羅賓遜會這樣說：「似乎上帝正在呼召你去做這件事。」我們在教牧領導中，必須幫助平信徒重拾在洗禮中賜給他們的職事。

預期會遇到麻煩。太多牧者單單視自己為締造和平者、調

解者，他們都喜愛得到別人的喜愛，又享受討好別人。但歸信
290 必然是基督教信仰的一部分。呼召人放棄某種信念，接受另一種信念，有可能引發衝突；人不會輕易放棄權力。有時會眾羣體得靠牧者在會眾羣體中激發必需的改變。我清楚記得一個早上，在開了一個異常激烈的委員會會議後，我坐在書房內，心想究竟哪裏出了亂子？我是否太早催迫他們？我應該更有耐性嗎？我提出一個有爭議的立場時，是否應該更小心一點？接著我轉到手上的工作，預備下週的主日講章，而經文是來自馬可福音的。正如典型的馬可福音經文那樣，那段經文是一個與衝突有關的故事。耶穌講道，會眾以忿怒和拒絕來回應。經文好像有一把聲音問道：「現在你還不明白『十字架』麼？你比耶穌更善於講道嗎？」當真理被闡明，麻煩一定會出現。

惜視每一小步。人要有遠大的異象，但我們必須明白，我們是一小步一小步地去到終點的。福音原本就包含著對微小事物的珍視——寡婦的小錢、重價的珠子、落在好土裏的小量種籽，這些都是世人看為不大重要的微小事物。當我們跟會友單獨談話，教導出席聚會的僅有的兩個孩子，或者當我們探望一個病人，羅賓遜提醒我們，不要忘記以色列人脱離埃及為奴之地，是由朝應許地邁出的第一步所開始的。

計劃。如果你不知道自己要往哪裏去，幾乎任何路線都可引領你到達目的地！平信徒抱怨一切都是在浪費時間，虛耗精力，因為沒有為會眾羣體設定遠大的異象、沒有問責的途徑、從不知道我們於何時成就了甚麼事情而應該慶祝一下。計劃（planning）幫助教會不走岔，讓牧者可以安排時間的優次，將精力集中在大家共同看到的方向上。

找出不可或缺的少數。誰是完成工作的人？要在會眾羣體中開展工作，可以倚靠誰？你要推動轉化，或許不能倚靠上任牧者留下來的領袖和同工，雖然他們是正式選任的。他們獲選

任有可能是為了維持現狀。不要一次過處理太多事情；堅持處 291
理最重要和有把握的幾件事。讓會眾有一點點可慶祝的勝利，而不要太過進取，不斷被挫敗淹沒。

不要過分重視共識。牧者會希望帶著每個人一起走會眾羣體的每一步。但不願意合作，不願意作出改變的人應該得到尊重，不應期望他們同意或參與教會每一個事工。不是所有事情都需要投票的。有時，某些會友對某些行動有很大的保留，我們便應該請他們信任想行動的人。答應批評者會作出事後評估。如果我們等到每一個人都參與，會令那些準備承擔風險的人失權（disempower）；我們得留心，肯冒險的人通常都是少數。有些時候，牧者甚至必須忍受會眾會分為不同派別，願意讓堅執的異議者退出，縱然這可能是不多見的艱難時刻。是的，牧者蒙召投身和好及締造和平的職事，但我們也蒙召從事轉化、重生和更新的事奉。我們不能讓我們對少數人的同情共感的關顧工作，凌駕於我們為會眾開創未來的責任。為了讓轉化可以在這裏發生，舊模式必須讓位給新模式，而這個過程可以是痛苦的——但如果要有新的生命，我們就必須忍受、預期甚至歡迎這等痛苦。

定睛於支持者。我們有時會替那些仍未準備行動、或者永遠都不準備行動的人憂心，多於替那些因教會事奉效果不彰而感到無奈、挫敗和灰心的人憂心。身為傳道者，我往往只聽到那幾把批評我講道的聲音，卻渾忘了良久前才有十多人稱讚過我。新事工從一開始就得到大部分人支持是鮮有的，特別如果新的事工需要冒險。（我有一個忠告：如果票數是五十二對四十八，就永遠不要推行新的建堂計劃！）

為新工作成立新的工作小組。現存的架構總傾向維持現狀，以及喜歡說不。如果有新事工要完成，成立一個特別小組，由蒙召從事這工作的人組成。我們看重的是事工的果效而

292 不是組員的代表性。同時亦要要求現有的委員會不要攔阻我們在會眾中推動新的事工，但要向他們保證，他們可以參與新事工的事後評估工作。

以加數而不是減數帶出改變。要會友同意我們開展新計劃，比起要他們同意取消現有的事工容易。為甚麼要宣佈現有的計劃徹底失敗，鼓勵現有計劃的支持者去反對你呢？去開展新的事工吧！如果新計劃成功，會友會漸漸圍聚。當面前有新的事物可擁抱，人放棄舊事物的可能性就大增。要向反對者作出承諾，承諾日後會對新計劃進行評估。我們要培養出一種態度：「就試試看！看看運作如何；如果不行，就試試其他方法吧。」

要堅持下去。無論改變的需要有多明顯，都難免會招來反抗。尤其是關乎我們對上帝的獻身和服事時，對抗可以是堅定和無退讓空間的。恒定不移（constancy）是牧職不可或缺的德性，正如我們會在本書最後一章所強調的那樣。羅賓遜勸告說：「不要太快放棄。」研究顯示，牧者要取得會眾信任，推行重大且具威脅性的轉變，需時大約五年。在一個流動並急促的社會中，牧者如果真的要成為轉化式的領袖，必須堅持到底。

我曾造訪無數教會，得出了一個頗為嚇人的結論：牧者是教會有否活力的決定性因素。可以肯定的是，正如我們一再重申的，牧者不應承擔教會所有的職事。受洗者是與基督在世上一起事奉的主要事奉者。我們通過建立團隊來作帶領；我們一起帶領。但話雖如此，我們仍然必須說，牧者的能力是決定性的。牧者的情緒和態度，可以為教會定下基調，可以傳達盼望和能量，也可以帶來傷害和醫治，帶來捆綁和釋放。耶穌對教會的期望，必先得在牧者身上具體展現，不然那根本就不會出現——我身為牧者，有時真的不希望如此，可現實的確是這樣。

一位傑出的教會發展顧問，在一個教會發展的工作坊中，
花了超過一小時，列出與教會的活力和增長相關的所有因素。 293
顧問總結說：「無論如何，如果缺少牧者的領導，你可以不理會我所說的一切。」

為了「盡你從主所領受的職分」（西四 17），大膽而有異象的教牧領導是必須的。要明白為甚麼我們說彼得在使徒行傳五章的工作是一個教牧領導的「好」例子，就必須重述很多故事，包括較早時發生在路加福音的一個故事。耶穌開展祂的職事。祂傳講真道，並抵擋撒但的試探（撒但對領導有自己一套有趣的定義——參路加福音四章）。

最終祂開始了自己的職事。怎樣開始？祂呼召一些又平凡又生手，又毫不稱職的人，耶穌說：「不要怕！從今以後，你要得人了。」（路五 10）換句話說，耶穌說：「我會取回世界，以戲劇性的革命使一切倒轉，重新召聚上帝的百姓，重奪上帝的國。你猜誰會幫助我？」

這些就是奇特的基督教領導的來源。

插曲
牧職中的失敗

在羅馬天主教的聖秩禮儀中，領司鐸聖秩者要俯伏在教堂地上，臉朝下，伸出雙手，成十字架狀。天主教教會的按立多麼有智慧啊！

管理學理論大師杜拉克（Peter Drucker）說：「馬兒死了，就不要留戀，下馬好了。」我知道，有很多牧者長期處於輕度抑鬱狀態，很多在「策騎」教會一段時間後，最終宣佈馬死了，便下馬去。

繼續講騎馬這個隱喻。一位神學院教授和我討論某個學生，我們都驚歎她的才華，又深慶自己能在她於神學院學習的幾年間，幫助她好好發掘恩賜。然後我的朋友問：「但你不擔心，我們可能將一匹純種好馬配以一輪破爛的馬車嗎？」對啊，這就是在基督的身體當領袖的人生。

上星期，我接到一封來信，是一位在明尼蘇達州一間聯合衞理公會教會工作的牧者寫的。你從沒有見過他，我也沒有見過他，不過我們大部分牧者對他都頗為熟悉：

> 我做了牧者六年，實在很辛苦。我從神學院畢業時很有理想，堂會事奉的現實卻令理想破滅。你在書中對當中眾多的絆腳石都做了很好的歸納。知道其他人經歷過我

> 所經歷的事，是有幫助的……我曾真心相信，當會眾感受到被愛，且有人向他們清楚表達福音時，他們就會「步調一致」、「得蒙拯救」、「邁步向前」。不過，我多麼天真！如果連他們也不關心自己的靈魂，也不關心鄰舍的靈魂，為甚麼我要關心他們的靈魂？在這愈來愈世俗的時代，牧者、教會和福音真的那麼重要嗎？我過去幾年都為此而掙扎。
>
> 295 即使我曾經於教會大大增長和佈道工作非凡的環境下受教，但這對我毫無幫助。當我看到別人「成功」，更倍感內疚。我在甚麼地方失敗了？我做錯了甚麼？
>
> 當然，我知道重要的是「要有忠心」，上帝只要求我們「撒種」——但談何容易！因此，我發現自己站在十字路口。我正認真考慮離開堂會，修讀一個工商管理碩士學位，又或者修讀一個讓我可以找到一份「看到成果」的工作的學位，使我有點甚麼可以完成。
>
> 但一想到要離開牧職，我心裏就作難。我仍然愛基督和祂的教會，我仍然相信福音的生命大能，我仍然相信每個人都需要認識耶穌，我仍然相信教會的主要使命。
>
> 不過，我實在很難想像，我怎可以一生痛苦地陷於那庸庸碌碌的泥沼、不明所以的信仰，以及自甘衰敗的教會當中，步履蹣跚地繼續走下去。

唔，我已經告訴你，你認識他。

在受按職事中，會遇上很多失敗，週期性的沮喪更是習以為常。我的教牧輔導老師迪特斯（James Dittes）畢生都在訓練人從事牧養事奉，在他臨結束教學生涯時，便提到牧職作為哀傷的工作（ministry as grief work）：

> 成為牧者，就是每天深刻地認識到最無情的哀傷和遺棄。成為牧者，就是在嚴肅的立約中，與那些肯定會背信的人為伴……成為牧者，就是傾盡全力、耗費一切地委身於一羣不可能維繫下去的人……牧者被呼召，是基於他們的需要，他們基本無能力成為他們生而要成為之所是；他們基本無能力承擔異象，也無能力活在異象中，縱然牧者已為這異象傾盡一切。因此，成為牧者，正如上帝所知道的，要經常且全然被人遺棄，就是被那些我們賴以同工，以找到身分、意義和自我者所遺棄。[1]

耶穌地上職事的終站是十字架。正如保羅提醒我們，上帝在基督裏的大能「在軟弱上顯得完全」（林後十二9）。從我當牧者的經驗來看，我們面對的挑戰，斷不是要找出成功的方程式，好像世界衡量事情的方法那樣，而是要以正確的方式、且為了正確的原因，經受失敗。

倘若牧者是因為厭倦了教會中的瑣碎無聊事而意志消沉， 296
這就是為了錯誤的原因而失敗。倘若我們是因為過於信賴人的讚賞或世界的讚美而被弄垮，更是不值得的失敗。但學像耶穌在十字架上那樣的失敗，去俯卧在地，以十字架形狀伸出雙手，以基督的福音直面世界而換來世界狠狠的回絕——這十字架卻是牧者的冠冕。

走窄路

潘霍華在《追隨基督》（*The Cost of Discipleship*, 1937）一書中的表達，酣暢有力，他談到當個人的生命投身於福音工作時，就要預期面對衝突：

> 十字架已放在每個基督徒的肩上。人人都必須經受的第一種基督的苦難，就是蒙召撇下這個世界的一切……就這樣開始了；我們不能說，十字架是一種本來是敬虔和快樂的生命的可怕結局；其實它是在我們開始與基督相交時就遇上的。當基督呼召一個人，就是呼召他去死。[2]

此外，潘霍華又說，「苦難……尤其是基督徒生命不可或缺的部分」。[3]他提出「廉價的恩典」(cheap grace)這個觀念，指到人以為走基督的窄路是不需要有相應的歸信和委身，罪就可以得赦。我不能「緊握我的中產世俗生活方式不放，依然故我，而仍能保證上帝的恩典臨到」。[4]

在約翰福音六章，有一段奇怪的對話。經過了一連串與靈性有關的輕鬆對話後，耶穌將話題轉到(正如約翰福音中的耶穌經常突然轉換話題那樣)肉身(corporeal)、身體(bodily)、肉體(fleshly)。祂告訴追隨者：「我的肉真是可吃的，我的血真是可喝的。吃我肉、喝我血的人常在我裏面，我也常在他裏面。」(六 55～56)

當然，很多門徒聽到祂這樣說，便道：「這話甚難，誰能聽呢？」(六 60)

> 297 耶穌心裏知道門徒為這話議論，就對他們說：「這話是叫你們厭棄嗎？倘或你們看見人子升到他原來所在之處，怎麼樣呢？叫人活著的乃是靈，肉體是無益的。我對你們所說的話就是靈，就是生命。只是你們中間有不信的人。」……從此，他門徒中多有退去的，不再和他同行。耶穌就對那十二個門徒說：「你們也要去嗎？」西門彼得回答說：「主啊，你有永生之道，我們還歸從誰呢？」(約六 61～68)

門徒豈不正好代表我們所有人說話？——這話甚難，誰能聽呢？與耶穌同行，總會有某種意見碰撞。耶穌的話，無論是關乎餅和酒、肉和血，抑或是關乎金錢和權力，都會觸怒很多人，以致他們不再和祂同行。正如布朗（Raymond Brown）將這段經文翻譯為：「這種話那麼難接受。人怎能重視它呢？」[5]

難怪祂的祝福禮間或成了：「你們也要去嗎？」

從這段經文可見，耶穌既吸引人親近，也將人趕離，好像翻轉的磁石一樣，有一面相吸，有一面相斥。「這話甚難！」然後是：「主啊，我們還歸從誰呢？」這些話，這些約翰著作中異乎尋常的話，是「生命的話語」。福音內置的菱角和刺耳之聲，是無從避免和不可替代的。因此，我們傳道者被教導，對此要特別小心：若我們的話看似得到接納，恐怕是我們做了一些事，扭曲了那刺耳的生命的話語罷了。我們是如此希望別人聽見我們的話，只是如果沒有人因我們的話而感到扎心，我們就應該懷疑，我們所說的話，是否我主的生命的話語。這工作何其艱難。

你在上文那個年輕牧者的信中，也聽到同一種「吸引—排斥」的心聲吧。「我發現自己站在十字路口」；「我正認真考慮離開」；接著是「但一想到要離開牧職，我心裏就作難」；「我仍然
愛基督和祂的教會」；然後是「我實在很難想像，我怎可一生痛 298
苦地陷於那庸庸碌碌的泥沼……步履蹣跚地繼續走下去」。

我服事的第一家教會——喬治亞州郊區一個被遺忘的小小的會眾羣體——正計劃來一次奮興聚會。來自南卡羅萊納州的巡迴奮興家（他是我的岳父，我們惟一有能力請到的巡迴奮興家）問：「你們奮興是為了甚麼？」

他們說：「我們只想你高舉耶穌。」

這位巡迴傳道者說：「耶穌趕走的人，比祂贏得的人更多呢。」

這話甚難！誰能聽呢？

對我而言，牧職工作一個吸引人之處，在於我喜歡別人喜歡我，我需要別人需要我，我喜愛被愛。直到那時，我人生大部分的時間，都有幸充當這種角色。接著，我到了我第一家服事的教會事奉。世事總教人意外！縱使我的個性可人，但第一個月就有兩個家庭離開教會。他們行將離開時說：「我們不喜歡長頭髮，也不喜歡來自埃默里大學（Emory University）的傳道者。」

在神學院一個實習教育研討會中，與會者發表了個案研究報告，他們在北卡羅萊納州的鄉村教會參與了夏季實習。一位牧者講到一個會友在他第二次講道後的忿怒反應。那個個案大部分都是簡短的敍事，提到「我說，然後她說，然後我說，然後她說，我說，然後她離開了。」

我們討論這個個案。我們問：「你有沒有想到向她**這樣說**？」「你肯定你說話的語調正確嗎？你不是應該等到建立好牧養關係後，才講這種道嗎？或許你缺乏經驗，令你太快就說太多話了。」

然後一個學生問得頗有智慧：「有沒有可能，這位牧者所做的是正確的事？或許，透過這位牧者的事奉，有一個會友明白到，她不想好像自己以為那樣親近耶穌。或許，這是成功而不是失敗？」我們其實是立刻認定牧者用了不恰當的技巧，總認為在這位年輕牧者身上有一些我們可以「解決」的問題，解決過後，拒絕之事便不會再發生。

299 我們有沒有想過（誰記熟了約翰福音六章？），這位牧者可能做了一些正確的事？

俄利根在一篇講章中說，牧者好像醫生，因其召命而理所當然地去服事病人。有時，那些病人不會樂於接受「看上去像醫者」的人開給他們的處方，因為醫生提出的療法，可能會給他們帶來痛苦。一個牧者若成為先知，也是如此。俄利根這樣描述醫生：

> 按他們職業的期許，他們察看受感染的部位，處理惡心的個案。別人的苦痛成了他們自己的煩惱，而他們的生命，也不斷任憑環境擺佈。他們從不與康健的人待在一起，而是持續不斷地與殘疾者待在一起，與那些疼痛、傷口流膿者、害熱病並各種疾病的人待在一起。而如果這個人決定忠於作醫生的呼召，那麼，他即使身處我們所描述的景況中，也不會抱怨，也不會忽視他所選擇的職業的期許。[6]

在路加福音十八章 18 至 30 節，一個少年人——富足、成功的少年人——來到耶穌跟前。「良善的夫子，我該做甚麼事才可以承受永生？」（十八 18）

耶穌直說：「永生？很簡單！只需要遵從每一條誡命！」或許祂想到這個巨大的要求，足以壓一壓這個少年人的氣燄。少年人的回答使耶穌驚奇。「我從小就做到這一切，沒有違反任何一條誡命。耶穌，給我真正艱難的道德任務吧，如何？也就是像我這樣成就非凡、多才多藝的人可以認真做的事。」

在聖經其中一句最輕描淡寫的說話中，耶穌說：「好吧，我
只需要你為我做一點小事；變賣你一切所有的，分給窮人。拋
開一切，賣掉你的保時捷跑車（Porsche），贖回你的投資組合，
由得你的健身會籍失效；將所得的，全都送給窮人吧。然後來
跟從我。」路加說，那個少年人垂下頭（「變了臉色」），且甚憂 300
愁，他離開時，喃喃自語說：「這話甚難。」

然後，耶穌說：「有錢財的人進上帝的國是何等地難哪！駱駝穿過針的眼比財主進上帝的國還容易呢！」

為此，門徒說：「上帝！誰能得救呢？」這可以翻譯為：「這話甚難。」我們牧者有時被教導，要給「甚難的話」加上一層糖衣，令它變成治療性的話（therapeutic），再將它包裹在美國國旗內，向它致敬。不過，這裏的是耶穌的道路，是窄路，不是美國的道路；耶穌那些醫治的話，在醫治以先，往往先令人受傷；這些難明的話，讓某些人窒息和透不過氣來。但人卻希奇地稱之為**福音、好消息**。

耶穌在拿撒勒講完第一堂道後，眾人想將祂推下崖，而不是送祂一輛黑色別克（Buick；編按：美國通用汽車公司在美國創立的一個品牌），以示欣賞。很多人聽到祂的講話後，都向這個聰明而瘋狂的人呼喊：「拿撒勒的耶穌，滾出去吧，我們與你有甚麼相干？」（可一 21 ～ 28）

很多人就像那個富有的少年一樣，憂憂愁愁地離開，因為他們擁有財產很多。

晚上士兵來捉拿耶穌時，我們**全部人**都離棄祂，逃到黑暗裏去了。耶穌所經歷過的最痛苦的拒絕，肯定是來自祂十二個最好的朋友。

有些人向耶穌大叫大嚷，想殺死祂。有些人則好像曾經緊緊跟隨耶穌的門徒那樣，只靜靜地轉身走開。或許，那種拒絕是最叫人難受的。

不可能而能

在我講道的地方，會友更常以客氣並溫文的方式來拒絕你，就如使徒行傳十七章保羅在雅典演說後所得到的回應那樣：「唔，那十分有意思。我們會好好想想你所說的話。（我們沒打算做甚麼，但我們會想一想。）」甚麼時刻足以令你嚮往那美好的往昔？就是會眾有足夠的自尊，敢將一個冒犯他們的傳道者推下山崖的時候！

表揚約翰福音六章的那些人吧，他們知道，福音是值得被 301
拒絕的。在我們的牧養工作中，我們需要恢復不信者的尊嚴。我們短短的講道，我們小小的教牧關顧，讓福音聽起來是那麼輕省容易，以致拒絕它好像是很愚蠢似的，由此奪走了不信（disbclicf）的高尚之處。不，那個離開耶穌的少年人，當他遇到那甚難的話時，其實是辨別到的。

在格林（Graham Greene）《愛情的盡頭》（*End of the Affair*）的結尾處，上帝對主角窮追不捨，他的生命因為上帝的干擾而動搖，他不是說：「主耶穌，來吧！」而是說：「永遠不要理我！」

我在南卡羅萊納州跟一羣牧者一起研讀使徒行傳。我們來到第五章，讀到那個令人難過的小故事（在本書前一章討論過），就是我們那兩位比較突出的會友——亞拿尼亞先生和撒非喇女士，在傳道者當面指摘他們說謊時，他們就當場死去。

那羣牧者交頭接耳起來。這是怎樣的故事？這是基督教的故事嗎？這是怎樣的教牧關顧？恩典在哪裏？憐憫在哪裏？有兩個人死去，且在教會聚會時死去！

我即興地問道：「這裏有沒有人，曾需要殺死某人才能夠造就教會？」在一片沉默之後，一個牧者說：「我曾經就種族問題講道。有人在鬧嚷，要求我閉口。我繼續講道。但有三個家庭離開教會。一個家庭加入了別的教會，另外兩個家庭沒有再加入任何教會。我的家人說：『我們明白那個問題是重要的，但值得將三個家庭趕出教會嗎？』」

值得為了傳講新生而冒死嗎？

這話甚難，誰能聽呢？

這個福音、這位耶穌、這些話、這種生命——都甚難。

成為牧者、傳道者、門徒、先知，就是發現自己進退維谷。一方面是，「這話甚難！誰能聽呢？」夾在中間的是：「你們也要去嗎？」接著是：「主啊，你有永生之道（有時是難明的話），我們還歸從誰呢？」

魯益師曾經說：「一切都是可能的。駱駝也有可能穿過針的眼；但即使這是可能的，那駱駝也夠難受。」[7]

302 被釘十字架的那一位，也是在復活節復活的那一位。基督徒對失敗的任何考量，都應以復活為背景。沒有甚麼——甚至是我們不稱職的事奉——可以阻礙上帝掌權的最終得勝。最終，上帝會以祂的方式來對待世界，而這個世界也會轉化成全新的世界，稱為上帝的國。我們可以安然面對自己的失敗，因為我們相信，我們知悉一些有關世界的事情，是世界仍未知悉的，就是這個世界屬於羔羊，祂將掌權。沒有復活節，以及它帶來的新世界，我實在難以想像，我們牧者怎可能有勇氣走出去，冒險奉耶穌的名事奉。但我們還是這樣做。因為縱有一切艱難，耶穌仍在掌權。

13

牧者就是品格：神職人員的倫理學

> 第一個聖職人員就是那個遇上了第一個蠢材的第一個 303
> 流氓。
>
> ——伏爾泰（Voltaire）

牧者作為榜樣

洗禮，令所有被指稱為基督徒者，更有意思；而牧者，則有手按在他們身上，有擔子賜給他們，並期望他們照顧羣體的人。因此，對牧者的一切道德考量，皆始於他們的召命。[1]我們不能說牧者應該做甚麼（倫理學），除非我們首先知道牧者的所是所由，他們為了甚麼才成為牧者。牧者是蒙召投身特定職事的基督徒，他們在會眾面前，以聖道和聖禮來體現信仰。牧者可能會對召命本身所包含的擔子感到懊惱，但我們斷不可迴避牧者蒙召成為「羣羊的榜樣」這個事實；正如大部分按立禮都會引述彼得前書五章3節來說明這一點。牧者要將自己所傳所教的親自踐行出來。

巴克斯特（Richard Baxter）勸告說：「我很好奇想聽聽他們講的道，但一不小心卻目睹了他們的生活！……那些講道時看似最忍受不到粗暴、無禮謬論的人，卻似乎在自己的生活言 304

談中對這等事十分包容……我們必須同時竭力學習怎樣好好生活，和怎樣好好講道。」[2]

每當牧者犯了一些公開的罪（public sin），總有人會說：「唔，牧者也只是人吧。」但這不單濫用了**人**這個字，也是對事奉者的召命（ministerial vocation）的一種降格。是洗禮的水——按手並聖靈的恩賜——使我們成為真真正正的**人**。

神職人員的倫理學，取決於基督教倫理學的奇特性。教會，就好像在它以前的以色列一樣，被召成為列邦的光，向世人彰顯上帝在平凡人身上所能成就的事。布格曼（Walter Brueggemann）寫道，以色列深刻地意識到，它奇特的召命使它需要有奇特的倫理觀。以色列踐行「**一種殊異的、自覺的神學—意識形態視角**（theological-ideological perspective）。這種視角……捍衛著奇特的踐行，那是植根於殊異的操練，並以獨特的倫理後果（ethical consequences）表達出來的……〔這令以色列能夠〕保持它殊異的身分，保護它解放了的想像空間，因而也保護了它殊異的立約倫理空間。」[3]

> 你們要聖潔，因為我耶和華你們的上帝是聖潔的。（利十九2）

有些人會投訴為何要將神職人員的道德標準設得比平信徒高。巴特利特（David Bartlett）探討過聖經中嚴格的教牧事奉觀，例如彼得前、後書和提摩太前、後書所載的，他說：「我們必須問問為何如要如此定義按立——假定了某種兩層的基督教（two-tiered Christianity），即相對來說持守一定道德標準的平信徒，和持守異常高道德標準的神職人員。尤其是有些人會認為福音主要是關乎宣講上帝選擇稱不敬虔的人為義，那麼，對這些人來說，用高不可攀的敬虔標準來定義傳道者的按立，自是匪夷所思。」[4]

誠然，「兩層的基督教」——對平信徒的期望寬鬆、卻對神職人員的道德要求極高——明顯是拙劣的洗禮神學。不過，如果我們讀過居普良、巴西流、安波羅修、耶柔米、利奧和貴格利等教父的著作，定會對教父筆下的神職人員印象深刻，教父 305
們哀歎於神職人員持續並普遍的道德淪喪，並控訴神職人員的愚昧、貪婪和性放縱。[5]倘若你對今天神職人員的道德光景感到沮喪，定必可以從教父的這些道德譴責中找到一絲安慰！

這些關注道德問題的早期教父提醒我們，福音不單關乎「上帝稱不敬虔的人為義」，也關乎上帝用奇特的方式，也就是藉著教會使世界得福，而成聖的教會是「被揀選的族類，是有君尊的祭司，是聖潔的國度」(彼前二9)。這聖潔的呼召斷非高不可攀，而是適用於所有基督徒的。

特土良在他其中一篇道德呼聲中，用道德純潔的語言來形容全會眾，而不是只用在教會領袖身上。但到了居普良的時代，我們發現，他卻強調了神職人員身為與別不同的道德榜樣的純潔：

> 教士的品行應該遠超過眾人的品行，因為牧者的生命，令他和羣羊有所分別……因此，他的思想必須純潔，行為必須堪作典範，謹言慎行，保持安靜，言語要有益，成為每個人的善心鄰舍，在默想方面要超越眾人，要成為追求過美善人生者的謙卑同伴，總愛好公義以對抗罪人的惡行。他不能因為專注於外在的生活而忽略了內在的生命，也不能因為關心內在而忽略了外在。[6]

居普良給神職人員的道德指引，或許導引出後來一種惱人的發展：神職人員最終被視為某種道德上層人士，主宰著卑微的平信徒。後來，路德責備居普良忽略了一個真理：「職分（office）不是屬於我們的，乃屬主耶穌基督」。[7] 即使職務（ministrations）由一個惡棍施行，都可以具有聖禮的價值，因為即使基督的代表毫不稱職，基督也能通過他來執行職務。

儘管我們接受路德的警告，但仍必須接受一個事實，就是教牧的召命要求領袖的品格必須被呼召所塑造。[8]

侯活士曾引述亞他那修的話，強調成熟的品格是優秀的解經所必須的：

> 306 要仔細探究和正確理解聖經，需要有美善的生命和純潔的靈魂，且讓基督徒的美德引導心靈，在人性所及的範圍內，領悟關於上帝聖道的真理。我們不可能明白聖徒的教導，除非我們有純潔的思想，並嘗試效法他們的生命……任何人想明白聖經作者的思想，都必須首先潔淨自己的生命，並透過仿效聖徒的行為來就近他們。[9]

這提高了讀經的門檻。亞他那修的話是向著所有基督徒而說的，但由於牧者的讀經跟教會的服事有關，所以大家對我們牧者的道德期望奇特一點，也合情合理。奧古斯丁建議，當我們研究「聖經的中心思想」時，最好也「著眼於自己的內心」。[10] 換句話說，人之所是（品格），影響著人怎樣理解和解釋聖經，同樣道理也適用於很多牧養工作。我批評過布魯克斯（Phillips Brooks）那常被引用的講道定義（即「通過個性帶出真理」）欠缺神學內容，且太容易被美式的經驗主義玩弄於股掌之中，總是將個人經驗置於真理之上。不過，布魯克斯的定義也是成立的，因為講道所需要的技能，還是非常取決於誰在講道。正如紐曼（John Henry Newman）說：「沒有個性特質者，講不了道。」[11]

教會羣體期望我們，至少在某程度上，嘗試體現我們所宣講的信仰，是十分正確的。基督教的福音本質上是要活現出來的（performative），定必要在世界中體現和踐現。只講究言說福音的技巧，而不嘗試活現福音，是在謬講福音。

若對事奉者品格（ministerial character）的獨特形態缺乏意識，我們便會被當下文化流行一時的成功形象所害。[12] 侯活士抱怨說，今天神職人員的主要技巧似乎是

> 良好的人際關係而不是恆常讀經、在禮儀中作帶領，以
> 及不是辨識教會目前面對的挑戰。儘管今天大家未有明
> 確界定牧職工作為何，但只有品格良好的人，才能夠抵 307
> 得住操練，不斷培育這些技能，因為，事實上，牧者從
> 與人打交道——而不是從負責任的解經講道——往往
> 得到更多回報。[13]

牧者往往見證著一個事實，就是他們所得到的最好的神學教育，常是師徒式的——在師傅後面留心察看，而師傅則深諳聖經詮釋、講道學、教牧關顧、教會歷史，也許更重要的是深諳律己自制之道（self-mastery）。[14]

亞里士多德教導說，品格是有感染力的（contagious）。我們謙卑地從品格良好者——無論是在世的還是已過世的——身上得到模塑，而成為品格良好的人。[15] 當事奉者的教育（ministerial education）退化成只是技巧傳授，知識、資料和觀念的培育灌輸，對模塑牧者是有害無益的。事奉者的模塑（ministerial formation）包含著各式各樣的師徒訓練，旨在塑造出神職人員應有的品格，致使他們能盡現福音的愚拙，足以抵擋世界的智慧。

當我們要求教會領袖要成為眾人的榜樣，當我們見到領袖表現不濟就請他們離開領導的崗位，這不是擁抱天真的理想主義或者不切實際地太過嚴苛。因為基督徒羣體的需要，遠比領袖個人或事業的目標優先。而且，教會清楚知道一個事實，就是在事奉上作帶領者，是暴露在種種與別不同的試探之下的。

有些人希望屈梭多模（John Chrysostom）能加入聖職的行列，但他卻辯稱自己沒資格去回應一個如此高要求的召命。他的《論聖職人員》（*Treatise on the Priesthood*, ca. 386）乃是最有力的見證，說明了牧職的偉大之處。屈梭多模稱，沒有人會冒險將昂貴的帆船交付給既軟弱又無經驗的船長。為此，人若裝備不足，未能抵擋身為教會領袖所要面對的多重試探，他就不應該管理教會：

> 我明白我自己的靈魂是多麼軟弱和弱小：我知道牧職是
> 308 何其艱鉅，工作是何其困難；因為滔天巨浪沖擊著聖職人員的靈魂，這強如大海的洶湧波濤。首先是虛榮（vainglory）這最嚇人的巨石，比塞壬（Sirens；編按：希臘神話中的女海妖）更危險。寫神話的人告訴我們的故事是如此奇妙，當中很多人都能夠安然度過，全身而退；但這對我來說實在太危險了，即使來到如今，縱使沒有不得已的事將我推進這個深淵，我也不能夠脫離網羅：但如果任何人給我這個責任，那就等於將我雙手綁在背後，然後送我到巨石上的野獸那裏，讓牠一天一天的將我撕碎。你問那些野獸是甚麼？牠們是憤怒，沮喪，妒忌，爭吵，誹謗，指控，虛假，虛偽，詭計；對無辜者發怒，對別的牧者的錯失感到開心，對他們的興盛感到難過，喜歡被稱讚，渴望得榮耀（這確實是最叫人的靈魂萬劫不復的），想出討人喜歡的教義，卑躬屈

> 節，阿諛諂媚、鄙視窮人，討好富人，追逐了無意義和有害的榮耀，偏袒施予和接受惠贈的人，認為卑污的恐懼只適合最卑下的奴隸，不納直言，故作謙卑，禁止真理，壓制信念和責難，或寧願濫用信念和責難來對付窮人，卻不敢對有權有勢者説一句話。[16]

我同意屈梭多模的看法，不是因為神職人員注定要成為某種上層階級，而是因為他們的召命，即身為對衡文化的羣體的領袖，必須具備某些嚴格的道德質素。我認識一位長者，他在上世紀二十年代的工人運動中曾經加入共產黨。他因為在一次會議後，跟一位同是共產黨員的女士發生關係，所以被逐出黨。人們告訴他：「在革命運動中，我們的同志不可以因為缺乏個人紀律而危及革命事業。」教會所需要的領袖，就是那些受過基督教的美德所模塑的人，他們對自己夠誠實，以致可以帶領會眾認罪；他們領受基督的恩典足夠，以致可以恩慈地對待別人的罪；他們有勇氣以愛心説誠實話，並緊緊追隨真道，愛慕基督的真理甚於愛他們的會眾。[17]召命伴隨著嚴格的道德要求。 309

屈梭多模強調，牧職的公共性格和它本質上的政治性格，是其中一個令它在道德方面要求非常高的特點。他指出，從不參與公開比賽的運動員，永不會受到考驗。但當這個運動員全情投入地參與競賽，他的優點缺點都會盡現人前。當牧者走上講壇，他的道德弱點也會暴露人前：

> 聖職人員不大可能隱藏自己的缺點，即使小小的缺點，也會很快讓人明顯看到。運動員只要留在家中，不參與比賽，便可以掩飾自己的弱點。但當他全情投入地參與競賽，別人便很容易會看到他的弱點。因此，有些人過著一種私人化和不主動的生活，他們以孤立作為隱藏自

> 己弱點的面紗；但當他們被帶到公眾面前，被逼脫去遮蓋真相的外衣，其可見的一舉一動就會將自己的靈魂敞露人前。[18]

教牧召命的本質要求牧者必須具備一些德性，讓他得以在會眾羣體的政治拉扯中，成為大眾的信仰榜樣。安波羅修曾比較牧者和修士兩者的道德要求：

> 有人會有這樣的疑問：就極其嚴格的信仰獻身而言，下述兩類質素何者更為卓越？——是神職人員的職責，還是修士的習慣？這操練，其一是訓練殷勤和道德，另一是訓練節制和忍耐；其一是在公開的舞台上，另一是在隱祕之中；其一可觀察得到，另一則向人隱蔽……因此，一種生命是在活動場所，另一種生命是在洞穴中；一種是反對世界的混亂，另一種是反對肉體的慾望；一種是抑制，另一種是逃避肉體的歡愉；一種更討人喜歡，另一種更安全穩妥……一種勝過試誘，另一種逃避誘惑。[19]

按例如帖撒羅尼迦前書一章6節這等經文所示，保羅看上去頗為自大——他要求羣羊效法他。不過，他所以如此，
310 不純然出於對使徒身分的自豪感（雖然我不認為保羅是免疫於這種缺點的），更出於福音倫理的奇特本質。他在腓立比書三章17節說：「你們要一同效法我，也當留意看那些照我們榜樣〔*typos*〕行的人。」保羅嘗試效法基督十字架的榜樣，而這正是保羅要信徒效法他的。保羅在腓立比書二章1至13節，作出強而有力的十字架形狀的論證（cruciform argument），他激勵信徒「當以基督耶穌的心為心」。那位「虛己」並「取了奴僕的形象」

者，正是我們要效法的那一位——效法祂走窄路，走十架路，一條少人走的路。體現（embodiment）、效法（imitation）、深化培育（inculcation），對所有已受洗者，特別是對蒙召替人施洗、帶領受洗者的人而言，均是不能規避的重要面向。重要的是，我們要像保羅那樣，能夠向教會說：「你們知道……我……在你們中間始終為人如何。」（徒二十18下）

有些神職人員卻認為按立可以令他們免於成為背十字架的榜樣。祁克果（Søren Kierkegaard）對他們極盡諷刺之能事，其尖刻鮮有人能與之相比。他說：「一個人如斯忙於授業，以至渾忘了活出自己的教導，絕對是不道德的。」[20]這個丹麥人，特別鄙視那些「能說不能行」的人，正如美國非裔教會有時候會這樣說：

> 基督教不是藉著說話、而是藉著行動宣揚開去的。沒有甚麼比起一大堆浮誇的感受以及純然用雄辯滔滔來進行的高貴議決，更為危險的了。整件事情變成一種自我陶醉，營造出一種錯覺，讓人感到某種熾熱的氣氛，而大家會說：「他多麼真誠啊！」[21]

祁克果認為，我們都喜歡在大堂會講道；因為，如果我們被逼在空無一人的房間中講道，我們會感到「焦慮和恐懼」，因為我們被逼聽到自己所講的道。接著他警告說：「講道是冒險的，因為當我站起來……除了可見的聽眾外，還有另一位聽眾，一位看不見的聽眾——上帝……這位聽眾非常留心一件事，就是我是否在說真話，我是否心口如一……我的生命是否 311
彰顯出我所說的……真的，講道是一場冒險！」[22]

至少打從十三世紀開始，羅馬天主教的聖職人員便被鼓勵要「效法你手所作的」（imitate what you handle, *imitamini quod tractatis*）。[23]讓餅和酒這等聖物（holy things），這等體現出聖禮性臨在（sacramental presence）的日常平凡之物，內化在我們的生活方式之中，叫神職人員活出我們所宣認的。

牧養的踐行

因著對牧養工作的種種要求，牧者在道德上必須培養出一些習慣和踐行，好讓他們能夠專注於且被模塑去從事牧養工作。亞里士多德相信，期望平凡者如我們的大部分人都是良善的，未免過於奢想；我們所能期望的，只是叫他們培養出一些好習慣；踐行能孕育美善（practices breed goodness）。[24]我們有好些神職人員忽視了自己的習慣。由財政管理失當、不當的性行為，以至純然忽略牧養的責任，在在都損害我們的專業。按我自己宗派的調查顯示，在受訪的女神職人員中，有百分之四十二說她們曾經受到其他神職人員性騷擾，另外有百分之十七的女平信徒曾被她們的牧者性騷擾。一名長老會女司庫被揭發多次大額盜竊，她將一切歸咎於共事多年的男同工令她感到失權（disempowerment）。波沙克（Allan Boesak）抵抗種族隔離政策的講話，激勵人心，啟發了很多人，卻因他挪用扶窮基金而被判監，但他卻聲稱自己是歐洲文化帝國主義的受害者。

然而，按我的經驗，發生在神職人員身上的主要道德問題，不是這類明顯的道德缺失。我們的不忠，是更為平凡、也不那麼明顯的，但它們對基督的身體的傷害同樣大。他們的不忠，主要不是來自立心犯甚麼大罪，而是品格上的弱點使然，使他們在事奉路上遇到嚴峻挑戰時未能堅持下去。儘管曾因自己牧者在性方面或財務方面行為不當，而深受傷害的平信徒，
312 為數不少，可卻有萬千平信徒的失德，是因著拙劣的講道、馬虎的行政以及淡漠的教牧關顧而引起。

有一個社區護士告訴我，她在德州照顧麻瘋病人：「每個病人總首先問：『我已盡力做一個好基督徒，為何上帝仍要因我的罪懲罰我，給我這個病？』」

我敢肯定，在這樣的提問背後，是一個愚昧不堪、靠不住的牧者，其傲慢自大，使其不願意謙卑接受操練，學習好好解釋聖經。

牧職工作本質上所包含的踐行：講道——每星期安排時間去鑽研、禱告、讀經、沉思和自省——讓我們牧者不走岔。麥金太爾（Alasdair MacIntyre）界定「踐行」（practice）為

> 一切由社會確立的集體人類活動其融貫而複雜的形式，在嘗試追求卓越標準的過程中，那內在於此種活動形式的善（goods）會被實現出來；這些卓越的標準，乃適切於那活動形式，並對那活動形式有特定的決定作用；這使得人類追求卓越的能力，以及其所牽涉到的關於目的（ends）與善之人類觀念，都得以系統性地拓展。[25]

牧養職事正配合麥金太爾對踐行的精嚴定義。牧職是一種密集的**人類活動**。牧者是"parson"（編按：教區牧師或新教神職人員的泛稱）——字面意思是「人」——在教會內與個別信徒同工。牧者從事探訪、說話、鑽研、祈禱、主持活動等工作，需要掌握一系列身心和情緒的技能。學習成為牧者，是學習事奉「步驟」的一個複雜過程，是將自己的生命投向相關的踐行，是將身心配合當中所需的技藝。牧養職事斷不能單獨進行，它是講求**合作**的人類活動。牧養工作是由**社羣確立的**。牧養職事有規矩（rules）和角色（roles）可依，是一門可以從他人身上習得的藝術。那是經年累月和歷經多個世紀積累而得的，因而本書也常常提起從前的聖徒。就如本書各章涵蓋的內容十分廣

泛，牧養職事也是**融貫而複雜的**（coherent and complex）。

福琼（Marie Fortune）強調，牧者總身處於一個與會友權力不平等的位置上，故此他們肩負著很大的受託責任（fiduciary responsibility）。[26] 由於牧者對會友掌有權力——包括很多十分有需要的會友——故此，對我們來說有一件事十分重要，就是要培養出一些踐行，是能杜絕我們濫用教牧權柄，以圖一己性滿足的。邁爾斯（Rebekah Miles）給我們的工作開列了一些「基本規矩」，十分有幫助，當中包括：「與會友有性接觸，總不恰當；牧者有責任維持適當的界線；牧者和其他教會領袖要負責制訂教牧的問責機制，並貫徹執行。」[27] 接著，當她談到牧者從事牧職工作時該怎樣與人相處，她提出的原則就顯得十分具體和實在了：

> 如果你感到不安，又或者感到對方不安，就要避免身體接觸。在私下場合要特別謹慎。無論是甚麼環境，握手抑或擁抱，都要尊重〔對方的〕意願而行。[28]

比規矩或尊重界線更為重要的是，就是牧者必須具備成熟的品格，深諳如何培育踐行，就是承托他牧養事奉技藝所必須有的種種踐行。牧養工作的本性，就是要越過很多文化認可的「界線」，闖進會友的個人空間，在親密、單對單的情況下與他們待在一起。因此，牧者必須擁有自己的力量，同時必須意識到自己恆常處於需要明斷和謹慎的位置上，且必須曉得自省；讓牧者處於道德上容易受攻擊或傷害的景況中可以站立得住。[29] 安波羅修說得好：「誰在泥濘中尋找清泉？」[30]

惟有品格良好的牧者，才能對希望成為一個更好的牧者，有所裨益。

牧養職事之塑造，來自於好些內在於牧職這種踐行的

善——這些牧職本質上所具備的善（intrinsic goods），必須從
踐行本身來理解。講道的德性（homiletical virtues），諸如誠 314
實面對經文、留心姿勢和聲音，以及廣泛閱讀和長期鑽研，均是內蘊於講道的工作的。牧者若在這些核心的牧職工作中，發現到價值和樂趣，定必會在基督教牧職的踐行中不斷經歷到喜樂。那些能夠終身都對經文都保持好奇心的牧者——始終如一地培養對上帝話語的驚歎之情——總能夠在牧職中不住尋得意義，且從中得力，滿足身為牧者的種種期許。另一方面，好些外在於牧養工作的善（extrinsic goods）——例如名氣、受會眾愛戴、物質保障等——卻會令一些牧者分心，他們很容易會敗壞那給他們帶來這些外在的善的踐行，並且漸漸地大家只知道他們的生活已離棄了他們蒙召的初衷。

教會作為道德的羣體

事奉者的倫理學（ministerial ethics），傾向強烈的羣體性（communal）、集體性（corporate）和會眾性（congregational），不單因為牧者蒙召建立基督徒羣體，也因為基督教倫理本性上是社羣主義式的（communitarian）。基督徒並不整天「只想及自己」，或者面對道德抉擇時「只考量個人來説是正確的事」。我們嘗試跟隨眾聖徒的所思所行，跟大公教會的基督徒同心同德。在保羅身上，我們最能清楚看到基督教倫理的社羣主義基礎。在大部分保羅書信中，倫理是教會內的倫理（intrachurch）。當他要評估某一踐行之倫理恰當性，每每都是問：**這能否建立基督的身體？**「你們就是基督的身子，並且各自作肢體。」（林前十二 27）他甚至根據崇拜能多好地建立基督的身體，來評估好像主餐和説方言這類崇拜中的踐行。

在一封書信中，保羅寫道：「凡事都可行，但不都造就

人」（林前十 23 下），正是要叫人想起教會作為基督的身體這個形象。保羅同意哥林多的反對者的見解，認為基督徒的自由是一大德性，他寫信給加拉太人時也這樣說。然而，他強調「身體」——教會——猶勝於自由這如斯高尚的德性。太多時
315 候，強者的自由，對羣體中的弱者是有損的。根據保羅給哥林多人的勸告，弱者的良心甚至約束著福音所賜予的自由。正如布格曼討論這些經文時指出：「羣體的實在（the reality of the community），比任何自由更為優先，肯定比任何自主個體的自由更為優先。」[31]

這種社羣主義式的倫理，有別於現代西方觀念中的那種「抽離的自我」（detached self；編按：由麥金太爾提出，形容道德主體抽離於與他相關連的社羣脈絡，以普遍的概念來統括之）的自由觀，又或者有別於自由主義者的做法，將私人倫理和個人倫理，跟社會委身和公共委身區分開來。基督徒很難想像一個真正孤立的個體——一個抽離於集體、社羣框架的個體。若有人說：「我的行為是我自己的事」，這便顯示出他所依存的「羣體」，乃孕育出孤立、渾噩、寂寞的人，這些人的惟一目標就是自我擴張（self-aggrandizement）。在這個資本主義和主體主義式的文化底下（subjectivistic culture；編按：即人佔據文化的中心地位，視人為知識和文化的奠基者、創造者和最高目的），令所有倫理學成為「公共的」（public），正是教會的目標；也就是說，羣體相交是應當在教會發生的事。正如我們在提到屈梭多模時指出，按立使牧者成為極受矚目的公眾人物，因此倘若我們牧者想忠於「作羣羊的榜樣」的召命，便不應抱怨在會眾中間的生活沒有私隱，像活在「金魚缸」之中了。

我們牧者應該在自己的講道、教導和教會行政當中，努力建立一個真理的羣體，是我們可以放膽用愛心說誠實話、言說真理，藉此令身體得以在基督裏建立起來的。留意以弗所書怎

樣將言說真理跟成熟聯繫起來：

> 惟用愛心說誠實話，凡事長進，連於元首基督。全身都靠他聯絡得合式，百節各按各職，照著各體的功用彼此相助，便叫身體漸漸增長，在愛中建立自己。（弗四15～16）

我們太多時寧願容忍不成熟、不肖的基督徒，也不願意因愛基督身體的緣故而言說真理、說誠實話，以求長進。在不少
教會的裁決會議中，人往往以愛之名來合法化集體的欺瞞：「我 316
不會批評他的行為，我不想他傷心難受。」

> 使我認識基督，曉得他復活的大能，並且曉得和他一同受苦，效法他的死，或者我也得以從死裏復活。這不是說我已經得著了，已經完全了，我乃是竭力追求，或者可以得著基督耶穌所以得著我的。弟兄們，我不是以為自己已經得著了，我只有一件事，就是忘記背後，努力面前的，向著標竿直跑，要得上帝在基督耶穌裏從上面召我來得的獎賞。（腓三10～14）

復活節讓我們能夠走下去，即使我們軟弱跌倒，即使成為上帝話語的僕人是何其困難。那些參與牧職的年日比我長的人，對幽默這種不可或缺的德性是十分肯定的。一個人智力平平，也可以當牧者；但一個人如果沒有幽默感，肯定不能長時間承擔牧職。[32]對生命的不和諧有一笑置之的能力；對上帝認真，對自己卻不那麼認真；欣然接受會眾的古裏古怪，而不會氣得想親手扼死他們。這是莫大的恩典。沒有幽默感，會督可以是個令人難以忍受的悶蛋，教區長可以是難以親近的人，牧

者也可以因教會的光景而長期抑鬱。幽默是恩典，讓我們用恰當的角度看問題，讓我們不過分重視神職人員的身分地位，也提醒我們，我們真的需要耶穌的拯救，而我們其實沒有甚麼方法可以救自己。在人類的層面來說，幽默讓我們一瞥上帝如何以祂不可測量的恩典恩待我們。藉著復活，福音成了喜劇，而不是悲劇。

幽默的擾亂性特質（disruptive quality），跟耶穌的首要溝通方式——比喻——關係非常密切。克羅森（John Dominic Crossan）給我們闡明了，耶穌的比喻怎樣衝擊、而非建立「世界」。[33] 比喻通常會先選取一個主流的、官方認可的實在觀，即所謂「世界」，然後加以顛覆。許多比喻的結局都是如此出人意表，實與開玩笑相去不遠。

317 因為牧者——有起碼的忠心的牧者（half-faithful）——必須不斷挑戰現有廣為接受的世界。講道卓有成效的傳道者（effective preachers），往往擅長反諷、諷刺和顛覆各種語言規則。事實上，有時牧者就是比喻本身，顛覆並展示著一種生活方式，是其他一般職業所無的。

我們給羣羊的榜樣，有時比我們所知的更具顛覆性：有一對牧者夫婦，要求教會只發他們二人一份薪金，並答應與會眾一起商討如何妥善分配牧養的職責。他們的理由是：他倆想一起承擔照顧兩個孩子的責任。他們這樣建議，縱然只是忠於自己的價值觀，但教他們意外的是，對很多會眾來說，這是一個美好的見證。他們的榜樣，令會眾中好些夫婦開始思索，究竟有沒有其他可以協調婚姻生活的方式。因此，教牧輔導員格爾金（Charles Gerkin）說，牧者是一個「比喻人」（parabolic person）。[34]

幽默，是可以培育的恩賜，即使上帝只賜下一點點。留心上帝的旨意和我們的想望的不一致處（incongruities），留心上帝對受造世界的心意和世界對自身的想望的不一致處，可以是幽默、而非絕望之源。經文可以給我們很大的啟發，我建議大家多翻閱約翰福音。在約翰福音中，那些圍聚在耶穌四周，從祂的指導受益者，根本不明白祂的意思。死人復活，水變為酒，只因耶穌的同在，可卻沒有人真正明白祂。那位不被罪和死亡拘禁者，亦不會被我們所限；但祂出於愛，來到我們中間，與我們同吃。

神職人員的倫理學，好像復活節的倫理學一樣，首要不是關乎理性地衡量各種可行方案，將我們的其他可能性窄化為做正確的事、低風險的事。倫理學也是想像力的鍛煉，即我們要不住操練，學習相信上帝真的就臨在於我們生命當中，在我們以為窮途末路之際為我們開出路，並憑著祂的寬宥使們行事更加勇敢，而其勇氣非被逼做正確的事可比。我們盼望公義，因為我們知悉一個事實，就是基督復活後回到門徒那裏，就是那 318
些叫祂失望並離棄祂的門徒，可祂在萬民中竟呼召他們成為世界的鹽和世界的光，且要顛覆世界。因此，我們得以自由地犯罪（to sin boldly），斗膽代表基督，指望得著聖徒的身分，斷不是因為我們可以做甚麼，而是因為上帝在基督裏，已經為我們做了甚麼、將會為我們做些甚麼，並藉著我們做些甚麼，縱使我們不配。

因此，每逢主日這個小小的復活節（little Easter）我們聚集在一起守聖餐之時，教會能放膽祈禱說：

> 天上的父，求你向所有會督和一切事奉者施恩，讓他們能夠以他們的生命和教義，陳明你真實而永活的聖道，正確且適時地施行你神聖的聖禮。[35]

14

牧者就是操練有素的基督徒：在牧職中恆定不移

在公元六世紀，典型的修士是一個巡遊流浪的聖人（holy man），他過著離羣索居的生活，通常住在曠野。然後，聖本篤（Saint Benedict）以神貧（poverty）、守貞（chastity）和順服（obedience）的誓約為基礎，建立起他的修道團體。不過，在這三個古老的許諾之外，聖本篤還加上第四個的許諾——恆居（stability），意即守誓留在原地，堅持與羣體待在一起；即使羣體不討你喜歡，也要培養出所需的紀律操練，好留在上帝要你居停之處。

幾乎所有基督徒都可以做牧者，都可以在任何地方做幾年牧者。但要成為有生命力的上帝的僕人——長期充滿活力、滿有愛心、激勵人心——卻需要一種恆定不移的紀律操練（discipline of constancy）。有些教會觀察員相信，大概到了牧養生涯第六年，才是牧者事奉最有果效的時候。事實上，牧者得花上一段時間，才能夠取得會眾的信任，好傳遞異象。不過，我也可以補充說，你的牧會問題，六年之後終必浮現，你得面對自己的失敗，你的事工計劃也需要更新和再創新。當一個牧者頻繁地轉換工場，往往表明了一件事，就是這位牧者未能孕育出所需的才智，讓職事邁向成熟。

320

為甚麼有些牧者要放棄

正如耶穌所觀察到的，有些人會手扶著犁往後看（路九62）。譬如牧者個人的家庭問題、離婚問題以及其他磨難，都會令牧養的工作變得過於他們所能擔負。不過，這些問題所以折磨我們，不是因為我們是牧者，而是因為我們都是人。那麼，使得牧養職事成為要求極高的召命的獨有挑戰是甚麼呢？[1]

1. 教會的工作永遠沒完沒了。牧者做的大部分工作，都是「開放式的」（open-ended）。我們怎知道上個月一系列的查經聚會真的對任何人帶來了改變？我們有沒有竭盡所能去幫助史密斯女士戒除酗酒習慣？外科醫生的工作要求可能也很高，但沒有外科醫生總是在做手術的吧。

我曾經訪問一個跟小學教師一起工作的人，他說：「好教師必須滿足於播種而不是收割。教師決不可能指望看到自己的付出有即時、特定和具體的成果。他們對學生的影響，可能要在學生離開校門很久以後才會顯露出來。」牧養職事也可以如是。正如保羅指出，他栽種了，別人澆灌了（林前三6），收成卻可能歸於別人——雖然惟有上帝叫植物生長。

2. 教會沒有讓我們清楚知道，我們要滿足甚麼期望和實現甚麼目標。會眾的期望所以如此多樣，如此不明確，實與個別會友對「好牧者」的定義含糊有關，以致可憐的牧者從不感到自己在做應做的事。牧者的職責究竟是甚麼一回事？

一位牧者說：「我同時要應付六百個老闆，而他們各人都手持一份詳細的工作說明（job description），可卻都沒有大大方方給我看一下！」

要數最懶惰和最勤奮的人，多數會包括一些神職人員或大學教授。原因會不會是：牧養職事和學術工作，兩者都是「開放式的」？工作永遠沒完沒了。要做的工作是甚麼？總有其他人需要探訪，總有另一本書要細讀，總要花更多時間在下一個主日的講壇事奉。

一位牧者哀歎說：「每當我想起我的會眾和我對他們的責任
時，就會感到如臨大海，而這時會督給我遞一隻茶杯，下命令 321
說：『開始勺水，完成後找我。』」有時，人需要之大，足以壓
垮任何人。

我身為牧者，在一天結束前，可以關上教會的辦公室大門，然後對自己說：「我今天幹了許多事！」不過，接著當我開車回家，經過瓊斯姊妹的房子，又會對自己說：「**我這個星期真的要探望瓊斯姊妹了，她丈夫過世後，我都未見過她。**」到我回到家中，我完全沒有如釋重負之感，更沒有任何成就感可言。

由於牧養職事的性質如此不明確，所以需要高度的內部監察（internal control）。與其他職業相比，牧者的工作可能是較少同儕監管的。對自覺性非常高的人來說，這強化了他們的責任感，不過如果這人同時是完美主義者和不太顧現實的人，那便有可能會帶來沉重的壓力了。一個牧者操勞過度，多半是本身能力未勝任，或者在神學上對上帝的施為性（God's agency）和平信徒的職事理解不足所致。

3. 教會是懷著極大需要者的蔭庇處和避難所。病人和受到傷害的人，通常都不易滿足，要求極高；他們來到教會時，常是空虛迷惘，又陷於絕望之中的。當我們受到傷害，有時也會找嘗試幫助自己的人來發泄，即使在我們想得到他們幫助的時候。

神職人員和平信徒有時也很想知道，為何教會的會議可以發生那麼多不愉快的事？為何雞毛蒜皮的事，都可以鬧得不可開交？很多人來到教會，對教會的真正目標（true purposes）其實不太明白，又或者對此沒有多大委身，他們只是渴望自己受到重視和得到肯定。他們很多人其實沒有投入教會——他們只

是來參與一個組織，是可以使他們的婚姻問題迎刃而解，是可以令他們的孩子循規蹈矩，是可以在主日早上令他們愜意的。

可是，當他們發現教會原來要求人委身，強調付出而不是接受，渴望會眾服事人而不是受人服事，這時他們也許會幻想破滅，心生怒氣。[2]

4. 承擔牧職者，大部分時間都必須好像精神治療師榮格（Carl Jung）所說的那樣，以人格面具（persona）示人。[3] *Persona* 是古希臘悲劇中演員戴的面具。對榮格來說，人格面
322 具是我們與別人交往時，為了掩飾內心真正感受而戴上的心理面具（psychological mask）。我們可以看似十分關注別人的難處，即使我們實際上並非如此。一個牧者過了糟透的一天，回到家裏準備放鬆一下心情，可大約在晚上十一時，電話響起。史密斯先生的母親剛去世。雖然牧者不十分願意，但還得穿上外套，結上領帶，去當一個牧師。

戴上人格面具，不一定為要騙人，那只是為了保護自己，將自己一部分隱藏起來。這是一副面向世界的專業面孔（professional face），以求好好完成我們的責任。當牧者去找史密斯先生並慰問他時，牧者斷非在騙人。牧者是放下自己的個人感受，追求更大的善，就是給哀傷者牧養關顧。

不過，戴上人格面具可以叫人適應不良（maladaptive）。太多牧者不讓自己有機會「放下牧者的角色」（de-role）。他們總是在當牧者。

他們一整天都沒有時間翹起雙腿，除下面具。他們感到整個生活都要小心翼翼地在保持一臉岸然道貌，拼命實現不可能的理想。這會令人變得裝模作樣，壓抑真正的感受，並失去自己。一般來說，榮格覺得那副人格面具愈是光明，裏面的陰影（shadow）就愈是黑暗。陰影就是那個在人格面具保護下隱藏著的內在自我。這或許解釋了為何好些牧者看起來總有

點矯揉造作和弄虛作假。牧者要花很多精力，令那副人格面具保持亮麗；可是，當牧者花太多精力去維持這副面具，當他沒有機會擺脱這個角色而脱下面具，不介意放下自己的形象，那麼，我們與我們所扮演的角色之間，就會出現根本性的分離（disjunction）。

5. 牧者可能因為挫敗而筋疲力盡。理查德．尼布爾（H. Richard Niebuhr）將教會及其事工的目的，界定為「加增對上帝和鄰舍之愛」。如果這就是我們的工作説明，教會的生活充滿挫敗又何足為奇呢？耶穌的門徒也是教祂失望的，他們最終更離棄祂，在不順遂時逃之夭夭。因著作門徒的要求極高，加上人類的困境是如此實在，同樣的失望和沮喪之情亦會充斥著教會的生活。牧者和平信徒常常感到懸在半空，懸在教會的 323
實況，以及上帝呼召教會要教會成其所是這兩者的巨大鴻溝之中。這道鴻溝——堂議會的不愉快經驗、遇上不委身的會友、感受到人的偽善與虛謊——逐漸吞噬了我們的投入感。難怪許多牧者都變得十分犬儒，對平信徒和神職人員的表裏不一，滿是機敏和尖鋭的評論。我們有時似乎看不見基督的身體，又或者這身體是如此面目模糊，叫人難以辨認。

巴克斯特一邊起勁地責罵十七世紀的英國牧者，著他們工作要更加努力和忠心，一邊卻坦承他自己的挫敗感：「我每天都不禁想到，我們很多會友都是那麼愚昧，這實在教人悲痛；他們過去十到十一年似乎都勤於聽道，而我也盡可能説得清楚明白⋯⋯可我們很多會友都固執地不甘受教。」[4]

我曾經半開玩笑地問一位著名的腦外科醫生：「為甚麼腦外科醫生都是古裏古怪的人？」

她回答説：「你還指望甚麼？我們做的九成工作，要不是觀察病情的自然進展，就是接受病人回天乏術。對於腦部的重症和嚴重受損，我們實際上是束手無策的。我就只站著而無能為力。對醫生來說，這別有一番滋味。」[5]

在教會，當我們看到會友婚姻失敗、癌症復發、熱情減退，被沒完沒了的性別和種族歧視傷害，並在傷害自己的惡習中不能自拔，我們也是如此經常地只站著而無能為力。因此，亞奎那（Thomas Aquinas）將「寬容軟弱的人」置於一系列牧者德性之首。[6]

6. 教會及其職事得不到周遭的文化重視。美國教會已不再是我們曾經以為的在文化上那麼重要的建制了（institution）。

我們所身處的文化，一切金錢至上，以收入多寡來衡量人的價值。腦外科醫生的工作要求極高，壓力極大，難度又極高——但他們的待遇也極好呢！大家可能會羨慕牧者所做的工作，但當牧者看看自己的薪酬，就會意識到自己在物質主義的
324 層階當中是處於甚麼位置了。即使最無私的牧者，也很難不因為待遇偏低，而感受到自己不受重視。[7]

在過去幾十年間，新教宗派教會中的自由派教會（mainline liberal churches）曾拼命嘗試發揮好些社會認可的功能：興建健身室，開拓輔導服務，成為社會服務中心等等，當中有些與教會的使命直接相關，有些卻是為了重拾我們在美國文化中的地位，也就是受社會認可和重視的組織。

試圖贏取周遭的認可，且主要是贏得世俗（或異教？）文化的認可，可以是一個陷阱。我們寧可為所有人做所有事，忙得透不過氣來，好得著別人——那些不相信教會對真理和實在（reality）的異象者——之稱讚，也不去堅守我們的真正目標，而那卻是由聖經和教會傳統所定義的。這樣，是將教會的神學目的（theological purpose，或作「上帝的目的」）置於險境了。

7. 我們很多人在**組織日漸衰落**的光景中事奉。我自己的宗派，已然流失了數以百萬計的會友。空蕩蕩的教堂長椅、空蕩蕩的教會學校教室、財政問題、天花漏水，這一切都使得牧者

和平信徒的士氣受損。組織體制崩壞，總叫人灰心喪志。我宗派內的絕大多數牧者，他們大部分的事奉生涯，都是在教會處於衰落的狀態中度過的，這情況部分歸咎於他們沒學到多少帶領會眾羣體成長的技能。

兩位社會學家在《美國主流宗教：其改變的形貌及未來》(*American Mainline Religion: Its Changing Shape and Future*)一書中，詳細研究了教會教友的發展趨勢，他們預測說：「新教的建制教會……將會在人數、社會力量和影響力方面，持續衰退下去。」[8]

我們所有人都喜歡成為「勝利」組的一分子。每當有一個家庭選擇離開會眾羣體，加入另一間更有活力和朝氣蓬勃的教會，留下來的會友就不禁會悲從中來，感到自己被拒絕被遺棄，滿是挫敗。

8. 很多教會及其事工都停留在思維層面，成了一種「思維之旅」(head trip)。有些人以為，教會只處理屬靈和智性層面的事，跟軀體和肉身的事無關。很多牧者以輕視自己的身體聞 325
名。我們可以相信和傳講一種道成肉身式的信仰(incarnational faith)，可是每當談到照顧和保養身體時，卻活像無血無肉的幻影論者(disembodied Docetist)。[9]

一個針對天主教聖職人員的全國研究顯示，大約有百分之七十的受訪者表示他們的人際關係技巧欠佳。他們受的訓練是高度認知性的，縱使他們的神職工作需要各種不同的實際技能。神學院為他們準備的是一場「思維之旅」，但他們實際工作時卻迎來了一趟身體／靈魂的「內心之旅」(body/soul “heart trip”)。[10]

否認我們自己的受造性(creatureliness)，很容易會引起靈性問題和情緒問題。我曾經聽過一個從事教牧輔導的輔導員說，每當有夫婦向他尋求輔導，他就告訴他們：「下一個週末，找個保姆照顧孩子，在汽車旅館找一個舒適的房間，在泳池旁坐下，早上晚一點才起牀，出外吃一頓豐富的晚餐和跳跳舞。如果你們到星期一仍然有婚姻問題，就再致電給我吧。」

很多時候，我們的情緒或人際問題，都源於我們對身體的忽略，舒展一下身體可以有效舒緩壓力。一般來說，我們的工作愈是要動腦筋，就愈需要保養我們自己的身體。上帝創造我們，讓我們成為一種在一切所做的事上皆具身心層面（psychosomatic）的動物。忘記自己的受造性，是十分危險的事。[11]

9. 時間管理不善，令教會很多人都疲憊不堪。教會並不能靠提高生產線的生產效率而成事。牧者和平信徒都必須願意花時間去照顧那些世人所不屑一顧的人。在教會心目中，花一小時探望一個孤獨老人，可能比花一小時出席堂議會來得更重要。

正因如此，我們可以說，教會中人、尤其是教會的牧者，都是不善於管理時間的人。有太多牧者被瑣碎、無關重要、散亂的責任和活動纏擾著，這令他們再無暇兼顧更為重要的職事，而牧者又不斷抱怨時間不夠。很多平信徒對此百思不解。牧者究竟**在**做甚麼？

如果牧者遵照時間管理專家的意見，記錄他們一週內的所
326 有活動，他們可能會因自己花掉的時間而大感意外：每天兩小時對著電腦，一小時在淩亂的桌子上找筆記，一小時花在往返醫院——只因牧者早上忘記於探病前向醫院入院登記處查詢一下。

牧者時常抱怨，覺得平信徒不懂得尊重他們的時間。即使牧者有辦公時間，但在指定時間內，卻沒有人找他們，到黃昏才致電牧者家中；有人約了牧者見面，可又遲到。牧者必須先懂得尊重自己的時間，才可以期望平信徒懂得尊重他們的時間。我們亦不能怪責平信徒不懂得尊重牧者的時間——如果平

信徒不曉得他的牧者在當天較早時間的輔導環節中，承受了多大的壓力。牧者必須管理好自己的日程，且讓平信徒知道他們需要尊重的時間界線（time boundaries）。

然而，問題的根源正在於此：牧者不願意做抉擇——不願意說**不**，好好安排自己的事奉。牧者抱怨由於時間不由自己作主，於是壓力徒增，充斥著無力感和無助感。可同時平信徒又抱怨牧者浪費時間，欠缺清晰的目標或焦點，總將精力耗費在瑣碎的事情上，忽略了重要的責任。當然，有些事是不受牧者控制的。牧者的日程可能已安排得井井有條，但當教會出現了突發危機，他們就必須願意重訂日程了。

許多神職人員在運用時間方面表現出一種消極對抗的特質（passive-aggressive），消極地默默接受各種各樣不切實際的要求，以致忽略了家人，又任由會友差遣召喚，以為這就是委身服事。可事實上面對著會友的種種要求而身心俱疲之際，他們同時壓抑了內心的憤怒。可是，他們在講道或堂議會的會議中會展露出敵對的情緒或行為，而這些情緒或行為會以破壞性和不專業的方式出現，但這其實是於事無補，未能解決真正問題的——真正的問題是牧者自己不懂說**不**。

當一個牧者拒絕為自己的工作負起責任和定下優次，就會變成誰先找他就先回應誰，任由別人擺佈。結果，講章未有好好預備，研習的光陰白白溜走，病人也未有探望，牧者對個人和家人的種種承諾也賠上了。

沒有議程、沒有領導、沒有方向的教會會議，苦害了一眾平信徒。以仁慈之名，容許會議一直拖拉下去，允許某些聖徒 327
阻撓議事，最終可能一事無成。大家同意去做的事，卻乏人問責。同一件事給翻來覆去地討論再三。經過幾個這樣的晚上，平信徒開始好像牧者那樣，表現出相同的消極對抗傾向。再沒有人出席會議，大家也為缺席找借口，但真正原因是平信徒認清了一點，就是教會是一個逃避問責、沒有方向和毫無異象的地方——總是在浪費時間。

時間管理是一個神學議題。我們的日程，見證了我們認為甚麼才是重要的。牧者對牧職的神學（theology of ministry）認識不足，欠缺明確的自我引導（self-direction），注定會被最多言的平信徒使喚，惟命是從，這些平信徒認為牧職該怎樣就怎樣。正如我聽到已故的盧雲說過：「如果牧者不知道牧職中甚麼是絕對不可或缺的事，那麼，牧者就會做只是重要的事。」由於牧者所做的事情有很多都是重要的，如果他們未能認清甚麼是不可或缺的，最終會使受按職事變成了令人厭煩的苦差。

10. 牧職往往是一團糟的。有一個教牧輔導員，他有多年輔導牧者及其配偶的經驗，他告訴我，在牧養職事中保持快樂的必備個性是，「對含混性的高度容忍力」（a high tolerance for ambiguity）。

他說：「重視整潔、精確和秩序，這類個性在牧職中是苦不堪言的。生命本是一團糟的，充滿著奧祕，實在很少人——一旦你真正認識他們——是可以完全符合自己心意的。從事過印刷業或當過攝影師的朋友，就不應該當牧者吧！」

當然，他這樣說，帶幾分玩笑，但他如此勸阻，卻值得我們深思。從事印刷業的人講求精準，他們的目標是整潔清晰，可他們會發現堂會的生活是一團糟的。如果你對生命的看法只囿於一己之見，並要求所有行動都焦點清晰，一切不能移動分毫的話，教會確實可以將你逼瘋。

當然，正因為這含混性、這一團糟、這罪惡，耶穌才到
328 來。面對生命的一團糟，正是見證上帝恩典的大好機會。沒有恩典，我們注定變得犬儒，或者妄圖「整頓」人們和教會，又或者感傷地認定，「這些人都是善意的，基本上他們都是善良的——儘管所有證據都指向相反方向」。

11. 牧者和平信徒必須與宗派的價值體系、神學立場和優次，整體上和諧一致。當然，任何人都可以不同意我們教會的層階制度、裁決方式或教會體制，可是牧者和平信徒都定必會感覺到，雖然他們對這個或那個宗派規劃或領袖有甚麼意見，但自己終究是宗派的一分子，是需要認同宗派整體方向的。

12. 很多女牧者都是教會中性別歧視的受害者。要支持女性從事牧職，僅僅按立她們，讓她們能忠心地回應牧職的呼召，並不足夠。抗拒、偏見和敵意，經常令女牧者精疲力竭。

可另一方面，女牧者因為預期會面對抗拒，她們很多人都會特意培養出建立友誼、互相扶持和安息的技巧，從中支取力量，以應對種種挑戰。許多女牧者從開始便知道，忠心的事奉會招來敵意和抗拒——試想，倘若所有牧者都能夠坦承這一點，一切都會好轉吧。

13.「執政和掌權的」預備好要對抗福音及傳揚福音的傳道者。前文所列出的因素，好像意味著牧職的敵人是教會本身。不！根據聖經，福音的仇敵是宇宙性的（弗六12）。受按領導的挑戰，不單是社會學上的，更是神學上的。撒但和我們的朋友都有可能令我們的牧職失敗。

是油盡燈枯，還是電力不足？

我從來不喜歡用「油盡燈枯」（burnout；或譯「耗盡」）這個隱喻，去描述為何有些牧者會辭職不幹。「油盡燈枯」暗示我們的問題是缺乏精力，即再沒有燃料可應付牧職的要求。

從我觀察所得，我們恆常不變的牧養問題，更多是關乎「停 329
電」（blackout）或「電力不足」（brownout）——即漸漸感到事奉無甚意義，異象模糊不清，且無力持守牧職的神學根由，未能激發自己的想像力。就如某天一覺醒來，竟然發覺自己不再想完成教會期望我們達成的目標。因此，在這本書，我們花了相當多的精力，反覆提到教會及其職事的神學目的（theological purposes）。如果不是上帝有意要我們待在這裏的話——講道、教導、探訪、輔導、領導、言說真理——牧職實在是十分痛苦的。

油盡燈枯、電力不足、無甚精力和無力委身，都是關乎沮喪多於關乎壓力，是缺乏意義而不是缺乏精力。教會和其他人類建制一樣，都要面對諸多張力和要求，但由於教會及教會工作的特質，教會也會為當中的領袖帶來某些奇特的窘局。

在一九三九年六月一個溫暖的晚上，潘霍華走到曼克頓的時代廣場（Times Square）。他正在沉思。潘霍華的朋友幫助他從祖家德國移居到美國，而他祖國正落入納粹德國的夢魘中。在這裏他卻十分安全。

就在那個晚上，潘霍華聽到上帝的呼召，呼召他回到德國，與教會站在一起，並敦促教會作忠心的見證。他成了現代的殉道者，在戰爭末期，被納粹黨處以絞刑，用生命為真理作見證。

受按職事不是一份職業，也不是個人提升或自我滿足之路。牧職是一個召命，是上帝召喚所有基督徒投身事奉的一個特別形式（particular adaptation），這當然亦是來自上帝的呼召，但那是我們不可、也不會靠自己來承擔的差事。牧者的生命源自呼召，並且在艱難的日子，藉著更新我們的召命，不住一再蒙召（re-called）。我們知道自己待在這裏，承擔牧職，是因著上帝的旨意——這是莫大的恩典。因此，在如此艱難和要求這麼高的差事當中，培養安息的紀律操練，恪守安息，在安息中
330 更新、再創造，以及在安息中回想當初的召命，都是不可或缺的。在禱告中，經常言說上帝的人，變成了經常聆聽上帝者；一個經常施予的人，成為能夠接受施予者。正如我們已經指出

的，友誼乃是我們得以堅持牧養下去所不可或缺的，而禱告則是我們的主要途徑，讓我們可以跟呼召我們投身牧職的那一位保持友誼（practice friendship）。

我發覺在每日事奉之先，先透過禱告和讀經讓自己專注起來，是攸關重要的事。我們太容易分心了。開始一天時，若沒有焦點，沒有一天新似一天的召命感，那天就會容易虛耗在忙碌與分心之中。禱告和讀經成了主要的途徑，讓我們一再蒙召，以投身牧養工作。

蒙福的潘霍華如此形容晨禱（morning prayer）所帶來的分別：

> 晨禱是一天的關鍵。我們因虛耗光陰而感到羞愧，又容易向試探屈服，且我們的思想，以及我們跟別〔人〕的談話，充滿了軟弱和毫無紀律，這一切問題的根源，大都是因為忽略了早禱。從早禱開始，我們更實在地安排和分配時間。因著早上與上帝關係的突破，我們可以勝過伴隨著當天工作而來的試探。工作中要下的決定也變得輕省起來，因為這些決定是在上帝眼前作的，不是出於〔對人的〕懼怕。「無論做甚麼，都要從心裏做，像是給主做的，不是給人做的。」（西三23）即使機械式的工作，如果是出於對上帝及其誡命的確認，也會工作得更有耐性。因此，工作的能力，就在我們向上帝祈禱的時候確立下來；祂想要賜下我們應付每天工作所需的能力。[12]

較早時，我曾提到女性承擔牧職的壓力。雖然許多女性都會在堂區的服事中遇到抗拒和難處，但她們總會找到所需的力量，在堂區好好事奉。這股事奉的力量，看來取決於牧者是否意識到一點，就是上帝真的臨在於她的牧職當中，並上帝的旨意遠大於自己當下所經驗到的。有一本令人充滿盼望的見證集，當中載有二十五位女牧者的見證。書中黑尼施（Rhonda
331 Hanisch）提到她的會眾雖面對嚴重的財政危機，而仍然沒有背棄對宣教的承諾。她的經歷令她認定

> 上帝的異象是包羅萬有的。上帝將聖靈澆灌在所有受洗的人身上。為著宣教的緣故，為著建立基督的身體，每個人蒙賜予聖靈的恩賜。上帝的恩典實在非凡，在受洗的人的平凡職事中亦可以經歷得到……門徒絕對不是專家，但使徒行傳卻將他們所放膽參與的非凡宣教工作揭示出來。[13]

在教父時代的亞歷山太修士當中，流傳著以下這個感人的勉勵，勉勵陷於絕望的牧者要忍耐：

> 海員啟航之時，將帆揚起，期望一切順風——後來，他們遇上了逆風。他們不會單單因為風向轉變而拋棄貨物，棄船而去：他們會再等一會，與風暴搏鬥，直到可以再次啟航。當我們遇上逆風，就揚起十字架之帆吧！我們將可以平安地航向世界。[14]

我們在曠野飄流和乾旱疲乏的日子，可以成為回到牧職泉源的邀請（the wellsprings of our ministry）——禱告、讀經、與會友分享[15]——將一切指望都放在那位恩慈的上帝身上，期盼祂賜給我們繼續事奉所需的一切，讓我們「平安地航向世界」。[16]

安息

當出埃及記論到賜給以色列人的十誡這恩賜時，花在守安息日的經節較其他誡命為多。[17]這裏將守安息日形容為效法上帝，因為上帝在第七日安息了，我們也應該如此。有一種觀點認為，十誡的所有誡命都源自第三誡；所有誡命都是敬拜的途徑，都是我們以生活來讚美上帝的方式。在安息日，上帝命令我們要花時間反思、記念和休息，而這是忠心地、回應地讚美 332
上帝的行動的先決條件。

守安息是一個公開踐現出來的記號（publicly enacted sign），代表我們信任上帝，相信祂會保守教會，毋須我們操心。上帝悅納我們的勞碌，但我們的貢獻實在有限。我們不像希臘神祇阿特拉斯（Atlas），毋須將世界扛在肩上；我們卻像以色列的上帝，可以在休息日歇下職務，並堅信教會不會因為我們缺席而下地獄。

基督徒相信，通過復活，安息已然實現和永遠改變了。耶穌在「第八天」復活，在那天，創造被帶進圓滿之中，祂為我們啟始了一個全新的世界，而且賜給我們時間，是上帝沒有叫耶穌從死裏復活我們就不可能有的時間。上帝將安息日託付給以色列，好讓世界明白上帝對創造的旨意；同樣，基督徒在復活日敬拜上帝，在在顯示出上帝給以色列的應許已然臨到全世界。所有人，包括牧者，我們受造而得享從崇拜真神而來的休息與拯救。

因此，牧者要在主日，也就是基督教的安息日工作，實在是倫理上的挑戰。雖然我們促請大家歇息、記念、反思、經驗上帝在第八天的再創造，再創造他們的生命，但我們神職人員卻不得不忙於說話、領導、講道、教導和主持聚會。因著我們的奇特召命使然，我們在主日為每個人獻上安息，可自己卻往往享受不到安息，因此牧者必須找到讓自己得享安息的方法。安息見證的是上帝而不是牧者在保守教會。

主日正好向世界和教會解釋，為甚麼我們是 *ecclesia*，即被召出來的人。在主日崇拜中，基督徒向世界表明上帝並沒有撇下我們，也表明我們有美好的工作要做，以服事世界。而我們的工作就是崇拜。（Liturgy 一詞衍生自希臘文，意為「眾人的工作」〔the work of the people〕。）〔基督教的〕安息日是每星期給我們的提醒，提醒我們受造是為了榮耀上帝和永遠享受祂。

333 當基督徒從世界所看重的事情中退卻下來，當世界爭端處處而基督徒卻只將時間花在崇拜上，當我們在混亂的世界（world of chaos）於「崇拜的進程」（order of worship）中作禮讚，基督徒其實是在發出一個十分「政治性」的宣言。別人不斷告訴我們，要由我們去做正確的事，否則，這等事就不能成就，因此花時間崇拜上帝實在需要勇氣。主日是神聖的時間，讓基督徒活現（perform）我們其中一種最徹底、最對衡文化、最奇特而又最具界定性的行動——我們於此就是拒絕工作。〔基督教的〕安息日是我們使世界復歸原來位置的途徑，〔基督教的〕安息日是我們接管世界的時間並使其成為上帝的時間的方式。我們提醒自己，我們受造不是為了無休止的工作，而是為了崇拜。休息是終末性的。牧者要掙脫牧區日常那些他需要關心關注、沒完沒了、又事事迫切的事情，給予自己「陽台的時間」(balcony time；海菲茲〔Ronald Heifetz〕語)，有機會反思和回望，回想當初我們為甚麼投身牧職，而我們最終又向誰負責，我們的事奉方向又該當如何。我們是在服事神（God）；但我們不是神明（gods）。在使徒行傳中，保羅和巴拿巴治好病人後，羣眾敬奉他們為宙斯和希耳米（徒十四 11～14）。但這兩個事奉者說：「我們也是人，性情和你們一樣」（十四 15）。這是我們牧者要再三提醒會眾的事，無論是講道之時，還是我們休假的日子之中。

牧者工作過勞、忙碌分心、忽略家庭，往往出於對復活神學認識不足。教會的事我們可以安心放手，可以安心定期放安息年假，因為我們確信，基督真的與教會同在，基督會保守教會；陰間的權柄，甚或我們的休假，斷不能勝過教會。我們受造，不是為了無休止的活動，而是為了叫我們滿有信心地讚美上帝，無論是工作之時，還是休息之中。

大貴格利（Gregory the Great）強調教牧關顧就是教牧的自我關顧（pastor’s care of self）：

> 要醫治別人的創傷，令他們康復，他必不能漠視自己的健康……他不應在幫助鄰舍時忽略自己，也不應在激勵別人時自己跌倒。的確，很多時，一些人的德性，會
> 偉大得成為他們地獄的網羅；他們對自己的能力太有信 334
> 心，他們亦因這致命的疏忽而猝死。[18]

有些牧者被指為「操控狂」（control freaks），他們會介入會眾羣體事工的每一個環節。他們不能與其他人共事，無法將權力授予教會同工，不願意表彰別人的貢獻，且抗拒讓平信徒履行洗禮所賜予的職事（baptismally given ministry）。無法授權他人、無法定時放下事工以及跟人分享事工的教者，可能是「彌賽亞情結」（messiah complex）患者，即感到任何事工，都必須由他過問，否則便不能成事。[19]這種奇特版的神職主義（clericalism），在在顯示出這些牧者的神學認識不足，未能認定別人所蒙受的洗禮所賜予的職事。

保羅一方面認定，上帝所賜的恩是差派他事奉的憑據，另一方面這恩也提醒他，不是自己的勞苦致令他的職事得到認可，乃是「上帝的恩與我同在」。保羅竭力保持這兩者間的平衡。

> 然而，我今日成了何等人，是蒙上帝的恩才成的，並且他所賜我的恩不是徒然的。我比眾使徒格外勞苦；這原不是我，乃是上帝的恩與我同在。不拘是我，是眾使徒，我們如此傳，你們也如此信了。（林前十五 10～11）

教會，作為教牧恆定不移的根源

面對教會的眾多需要，神職人員怎可能堅持下去？但弔詭的是，我們的事奉能夠恆定不移，一個主要根源就是教會本身（major resource for ministerial constancy）。對我們的事奉有諸多要求的教會，上帝也藉它賜給我們繼續事奉所需的一切。按立我們的教會、呼召我們作帶領的教會，繼續呼召我們、給我們權柄、使我們得著能力，令我們變得更好，成為比我們自行
335 其是、單靠自己更好的人。[20]教會在期望我們成為真確的、勇敢的傳道者之中，使我們成為真確的和勇敢的人。教會在每週例行的崇拜之中，迫使我們每七天就要去崇拜真神，無論我們喜歡與否；教會令我們常常靠近信仰的泉源，即使我們輕忽了那使人復甦的活水泉源。教會在要求我們站在他們與上帝之間之時，上帝的百姓令我們成為祭司，而我們也驚訝於我們自身祭司般的效能（priestly effectiveness），縱然我們不配。

> 我們有這寶貝放在瓦器裏，要顯明這莫大的能力，是出於上帝，不是出於我們。我們四面受敵，卻不被困住；心裏作難，卻不至失望。（林後四 7～8）

啟蒙運動發明了「及齡的人」（man come to age）這個觀念：及齡的人不受束縛，毋須服從外在的權威，特別是毋須指涉教會這外在權威。笛卡兒（René Descartes）、洛克（John Locke）

和康德（Immanuel Kant）都有分構想出這個既自由又獨立的人格，他不受任何人控制，他是一切的主人。弗洛依德的理論正好是這種哲學的普及版。人類已臻成熟，必須漸漸脫離外在的羣體性權威，擺脫不同形式的壓制和束縛，傲然站立，成為我們應該成為的英勇人類（heroic human）。

不過，掙脫束縛的自由是一種幻象。沒有人是不受處境制約和無所委身的。現代性（modernity）所帶來的「解放」（liberation），最終卻造成了種種殘酷的合模（cruel conformities），不過當中卻鮮有意識到自身的束縛（restrictive）。自我（the self）很大程度上是一個社會建構，由眾多社會影響和社會依附所組成。在這個意義上，所有倫理都是「羣體性的」，也就是外在地、社會性地施加在個人身上的。我們當中沒有人是自我創造（self-created）和自我構成的（self-composed）。我們所有的自我，都從屬於其他人的講述，即對世界是甚麼，以及人類該是誰的講述。基督徒則嘗試按著聖徒的見證而活，接受信仰的先行者的紀律操練。在這本書中，我所以經常提到往昔牧者的見證，其中一個原因，是我確信 336
一點，就是追隨他們的見證，有助我們持守使徒性和保持忠信（apostolic and faithful）。

這本書開始時即主張，教會就是神職人員的根源和目的（the source and the purpose）。我們成為我們之所是，即身為神職人員，很大程度是因為在按立禮中，教會告知我們是誰，任命我們成為教會領袖，並且指明我們的生命方向。我們確信上帝的旨意是叫教會最終得勝，因此，即使眼前可見的成果和回報不多，神職人員應當堅持下去。無論順境逆境，基督的身體都是上帝對世界的問題的答案。

這解釋了為何對我來說，教會的集體崇拜（corporate worship）是令我得以在神職中恆定不移的泉源。雖然，在主日我大都忙於帶領會眾崇拜，自己鮮有敬拜的機會，但我確實也在敬拜。當我整個星期的時間都耗費在研經、預備講道，當我帶領集體禱告，當我在主餐桌前服事，當我在洗禮盆前工作，我都得到塑造。我漸漸變成了教會按手在我身上時應許我會成為的人。崇拜需要時間（takes time），在每個主日至少得花上一小時，而一個人一生之久，每週將自己的生命朝向上帝，追隨一條違反我們自然本性的道路。我們花時間在這些踐行上，事實上在是在取回時間（retake time），將所有時間聖化，使之成為上帝的時間。因此，路德說，安息的目的不單是要我們停止工作，而是給上帝時間在我們裏面工作。[21]

當我們身陷各等牧養上的挑戰，這是令我們堅持事奉下去的惟一方法，就是確信上帝真的臨在——臨在於聖道和聖禮中、臨在於我們的事奉工作之中；這就像寶貝放在瓦器裏——透過我們、為了我們，將一切帶到上帝跟前，縱然我們不配。上帝與我們同在。是的，上帝與**我們**同在。

在《四個四重奏》（*Four Quartets*）中，艾略特（T.S. Eliot）承認自己終其一生都難以找到合適的言語來表達該說的話。身為傳道者，我深有同感。我也深知，在一年的五十二個主日當中，「向無法言述的事物發動襲擊」（raid on the inarticulate；編按：語出艾略特，參下段）究竟是怎樣一回事。但感謝上帝，我認識到自己所說的話，並不是〔上帝的〕話語要述說的一切，也不是全是為〔上帝的〕話語所說的，〔上帝的〕話語已成了肉身，住在我們中間。在牧職中我為之苦惱的事，大多其實是上
337 帝的事，而不是我自己的事。因此，我繼續講道，繼續教導，繼續事奉，追趕上帝的事多於我自己的事。

所以每次冒險
都是新的開始，用破敝的裝備

向無法言述的事物發動襲擊，最後卻總潰不成軍
只留下不準確的感覺亂作一團，
一羣沒有紀律的激情的烏合之眾。
而那需要你用氣力和謙遜去征服的一切，
早已被那些你無法企及的人
一次或兩次或多次所發現——但卻沒有競爭——
……
對於我們，惟有嘗試，此外一切皆非我們所能。[22]

恆定不移和召命

最終，與艾略特相反，推動我們堅持下去的，是受按立的生命（ordained life）其本身的奇特性。細數這個召命是怎樣的一個重擔，並沒有甚麼大不了；不過我們必須指出，按立這個重擔，同時也是賜福；這就如基督徒作門徒一樣，在很多方面都是如此，可說十分典型。當我負起事奉的軛，我們會發現（在大部分日子當中）這擔子多是容易輕省，甚至是喜樂的。上帝既將我們放在這裏，在這裏我們是大有喜樂的。我們牧養工作的終極理由（ultimate defense），正是上帝的呼召。因此，用艾略特的話來說，我們牧者不是以「征服」（conquest）去征服一切，而是藉著「順服」（submission）；我們學習每天背起事奉的十字架，直到完全感受不到它是重擔，而是極大極美的恩賜。做上帝希望我們做的事，成為上帝想我們成為的人，也是一個賜福。牧職不僅僅關乎艾略特所說的「嘗試」（the trying）；它是對神聖召喚的回應，是與上帝同工的承諾，是上帝的工作而不是我們在自行其是。

確信上帝的臨在，不單在聖道和聖禮中臨在，也在我們的教導、探訪、講道、先知式見證以及對會眾的關顧中臨在，令

牧者得以堅持下去。我們雖在平凡、偏遠的地方作工，但我們
338 牧者總懷著終末的確信（eschatological conviction），深信自己是一場宇宙大爭戰（great cosmic battle）中不可或缺的一員，而上帝要在其中取回屬於祂的東西。我們的事奉正在成就大事。

我知道，對世界來說，這樣的宣稱看似荒謬；可是，宣稱上帝在好像猶太地這樣卑微的地方，透過一個被釘在十字架上的拉比，一個深愛那些不愛自己者的拉比，以拯救世界，同樣看似荒謬。

這一切都取決於神聖的召喚（divine summons）。令世界撥亂反正，又或者看見教會取得勝利，甚至令這羣會眾變成上帝國一個明顯的前哨，統統都不是我們的職責；只有上帝能這樣做。以一種熟練、有見識和能幹的方式工作，以謀取我事奉的最終價值，也不是我的任務；只有上帝能這樣做。當上帝這樣做時，我要謹記一點：這位上帝是透過十字架的苦難和大愛，勝過一切，使天地變色的上帝。忠心的事奉有時會帶來苦難，但這不是失敗的記號，而是堅貞的標記。

蒙召投身牧職是極大的恩賜。剛巧在今天，我正努力要寫完這本厚甸甸的書之時，(1)上帝讓我見證一位年輕女士蒙召，她願意獻上生命去服事有需要的人，而不是去滿足通用汽車（General Motors）的要求；接著(2)上帝又給我一段極之嚇人的經文，要我於下主日宣講。我抖擻精神，感謝上帝，祂呼召我投身這樣有意思的工作。事實上，我那一刻的事奉，像聖詩多於工作。只有讚美。

這個呼召是值得回應的，因為那位呼召者（Caller）十分有意思。當我們的生命蒙上帝——祂名為三一——所徵召，對蒙召的人來說是非常冒險的。如果不是上帝呼召我們加入祂已經在做的工，我們的受按生命，對任何人來說，都未免太過沉重了。我們的職事，乃跟隨上帝的職事，並衍生自祂的職事。

扶持著我們的，是上帝而不是我們一己的勞苦。回到那個花園，節制女神（Lady Continence）問那誠摯但可憐的少年奧古斯丁：「為何你要依靠自己而不得安定？讓上帝扶持你吧。」（參見《懺悔錄》卷八）上帝不會呼召我們去孤軍作戰。

你記得奧古斯丁是在聽到一個小孩唱歌而回轉的。聖經最後一卷書以一首歌開始，有聲音呼喊著説：「主上帝説：『我是阿拉法，我是俄梅戛，是昔在、今在、以後永在的全能者。』」 339
（啟一 8）按啟示錄所示，我們最終將參與一場由眾天使、眾長老和眾活物組成的大合唱，一個「數目有千千萬萬，大聲説〔唱〕」的詩班：

曾被殺的羔羊是配得
權柄、豐富、智慧、能力、
尊貴、榮耀、頌讚的！（啟五 12）

如果這就是我們的終局，佈道工作就等於招募詩班員，而我們的事奉則意味著要令全世界今天一起高歌，致令有天我們可以永遠高唱這歌。

在我們的牧職中，正是這歌賦予歌者意涵。福音是真理，是光和生命。傳揚福音的人，以及因歌聲而被召喚的會眾，是有福的，因為那位道路、真理和生命者將賜福他們，縱然他們不配。我們唱的歌，是上帝的歌。我們的盼望，是好好高唱這歌，以致忘掉我們是在「嘗試自己」，心被歌詞和音樂所感。上帝的歌將會成為我們的歌。我們將不用再做事奉的工作，或者「嘗試」在呼召中恒定不移。借用衛斯理詩歌的歌詞，我們將會榮耀地「頌揚主愛永無窮」，[23] 單單為了愛而做這一切。

憑著上帝的恩典，歌者成了那首歌，而我們唱的歌，是對上帝的服事，對世界的拯救。因此，整個新世界都是用歌唱來使之成就的。

看哪！上帝的帳幕在人間。
他要與人同住，
他們要作他的子民；
上帝要親自與他們同在。（啟二十一3）

註釋

增訂版序 341

1. 本書初版面世不久，我便編了一本論牧職的優秀作家選集，這些作品全都在本書被引用過。見 William H. Willimon, *Pastor: A Reader for Ordained Ministry* (Nashville: Abingdon, 2002)。我沒有修訂這本選集，它仍適合與本增訂版同時使用。

導論

1. H. Richard Niebuhr, *The Purpose of the Church and Its Ministry* (New York: Harper and Bros., 1956), p. 58。「天主教和新教思考誰應該受接受按立時，較好的是稱之為富彈性而不是融貫一致(better called flexible than coherent)。不過，當召命清晰，但職分(office)卻不明朗時，這對教會和個人而言，依然是難題。」(Philip L. Culbertson and Arthur B. Shippee, eds., *The Pastor: Readings from the Patristic Period* [Minneapolis: Fortress, 1990], p. 137)
2. 因此，威廉斯(Charles Williams)稱他的教會史為《鴿子降下》(Descent of the Dove)。Charles Williams, *The Descent of the Dove: A History of the Holy Spirit in the Church*, with an Introduction by W.H. Auden (New York: Meridian, 1959)。
3. 一九九四年一項對隸屬聯合衛理公會的神學院的學生進行的研究發現，大部分神學院新生(88%)聲稱，「經歷上帝的呼召」是進神學院的主要原因(其次是「渴
望服事別人」、「有機會學習和成長」及「渴望為教會生活帶來改變」)(*Fact Book* 342
on Theological Education for the Academic Year 1995 ～ 1996 [Vandalia, OH: Association of Theological Schools in the United States and Canada, 1997], p. 27)。

4. T.S. Eliot, *Little Gidding* (London: Faber & Faber, 1942), p. 15.
5. 昆利（Harold Quinley）對七十年代參與社會行動的神職人員進行了研究，總結出教牧的勇氣的一個重要來源，乃是一種強烈的外在授權意識，感到「我在這裏，因為我是由上帝和教會授權和差派來這裏的」（*The Prophetic Clergy* [New York: John Wiley & Son, 1974], pp. 276～277）。
6. 參畢德生（Eugene Peterson）的見證，了解他那份從牧職召命而來的喜悅：*The Pastor: A Memoir* (San Francisco: HarperCollins, 2011)。
7. 巴特（Karl Barth）說基督徒的生命永遠都「只是新手的工作……基督徒所做的事，若成為訓練有素、熟練的例行公事，成為習得和熟練的技藝時，便是自相矛盾。他們也許可以在很多事情上成為熟練的人甚或專家，但在令他們成為基督徒、上帝的兒女的事情上，他們永遠不能如此」（Barth, *The Christian Life: Church Dogmatics N. 4 Lecture Fragments*, trans. Geoffrey W. Bromiley [Grand Rapids: Eerdmans, 1981], p. 79）。
8. *The Book of Discipline of The United Methodist Church* (Nashville: The United Methodist Publishing House, 2000), p. 182。美國福音信義會表達得更簡潔：「藉著基督的恩賜，所有受洗的人都蒙召參與事奉。每個受洗的信徒都得到事奉的恩賜和能力。每個受洗的信徒都蒙召在日常生活中事奉上帝。但有些人得蒙賜予恩賜和能力，接受裝備，成為教會正式的事奉者，擔當領導的工作。」（*Candidacy Manual for the Evangelical Lutheran Church in America* [Chicago: Division for Ministry, 1995], p. 11）
9. 好像馬丁．路德．金（Martin Luther King, Jr.）一樣，加爾文（John Calvin）承認自己「粗魯和羞怯」，總是喜歡「遮蔽和隱藏」，退隱到「隱蔽的角落，得以從公眾的視線中引退」（"Preface to Psalms," in *John Calvin: Selections from His Writings,* ed. John Dillenberger [MT: Scholars Press, 1975], pp. 26～28）。
10. 參 Richard Lischer, *The Preacher King: Martin Luther King Jr. and the Word That Moved America* (New York; Oxford University Press, 1995), pp. 72～89。
343 11. William H. Willimon, *Worship as Pastoral Care* (Nashville: Abingdon, 1979), chap. 9.

第 1 章

1. 參 "Ministry in Judaism," chap. 2 of *A Biblical Basis for Ministry*, ed. Earl E.

Shelp and Ronald Sunderland (Philadelphia: Westminster, 1981)。

2. Bernard Cooke, *Ministry to Word and Sacraments: History and Theology* (Philadelphia: Fortress, 1976).
3. Gregory Dix, ed., *The Treatise on the Apostolic Tradition of St. Hippolytus of Rome* (London: SPCK, 1968), pp. 2～6。
4. 第二次梵蒂岡大公會議的《教會憲章》(*Lumen Gentium*)不幸地混淆了這個基礎性的理解，提出平信徒的事奉是從屬於聖職人員的事奉：

   > 個別的平信徒，由於知識、才能或他可能有的出色能力，得到容許、有時甚至有責任，表達他對關乎教會好處的事情的意見。這種情形出現時，應該透過教會為這目的而設立的中介來執行。也總應該在真理、勇氣和謹慎中執行，對因為其神聖職分代表了基督身分的那些人，心懷敬畏和仁愛。

   這「神聖職分」(sacred office)的神聖性(sacredness)，乃在於它建立教會的職能，而不是它以特別的方式(非所有基督徒藉洗禮而得的職事所固有的)代表基督的身分。我認為，《教會憲章》談及神職人員「代表基督的身分」的特別能力，帶來的不幸結果是梵蒂岡禁止女司鐸出現(Lumen Gentium, in The Documents of Vatican II, ed. Walter M. Abbott [New York: Association Press, 1966], p. 64)。跟女性與牧職有關的歷史文件的一個導覽，參 Thomas C. Oden, *Becoming a Minister*, Classical Pastoral Care Series 1 (New York: Crossroad, 1987), pp. 137～147。
5. 參 *The Study of Liturgy*, ed. C. Jones, G. Wainwright, and E. Yarnold, S.J. (New York: Oxford University Press, 1978), pp. 297～301。
6. P.T. Forsyth, "The Ideal Ministry," quoted in David Hansen, *The Art of* 344
   Pastoring: Ministry Without All the Answers (Downers Grove, IL: Intervarsity, 1994), p. 152.
7. 參 Roland H. Bainton, "The Ministry in the Middle Ages," in *The Ministry in Historical Perspectives*, ed. H. Richard Niebuhr and Daniel D. Williams (New York: Harper and Bros., 1956), pp. 82～109。
8. 有關牧職的基礎性(foundational)及普世性(ecumenical)宣言，見普世教會協會(World Council of Churches)的〈信仰與教階文件 133〉(Faith and Order

Paper 133；「利瑪文件」〔“Lima Document”〕），收 *Baptism, Eucharist and Ministry* (Geneva: World Council of Churches, 1982), p. 30，它描述按立是「奉基督的名，藉聖靈的召喚和按手」來施行的。

9. 參 Jones, Wainwright, and Yarnold, eds., *The Study of Liturgy*, p. 333。

容我加上一個附註，簡介我自身教會傳統對按立的看法，這也許有助大家了解我所關注的問題的背景。

循道宗（Methodism）——傳承自約翰．衛斯理（John Wesley）和查理斯．衛斯理（Charles Wesley）兄弟——可作為一個案例，表明神職人員的形象，怎樣在宗教改革後的幾個世紀出現轉變。

約翰．衛斯理嘗試在聖公會內開展平信徒改革運動。他一直到十八世紀後期去世時，終其一生仍堅持自己聖公會牧師的身分。他推動的改革的一個主要面向，是興起平信徒傳道（lay preachers），他們首要是**傳道者**。循道宗（在運動初期，衛斯理和他的朋友被稱為「循道派」〔methodists〕，因為他們強調某些屬靈操練和靈性之道，可以培育屬靈生命）在美國獨立戰爭之後，在北美逐漸發展成為一個新宗派。循道宗的擴展主要有賴循道宗的騎馬**巡迴佈道者**（circuit riders）的努力。他們受會督委派，在一定的社羣網絡中服事。他們當中有些人是已接受按立的，有些卻不。直到十八世紀中葉，活躍的巡迴佈道者的平均任期大約是十年。在繁重的工作下，他們的平均壽命是二十九歲。如果巡迴佈道者結了婚，他們便一定要「安頓」（locate）下來，退出巡迴佈道的事工。

召開年議會時（Annual Conference），主教會點名問：「你今年願意踏上旅途嗎？」直到十九世紀後期，循道宗牧者在一家教會事奉的年期一般是兩年。

345 在整個十九世紀，這些巡迴的傳道者看上去是頗相像的。他們剪同一個髮型，都穿黑色套裝，彼此以「弟兄」和「姊妹」相稱。因此，循道宗信徒在他們的第一個世紀是對衡文化的，明顯對社會低下階層最有吸引力。

衛斯理將「基督徒年議會」視為「蒙恩途徑」（means of grace）。年議會是循道宗巡迴佈道事工的特點。牧者要先成為年議會成員，才可接受按立服事地方教會（這種做法今天在衛理公會中仍然繼續）。牧者稱他們服事的教會為「聯繫」（the connection）。牧者只是年議會的成員，從來都不是他們服事的地方教會的成員。因此，循道宗的體制傾向強調受按職事的共同領導性質（the collegial nature）——雖然他們繼續存在著一個難題，就是將牧者的表現和會眾的宣教工作聯繫起來。理論上，是循道宗的神職人員在管理神職人員，而平信徒於實際管理教會時享有同等的權力；不過，事實上，體制還是傾向由神職人員主導和作帶領的。

可惜的是，循道宗開始時雖主要是平信徒的更新運動，後來卻未能確認平信徒的職事。今天，這個平信徒的更新運動需要發展出更適切的按立神學及按立踐行。

10. 偉大的禮儀學者杜理安（Max Thurian）檢視了四段他認為是按立禮儀雛型的經文：徒六 3～8，十三 1～4；提前四 13；提後一 6。他得出的結論是：就教會挑選按立人選而言，聖靈「同時是主人和判準」（Quoted in Wainwright, "Some Theological Aspects of Ordination," p. 142）。
11. David Bartlett, *Ministry in the New Testament* (Minneapolis: Fortress, 1993), p. 187。也參 G.W.H. Lampe, *Some Aspects of the New Testament Ministry* (London: SPCK, 1949)。
12. 「因此，按立是一個行動，教會用這個行動象徵一種共同的關係（shared relationship），也就是受按以執行聖禮上和職能上領導工作的人，以及被按立的人所來自的教會羣體之間的共同關係。羣體由上帝啟始（initiated），由基督賜予意義和方向，由聖靈扶持。這關係是恩賜，透過上帝的恩典，在基督普世的職事中來到。」（*The Book of Discipline of the United Methodist Church* [Nashville: The United Methodist Publishing House, 1992], p. 233） 346
13. *Book of Discipline*, p. 203.
14. 參 Oden, *Becoming a Minister*, pp. 32～40，論古典神學作品中神職人員的兩重呼召（twofold call）。也參 Thomas C. Oden, *Pastoral Theology: Essentials of Ministry* (San Francisco: HarperSanFrancisco, 1983), chap. 2。
15. H. Richard Niebuhr, *The Purpose of the Church and Its Ministry* (New York: Harper and Bros., 1956), p. 64.
16. 參 Jones, Wainwright, and Yarnold, eds., *The Study of Liturgy*, pp. 306～307。
17. 受按領袖（ordained leader）必須保持一種張力，即保持服事特定會眾羣體，跟服事整個教會之間的張力。純然的會眾羣體按立取向，會令受按者只著眼於個別會眾羣體的利益；這就如完全持守「絕對按立」（absolute ordinations；編按：指按立沒有聯繫到相應的會眾羣體），會忽略特定會眾羣體的需要一樣。
18. 修道主義（monasticism）的興起對此亦有影響。在最早期的階段，修士是平信徒，不是聖職人員。這個基督徒羣體視自己為理想的基督徒的體現。隨著四世紀教會受官方法令支持，在這文化中誕生的所有人都會接受洗禮，於是基督的精神和世界的精神之分野，便主要在聖職人員身上體現了。到了中世紀後期，神職體制進行了各種改革，當中修士守獨身成了改革的模範。一種修道的特性被加諸到神職人員身上。（在主日，我身穿白長袍聖衣——這原本是羅馬男性上街的服飾，後來成了修士的服飾；我在腰間束上帶子，象徵著守獨身。）由最早期神職人員可以結婚（在提摩太前書可以見到向已婚傳道者作出的教導），到現在守獨身成了規範。

19. 雖然好像依納爵（Ignatius Loyola）這樣的作者教導説，聖職（priesthood）的神聖呼召是「不變的」（immutable），以及「總是純潔和清潔，不摻雜任何肉慾或其他不當之物」，路德卻否認不可磨滅的記號這種説法，認為那只是「嘴上多言
347 和人為的律法」。參 Thomas C. Oden, *Ministry Through Word and Sacrament*, Classical Pastoral Care Series 2 (New York: Crossroad, 1989), p. 19。
20. Martin Luther, "To the Christian Nobility of the German Nation," *Luther's Works*, vol. 44, trans. Charles M. Jacobs and James Atkinson (Philadelphia: Fortress, 1966), p. 129.
21. Martin Luther, "Private Mass and the Consecration of Priests, 1533" as cited in Oden, *Becoming a Minister*, p. 82.
22. Martin Luther, "The Babylonian Captivity of the Church," in *Works of Martin Luther*, vol. 2, trans. A.T.W. Steinhaeuser (Philadelphia: Muhlenberg, 1943), p. 279.
23. "Homily 6.1 on Isaiah," in *The Pastor: Readings from the Patristic Period*, ed. Philip L. Cuthbertson and Arthur Bradford Shippee (Minneapolis: Fortress, 1990), p. 38.
24. Augustine, "On Baptism" in *Later Christian Fathers*, ed. H. Bettenson (London: Oxford University Press, 1970), p. 242.
25. Alexandre Faivre, *The Emergence of the Laity in the Early Church*, trans. David Smith (New York: Paulist, 1990).
26. 「教會的牧職絕對是共同領導式的，意即基督徒得到裝備，有不同的事奉恩賜（charismata），彼此團結一心。」（Schillebeeckx, *Ministry* [New York: Crossroad, 1981], 46）
27. Cyprian, "Epistle" 5.4, in *The Ante-Nicene Fathers*, vol. 5, ed. Alexander

Roberts and James Donaldson (New York: Charles Scribner's Sons, 1907), p. 283.

28. Quoted in James F. White, *A Brief History of Christian Worship* (Nashville: Abingdon, 1993), p. 133.

29. Wainwright, " Some Theological Aspects of Ordination, " p. 129.

30. 路德批評某些有創意的傳道者，只是「野心勃勃的怪人」，他們的創意誘使他們的「教導越過基督」，以致人們「羨慕地看著他們，驚歎道：多偉大的傳道者啊！」路德建議大家跟隨保羅的勸誡，「只知基督和祂釘十字架。」參 Oden, *Ministry Through Word and Sacrament*, p. 31。

31. William W. Howe, " For All the Saints, " *The United Methodist Hymnal* (Nashville: 348
The United Methodist Publishing House, 1989), no. 711.

32. Arthur Boers, *Servants and Fools: A Biblical Thology of Leadership* (Nashville: Abingdon, 2015).

33. " The Drum Major Instinct " (February 4, 1968), in *I Have a Dream: Writings and Speeches That Changed the World*, ed. James Melvin Washington (San Francisco: HarperSanFrancisco, 1992), p. 191.

第 2 章

1. Harry Emerson Fosdick, *The Living of These Days: An Autobiography* (New York: Harper, 1956).

2. Mark Daniel Epstein, *Sister Aimee: The Life of Aimee Semple McPherson* (New York: Harcourt Brace Jovanovich, 1993).

3. Barbara Brown Taylor, *The Preaching of Life* (Cambridge, MA: Cowley, 1993).

4. Reinhold Niebuhr, *Leaves from the Notebook of a Tamed Cynic* (New York: Meridian Books, 1957).

5. Will D. Campbell, *Brother to a Dragonfly* (New York: Seabury, 1977).

6. 我以前引述過卡羅（Jackson W. Carroll）喜歡的形象：牧者是「反思型領袖」（reflective leader），結合專業性及各種反思，也就是批判、專業、神學及社會學的反思（Carroll, *As One with Authority* [Louisville: Westminster John Knox Press, 1991]）。關於牧職的另一組形象，參 Donald E. Messer, *Contemporary Images of Christian Ministry* (Nashville: Abingdon, 1989)。

7. Neil Postman, *Amusing Ourselves to Death: Public Discourse in an Age of Show Business* (New York: Penguin Books, 1986), p. 87.
8. Kate Bowler, *Blessed: A History of America's Prosperity Gospel* (New York: Oxford University Press, 2013).
9. 參 *Concise Encyclopedia of Preaching*, ed. William H. Willimon and Richard Lischer (Louisville: Westminster John Knox, 1995) 關於「宮廷傳道人」的文章，頁 91～93。

349 10. 關於基督教「政治」(politics)的奇特性，參 Stanley M. Hauerwas and William H. Willimon, *Resident Aliens: Life in the Christian Colony* (Nashville: Abingdon, 1989), chap. 2。
11. 參 Willimon and Lischer, eds., *Concise Encyclopedia of Preaching* 關於富司迪(Harry Emerson Fosdick)的「生命情境講道」(life situation preaching)的文章，頁 362。
12. 我希望厄普戴克（John Updike)在 *Roger's Version* (New York: Knopf, 1986) 這本小說中是誇大了神學院的缺點。書中一位教授說：「我們的學生好像捲心菜 —— 豐腴、濕潤、充滿著強烈的信仰渴求的樸實氣息。經我們訓練，他們就好像酸捲心菜絲 —— 切細了、切成一片片、切成一條條，滴著甜甜的醬。」(Quoted in Martin B. Copenhaver, Anthony B. Robinson, and William H. Willimon, *Good News in Exile: Three Pastors Offer a Hopeful Vision for the Church* [Grand Rapids: Eerdmans, 1999], p. 84)
13. 托馬斯．法蘭克(Thomas Frank)指出，五十年代受歡迎的瑞士神學家卜仁納(Emil Brunner)寫道，基督的身體「根本不是一個組織，也沒有建制的特點」。路德和丁道爾(William Tyndale)翻譯聖經時，甚至不用 *Kirche* / church(教會)這個詞，而喜歡用 *Gemeinde* / congregation(會眾)，以示他們跟建制教會是保持距離的(Thomas E. Frank, *The Soul of the Congregation* [Nashville: Abingdon, 2000], p. 39)。
14. 參 James Davison Hunter, *To Change the World: The Irony, Tragedy, and Possibility of Christianity in the Late Modern World* (Oxford: Oxford University Press, 2010)。
15. E. Brooks Holifield, *A History of Pastoral Care in America: From Salvation to Self-Realization* (Nashville: Abingdon, 1983).

16. 「大發議論」(pontificate)這詞來自拉丁文 *pontifex*，字面意思是「建橋者」。教宗是 *pontifex maximus*(編按：即至大〔至高〕的建橋者〔司祭〕)。當然，按牧者的呼召，當中有部分是成為教會和周圍社區的建橋者。因此，問題不是牧者應否與世俗社區交往，而是該怎樣交往？
17. 巴克斯特(Richard Baxter)的建議充滿睿智，「一般來說，羊羣的大小，**一定不能比我們能夠照管的大**……如果牧養職責包括照管羊羣的所有羊，則每個牧者
關顧的靈魂數目，必定不能比他所能夠關注的為多。」(Baxter, *The Reformed* 350
Pastor [New York: American Tract Society, 1850], 136)
18. Leander Keck, *The Bible and the Pulpit: The Renewal of Biblical Preaching* (Nashville: Abingdon, 1978).
19. Robert K. Greenleaf, *The Servant as Leader* (Indianapolis: The Robert K. Greenleaf Center, 1991).
20. Susan Nelson Dunfee, *Beyond Servanthood: Christianity and the Liberation of Women* (Lanham, MD: University of Press of America, 1989).
21. Edward C. Zaragoza, *No Longer Servants But Friends: A Theology of Ordained Ministry* (Nashville: Abingdon, 1999)。薩拉戈薩對僕人這個形象，以解放式評經進路(Liberationist criticism)待之，相較聖經中的僕人隱喻，其嚴厲程度似乎過了頭。他倡議牧者就是「朋友」(friend)，卻似乎沒有留意到以友誼(friendship)隱喻來看牧職所涉及的困難。把牧職看為友誼，其中一個最美麗的闡釋是安波羅修所提出的，見 *Duties of the Clergy*, book 3, sec. pp. 131～135, in *A Select Library of the Nicene and Post-Nicene Fathers of the Christian Church*, 2nd series, ed. H. Wace and P. Schaff (New York: Christian Literature, 1887～1900)。
22. Dorothy Day, *The long Loneliness* (San Francisco: HarperSanFrancisco, 1980).
23. Maria Harris as quoted by Lovett H. Weems Jr., *Leadership in the Wesleyan Spirit* (Nashville: Abingdon, 1999), p. 36。也參 Letty M. Russell, *Human Liberation in a Feminist Perspective: A Theology* (Philadelphia: Westminster, 1974)。以三一關係看牧職，參 Catherine Mowry LaCugna, *God for Us: The Trinity and Christian Life* (San Francisco: HarperSanFrancisco, 1973)。
24. Nadia Bolz-Weber, *Finding God in All the Wrong People* (New York: Convergent Books, 2015). Brian D. McLaren, *A Generous Orthodoxy* (El Cajon, CA: Youth

Specialties, 2004).

25. 參 Gerardo Marti and Gladys Ganiel, *The Deconstructed Church: Understanding Emerging Christianity* (Oxford: Oxford University Press, 2014) 進一步的廣泛研究。

26. Tony Jones, *The Church Is Flat: The Relational Ecclesiology of the Emerging Church Movement* (Minneapolis: JoPa Group, 2011).

351 27. 班克斯（Robert Banks）認為今天所有牧職的預備工夫，都應該圍繞「宣教」範式（“missional” paradigm）來重新安排。參 Banks, *Revisioning Theological Education: Exploring a Missioinal Alternative to Current Models* (Grand Rapids: Eerdmans, 1999)。

28. 參 Darrell L. Guder, ed., *Missional Church: A Vision for the Sending of the Church in North America* (Grand Rapids: Eerdmans, 1998), and George R. Hunsberger and Craig Van Gelder, eds., *The Church Between Gospel and Culture: The Emerging Mission in North America* (Grand Rapids: Eerdmans, 1996)。在工業化的西方，要了解教會這種新的宣教解讀，基礎性的書籍是 Lesslie Newbigin, *Foolishness to the Greeks: The Gospel and Western Culture* (Grand Rapids: Eerdmans, 1986)。

第 3 章

1. Marva Dawn, *A Royal “Waste” of Time: The Splendor of Worshiping God and Being the Church for the World* (Grand Rapids: Eerdmans, 1999).
2. Martin Luther, *Small Catechism* (New York: Concordia, 1943), p. 123 來自路德對《使徒信經》第三段的解釋。
3. From Bard Thompson, ed., *Liturgies of the Western Church* (Philadelphia: Fortress, 1980), p. 9.
4. *The United Methodist Hymnal: Book of United Methodist Worship* (Nashville: The United Methodist Publishing House, 1989), p. 10.
5. 朗格（Thomas G. Long）研究過一些有活力的教會，他發現忠心的教會其教會生活和崇拜，有以下特點：

    • 在崇拜某處留下讓人經驗到奧祕的空間；

- 刻意向新來者表達歡迎；
- 恢復並讓人看出基督教崇拜中原有的戲劇感；
- 強調優秀以及風格體裁兼備的教會音樂；
- 有創意地運用、調整崇拜的空間和環境；
- 崇拜和本地宣教兩者緊扣，而崇拜的每一方面都能表達到這種聯繫； 352
- 有相對穩定的崇拜程序；而崇拜程序中的重要崇拜元素和回應方式，是會眾所熟稔的；
- 讓會眾在崇拜結束時能經歷到一種節慶般的喜樂；
- 強而有力、魅力非凡的牧者和領袖崇拜。

有活力的崇拜是一件神學事件（theological event），是基督的恩賜；「崇拜是關乎敬畏而不是策略」。參 Thomas G. Long, *Beyond the Worship Wars: Building Vital and Faithful Worship* (Washington, DC: Alban Institute, 2001), pp. 30～31。

6. Karl Barth, *Church Dogmatics*, 4.1, ed. G.W. Bromiley and T.F. Torrance (Edinburgh: T & T Clark, 1956), p. 415.
7. C. Kirk Hadaway and David A. Roozen, *Rerouting the Protestant Mainstream: Sources of Growth and Opportunities for Change* (Nashville: Abingdon, 1995).

哈達偉（C. Kirk Hadaway）和魯申（David A. Roozen）説，就宗教而言，我們生活在一個由買方主導的買方市場（buyer' s market）。新教宗派教會（mainline Protestantism）對美國宗教生活一度享有專利般的地位，可今天它們必須適應新的消費主義文化，在這樣的文化中，大家四處逛商店，追求質素，如果教會不符合他們的要求，他們便會棄之如敝屣。

大多時候，大家認為要滿足的需求，就是鼓舞人心的崇拜、清潔的育嬰室、寬廣的停車場。不過，哈達偉和魯申研究過所有的因素後，説道：「對教會來説，關鍵的問題似乎是它們是否具備吸引人的**宗教**特點……這不關乎該特點是自由派還是保守派」（頁 69）。「當教會能就大家的生活，給出充足的神學理據時，教會就會興旺。他們一直專注於上帝。

較早時，我所以説新教宗派教會有麻煩，是因為我們給了大家不上教會的神學理據；我們給他們「世俗化的神學」（theology of secularity）。教會不能成為神聖版的扶輪社。我們必須清楚地、刻意地、堅定地，決意讓教會成為一處我們與上帝相遇的地方，一處在耶穌基督裏的上帝與我們相遇的地方。

353 哈達偉和魯申明確表示，「要成長和繼續成長，每家新教宗派教會都需要成為一個有活力的**宗教**團體，滿載上帝的臨在。它必須建立清晰的**宗教**身分、吸引人的**宗教**目標，並且藉這身分、目標而引發出一種融貫的方向感（coherent sense of direction）」（頁 86）。

哈達偉和魯申說，我們十分需要一些神學領袖（theological leaders），他們對教會的衰落不滿，拒絕屈從於社會決定論（sociological determinism），強調教會獨特、屬靈、屬上帝的面向。教會增長與否不是重點。真正的重點是有生命力的見證，以言以行見證上帝臨在於我們中間。哈達偉和魯申指責我們對上帝採取一種「不聞不問」的政策。我們「以理性的文明，取代了宗教經驗的熱熾度」（頁 127）。

當約翰．衛斯理的傳道者熱切地向他作匯報，談到他們的聚會人數眾多，他們的講道大家十分受落，這時衛斯理問：「但你們有沒有將基督介紹給他們？」我們身為傳道者的最偉大召命，不是給出更美好的生活的守則、給出對家庭主婦有用的小貼士小提示，或者給出能幫助大家建立自尊的指引。我們要做的，是幫助教會經歷上帝的臨在。

第 4 章

1. Walter Bruegemann, *To Pluck Up and to Tear Down: Jeremiah 1～ 25* (Grand Rapids: Eerdmans, 1988).
2. Philip Rieff, *The Triumph of the Therapeutic: Uses of Faith After Freud* (Chicago: University of Chicago Press, 1987)，和 Christopher Lasch, *The Culture of Narcissism: American Life in an Age of Diminishing Expectation* (New York: W.W. Norton, 1978)。從特定的基督教觀點來看（根據魯益師〔C.S. Lewis〕在 *The Weight of Glory* [London: SPCK, 1942] 中所說的），我們的難題，不是我們有太多的渴望，而是我們想得到的太少。我們不再渴望得救，我們只想感到好一點；我們不再期望一個新世界，我們只盼望更好地適應現有的世界。
3. Robert Bellah, et al., *Habits of the Heart: Individualism and Commitment in American Life* (Berkeley: University of California Press, 1985).
4. 奧斯默（Richard Osmer）哀歎一種他稱為「牧養教會論」（pastoral ecclesiology）
354 的觀點已佔主導地位，在其中牧者放棄他們由神學賦予的領導功能，接受「一種對教會的理解，在其中教會被視為主要是支持、培育的羣體，幫助面對危機的人，以及製訂節目活動，滿足他們的需要。」參 Osmer, "Three 'Futuribles' for the Mainline Church," in *Rethinking Christian Education*, ed. David S. Schuller (St. Louis: Chalice Press, 1993), p. 128。

5. Flannery O'Connor, *The Habit of Being*, ed. Sally Fitzgerald (New York: Farrar, Straus & Giroux, 1979), 81.
6. 我同意畢德生對我們這個時代的評估，「教會的很多領導既不是牧養的，也不是神學的。教會領導的牧養面向，受技術化和管理影響，給嚴重侵蝕。教會領導的神學面向，被對治療和營銷的專注所邊緣化。給忠心的基督徒羣體提供領導的福音工作，已經脱離了它的本源」(Eugene Peterson and Marva Dawn, *The Unnecessary Pastor: Rediscovering the Call* [Grand Rapids: Eerdmans, 2000], pp. 60～61)。不過，大家也可以看我在以下文章中的評論：William H. Willimon, "Peterson and Institutions," in Jason Byasee and Roger Owens, *Pastoral Work: Engagement with the Thought of Eugene Peterson* (Eugene, OR.: Cascade, 2014)。
7. Quoted in David Fisher, *The 21st Century Pastor* (Grand Rapids: Zondervan, 1996), p. 215.
8. Jerome, "Letter 52," in *The Pastor: Readings from the Patristic Period*, ed. Philip L. Culbertson and Arthur B. Shippee (Minneapolis: Fortress, 1990), p. 160.
9. John Calvin, *Calvin: Institutes of the Christian Religion*, 1.6.1, ed. John T. McNeill, The Library of Christian Classics 20 (Philadelphia: Westminster, 1960).
10. Don S. Browning, *The Moral Context of Pastoral Care* (Philadelphia: Westminster, 1976).
11. Thomas Aquinas, *Summa Theologica*, vol. 2, pt. II-II, Q. 32, art. 1, ed. English Dominican Fathers (New York: Benziger, 1947～48), p. 1325.
12. Wayne Meeks, *The Origins of Christian Morality: The First Two Centuries* (New Haven: Yale University Press, 1993), p. 110.
13. 參 Thomas C. Oden, *Crisis Ministries*, Classical Pastoral Care Series 4 (New 355
York: Crossroad, 1986), pp. 26～29 中關於教牧的探訪工作的重要性的討論。
14. Richard Baxter, *The Reformed Pastor* (New York: American Tract Society,

1850), p. 255.

15. Jeremy Taylor, in *The Curate of Souls*, ed. John R.H. Moorman (London: SPCK, 1958), pp. 22～23.
16. 參 Kenneth C. Haugk, *Christian Caregiving: A Way of Life* (Minneapolis: Augsburg, 1984)。

第 5 章

1. “Westminster Confession,” in *Creeds of the Churches*, ed. John Leith (Richmond, VA: John Knox, 1973), p. 193.
2. Walter Brueggemann, in *The Church as Counterculture*, ed. Michael L. Budde and W. Brimlow, (Albany: The State University of New York Press, 2000), p. 53.
3. David H. Kelsey, *The Uses of Scripture in Recent Theology* (Philadelphia: Fortress, 1975), p. 90.
4. Stanley M. Hauerwas and William H. Willimon, *Resident Aliens: Life in the Christian Colony*, Revised Edition (Nashville: Abingdon, 2014), p. 46.
5. Martin Luther, “An Order of Mass and Communion for the Church at Wittenberg” (1523), *Luther's Works*, vol. 53, ed. Ulrich S. Leupold (Philadelphia: Fortress, 1965), p. 19.
6. 參巴特利特（David Bartlett）從講道學的角度對歷史評經學（historical criticism）的評論，見 *Between the Bible and the Church: New Methods for Biblical Interpretation* (Nashville: Abingdon, 1999), pp. 138～151。
7. 參巴特利特對利科（Paul Ricoeur）的討論，見 *Between the Bible and the Church*, pp. 39～40。
8. Robert Alter, *The World of Biblical Literature* (New York: Basic Books, 1991), p. 91.

356 9. 聖經字面主義（Biblical literalism）受現代性和它對絕對確定的知識的慾望的影響，多於受古典基督教的詮釋模式影響。

10. 巴特利特說：「當我們與聖經對話　聖經仍然是這個對話中的資深伙伴（senior partner）」（Bartlett, *Between the Bible and the Church*, p. 13）。
11. Robert McAfee Brown, *Unexpected News: Reading the Bible with Third World Eyes* (Philadelphia: Westminster, 1984), pp. 13～14.

12. Erich Auerbach, *Mimesis: The Representation of Reality in Western Literature*, trans. Willard R. Trask (Princeton, NJ: Princeton University Press, 1968), p. 118.
13. Karl Barth, *The Epistle to the Romans* (London: Oxford University Press, 1960), p. 122.
14. William C. Placher, "Is the Bible True?" *The Christian Century* 112 (Oct. 11, 1995): 924～928.
15. Pctcr J. Gomco, *Tho Good Book: Roading tho Biblo with Mind and Hoart* (Boston: Bard, 1998).
16. Walter Brueggemann, *Old Testament Theology: Testimony, Dispute, Advocacy* (Minneapolis: Fortress, 1997).
17. Flannery O'Connor, *Mystery and Manners*, ed. Sally and Robert Fitzgerald (New York: Farrar, Straus & Giroux, 1961), pp. 111～113。巴特指出，啟蒙運動的口號——康德的產物——是 *Sapere aude!* 意即「敢於明白」，或者正如巴特所説，有勇氣運用你自己的理解力，決意不接受任何人指導。由啟蒙運動孕育的這種觀念，強調理解全然是一種自我理解（exclusively self-understanding，而這才是現代聖經詮釋的最大障礙（Karl Barth, *Protestant Thought: From Rousseau to Ritschl* [London: SCM Press, 1959], p. 152）。
18. 正如巴特説：「釋經倚仗一個認定，那就是聖經給我們的信息，即使表面上最具爭議和最不易消化的部分，在任何環境底下，都比我們自己説過、或能夠説的最好和最必須的事情，更真實和更重要。」（Barth, *Church Dogmatics*, 1.2, ed. G.W, Bromiley and T.F. Torrance, [Edinburgh: T & T Clark, 1956], p. 719）。
19. 侯活士認為聖經一定要羣體性地閱讀（read communally）。*Unleashing the* 357
Scripture: Freeing the Bible from Captivity to America (Nashville: Abingdon, 1993)。但身為傳道者，我經常經歷到聖經對教會的攻擊。和加爾文一樣，我視體制從屬於文本，並由文本解釋，而不是倒過來。但身為傳道者，我對聖經經文的全然他者性，和經文不斷攻擊教會的方式，印象深刻。
20. Barth, *Church Dogmatics*, 1.2, p. 718.
21. George A. Lindbeck, *The Nature of Doctrine: Religion and Theology in a Postliberal Age* (Philadelphia: Westminster, 1984), p. 118。「成為基督徒涉及學習以色列和耶穌的故事，以致足以根據它來詮釋和經歷自己的世界。」（頁 34）
22. 巴特利特也稱讚美國非裔傳道者詮釋聖經和講道時，毫無顧忌地使用預表法

（typology）。預表法認為一個聖經人物（例如摩西）預示著（prefiguring）另一個人物（例如耶穌）。現代聖經評經學對預表法有不少批評，但預表法作為教會宣講聖經的一種具想像力的方法，是有其光榮傳統的（Bartlett, *Between the Bible and the Church*, p. 31）。

23. John Calvin, *Calvin: Institutes of the Christian Religion*, ed. John T. McNeill, The Library of Christian Classics 20 (Philadelphia: Westminster, 1960), 1.61 and 1.14.1.
24. Auerbach, *Mimesis*, pp. 14～15.
25. Walter Brueggemann, *Interpretation and Obedience: From Faithful Reading to Faithful Living* (Minneapolis: Fortress, 1992).
26. As cited by Richard Baxter in *The Reformed Pastor* (New York: American Tract Society, 1850), p. 120.
27. Karl Barth, " The Doctrine of Reconciliation, " in *Church Dogmatics*, 4.2, trans. G.W. Bromiley (Edinburgh: T & T Clark, 1958), pp. 124～125.
28. Jean Leclercq, *The Love of Learning and the Desire for God: A Study of Monastic Culture*, trans. Catharine Misrahi (New York: Fordham University Press, 1961)。伊拉謨斯（Desiderius Erasmus）說過，我們預備讀經，應該好像預備進餐一樣：「將手洗乾淨，也就是以最純潔的心靈作好準備。」Erasmus,
358 " The Handbook of the Christian Soldier " (*Enchiridion millitis christiani*) in *Collected Works of Erasmus*, ed. John W. O'Malley (Toronto: University of Toronto Press, 1988), 66: 34。
29. Jerome, " Letter 52, " in *The Pastor: Readings from the Patristic Period*, ed. Philip L. Culbertson and Arthur B. Shippee (Minneapolis: Fortress, 1990), pp. 154～155。
30. 同上註。
31. 因此，路德說我們牧職的試驗「不是多或少人相信或不相信，被定罪或得救」，而是忠於上帝的話語（Luther, *Sermon on Matthew*, vol. 3, ed. E. Plass [St. Louis, MO: Concordia, 1959], p. 1200）。
32. Michael Casey, *Sacred Reading: The Ancient Art of Lectio Divina* (Liguori, MO: Triumph Books, 1996)。也參 John S. Dunne, *Reading the Gospel* (Notre Dame, IN: University of Notre Dame Press, 2000)。

33. Barbara Brown Taylor, *The Preaching Life* (Cambridge, MA: Cowley Publications, 1993), p. 47.

插曲：經文奇妙的豐厚感

1. 我想維根斯坦（Ludwig Wittgenstein）是現代其中一個人，最早留意到聖經經文看上去幾乎都是刻意含糊的。作者是否想透過經文的困難之處，對經文的讀者（聽眾）做些甚麼事情？（Ludwig Wittgenstein, *Culture and Value*, ed. G.H. Von Wright, trans. Peter Winch [Oxford: Blackwell, 1980]）
2. G.K. Chesterton, *Orthodoxy* (London: John Lane, 1908), p. 151.
3. 漢德爾曼（Susan Handelman）的 *The Slayers of Moses* (Albany: State University of New York Press, 1982) 稱讚傳統的拉比釋經方法，不會囿於「正確」的閱讀，而能欣賞詮釋無盡的可能性以及會偏愛某些特定的經文。
4. William C. Placher, *Narratives of a Vulnerable God: Christ, Theology and Scripture* (Louisville: Westminster John Knox, 1995), p. 88.
5. 「懷疑的詮釋學」（hermeneutics of suspicion），特別是好像費許妮莎（Elisabeth 359
S. Fiorenza）這樣的女性主義者實行的那種（*In Memory of Her: A Feminist Theological Reconstruction of Christian Origins* [New York: Crossroad, 1983]），卻對自身順從於啟蒙主義知識論，沒有足夠的懷疑。化約式的讀經（reductionistic reading），偏向「解放」（liberation）或其他統一的先驗原則，可以是對經文的異聲的無理脅迫。事實上，要看出經文中的文化制約，比承認我們自己的文化制約，實在容易得多。
6. 普徹（William C. Placher）回想狄奧多力主教（Bishop Theodoret）鎮壓塔蒂亞（Titian）的 *Diatessaron* 的著名故事（公元四二三年）。塔蒂亞嘗試在這本書中將四本福音書協調成為一本（*Narratives of a Vulnerable God*, pp. 86～87）。
7. Frank Kermode, *The Genesis of Secrecy: On the Interpretation of Narrative* (Cambridge, MA: Harvard University Press, 1979), pp. 49～73.
8. 參 David J. Bryant, *Faith and the Play of Imagination: On the Role of Imagination in Religion* (Macon, GA: Mercer University Press, 1989)。
9. 路德說：「一個人那怕只要擁有上帝聖道的片言隻語，就能據此傳講一整堂道；若不然，這人實在不配講道。」聖經的本質是那麼豐厚（thick），以致片言隻語已經給傳道者一整堂道所需要的一切！（*What Luther Says*, vol. 3, ed. E. Plass [St.

Louis, MO: Concordia, 1959], p. 1110）

第 6 章

1. 路德說傳道者「不應該安靜或低聲說話，應該不害怕或不羞於作見證。他應該直率地說話，不理會或不放過任何人，讓他的話按它的意願攻擊任何人任何事。如果傳道者四處張望，左顧右盼，為別人喜歡或不喜歡聽甚麼而擔憂，那對傳道者而言將構成很大的妨礙」（Luther, " The Sermon on the Mount, " in *Luther's Works*, vol. 21, ed. J. Pelikan and H.T. Lehmann [St. Louis, MO: Concordia, 1967], p. 9）。路德記得，當安波羅西斯（Ambrosius）勸他的會眾來教堂聽一堂好道，之後有人告訴他：「親愛的牧者，真相是，如果你在教會放一桶啤酒，叫我們好好享用，我們會很樂意前來。」（Quoted in Thomas C. Oden, *Ministry Through Word and Sacrament*, Classical Pastoral Care Series 2 [New York: Crossroad, 1989], p. 32）
2. 360 Søren Kierkegaard, *Provocations: Spiritual Writings of Kierkegaard*, ed. Charles E. Moore (Farmington: PA: The Plough Publishing House, 1999), p. 35.
3. 這一節得益於 Wilhelm Pauck, " The Ministry at the Time of the Continental Reformation, " in *Ministry in Historical Perspectives*, ed. H. Richard Niebuhr and Daniel D. Williams (New York: Harper and Bros., 1956), pp. 110～148。
4. As quoted in Pauck, " The Ministry in the Time of the Continental Reformation, " p. 110.
5. 同上註，頁 114。
6. 第二瑞士信條（*Helvetica Posterior*）的表達。
7. Leander E. Keck, *The Bible in the Pulpit* (Nashville: Abingdon, 1978).
8. Dietrich Bonhoeffer, *Life Together* (New York: Harper and Bros., 1954), pp. 97～98.
9. 強調講章作為時間中的事件，即由危機衝突走向難題得著解決（resolution），是勞里（Eugene L. Lowry）書中的非凡洞見，參 *Doing Time in the Pulpit: The Relationship Between Narrative and Preaching* (Nashville: Abingdon, 1985)。
10. Herman Melville, *Moby Dick* (New York: W.W. Norton, 1967), pp. 43～44.
11. 參 Elizabeth Achtemeier, *Preaching Hard Texts of the Old Testament* (Peabody, MA: Hendricks, 1998)。

12. 巴特利特對傳道者的解經法曾作出了精簡的導覽，見 *Between the Bible and the Church: New Methods for Biblical Preaching* (Nashville: Abingdon, 1999)。另見 Jana Childers, ed. *Purposes of Preaching* (St. Louis: Chalice Press, 2004)。
13. John Chrysostom, *On the Priesthood*, chap. 5, sec. 2～3, in *The Nicene and Post-Nicene Fathers*, vol. 9, ed. Philip Schaff (Grand Rapids: Eerdmans, 1989), pp. 70～71.
14. St. Jerome, "Letter 22" in *The Pastor: Readings from the Patristic Period*, ed. Philip L. Culbertson and Arthur B. Shippee (Minneapolis: Fortress, 1990), 147.
15. 路德勸其他事奉者要「不加區別地收集各種書籍，只要想及收集數目的多寡好 361
了」，但接著他說，「丟棄所有這些糞便」，因為那對傳道者的成長沒有益處。不過，即使異教徒的著作也能夠幫助我們更欣賞「上帝奇妙的作為」。(cited in Thomas C. Oden, *Becoming a Minister*, Classical Pastoral Care Series 1 [New York: Crossroad, 1987], pp. 161～162)
16. Eugene Peterson, *Under the Unpredictable Plant: An Exploration of Vocational Holiness* (Grand Rapids: Eerdmans, 1992), p. 56.
17. Richard Lischer, *The Preacher King: Martin Luther King, Jr. and the Word that Moved America* (New York: Oxford, 1995), pp. 69～71.
18. Phillips Brooks, *Lectures on Preaching: The Yale Lectures on Preaching, 1877* (Grand Rapids: Baker, 1978), p. 5.
19. As quoted by Garry Wills, *Saint Augustine* (New York: Penguin Putnam, 1999), p. 69.
20. Jean Leclercq, *The Love of Learning and the Desire for God: A Study of Monastic Culture* (New York: Fordham University Press, 1961), pp. 21～22.
21. P.T. Forsyth, *Positive Preaching and the Modern Mind* (London: Independent Press, 1907), p. 53. Quoted in *Preaching in the Witnessing Community*, ed. Herman G. Stuempfle Jr., (Philadelphia: Fortress, 1973), p. viii.
22. Barbara Brown Taylor, "Words We Tremble to Say Out Loud," in *The Concise Encyclopedia of Preaching*, ed. William H. Willimon and Richard Lischer (Louisville: Westminster John Knox, 1995), p. 512.

插曲：使徒行傳中的講道

1. 這篇插曲修改自我的文章“Eyewitnesses and Ministers of the Word: Preaching in Acts,” *Interpretation* 42, no. 2 (April 1988): 158～170，蒙允轉載。
2. Stanley M. Hauerwas, *Vision and Virtue* (South Bend, IN: Fides, 1974), p. 46.

362 **第 7 章**

1. 這一節依從我對牧養關顧歷史的考察，見 William H. Willimon, *Worship as Pastoral Care* (Nashville: Abingdon, 1979), pp. 32～37。
2. William A. Clebsch and Charles Jaeckle, *Pastoral Care in Historical Perspective* (Englewood Cliffs, NJ: Prentice-Hall, 1964) pp. 34～66.
3. 同上註，頁 30。
4. 同上註，頁 13；也參 Mary Catherine O'Conner, *The Art of Dying Well: The Development of the Ars Moriendi* (New York: Columbia University Press, 1942)。Anna Olson, *Claiming Resurrection in the Dying Church: Freedom Beyond Survival* (Louisville: Westminster John Knox, 2016)。後者用上了我們用來照顧彌留者的教牧/神學資源，作為領導的工具（leadership tools）去照顧彌留的會友。
5. J.A. Jungmann, S.J., *Pastoral Liturgy* (New York: Herder & Herder, 1962), p. 380.
6. Richard Baxter, *The Reformed Pastor*, ed. Hugh Martin (London: SCM, 1956; Richmond, VA.: John Knox Press, 1963), p. 49.
7. Thomas C. Oden, *Pastoral Counsel*, Classical Pastoral Care Series 3 (New York: Crossroad, 1989), p. 7.
8. 特土良（Tertullian）一再建議：「相信你的靈魂。」（Tertullian, “Testimony of the Soul,” chap. 6, in *Fathers of the Church*, ed. R.J. Deferrari [Washington, DC: Catholic University Press, 1947], p. 141）
9. 「當大家看見你真誠地愛他們時，他們會聽你說的一切，忍受你做的一切⋯⋯我們會忍受的，是受懷著愛向我們作出的打擊，而非懷著惡意或忿怒向我們說的惡言。」（Thomas Aquinas, quoted in Oden, *Pastoral Counsel*, p. 29）
10. 安波羅修在《神職人員的職責》（*Duties of the Clergy*）中問道：「誰在泥濘中尋找清泉？」他認為，自我認識（self-knowledge）是蒙召提供輔導者所必須擁有的。「我要預期那些適合給我建議的人，自己是從不接受建議的嗎？」（bk. 2, chap. 12, sec. 62, 2, *A Select Library of the Nicene and Post-Nicene Fathers of the Christian Church*, vol. 10, ed. H. Wace and P. Schaff [New York: Christian, 1887～1900], p. 53）

11. 我在 *Calling and Character: Virtues of the Ordained Life* (Nashville: Abingdon, 363
2000)中將幽默列為不可或缺的教牧德性。

12. Quoted in Rebekah Miles, *The Pastor as Moral Guide* (Minneapolis: Fortress, 1999), p. 76.

13. 杰里米．泰勒（Jeremy Taylor）勸十七世紀的英國牧者：「牧者必定不能乾等人們去找他，而要主動關心別人，尋找他們，察看他們，勸勉他們好好悔罪，堅固他們的信心，鼓勵他們堅忍，勸他們順從，更新他們神聖的誓言，投向上帝的愛，與鄰舍和好，給人補償和補救。」（*The Curate of Souls*, John R.H. Moorman (London: SPCK, 1958), p. 23）

14. Richard Baxter, *The Reformed Pastor* (New York: American Tract Society, 1850), p. 255.

15. 在《傳道生涯》（*The Preaching Life*）中，巴巴拉．泰勒（Barbara Brown Taylor）說：「教會的主要任務，是深具想像力的那種。」（*The Preaching Life*, [Cambridge, MA: Cowley Publications, 1993], p. 39）

16. Quoted by Oden, *Pastoral Counsel*, p. 8.

17. John Patton, *Pastoral Counseling: A Ministry of the Church* (Nashville: Abingdon, 1983), pp. 107～108.

18. 參 John Patton, *Pastoral Care in Context: An Introduction to Pastoral Care* (Louisville: Westminster John Knox, 1993), pp. 223～226。

19. Gregory Nazianzen, Oration 11.28～33, as quoted in Oden, *Pastoral Counsel*, p. 110.

20. 在這個早期階段，要對需處理的問題加以界定，極需要智德（prudence；指謹慎和明辨）。拿先斯的貴格利（Gregory Nazianzen）這樣建議：「同一個勸誡，不適合所有人，因為他們不是受相同的特質所約束⋯⋯對某人有益的，對別人可能有害⋯⋯植物對一些動物有益的，卻會殺害別的；安撫馬匹的嘶嘶聲，卻會刺激小狗；藥物紓緩一種病的病情，卻加劇另一種病的病情。」（Gregory the Great, *Pastoral Care*, part 3, prologue, *Ancient Christian Writers*, vol. 11,

ed. J. Quasten, J.C. Plumpe, and W. Burghardt [New York: Paulist, 1984], p. 89）

364 21. 關於對輔導環節的挑戰更詳細但簡潔的描述，參 Philip Culbertson, *Caring for God's People: Counseling and Christian Wholeness* (Minneapolis: Fortress, 2000), pp. 256～276。

22. Patton, *Pastoral Counseling*, p. 171.

23. 同上註，頁 184～185。

24. Virginia Satir, *Conjoint Family Therapy* (Palo Alto, CA: Science and Behavior Books, 1983).

25. Edwin Friedman, *Generation to Generation: Family Process in Church and Synagogue* (New York; Guilford, 1985).

26. Rebekah L. Miles, *The Pastor as Moral Guide* (Minneapolis: Fortress, 1999).

27. Clebsch and Jaekle, *Pastoral Care*, pp. 49～56.

28. Miles, *The Pastor as Moral Guide*, p. 5.

29. 大貴格利勸牧者「要以一種方式勸誡健壯的人，以另一種方式勸誡患病的人。要勸誡健壯者，身體的健康是為了謀取精神的健康。否則，將他們良好的體魄用來做惡事，誤用恩賜，便要受懲罰。」（quoted in Thomas C. Oden, *Crisis Ministries*, Classical Pastoral Care Series 4 [New York: Crossroad, 1986], p. 51）

30. Martin Luther, *Letters of Spiritual Counsel*, ed. and trans. Theodore G. Tappert, Library of Christian Classics 18 (Philadelphia: Westminster, 1955), p. 27.

插曲：奧古斯丁的《懺悔錄》：由上帝話語造成的世界

1. 所有引述奧古斯丁的《懺悔錄》（*Confessions*）都來自查德威克（Henry Chadwick）的翻譯（Oxford: Oxford University Press, 1991）。獲准轉載。

365 2. 引自《幽谷之旅》（*Shadowlands*），William Nicholson 關於魯益師的劇本。Quoted in John S. Dunne, *Reading the Gospel* (Notre Dame, IN: University of Notre Dame Press, 2000), p. 1

3. As quoted by Garry Wills in *Saint Augustine* (New York: Penguin Putnam, 1999), p. 72.

4. Anne Lamott, *Traveling Mercies: Some Thoughts on Faith* (New York: Pantheon,

1999).

5. William A. Beardslee, *Literary Criticism of the New Testament* (Philadelphia: Fortress, 1970), p. 76.
6. 關於奧古斯丁和創世記的討論，參 Allan D. Fitzgerald, ed., *Augustine Through the Ages: An Encyclopedia* (Grand Rapids: Eerdmans, 1999)。
7. 參 Brian Stock, *Augustine the Reader: Meditation, Self-Knowledge, and the Ethics of Interpretation* (Cambridge, MA: Harvard University Press, 1996)。

第 8 章

1. Robert Bellah, et al., *Habits of the Heart: Individualism and Commitment in American Life* (Berkeley: University of California Press, 1985), pp. 220～221.
2. Cited in Jackson W. Carroll, *Mainline to the Future: Congregations for the 21st Century* (Louisville: Westminster John Knox, 2000), p. 34.
3. 希臘文「門徒」(*mathētēs*)和「學習」(*manthanō*)有同一個詞根。
4. Peter L. Berger, *A Rumor of Angels: Modern Society and the Rediscovery of the Supernatural* (Garden City, NY.: Doubleday, 1969), p. 43.
5. 「歸信」(conversion)的希臘文是 *metanois*，由 *meta*（「改變」、「轉化」）和 *nous*（「思想」）組成。歸信是一個終身的蛻變過程，心和思想的重大改變，叫我們歸屬於基督而不是掌權者。
6. Loren Mead, *The Once and Future Church: Reinventing the Congregation for a New Mission Frontier* (Bethesda, MD: Alban Institute, 1991).
7. Lesslie Newbigin, *Foolishness to the Greeks: The Gospel and Western Culture* 366
(Grand Rapids: Eerdmans, 1986)；and *The Gospel in a Pluralist Society* (Grand Rapids: Eerdmans, 1989).
8. George A. Lindbeck, *The Nature of Doctrine: Religion and Theology in a Postliberal Age* (Philadelphia: Westminster, 1984).
9. 紐畢真(Lesslie Newbigin)談到基督徒生命需要「文化上的雙語能力」(cultural bilinguality)，在其中我們要戮力認識一種語言（基督教信仰），同時又生活在另一種語言中（世俗的言說）(Newbigin, *Gospel in a Pluralist Society*, pp. 55～65)。
10. 見 Philip L. Culbertson and Arthur B. Shipee, eds., *Pastor: Readings from the*

Patristic Period (Minneapolis: Fortress, 1990), pp. 157～158。屈梭多模（John Chrysostom）所說的也差不多，見 *On the Priesthood*, chap. 5, sec. 6, in *The Nicene and Post-Nicene Fathers*, vol. 9, ed. Philip Schaff (Grand Rapids: Eerdmans, 1989), p. 8。

11. 參 William H. Willimon and Stanley M. Hauerwas, *Preaching to Strangers* (Louisville: Westminster John Knox, 1992), pp. 1～13。
12. 教會禮儀在不同方面的教理含義，John H. Westerhoff III and William H. WIllimon, *Liturgy and Learning Through the Life Cycle*, rev. ed. (Akron, OH: OSL Publications, 1994) 曾作出探討。
13. Rodney Clapp, "Practicing the Politics of Jesus," in *The Church as Counterculture*, ed. Michael L. Budde and Robert W. Brimlow (Albany: State University of New York Press, 2000), p. 29.
14. 有關基督教模塑（Christian formation）的踐行，其討論可參 Margaret L. Miles, *Practicing Christianity: Critical Perspectives for an Embodies Spirituality* (New York: Crossroad, 1988) 和 Dorothy Bass, ed., *Practicing Our Faith: A Way of Life for a Searching People* (San Francisco: Jossey-Bass, 1997)。
15. Walter Brueggemann, *The Creative Word* (Minneapolis: Fortress, 1982), p. 27.
16. Westerhoff and Willimon, *Liturgy and Learning Through the Life Cycle.*
17. Ronald A. Heifetz, *Leadership Without Easy Answers* (Harvard: Belknap, 1994), p. 187.

367 18. Donald A. Luidens, Dean R. Hodge and Benton Johnson, "The Emergence of Lay Liberalism Among Baby Boomers," *Theology Today* 51 (July, 1994): 249～255，蒙允轉載。
19. 同上註，頁 252。
20. 同上註，頁 253、254。
21. 同上註，頁 254。
22. 參 Robert L. Wilken, *The Christians as Roman Saw Them* (New Haven, CT: Yale University Press, 1984), pp. 80～91。
23. 關於「門徒」查經課程（DISCIPLE Bible study）怎樣影響堂會生活的論述，參 Daniel V. Olson, "Fellowship Ties and the Transmission of Religious Identity," in *Beyond Establishment: Protestant Identity in a Post-Protestant Age*, ed.

Jackson W. Carroll and Wade Clark Roof (Louisville: Westminster John Knox, 1993), pp. 32～53。

24. Samuel D. Proctor and Gardner C. Taylor, *We Have This Ministry: The Heart of the Pastor's Vocation* (Valley Forge, PA: Judson Press, 1996), p. 20.
25. 畢德生説：「如果你渴望投身教育工作，或者有從事教育工作的才幹，投身牧者的生命吧。牧者的召命是作教導的最好處境」（Peterson, with Marva Dawn, *The Unnecessary Pastor: Rediscovering the Call* [Grand Rapids: Eerdmans, 2000], p. 128）。

第 9 章

1. 這一章修改自我的文章“Suddenly a Light from Heaven”，收於 Kenneth Collins, *Conversion in the Wesleyan Tradition* (Nashville: Abingdon, 2001)。
2. Beverly R. Gaventa, *From Darkness to Light: Aspects of Conversion in the New Testament* (Philadelphia: Fortress, 1986)。這是一本很好的文集，收錄了基督徒歸信的故事，可參 Hugh T. Kerr and John M. Mulder, eds., *Conversions: The Christian Experience* (Grand Rapids: Eerdmans, 1983)。
3. C.S. Lewis, *Surprised by Joy* (New York: Harcourt, Brace & Co., 1955), p. 211.
4. 在《小教理問答》（*Small Catechism* [St. Louis, MO: Concordia, 1943]）中，路
德説洗禮和水象徵「在我們裏面的老亞當，藉著每天的悔罪和悔改，應該隨同 368
一切罪惡和邪情私慾，被溺斃被淹死；並且，再一次，新人每天都出來。」（頁 178）。參 William H. Willimon, *The Bible: A Sustaining Presence in Worship* (Valley Forge, PA: Judson Press, 1981), pp. 66～67。
5. 按約翰・衛斯理的刻劃，成聖（sanctification）是畢生的回轉：「由我們最初轉向上帝開始，緩緩地在靈魂中進行。」（*Forty-Four Sermons* [London: Epworth, 1944], p. 523）
6. Austin Flannery, O.P., ed., *Vatican Council II: The Conciliar and Post Conciliar Documents* (Collegeville, MN: Liturgical Press, 1975)。衛斯理經常談及主餐是「成聖和稱義的律例」。參 William H. Willimon, *The Service of God: How Worship and Ethics Are Related* (Nashville: Abingdon, 1983), pp. 124～129。
7. John Calvin, *Calvin: Institutes of the Christian Religion*, 3.3.9, ed. John T. McNeill, The Library of Christian Classics 20 (Philadelphia: Westminster, 1960),

p. 601.

8. Wade Clark Roof, *Spiritual Marketplace: Baby Boomers and the Remaking of American Religion* (Princeton, NJ: Princeton University Press, 1999).
9. 在研究美國教會時，芬克（Roger Finke）和斯塔克（Rodney Stark）指出這種市場心態（marketplace mentality），是美國宗教生活的原動力（driving force）——這解釋了當中的活力和多元性 (Roger Finke and Rodney Stark, *The Churching of America, 1776～1990: Winners and Losers in Our Religious Economy* [New Brunswick, NJ: Rutgers University Press, 1992])。對這個市場隱喻的批判性觀點。參 James L. Street and Philip Kenneson, *Selling Out the Church: The Dangers of Religious Marketing* (Nashville: Abingdon, 1997)。
10. David Steinmetz, " Reformation and Conversion, " *Theology Today* 35 (April 1978): 25～32.
11. Jim Wallis, *Call to Conversion* (New York: Harper & Row, 1982)。使用歸信作為隱喻，刻劃總需要在教會發生的事情，見 Darrell L. Guder, *The Continuing Conversion of the Church* (Grand Rapids: Eerdmans, 2000)。
12. Robert Wuthnow, *After Heaven: Spirituality in America Since the 1950s* (Berkeley: University of California Press, 1998).

369 13. Hans J. Mol, *Identity and the Sacred* (New York: Free Press, 1977), pp. 45～53.

14. Karl Barth, *Church Dogmatics*, ed. G.W. Bromiley (Edinburgh: T & T Clark, 1962), 4.3.2, sec. 71.2, pp. 504～506.
15. 同上註，頁 505～506。
16. 加爾文這樣界定信仰：「如果我們稱信仰為一種堅定確實的知識，即深知上帝向我們大施慈愛，而且知道這愛是建基於一個事實，就是在基督裏白白賜下的應許，並且透過聖靈既向我們的頭腦顯明，也烙印在我們心裏。如此，我們將對信仰擁有正確的定義。」（Calvin, *Institutes*, 3.2.7, p. 551）
17. Richard Heitzenrater, *Wesley and the People Called Methodist* (Nashville: Abingdon, 1995).
18. 同上註，頁 192。
19. 同上註，頁 138。
20. Robert Wuthnow, *Sharing the Journey: Support Groups and America's New*

Quest for Community (New York: Free Press, 1994), pp. 357～358.

21. Jackson W. Carroll, *Mainline to the Future: Congregations for the 21st Century* (Louisville: Westminster John Knox, 2000), pp. 90～94.
22. 侯活士（Stanley Hauerwas）和我強調基督教踐行對基督徒聖潔的中心性，參 *Where Resident Aliens Live: Exercises for Christian Practice* (Nashville: Abingdon, 1996)。
23. Hans Küng, *The Church* (Garden City, NY: Doubleday, 1976), p. 438.
24. Fred Hobson, *But Now I See: The White Southern Racial Conversion Narrative* (Baton Rouge: Louisiana State University Press, 1999).
25. Anne Braden, *The Wall Between* (New York: Scribner's, 1958), pp. 27～28.
26. Grant Wacker, *Billy Graham and the Shaping of a Nation* (Cambridge: Belknap Press, Harvard, 2014).
27. 巴特不同意太強調聖經的「歸信」故事，寧願強調它們是呼召或召命的故事（*Church Dogmatics*, 4.3.2, p. 573）。

插曲：佈道和耶穌的不可抗拒 370

1. John Donne, "Holy Sonnet 14," in *The Norton Anthology of English Literature* (New York: W.W. Norton, 1975), p. 611.
2. 世俗並自然主義式的求知方法，本質上令美國的高等教育自絕於福音的見證，參斯隆（Douglas Sloan）的論述：*Faith and Knowledge: Mainline Protestantism and American Higher Education* (Louisville: Westminster John Knox, 1994)。
3. David Bosch, *Transforming Mission: Paradigm Shifts in Theology of Mission* (Maryknoll, NY: Orbis, 1991), p. 390.
4. Darrell L. Guder, *The Continuing Conversion of the Church* (Grand Rapids: Eerdmans, 2000)。亦參 Bryan Stone, *Evangelism after Christendom: The Theology and Practice of Christian Witness* (Grand Rapids: Brazos, 2007).
5. Lesslie Newbigin, *The Open Secret: Sketches for a Missionary Theology* (Grand Rapids: Eerdmans, 1978), p. 40.
6. 杭斯伯格(George R. Hunsberger)對比教會作為「受差派的人，還是宗教販子」，見 *Missional Church: A Vision for the Sending of the Church in North America*, ed. Darrell Gruder (Grand Rapids: Eerdmans, 1998), p. 83。

7. Gerhard Lohfink, *Jesus and Community: The Social Dimension of the Christian Faith*, trans. J.P. Galvin (Philadelphia: Fortress, 1984), p. 28.
8. Allen Verhey, *The Great Reversal* (Grand Rapids: Eerdmans, 1984), p. 74.
9. Karl Barth, *Church Dogmatics*, ed. G. W. Bromiley (Edinburgh: T & T Clark, 1962), 4.3.2, p. 555.
10. 唐慕華（Marva Dawn）認為將主日早上的崇拜的首要功能，變成了接觸不上教會者，會令崇拜更加以人為中心，而不以上帝為中心。雖然如此，「佈道其中一個首要和不可取代的元素，便是基督教羣體的崇拜質素」（William J. Abraham, *The Logic of Evangelism* [Grand Rapids: Eerdmans, 1989], p. 168）。「並非所有佈
371 道都是崇拜，但所有崇拜都是佈道」（Guder, *The Continuing Conversion of the Church*, p. 157）。
11. "The Church," in *Keeping the Faith*, ed. Geoffrey Wainwright (Philadelphia: Fortress, 1988), p. 193.
12. Walter Brueggemann, "Always in the Shadow of the Empire," in *The Church as Counterculture*, ed. Michael L. Budde and Robert W. Brimlow (Albany: State University of New York, 2000), 43。令會眾參與佈道工作的實際指引，見 Martha Grace Reese, *Unbinding the Gospel: Real Life Evangelism, 2nd edition* (St. Louis: Chalice Press, 2008)。
13. William H. Willimon, *The Intrusive Word: Preaching to the Unbaptized* (Grand Rapids: Eerdmans, 1994), pp. 1～3.

第 10 章

1. Reinhold Niebuhr, *Leaves from the Notebook of a Tamed Cynic* (New York: Meridian, 1960), p. 74.
2. Joseph Blankinsopp, *A History of Prophecy in Israel* (Philadelphia: Westminster, 1983).
3. Mohandas K. Gandhi, *An Autobiography, or the Story of My Experiments with Truth* (Ahmedabad: Navajivan Press, 1927).
4. Augustine, "Letters XXIX, To Alypius, A.D. 395," sec. 6～8, in *A Select Library of the Nicene and Post-Nicene Fathers of the Christian Church*, vol. 1, ed. H. Wace and P. Schaff (New York: Christian, 1887～1900), p. 255.

5. Stanley M. Hauerwas and William H. Willimon, *Resident Aliens*, Revised Edition (Nashville: Abingdon, 2014), pp. 117～127。參 Patricia Farris, *Five Faces of Ministry: Pastor, Parson, Healer, Prophet, Pilgrim* (Nashville: Abingdon, 2015) 當中 "Prophet" 這一章。
6. 同上註，頁 123。
7. Charles Williams, *The Descent of the Dove* (New York: Meridian, 1956), p. 205.
8. Quoted by Rodney Stark, *The Rise of Christianity: A Sociologist Reconsiders History* (Princeton, NJ: Princeton University Press, 1996), p. 87.
9. Phillip Hallie, *Lest Innocent Blood Be Shed: The Story of the Village of Le* 372
Chambon and How Goodness Happened There (New York: HarperPerennial, 1979).
10. 同上註，頁 3。
11. 同上註，頁 283。
12. 同上註，頁 110。除了特羅克梅牧師（Pastor Trocme）和尚邦（Le Chambon）的故事外，我們也應該閱讀 Victoria J. Barnett, *Bystanders: Conscience and Complicity During the Holocaust* (Westport, CT: Greenwood, 1999)。她寫道：「長遠來說，納粹黨所以力量強大，不單因它黨員人數眾多，更因為數以百萬計的德國人已預備好彼此告發，服從命令，在別人受害時選擇袖手旁觀」（頁 83）。只有少數人有力量抵擋納粹黨這個事實，見證了平日教會中的先知式模塑（prophetic formation）有多重要。
13. Harold Bloom, *The American Religion: The Emergence of the Post-Christian Nation* (New York: Simon & Schuster, 1992).
14. Martin Luther, *Exposition on the Third and Fourth Chapters of John*, 1538, Weimar ed., 47, 1.10, p. 193；筆者譯文。
15. 例如參 Stanley M. Hauerwas, *Christian Existence Today: Essays on Church, World, and Living in Between* (Durham, NC: Labyrinth, 1988) 的第一和二章。
16. Quoted in E. Plass, *What Luther Says*, vol. 1 (St. Louis, MO: Concordia, 1959), p. 303.
17. Stark, *The Rise of Christianity*, p. 87.
18. Wayne Meeks, *The First Urban Christians* (New Haven, CT: Yale University Press, 1983), p. 71.

19. 終末論於基督教倫理學中的角色於 Richard B. Hays, *The Moral Vision of the New Testament* (San Francisco: HarperCollins, 1996), pp. 19～27, 85～88, 179～181 中得到強調。
20. 費許妮莎（Elisabeth Schussler Fiorenza）強調寡婦在初期教會的地位，見 Elisabeth S. Fiorenza, *In Memory of Her: A Feminist Theological Reconstruction of Christian Origins* (New York: Crossroad, 1983), p. 140。
21. 布格曼（Walter Brueggemann）說：「先知職事的任務，是培育、滋養和喚起
373 一種意識與悟性，是有別於我們周遭主流文化的。」Walter Brueggemann, *The Prophetic Imagination* (Philadelphia: Fortress, 1978), p. 13。
22. 我這些主張得益於 John Howard Yoder, *The Politics of Jesus* (Grand Rapids: Eerdmans, 1994)。

插曲：基督教牧職中的罪

1. William H. Willimon, *Sighing for Eden: Sin, Evil, and the Christian Faith* (Nashville: Abingdon, 1985)。也參我寫的 *Sinning Like a Christian: A New Look at the Seven Deadly Sins* (Nashville: Abingdon, 2005)。
2. Quoted in Jeffrey Burton Russell, *Mephistopheles: The Devil in the Modern World* (Ithaca, NY: Cornell University Press, 1986), p. 80.
3. 參 Carl E. Braaten and Robert W. Jenson, eds., *Sin, Death, and the Devil* (Grand Rapids: Eerdmans, 2000)。
4. Will Campbell, *Brother to a Dragonfly* (New York: Seabury Press, 1977), p. 98.
5. Will Campbell, *Forty Acres and a Goat* (Atlanta: Peachtree Publishers, 1986), p. 5.
6. John Egerton, *A Mind to Stay Here: Profiles from the South* (New York: Macmillan, 1970), pp. 15～31.
7. Campbell, *Brother to a Dragonfly*, p. 97.
8. 同上註，頁 241。
9. Will Campbell, *Race and the Renewal of the Church* (Philadelphia: Westminster, 1962), pp. 46～47。參 Jennifer Harvey, *Dear White Christians: For Those Still Longing for Racial Reconciliation* (Grand Rapids: Eerdmans, 2014) 批評一些主流白人教會，他們渴望與美國非裔基督徒「復和」（reconciliation）而不用賠償

修復。

10. Campbell, *Brother to a Dragonfly*, p. 201.
11. Campbell, *Forty Acres and a Goat*, p. 270.
12. *Book of Common Prayer* (New York: Church Hymnal Corporation, 1979), pp. 62～63.
13. Fred Hobson, *But Now I See: The White Southern Racial Conversion Narrative* 374
(Baton Rouge: Louisiana State University Press, 1999), p. 73.
14. 賴荷・尼布爾（Reinhold Niebuhr）的《人的本性與命運》（*The Nature and Destiny of Man* [New York: Scribner's, 1964]）的其中一個目的是「把聖經的和獨特的基督教罪觀——即視驕傲和自愛為罪——跟人可觀察的行為關聯起來」，聲稱罪是普遍的特質，因為我們意識到有限性（awareness of finitude）。女性主義者批評尼布爾的罪觀受文化束縛，也許是性向決定（gender determined）而不是源自聖經。參 Judith Plaskow, *Sex, Sin and Grace: Women's Experience and the Theologies of Reinhold Niebuhr and Paul Tillich* (Washington, DC: University Press of America, 1980), pp. 62～72。
15. See William H. Willimon, *Conversations with Barth on Preaching* (Nashville: Abingdon, 2006).
16. See William H. Willimon, *The Early Preaching of Karl Barth: Fourteen Sermons with Commentary by William H. Willimon* (Louisville: Westminster John Knox, 2009).
17. Karl Barth, *Church Dogmatics*, 4.3.1, ed. G.W. Bromiley (Edinburgh: T & T Clark, 1957), p. 359.
18. Karl Barth, *Dogmatics in Outline* (New York: Harper & Row, 1959), p. 122.
19. 參我在 Willimon, *Sighing for Eden*, 183～190 中對以下問題的省思：原罪的教義對基督教牧職的踐行有何含義？亦參 Willimon H. Willimon, *Who Will Be Saved?* (Nashville: Abingdon, 2008)。

第 11 章

1. Andrew Walls and Cathy Ross, eds., *Mission in the Twenty-First Century: Exploring the Five Marks of Global Mission* (Maryknoll, NY: Orbis, 2008), p. xiv.
2. Lesslie Newbigin, *The Open Secret: Sketches for a Missionary Theology* (Grand

Rapids: Eerdmans, 1995), p. 79.

375 3. 我在 *How Odd of God: Chosen for the Curious Vocation of Preaching* (Louisville: Westminster John Knox, 2015) 這本書中，對這個問題曾詳加考慮：上帝恩慈地揀選一些人服事所有人，在牧養上、講道上有何含義？

4. Newbigin, *Open Secret*, p. 23.

5. 引自 George R. Hunsberger, *Bearing the Witness of the Spirit: Lesslie Newbigin's Theology of Cultural Plurality* (Grand Rapids: Eerdmans, 1998), p. 93。

6. Darrell L. Guder, ed., *Missional Church: A Vision for the Sending of the Church in North America* (Grand Rapids: Eerdmans, 1998).

7. 馬丁・路德・金在許多講道中，談及黑人教會的彌賽亞式任務：「拯救國家的靈魂。」King, "I See the Promised Land," in *A Testament of Hope: The Essential Writings and Speeches of Martin Luther King, Jr.* ed. James M. Washington (San Francisco: HarperSanFrancisco, 1986)。Willie Jennings 在 *The Christian Imagination: The Theology and Origins of Race* (New Haven, CT: Yale University Press, 2010) 中強調基督徒身為真理的聆聽者和接受者，而不是真理的惟一教師。

8. 在他初期基督徒思想史的研究中，威爾肯（Robert Wilken）說：「上帝的聖道的推展，不是藉論證，而是藉男男女女都見證所發生的事。」（Robert Wilken, *The Spirit of Early Christian Thought: Seeking the Face of God* [New Haven, CT: Yale University Press, 2003], 6）

9. James Davison Hunter, *To Change the World: The Irony, Tragedy, and Possibility of Christianity in the Late Modern World* (Oxford: Oxford University Press, 2010).

10. 見證（witness, *martys*）在使徒行傳中用了三次（C. Kavin Rowe, *World Upside Down: Reading Acts in the Graeco-Roman Age* [New York: Oxford University Press, 2009], 121）。

11. 同上註，頁 122。

12. 羅伊（Kavin Rowe）指出，對希羅世界來說，基督徒的踐行「總是多麼的古裏古怪」，因為羅馬人「沒有先存的範疇或傳統，讓他們可以理解基督徒宣教的現象。」
376 非斯都（Festus）無法理解基督徒的見證，只能說他們「癲狂」（即怪異）（同上註，頁 125）（編按：參徒二十六 24～25）。

13. Lesslie Newbigin, *The Household of God: Lectures on the Nature of the Church* (London: SCM Press, 1953).
14. Lesslie Newbigin, *Christian Witness in a Plural Society* (London: British Council of Churches, 1977).
15. Dana L. Robert, *Christian Mission: How Christianity Became a World Religion* (Oxford: Blackwell, 2009).
16. Lamin Sanneh, *Translating the Message: The Missionary Impact on Culture* (Maryknoll, NY: Orbis, 1989).
17. Thomas C. Bandy, *Mission Mover: Beyond Education for Church Leadership* (Nashville: Abingdon, 2004).
18. Paul D. Borden, *Hit the Bullseye: How Denominations Can Aim the Congregation at the Mission Field* (Nashville: Abingdon, 2003)；以及 *Assaulting the Gates: Aiming All God's People at the Mission Field* (Nashville: Abingdon, 2009)。

第 12 章

1. Karl Barth, *Church Dogmatics*, 4.3.2, ed. G.W. Bromiley (Edinburgh: T & T Clark, 1957), p. 743.
2. Gerhard Lohfink, *Jesus and Community: The Social Dimension of the Christian Faith*, trans., J.P. Galvin (Philadelphia: Fortress Press, 1984), p. 28.
3. Stanley M. Hauerwas, *A Community of Character: Toward a Constructive Christian Social Ethics* (Notre Dame, IN: University of Notre Dame Press, 1981), p. 49.
4. 參維達大斯基（Aaron Wildavsky）關於領導的著作：*The Nursing Father: Moses as a Political Leader* (Tuscaloosa: University of Alabama Press, 1984)。
5. 參 Garry Wills, *Certain Trumpets: The Call of Leaders* (New York: Simon & Schuster, 1994)。
6. James MacGregor Burns, *Leadership* (New York: Harper Colophon, 1978)。
我在討論會督/主教的著作中，曾探究會督/主教作為管理人（manager）/領 377
袖（leader）這課題，見 William H. Willimon, *Bishop: The Art of Questioning*

Authority by an Authority in Question (Nashville: Abingdon, 2012)。

7. 科特（John Kotter）對管理人和領袖作出區分，以強調領導的轉化性本性（transformative nature）：「管理（management）是關乎應付複雜性」，而「領導（leadership）是關乎應付轉變」。引自 George G. Hunter III, *Leading and Managing a Growing Church* (Nashville: Abingdon Press, 2000), p. 25。
8. Mark Twain, "Old Times on the Mississippi," *Atlantic Monthly* 35, no. 209 (March 1875): pp. 283～284.
9. Ronald A. Heifetz, *Leadership Without Easy Answers* (Cambridge, MA: Harvard University Press, 1994).
10. 海菲茲（Ronald A. Heifetz）指出，一個組織希望有成長，領袖必須成為故意製造麻煩者。有適應能力的領袖（adaptive leader），「不滿足於提供答案⋯⋯而是提供問題；不是保護大家免受外來威脅⋯⋯而是令大家感受到威脅，藉以激發他們的適應能力；不是令人指向現時的角色⋯⋯而是令人們迷失方向，藉以建立新的關係；不是平息衝突⋯⋯而是製造衝突；不是維持現狀⋯⋯而是挑戰現狀」（Heifetz, *Leadership*, p. 126）。
11. 同上註，頁 14。
12. Loren B. Mead, *Five Challenges for the Once and Future Church* (Washington, DC: Alban Institute, 1997).
13. Donald E. Miller, *Reinventing American Protestantism: Christianity in the New Millennium* (Berkeley: University of California Press, 1997).
14. 米德（Loren Mead）的一些論題，在卡羅（Jackson W. Carroll）關於教牧領導的書籍中得到肯定，見 *As One with Authority: Reflective Leadership in Ministry* (Louisville: Westminster John Knox, 1991)。卡羅描述教牧領導包含三個核心任務：

    1. 意義詮釋——牧者與會眾一起「根據上帝在耶穌基督裏的目的，個體地和集體地反思和詮釋他們的生命」。
    2. 羣體模塑——牧者是如此與別不同，是個「羣體人」（community persons），
378 他們關心基督徒羣體的特點和輪廓。福音創造出一個羣體。在牧養工作中，透過上帝在基督裏的話語和工作，我們成為社羣主義式的福音動力（communitarian gospel dynamic）的體現和施為者。

3. 為公共職事（public ministry）賦權——基督徒要在世界分擔基督的工作。教會蒙召不單是「使人作門徒」，也是「進入世界」，做基督在世界所做的事，讓世界可以認識自己是在上帝的審判和救贖之下。

15. Anthony B. Robinson, “Leadership That Matters,” *Christian Century* 116 (December 15, 1999): 1228～1231。亦參 Gilbert R. Rendlo, *Leading Change in the Congregation: Spiritual and Organizational Tools for Leaders* (Washington, DC: Alban Institute, 2000)；David Keck, *Healthy Churches, Faithful Pastors: Covenant Expectations for Thriving Together* (London: Rowman & Littlefield, 2014)；Molly Baskette, *Real Good Church: How Our Church Came Back from the Dead and Yours Can Too* (Cleveland: Pilgrim, 2014)。

插曲：牧職中的失敗

1. Dittes, *Re-Calling Ministry*, p. 15。亦參 J. R. Briggs, *Fail: Finding Hope and Grace in the Midst of* Ministry *Failure* (Downers Gove, IL: Inter-Varsity, 2014)。
2. Dietrich Bonhoeffer, *The Cost of Discipleship*, trans. R.H. Fuller (New York: Macmillan, 1963), p. 99.
3. 同上註，頁 98。
4. 同上註，頁 54。
5. Raymond E. Brown, “The Gospel According to John (I～XII),” in *The Anchor Bible* (New York: Doubleday, 1966), p. 295.
6. Origen, “Homily 14.1 ～ 5 on Jeremiah,” in *The Pastor: Readings from the Patristic Period*, ed. Philip L. Culbertson and Arthur Bradford Shippee (Minneapolis: Fortress, 1990), p. 40.
7. Walter Hooper, ed., *The Business of Heaven: Daily Readings from C.S. Lewis* (San Diego: Harcourt Brace Jovanovich, 1984), p. 84.

第 13 章 379

1. 這一章改寫自我的 *Calling and Character: Virtues of the Ordained Life* (Nashville: Abingdon Press, 2000)。
2. Richard Baxter as quoted by Thomas C. Oden in *Ministry Through Word and*

Sacrament, Classical Pastoral Care Series 2 (New York: Crossroad, 1989), p. 43.

3. Walter Brueggemann, *The Church as Counterculture*, ed. Michael L. Budde and Robert W. Brimlow (Albany: State University of New York Press, 2000), p. 40.
4. David Bartlett, *Ministry in the New Testament* (Philadelphia: Fortress Press, 1993), p. 183.
5. 參 Philip L. Culbertson and Arthur B. Shippee, eds., *The Pastor: Readings from the Patristic Period* (Minneapolis: Fortress Press, 1990)。
6. 同上註，頁 202～203。
7. Cited by Oden in *Ministry Through Word and Sacrament*, p. 116.
8. James F. Keenan and Joseph Kotva, eds., *Can There Be Ethics in Church Leadership?* (Franklin, WI: Sheed & Ward, 2000) 強調神職人員倫理學（clergy ethics）是關乎品格的事。
9. St. Anthanasius, *The Incarnation of the Word of God* (New York: Macmillan, 1946), p. 96；Quoted in Stanley M. Hauerwas, *A Community of Character: Toward a Constructive Christian Social Ethic* (Notre Dame, IN: University of Notre Dame Press, 1981), p. 36。在他已成經典的文章中，拉施（Nicholas Lash）說「基督徒解經的基本形態（fundamental form），乃是相信的羣體（believing community）的生命、活動和組織」（Lash, *Theology on the Way to Emmaus* [London: SCM Press, 1986], p. 42）。
10. Thomas Benson and Michael Prosser, eds., *Readings in Classical Rhetoric* (Bloomington: Indiana University Press, 1969), p. 136.
11. W.D. White, ed., *The Preaching of John Henry Newman* (Philadelphia: Fortress, 1969), p. 28.
12. 歷史學家霍利菲爾德（E. Brooks Holifield）紀實地描述了神職人員傾向接納主
380 流文化所塑造的成功形象，見 *A History of Pastoral Care in America: From Salvation to Self-Realization* (Nashville: Abingdon, 1983)。
13. Stanley Hauerwas, "Clerical Character," in *Christian Existence Today: Essays on Church, World, and Living in Between* (Durham, NC: Labyrinth, 1988), p. 144.

14. 「神學院」(seminary)這個詞的字面意思是「苗牀」(seed bed),就是師傅培育新苗發芽成長的地方。見 Richard Neuhaus, ed., *Theological Education and Moral Formation* (Grand Rapids: Eerdmans, 1992)。

15. 侯活士說:「我們神學院的最重要功能,莫過於指導那些預備從事牧職,和正在從事牧職者,反思那些忠於其牧職呼召的人的生命。」(“Clerical Character,” in *Christian Existence Today*, p. 145)因此,我要求神學生閱讀事奉者的自傳和傳記。

16. John Chrysostom, *Treatise Concerning the Christian Priesthood*, book 3, trans. W.R.W. Stephens, *A Select Library of Nicene and Post-Nicene Fathers of the Christian Church*, vol. 9, ed., Philip Schaff (Grand Rapids: Eerdmans, 1956), p. 49.

17. John C. Harris, *Stress, Power, and Ministry* (Washington, DC: Alban Institute, 1977), p. 125。他敦促牧者需要從會眾當中培養出一種「健康的袪魅」(healthy disenchantment)。只有當牧者跟會眾,以及跟他們的期望保持一些距離,我們才能夠真正成為關心他們的領袖。

18. Chrysostom, *Treatise Concerning the Christian Priesthood*, book 3, p. 52.

19. Ambrose, “Letters,” “Letters to Priests,” *Fathers of the Church*, vol. 26, ed. R.J. Deferrari (Washington, DC: Catholic University Press, 1947), pp. 347～348.

20. Søren Kierkegaard, *Provocations: Spiritual Writings of Kierkegaard*, ed. Charles E. Moore (Farmington, PA: The Plough Publishing House, 1999), p. 350.

21. 同上註。

22. 同上註,頁 354。

23. Cited in Geoffrey Wainwright, “Some Theological Aspects of Ordination,” 381
Studia Liturgica 13, nos. 2～4 (1979): 139.

24. Aristotle, *Nichomachean Ethics*, 2.1, trans. Martin Oswald (Indianapolis: Bobbs-Merrill, 1962), p. 34.

25. Alasdair MacIntyre, *After Virtue* (Notre Dame, IN: University of Notre Dame Press, 1981), p. 175.

26. Marie M. Fortune, “The Joy of Boundaries,” in *Boundary Wars: Intimacy and Distance in Healing Relationships*, ed. Katherine Hancock Ragsdale (Cleveland: Pilgrim Press, 1996), p. 86。也參 Barbara J. Blodgett, *Lives Entrusted: An Ethic of Trust for Ministry* (Minneapolis: Fortress, 2008)。

27. Rebekah L. Miles, *The Pastor as Moral Guide* (Minneapolis: Fortress, 1999).
    海沃德（Carter Heyward）認為「界線」是一個不恰當的隱喻，是神職人員不加批判地從其他行業借用過來的，而支持界線的論據是「父權的」（patriarchal），而有些時候，牧者必須嘗試成為接受關顧者的朋友和同儕（Heyward, *When Boundaries Betray Us: Beyond Illusions of What Is Ethical in Therapy and in Life* [San Francisco: HarperSanFrancisco, 1993]）。
28. Rebekah L. Miles, "Keeping Watch Over the Shepherds by Day and Night," *Circuit Rider* 23, no. 3 (May /June 1999): 15.
29. 倚仗於亞里士多德（Aristotle, *Ethics*, vi. 10）的觀點，阿奎那（Thomas Aquinas）強調智德（prudence；編按：智德原意是謹慎，基本上是指一種倫理的辨識能力）。作為教牧德性之首，認為對的行動要配合對的情境，而不是純然受規則影響。*Summa Theologica*, vol II, pt. II ～II, Q. 47 ～ 49, ed. English Dominican Fathers (New York: Benziger, 1947～48)。對阿奎那來説，按立禮的恩賜是智德。
30. Ambrose, *De Officiis Ministrorum*, in *The Nicene and Post-Nicene Fathers*, second series, vol. 10 (New York: Christian Literature, 1896), 2.12.60.
31. Walter Brueggemann, *The Covenanted Self: Explorations of Laws and Covenant* (Minneapolis: Fortress, 1999), p. 10.
32. 「最後，我們必須問問那些正在從事牧職者，他們能否活出喜樂；如果不能，
    382 他們便缺乏了能夠勝任他們呼召的品格。因為，不能活出喜樂者缺乏了自我認識（self-knowledge）所必須有的幽默感，而這正是呼召的品格所要求的。」（Hauerwas, "Clerical Character," p. 143）
33. John Dominic Crossan, *The Dark Interval: Towards a Theology of Story* (Niles, IL: Argus Communications, 1975).
34. Charles V. Gerkin, *The Living Human Document* (Nashville: Abingdon, 1984), chap. 8.
35. "Holy Eucharist I" in *Book of Common Prayer* (New York: Church Hymnal Corporation, 1979), p. 321.

第 14 章

1. 這些因素，選自我的前作 *Clergy and Laity Burnout*, Creative Leadership Series, ed. Lyle E. Schaller (Nashville: Abingdon, 1989)。在這本書中，我得益於 John

A. Sanford, *Ministry Burnout* (New York: Paulist Press, 1982)，以及我跟數十位人士的訪談，當中包括曾蒙召投身牧職但現已離職者，以及輔導辭職牧者的輔導員。

2. 祁克果（Søren Kierkegaard）說，牧者必須「能夠忍受病人的一切粗魯行為，而又不會因此感到不快，就像醫生施手術時容讓病人干擾、咒罵和腳踢一樣」（quoted in David Hansen, *The Art of Pastoring: Ministry Without All the Answers* [Downers Grove, IL: Intervarsity Press, 1994], p. 39）。
3. Sanford, *Ministry Burnout*, p. 128.
4. Richard Baxter, *The Reformed Pastor*, 1656, ed. John T. Wilkinson (London: Epworth Press, 1950), pp. 113～114.
5. 因此，路德承認自己的軟弱：「如果我將鎖匙拋到主腳前說：『主啊，你自己講道吧。你一定可以做得更好；我們已經向他們傳道，但他們不聽我們。』這也不教人意外。但上帝想我們謹守我們的呼召。」（quoted in Thomas C. Oden, *Ministry Through Word and Sacrament*, Classical Pastoral Care Series, vol. 2 [New York: Crossroad, 1989], p. 28）

   路德哀歎：「對農民、市民和貴族，我經常如斯忿怒和缺乏耐性，以致我以
   為自己不想再講道了；因為他們可恥地依然故我，致令人對生活生厭。此外，魔 383
   鬼不停在外面和裏面折磨我。我幾乎想這樣說：就讓別人來當傳道者，代替我
   吧。」（quoted in Oden, *Ministry Through Word and Sacrament*, p. 13）
6. Thomas Aquinas, *Summa Theologica*, vol. II, pt. II ～ II, Q. 32, art. 1, ed. English Dominican Fathers (New York: Benziger, 1947～1948), p. 1325.
7. 教人意外的是，在關於神職人員的古典著作中，金錢經常給描畫為牧者的主要試探。參 Oden, *Ministry Through Word and Sacrament*, pp. 205～208。
8. Wade Clark Roof and William McKinney, *American Mainline Religion: It's Changing Shape and Future* (New Brunswick, NJ: Rutgers University Press, 1987), p. 233.
9. 論到幻影說（Docetism）的持續誘惑，見 William H. Willimon, *Incarnation: The Surprising Overlap of Heaven & Earth*, Belief Matters Series (Nashville: Abingdon, 2013)。
10. Gerard Egan, *The Skilled Helper: A Model for Systematic Helping and Interpersonal Relating* (Monterey, CA: Brooks-Cole, 1975), pp. 17～18.

11. 幻影說的持續誘惑，見 Willimon, *Incarnation*。
12. Dietrich Bonhoeffer, *Psalms: The Prayer Book of the Bible* (Minneapolis: Augsburg Press, 1970), pp. 64～65.
13. Norma Cook Everist, ed., *Ordinary Ministry, Extraordinary Challenge: Women and the Roles of Ministry* (Nashville: Abingdon, 2000), p. 124.
14. Quoted in *The Pastor: Readings from the Patristic Period*, ed. Philip L. Culbertson and Arthur Bradford Shippee (Minneapolis: Fortress, 1990), p. 75.
15. 畢德生列出禱告、默觀式讀經和屬靈導引，作為在事奉中表裏一致所不可或缺的踐行（Eugene Peterson, *Working the Angles: The Shape of Pastoral Integrity* [Grand Rapids: Eerdmans, 1987]）。

384 16. 我同意畢德生所說：「在美國，屬靈領導的召命所需的資源被嚴重忽視；活動太多，但支援的資源卻遠遠不夠。宗教工作量大得遠超其屬靈能力所能負苛的。」（Peterson, *Under the Unpredictable Plant: An Exploration of Vocational Holiness* [Grand Rapids: Eerdmans, 1992], p. 3）
17. Stanley M. Hauerwas and William H. Willimon, *The Truth About God: The Ten Commandments in Christian Life* (Nashville: Abingdon, 1999), chap. 3.
18. Gregory the Great, *Pastoral Care*, in Ancient Christian Writers Series, vol. 11.4, ed. J. Quasten, J.C. Plumpe, and W. Burghardt (New York: Paulist Press, 1954), p. 234.
19. 費里德曼（Edwin Friedman）抱怨說，牧者在會眾中需扮演著英雄的角色，用費里德曼的話，就是「功能過度」（overfunction），這使得平信徒以及教會其他同工功能不足（underfunction）。參 Edwin Friedman, *Generation to Generation: Family Process in Church and Synagogue* (New York: Guliford Press, 1985), p. 210。
20. 研究了好些關於牧職的當代小說後，溫德（James P. Wind）指出，幾乎所有這些作品都視教會為身處困境的牧者的包袱。在這些小說中，教會「被描述為難題、負擔、阻礙、混亂」（"Clergy Ethics in Modern Fiction," in *Clergy Ethics in a Changing Society*, ed. James P. Wind, et al. [Louisville: Westminster John Knox, 1991], pp. 99～113）。關於神職人員小說的全面調查，見 Sue Sorensen, *The Collar: Reading the Christian Ministry in Fiction, Television, and Film* (Eugene, OR: Cascade, 2014)。亦參 Douglas Alan Walrath, *Displacing the Divine: The*

Minister in the Mirror of American Fiction (New York: Columbia University Press, 2010)。我也寫過有關神職人員的小說，見 Will Willimon, *Incorporation* (Eugene, OR: Cascade, 2012)。

21. Martin Luther, *Treatise on Good Works*, as cited by Oden in *Ministry Through Word and Sacrament*, p. 101.
22. T.S. Eliot, from "East Coker," in *Four Quartets* (New York: Harcourt Brace, 1971), p. 31.
23. Charles Wesley, "Love Divine, All Loves Excelling," *The United Methodist Hymnal* (Nashville: The United Methodist Publishing House, 1989), no. 384.

索引的頁碼為英文原書頁碼，而原書頁碼已標於本書正文兩旁之外白邊。

人名索引（一）

七劃

八劃

九劃

十三劃

十四劃

十五劃

十六劃

十七劃

十九劃

二十一劃

二十二劃

索引的頁碼為英文原書頁碼，而原書頁碼已標於本書正文兩旁之外白邊。

人名索引（二）

註釋參考資料中沒有附中譯的人名

索引的頁碼為英文原書頁碼，而原書頁碼已標於本書正文兩旁之外白邊。

經文索引

索引的頁碼為英文原書頁碼，而原書頁碼已標於本書正文兩旁之外白邊。

主題索引

一劃

三劃

四劃

五劃

六劃

七劃

鳴謝

"Words We Tremble to Say Out Loud" copyright © 1993 by Barbara Brown Taylor. All rights reserved. Excerpt is reprinted from *The Preaching Life* by Barbara Brown Taylor, published by Cowley Publications, 907 Massachusetts Avenue, Cambridge, MA 02139. www.cowley.org (800)225-1534.

Prayer "Ash Wednesday" from *The United Methodist Hymnal*. Copyright © 1989 by The United Methodist Publishing House. Used by permission.

Excerpt from "The Great Thanksgiving" in *A Service of Word and Table I*. Copyright © 1972, 1980, 1985, 1989 by The United Methodist Publishing House. Used by permission.

Excerpts from *Treatise Concerning the Christian Priesthood* in *A Select Library of the Nicene and Post-Nicene Fathers of the Christian Church*, vol. 9, Philip Schaff, ed. copyright © 1956 by William B. Eerdmans Publishing Company. Used by permission.

Excerpt from "East Coker" in FOUR QUARTETS. Copyright 1940 by T. S. Eliot and renewed 1968 by Esme Valerie Eliot, reprinted by permission of Harcourt, Inc.

Excerpts from *The Intrusive Word: Preaching to the Unbaptized* by William H. Willimon © 1994 Wm. B. Eerdmans Publishing Company, Grand Rapids, MI. Used by permission.

讀者意見表

緊扣時代　服事教會

以文字傳揚基督真道

衷心多謝你購買本社書籍。本社一直致力以出版事工服事教會，幫助信徒扎根於神的話語，促進靈命增長。為使我們的出版更能滿足你的需要，請填寫下列各項資料，並寄回或傳真予本社。

所購書籍：＿＿＿＿＿＿＿＿

本書最吸引你的地方：

□作者　□適切性　□文筆　□設計　□實用性

□其他：＿＿＿＿＿＿＿＿

購買本書地點：

□基道書樓　□基督教書店　□非基督教書店

性別：□男　□女　職業：＿＿＿＿＿＿＿＿

信仰：□基督徒　□非基督徒

年齡：□ 16 歲或以下　□ 17～25 歲　□ 26～35 歲

□ 36～55 歲　□ 56 歲或以上

學歷：□中三或以下　□中五　□預科

□大學　□研究院

□我欲更多了解基道出版社的事工及考慮支持，請寄給我下列資料：

□機構簡介　□新書資料　□基道會員通訊

□《基道文字事工通訊》

姓名：＿＿＿＿＿＿＿＿電話：＿＿＿＿＿＿＿＿

地址：＿＿＿＿＿＿＿＿

＿＿＿＿＿＿＿＿

傳真：＿＿＿＿＿＿＿＿電子郵件：＿＿＿＿＿＿＿＿

其他意見：＿＿＿＿＿＿＿＿

＿＿＿＿＿＿＿＿

多謝賜教！

意見表可以傳真（2687-0281）或直接郵寄以下地址：
香港沙田火炭坳背灣街26號富騰工業中心1011室
基道出版社編輯部收